Oliver Werner

Ein Betrieb in zwei Diktaturen

BWSG

Beiträge zur
Wirtschafts- und Sozialgeschichte

Nr. 101

Herausgegeben von
Jürgen Schneider,
Markus A. Denzel,
Rainer Gömmel

Redaktion:
Hans-Jürgen Gerhard
Margarete Wagner-Braun

Oliver Werner

Ein Betrieb in zwei Diktaturen

Von der Bleichert Transportanlagen GmbH zum VEB VTA Leipzig 1932 bis 1963

Franz Steiner Verlag Stuttgart 2004

Anschrift der Schriftleitung der Beiträge zur
Wirtschafts- und Sozialgeschichte

Prof. Dr. Markus A. Denzel
Historisches Seminar
Universität Leipzig
Postfach 100920
D-04009 Leipzig

http://www.uni-leipzig.de/~gesowi

Bibliografische Information der Deutschen Bibliothek
Die Deutsche Bibliothek verzeichnet diese Publikation in der Deutschen Nationalbibliografie; detaillierte bibliografische Daten sind im Internet über <http://dnb.ddb.de> abrufbar.

ISBN: 3-515-08544-0

ISO 9706

Druck: DIFO-Druck GmbH, Bamberg.
Printed in Germany

INHALTSVERZEICHNIS

DANKSAGUNG

Die vorliegende Arbeit wurde im Sommersemester 2002 an der Fakultät für Geschichte, Kunst- und Orientwissenschaften der Universität Leipzig als Dissertation angenommen. Ohne die großzügige Förderung durch die Volkswagen-Stiftung im Rahmen des Projektverbunds *Sachsen unter totalitärer Herrschaft. Diktaturdurchsetzung, Diktaturformen, Diktaturerfahrung 1933 bis 1961* und durch die Horst-Springer-Stiftung wäre die Studie nicht zustande gekommen.

Eine solche Arbeit ist nur durch die Hilfe vieler Kollegen und Freunde möglich, und deshalb danke ich allen, die mich in den vergangenen Jahren unterstützt haben.

An erster Stelle möchte ich meinem Doktorvater Prof. Dr. Günther Heydemann (Leipzig) für die umfassende Förderung meiner Arbeit danken. Die fruchtbare Diskussionsatmosphäre an seinem Lehrstuhl für Neuere und Zeitgeschichte bot zudem immer wieder wichtige Inspirationen für meine Studie. Stellvertretend sei dafür auch Dr. Thomas Schaarschmidt, Dr. Francesca Weil und Andreas Kötzing M.A. gedankt.

Ebenso gilt mein Dank den Gutachtern der Dissertation, Prof. Dr. Hartmut Zwahr (Leipzig) und Prof. Dr. Hermann-Josef Rupieper (Halle). Prof. Dr. Markus A. Denzel (Leipzig) danke ich für die Aufnahme der Studie in die Reihe *Beiträge zur Wirtschafts- und Sozialgeschichte*.

Unverzichtbar war die kritische Begleitung meiner Arbeit durch Dr. Christian Kurzweg. Für Durchsicht und textliche Anmerkungen danke ich darüber hinaus Dr. Mirjam Gebauer.

Anregend waren auch die Diskussionen am Lehrstuhl von Prof. Thomas Voss (Institut für Soziologie, Leipzig) sowie der Austausch mit dem von Prof. Detlev Schmiechen-Ackermann (Magdeburg) geleiteten Projekt über die Parteiapparate der NSDAP und der SED.

Allen Mitarbeiterinnen und Mitarbeitern in den genutzten Archiven danke ich für wichtige Hilfestellungen, insbesondere Dr. Jürgen Weise vom Rheinisch-Westfälischen Wirtschaftsarchiv zu Köln und Doris Boissier vom Bundesarchiv Berlin-Lichterfelde.

Unschätzbar ist die Förderung durch meine Familie, nicht zuletzt durch meine Schwester Kerstin.

Leipzig, im April 2004 *Oliver Werner*

EINFÜHRUNG

Qualitative Sozialgeschichte lässt sich in der Regel nur im Rahmen begrenzter sozialer Einheiten, eines Betriebes, Ortsmilieus, Vereins, einer Behörde oder lokalen Parteigruppe überzeugend verwirklichen. Ob es sich bei solchen Ausschnittgeschichten nur um erbauliche Selbstbetrachtung beziehungsweise unterhaltsame Episodenerzählung oder um paradigmatische Gesellschaftsgeschichte handelt, erweist sich am Ende nur an ihrer den Ausschnitt transzendierenden Evidenz.

(Martin Broszat)[1]

Die Feststellung Martin Broszats, dass sich qualitative Sozialgeschichte „nur im Rahmen begrenzter sozialer Einheiten" verwirklichen lasse, ihre Bedeutung allerdings an der „den Ausschnitt transzendierenden Evidenz" zu messen sei, weist auf ein Grundproblem aller historischen Mikrostudien: Sie ermöglichen die detaillierte Analyse sozialer Zusammenhänge und begrenzen zugleich ihre eigene Aussagekraft.

Ein Weg, den jeweiligen Untersuchungsbereich zu transzendieren, besteht in dem Verweis auf eine gegebene oder behauptete *Repräsentativität.* In dem Maße, in dem ein gewählter Ausschnitt als beispielhaft für eine sehr viel größere Stichprobe angesehen werden kann, gilt dessen Untersuchung als legitimiert.

Dieser Weg wird in der vorliegenden Studie nicht gewählt. Denn die *Bleichert Transportanlagen GmbH*, der spätere *VEB Verlade- und Transportanlagen (VTA) Leipzig*, deren Entwicklung zwischen 1932 und 1963 im Mittelpunkt dieser Arbeit steht, war ein bedeutendes sächsisches Transportanlagenunternehmen, dessen Untersuchung für sich genommen schon gerechtfertigt ist. Eine Reihe von Faktoren weist zudem gerade auf die *Besonderheit* von Bleichert/VTA: Bereits die ausgeprägte Empfindlichkeit des Produktionsprofils verleiht dem Unternehmen, dessen Fabrikation immer durch einen hohen Zulieferungsanteil geprägt war, eher eine seismografische denn eine repräsentative Bedeutung. Des weiteren waren die Bleichert-Werke bzw. der *VEB VTA Leipzig* im untersuchten Zeitraum häufig in besonderer Weise mit der wirtschaftspolitischen Entwicklung im nationalsozialistischen Deutschland bzw. in der SBZ/DDR verbunden. Das Unternehmen wurde wiederholt zum Objekt gesteigerter Aufmerksamkeit, so als

1 Martin BROSZAT, Plädoyer für Alltagsgeschichte: Eine Replik auf Jürgen Kocka, in: Ders., Nach Hitler. Der schwierige Umgang mit unserer Geschichte, München 1988, S. 194-200, hier: S. 196.

Zulieferer der *Reichswerke Hermann Göring*, als sowjetisches Reparationsunternehmen zwischen 1946 und 1953, und schließlich als wichtiger Exportbetrieb im expandierenden Schwermaschinenbau der DDR. Zugleich kamen Direktoren von Bleichert/VTA immer wieder in engen Kontakt zu den Machtzentren im Nationalsozialismus und in der DDR: Ein technischer Direktor arbeitete von 1942 bis 1945 in der „industriellen Selbstverwaltung" des Speer-Ministeriums; der 1958 neu eingesetzte VTA-Werkdirektor war zugleich Mitglied des ZK der SED.

1. DIKTATURVERGLEICH ALS METHODE

Der zentrale Aspekt der vorliegenden Studie, der über den untersuchten Mikrobereich hinausweist, ist wesentlich durch die methodische Frage bestimmt, welche Erkenntnisse sich mittels einer sektoralen diktaturvergleichenden Perspektive gewinnen lassen.

1.1. Diktaturvergleich

Mit welchem Erkenntnisinteresse und mit welchem methodischen Instrumentarium Diktaturen als extreme Herrschaftsformen miteinander verglichen werden können, ist in der Wissenschaft kontrovers diskutiert worden.[2] Im Zentrum einer vergleichenden Betrachtung verschiedener Diktaturen standen lange verschiedene Varianten der Totalitarismustheorie, die methodisch alle in gleicher Weise vorgingen: Ausgehend von Kriterien, die aus der allgemeinen Betrachtung der Herrschaftsformen gewonnen wurden, gelangte man zu qualitativen Aussagen über grundsätzliche Gemeinsamkeiten und individuelle Differenzen in der Herrschaftspraxis.[3] Neben dem Umstand, dass die Charakterisierung von Herrschaftssystemen als Diktaturen und die Zuschreibung totalitärer Merkmale immer auch politisch nutzbar

---

2 Einen Überblick bieten Günther HEYDEMANN / Eckhard JESSE (Hrsg.), Diktaturvergleich als Herausforderung. Theorie und Praxis, Berlin 1998, sowie Eckhard JESSE (Hrsg.), Totalitarismus im 20. Jahrhundert. Eine Bilanz der internationalen Forschung, Bonn 1996. Beide Sammelbände enthalten auch umfangreiche Bibliografien. Eine kompakte Darstellung des Forschungsstands bei Detlef SCHMIECHEN-ACKERMANN, Diktaturen im Vergleich, Darmstadt 2002.

3 Vgl. JESSE (Hrsg.), Totalitarismus, S. 9ff., und Imanuel GEISS, Die Totalitarismen unseres Jahrhunderts. Kommunismus und Nationalsozialismus im historisch-politischen Vergleich, in: Ebd., S. 160-175.

sind,[4] zeigen Vergleiche im Rahmen der Totalitarismustheorie zwei methodische Einschränkungen, die aus sozialgeschichtlicher Perspektive nur schwer zu akzeptieren sind: Zum einen fokussiert die Betrachtung auf die Herrschaftsmechanismen von Diktaturen, behandelt gesellschaftliche Teilbereiche gleichsam nur als Objekte diktatorischer Herrschaftsstrategien; zum anderen bietet die Totalitarismustheorie nur ein grobes Raster, in dem die Nuancen sozialer Feinabstimmung, gesellschaftlicher Interessenregulierung und aufgefächerter Herrschaftsstrategien leicht übersehen werden können.

Eine differenzierte, sozialgeschichtlich orientierte Diktaturforschung, wie sie mit dem Projekt „Bayern in der NS-Zeit" des Münchner Instituts für Zeitgeschichte wissenschaftlich initiiert und etabliert wurde, hat bewiesen, dass die Berücksichtigung sozialer Eigendynamik in gesellschaftlichen Teilbereichen das Verständnis diktatorischer Herrschaft vertiefen kann. Die auf soziale und wirtschaftliche Teilbereiche orientierten Studien des Bayern-Projekts konnten auf den Grundlagen klassischer Diktaturforschung aufbauen, deren Instrumentarium erweitern und in differenzierten Analysen weiterführen.[5]

Darüber hinausgreifende Untersuchungen fragten nach den Quellen der NS-Diktatur in der Weimarer Republik oder thematisierten die historische Kontinuität über das Jahr 1945 hinweg.[6] Nur selten wurden indes direkte,

---

4 Vgl. Horst MÖLLER / Udo WENGST (Hrsg.), Einführung in die Zeitgeschichte, München 2003, S. 31ff.; ob aus der politischen Nutzung der Totalitarismustheorie allerdings ihre wissenschaftliche Unbrauchbarkeit erwächst, ist umstritten; vgl. Peter Graf KIELMANSEGG, Krise des Totalitarismus? in: JESSE (Hrsg.), Totalitarismus, S. 286-304.

5 Die Ergebnisse dieses Projekts sind in einer sechsbändigen Publikation zusammengefasst; vgl. Martin BROSZAT / Elke FRÖHLICH (Hrsg.), Bayern in der NS-Zeit, München / Wien 1979. Neben der zentralen Frage nach Formen des Widerstands bzw. der „Resistenz" gesellschaftlicher Gruppen während der NS-Zeit wurden in dem Projekt auch Aspekte der sozialökonomischen Entwicklung und der unternehmerischen Autonomie untersucht; vgl. Fritz BLAICH, Die bayerische Industrie 1933–1939. Elemente von Gleichschaltung, Konformismus und Selbstbehauptung, in: Ebd., Bd. II, S. 237-280.

6 Im unmittelbaren Zusammenhang des Projekts „Bayern in der NS-Zeit" wurde das Kontinuitätsproblem schon am Münchner Institut für Zeitgeschichte untersucht; vgl. Martin BROSZAT / Klaus-Dietmar HENKE / Hans WOLLER (Hrsg.), Von Stalingrad zur Währungsreform. Zur Sozialgeschichte des Umbruchs in Deutschland, München 1988; zur Frage der Wirtschaftselite vgl. Gerhard HETZER, Unternehmer und leitende Angestellte zwischen Rüstungseinsatz und politischer Säuberung, in: Ebd., S. 551-591. Die Frage der Qualität des Jahres 1945 als historische Zäsur steht auch im Mittelpunkt der von Dieter Langewiesche und Klaus Schönhoven herausgegebenen Reihe „Nationalsozialismus und Nachkriegszeit in Südwestdeutschland". Die Beiträge in Cornelia RAUH-KÜHNE / Michael RUCK, Regionale Eliten zwischen Diktatur und Demokratie. Baden und Württemberg 1930–1952, München 1993, vermitteln die große Bandbreite der in dieser Reihe behandelten Fragestellungen, die Arbeiten von Petra Bräutigam (Petra BRÄUTIGAM, Mittelständische Unternehmer im Nationalsozialismus.

detaillierte Vergleiche zwischen Entwicklungen im nationalsozialistischen Deutschland und in der Sowjetischen Besatzungszone bzw. der späteren DDR angestellt. Hier mögen politische Empfindungen und Wahrnehmungen, besonders aber die bis 1989 für die westdeutsche Wissenschaft asymmetrische Quellenlage verantwortlich sein.[7]

Die Möglichkeiten, die eine vergleichende Untersuchung gesellschaftlicher Teilbereiche in beiden Diktaturen bieten kann, wurden allerdings auch nach 1989 zunächst nur zaghaft genutzt. Dies mag zum Teil daran gelegen haben, dass gerade der Vergleich von Drittem Reich und DDR schnell in den Verdacht kommen konnte, nur bekannte Überlegungen der umstrittenen Totalitarismustheorie zu reproduzieren. Zudem waren die ersten Jahre nach der deutschen Vereinigung durch eine lebensgeschichtlich aufgeladene Auseinandersetzung geprägt, in der ein Vergleich oft genug als Gleichsetzung beider deutscher Diktaturen empfunden wurde.[8]

Im Laufe der Zeit sind solche Diskussionen in der Zeitgeschichtsforschung abgeklungen, und es können in relativer Ruhe und methodischer Distanz zu den Untersuchungsobjekten die Erkenntnismöglichkeiten abgewogen werden, die ein Vergleich zwischen dem nationalsozialistischen Deutschland einerseits und der Sowjetischen Besatzungszone bzw. der späteren DDR andererseits bieten kann. Tatsächlich liegen die Stärken von diktaturvergleichenden Mikrostudien jenseits politischer Argumentation. Ein ausgewählter Sektor auf der „untersten" Ebene, in der vorliegenden Arbeit ein Leipziger Schwermaschinenbaubetrieb, bietet gerade die Möglichkeit, nicht nur die konkrete Praxis von Machtausübung und verschiedene Durchdringungsgrade diktatorischer Herrschaft gegeneinander zu halten, sondern die sozialen Wechselwirkungen zwischen Herrschaftsansprüchen und Motivationen, zwischen politischen Konzeptionen und Interessenlagen im konkreten Teilbereich zu analysieren.[9]

Wirtschaftliche Entwicklungen und soziale Verhaltensweisen in der Schuh- und Lederindustrie Badens und Württembergs, München 1997) und Astrid Gehrig (Astrid GEHRIG, Nationalsozialistische Rüstungspolitik und unternehmerischer Entscheidungsspielraum. Vergleichende Fallstudien zur württembergischen Maschinenbauindustrie, München 1996) sind Unternehmensstudien.

7 In der DDR-Geschichtswissenschaft war ein solcher Vergleich aus naheliegenden Gründen nicht denkbar.

8 Vgl. Günther HEYDEMANN / Christopher BECKMANN, Zwei Diktaturen in Deutschland. Möglichkeiten und Grenzen des historischen Diktaturvergleichs, in: Deutschland-Archiv 30, 1997, S. 12-40, hier: S. 12f.

9 Dieses Erkenntnisinteresse der vorliegenden Studie steht im Forschungskontext weiterer Arbeiten, die im Projektverbund „Sachsen unter totalitärer Herrschaft. Diktaturdurchsetzung, Diktaturformen, Diktaturerfahrung 1933 bis 1961" von der VW-Stiftung gefördert werden. Ausgangspunkt dieser Arbeiten bildet der von Günther Heydemann und Christopher Beckmann entwickelte Zugriff eines „sektoralen Diktaturvergleichs"; vgl. ebd.; die Breite und Aussagefähigkeit der Methode verdeutlichen die

Dieses Erkenntnisinteresse mag noch der Diktaturforschung entsprechen, wie sie vom Münchner Institut für Zeitgeschichte oder in der Publikationsreihe „Nationalsozialismus und Nachkriegszeit in Südwestdeutschland" betrieben wurde. Die methodische Erweiterung durch einen systematischen Vergleich sozialer Teilbereiche und ihrer Entwicklung in beiden deutschen Diktaturen kann indes die Frage beantworten, ob die Gemeinsamkeit politischer Diktaturen als „extreme" Gesellschaftsformen – mit der Betonung des menschlichen Willens als historischer Kraft und einer systematischen Vernachlässigung sozialer Eigendynamik in den Herrschaftskonzepten – auch zu gemeinsamen Problemen führt, etwa im komplexen Bereich eines modernen Industriebetriebes.

1.2. Das Verhältnis von Mikro- und Makrovergleich

Im Verhältnis zwischen der integralen Gesamtsicht auf Diktaturen und der Analyse gesellschaftlicher Teilbereiche ergeben sich zwei Probleme, die keineswegs nur forschungspraktischer Natur sind.[10]

1. Der integrale Vergleich liefert als methodischer Zugriff über die Gesamtgesellschaft nur in eingeschränktem Maße adäquate Kriterien für die gesellschaftlichen Teilbereiche. Eine in allen Teilbereichen zu messende „Eindringtiefe" von Ideologie und Herrschaftsintention erscheint schnell als eine unangemessene Vorstellung.

2. Die Ergebnisse des sektoralen Vergleichs wiederum lassen sich nur schwer in eine vergleichende Gesamtsicht integrieren. Damit verknüpft sind nicht nur grundsätzliche Fragen der Repräsentativität der Teilbereiche, sondern vor allem die „eigenen Gesetze" der Teilbereiche.

Der auf der Gesamtebene erkennbare, potenziell umfassende Herrschafts- und Gestaltungsanspruch ist in den Teilbereichen nicht notwendig in Reinkultur auszumachen. Mindestens begegnet dem Herrschaftsanspruch eine sektorale Eigenlogik, die nicht ignoriert bzw. negiert werden kann. Für das Verständnis und die Analyse der Diktaturentfaltung auf der Mikroebene (in Betrieben, Kommunalverwaltungen, Kirchengemeinden oder Kulturorganisationen) muss man die jeweiligen Anforderungen und sektortypischen Schwerpunktsetzungen kennen und die Wechselwirkungen zwischen Herrschaftsanspruch und den Besonderheiten des Teilbereichs berücksichtigen.

Studien in dem Sammelband von Günther HEYDEMANN / Heinrich OBERREUTER (Hrsg.), Diktaturen in Deutschland – Vergleichsaspekte, Bonn 2003.

10 Vgl. Günther HEYDEMANN, Integraler und sektoraler Vergleich. Zur Methodologie des empirischen Diktaturvergleichs, in: Ders. / JESSE (Hrsg.), Diktaturvergleich, S. 233, der in Bezug auf die Übertragbarkeit von Ergebnissen aus Mikrostudien auf die Dynamik der Makroebene optimistischer ist.

Diese Besonderheiten stellen sich keineswegs nur als Hemmnis für den Herrschaftsanspruch dar, sondern können Impulse der Machthaber produktiv aufgreifen und verstärken – im anschaulichsten Fall zur Förderung der eigenen beruflichen Laufbahn. Wichtig ist aber auch, um am Beispiel dieser Studie zu bleiben, in welchem Ausmaß eigentlich politikferne Konflikte, wie z.B. Fragen der Betriebsführung, mit politischen Argumenten geführt wurden und welchen Erfolg die Akteure dabei hatten.

Die wirtschaftlichen Verhältnisse im Dritten Reich und in der SBZ/DDR sind bisher zumeist aus einer Perspektive vergleichend betrachtet worden, die auf das wirtschaftliche Gesamtsystem gerichtet war.[11] Obwohl Analysekonzepte mit einer systemischen Perspektive eine wichtige Voraussetzung für die Untersuchung der Mikroebene bilden, können aus ihnen nur eingeschränkt Kriterien für den konkreten sektoralen Vergleich gewonnen werden. Der von Jürgen Schneider und Wolfgang Harbrecht herausgegebene Sammelband zur Wirtschaftsordnung und Wirtschaftspolitik im 20. Jahrhundert zeigt deutlich, worin die Möglichkeiten und Grenzen einer systemischen Perspektive liegen.[12]

Schneider arbeitet in seinem Aufsatz über die Entwicklung von der NS-Kriegswirtschaft zur sozialistischen Planwirtschaft analoge Strukturelemente beider Wirtschaftssysteme heraus und schließt von diesen Gemeinsamkeiten auf eine Kontinuität der wirtschaftspolitischen Entwicklung.[13] Allerdings werden Unternehmen und Betriebe dabei als Einheiten gleichsam nur von oben betrachtet: Im NS-Wirtschaftsgefüge sind sie für Schneider „Vollzugsorgan[e] einer staatlich gelenkten Leistungserstellung", in der SBZ und DDR „ausführende Organe des einheitlichen Volkswirtschaftsplanes".[14] Die Folgen der jeweiligen Wirtschaftsordnung für die Betriebsführung werden allgemein aus den politischen Vorgaben abgeleitet und weitgehend statisch gefasst.

11 Vgl. Frank WALTMANN, Wirtschaftssysteme. Ökonomische Grundstrukturen des Nationalsozialismus und der DDR im Vergleich, in: Ludger KÜHNHARDT u.a. (Hrsg.), Die doppelte deutsche Diktaturerfahrung. Drittes Reich und DDR – ein historisch-politikwissenschaftlicher Vergleich, Frankfurt am Main u.a. 1994, S. 125-144.

12 Jürgen SCHNEIDER / Wolfgang HARBRECHT (Hrsg.), Wirtschaftsordnung und Wirtschaftspolitik in Deutschland (1933–1993), Stuttgart 1996.

13 Ähnlich argumentiert bereits Gert LEPTIN, Deutsche Wirtschaft nach 1945, Opladen 1980, S. 33f.

14 Jürgen SCHNEIDER, Von der nationalsozialistischen Kriegswirtschaftsordnung zur sozialistischen Zentralplanung in der SBZ/DDR, in: Ders. / HARBRECHT (Hrsg.), Wirtschaftsordnung, S. 1-90, hier: S. 19 und 52.

Diese Perspektive ermöglicht es zwar, grundsätzliche Strukturdefekte „marktloser“[15] Wirtschaftssysteme herauszuarbeiten, aber wichtige Fragen bleiben zwangsläufig offen. So lässt sich damit nicht plausibel erklären, warum trotz dieser Defekte der staatlich dirigierte Zugriff auf wirtschaftliche Ressourcen über längere Zeit möglich war oder – wie in Speers Kriegswirtschaftssystem oder während der Aufbauphase der DDR in den 1950er Jahren – gar Spitzenwerte erreichte. Dieser Zugriff setzte in beiden Diktaturen die bereitwillige Mitarbeit von Betriebsleitungen und Belegschaften voraus und wurde nicht zuletzt durch informelle Beziehungen zwischen Betrieben und Wirtschaftsbehörden unterhalb der formalen Hierarchien begünstigt.

Włodzimierz Brus und Janos Kornai haben für das System der Zentralverwaltungswirtschaft sowjetischen Typs ebenfalls Studien vorgelegt, die mit der Betrachtung systemischer Ineffizienz wichtige Fragen der Funktion von Planwirtschaften beantworten.[16] Kornais Studie, von ihm selbst als Resümee seines wissenschaftlichen Lebens gewertet,[17] bezieht zudem durch die Berücksichtigung der Anreize für einzelne Staatsbetriebe die Dynamik der Mikroebene mit in die Untersuchung ein.

Es soll gar nicht bestritten werden, dass mittels der systemischen Perspektive sehr wichtige Erkenntnisse auch über die Dynamik der Mikroebene gewonnen werden können. Wolfgang Förster beschreibt das betriebliche Rechnungswesen in Volkseigenen Betrieben der DDR auf der Grundlage der zentralen Vorgaben für das „sozialistische Rechnungswesen“ und kann so die Handlungsanreize für Betriebsführer genau benennen.[18] Peter Temin weist in einem überblicksartigen Vergleich der sowjetischen und der nationalsozialistischen Wirtschaftsplanung der 1930er Jahre auf die informellen Aspekte beider Planverfahren, die große Relevanz für das Verhalten der Betriebsleitungen hatten.[19]

---

15 Jürgen SCHNEIDER / Wolfgang HARBRECHT, Einführung: Wirtschaftspolitische Experimente im Laboratorium Kriegswirtschaft/Weimar/Drittes Reich (1914–48) und in Sowjetrußland (ab 1917), in: Ebd., S. VII-XLIII, hier: S. XLIII.

16 Vgl. Włodzimierz BRUS, Funktionsprobleme der sozialistischen Wirtschaft, Frankfurt am Main 1971.

17 Vgl. János KORNAI, Das sozialistische System. Die politische Ökonomie des Kommunismus, Baden-Baden 1995, S. XXI.

18 Vgl. Wolfgang FÖRSTER, Betriebswirtschaftliche Aspekte der Wirtschaftsentwicklung in Mitteldeutschland, in: Friedrich LENZ (Hrsg.), Beiträge zur Wirtschafts- und Gesellschaftsgestaltung. Festschrift für Bruno Gleitze, Berlin (West) 1968, S. 491-501; eine ausführliche Darstellung in ders., Rechnungswesen und Wirtschaftsordnung. Ein Beitrag zur Diagnose der Zentralverwaltungswirtschaft sowjetischen Typs und ihrer Reformen aus betriebswirtschaftlicher Sicht, Berlin (West) 1967.

19 „Since planning was loose and somewhat random, much of the economy functioned outside the plan. […] [E]nterprises dealt with the divergence between the plan and reality by reallocating materials among themselves“; Peter TEMIN, Soviet and Nazi eco-

Die soziale Feinabstimmung von Herrschaftsansprüchen in den Wirtschaftssystemen und mithin auch die „Grenzen der Diktatur“[20] können allerdings nur in betrieblichen Mikrostudien ermittelt werden, da bei einer Betrachtung allein der wirtschaftlichen Makroebene informelle Beziehungen und die betriebliche Kommunikationspraxis als konstituierende Elemente der Wirtschaftspraxis aus dem Blick geraten. Diese Praxis ist nie allein reibungslos umgesetzte Politik, sondern wird immer auch von Interessenkonflikten geprägt. Wenn man entgegen der Vorstellung einer „stillgelegten Gesellschaft“[21] davon ausgeht, dass divergierende soziale Interessen in Diktaturen grundsätzlich wirksam bleiben, muss man bei einer diktaturvergleichenden Betrachtung der Wirtschaftspraxis Betriebe als Interessenträger berücksichtigen. Wenn Institutionen der Interessenaushandlung fehlen, darf davon nicht automatisch auf die Abwesenheit sozialer Interessen geschlossen werden.[22]

Mit dieser Prämisse werden Betriebe als eigendynamische Organisationen nicht von vornherein als „stillgelegt“ vermutet; es kann problematisiert werden, ob Betriebsleiter und Wirtschaftsfunktionäre trotz allen politischen und sozialen Anpassungsdrucks betriebsspezifische Interessen wahrnahmen und gegenüber außerbetrieblichen Institutionen zu vertreten versuchten.

---

nomic planning in the 1930s, in: Economic History Review XLIV, 1991, S. 573-593, hier: S. 575. Temin belegt darüber hinaus, dass es bei vergleichenden Studien möglich und sinnvoll ist, von fundamentalen Unterschieden, wie in diesem Falle der Eigentumsordnung, abzusehen. Für die Ressourcenmobilisierung der USA, Großbritanniens, der UdSSR und des Dritten Reiches während des Zweiten Weltkriegs ähnlich überzeugend Mark HARRISON, Resource mobilization for World War II: the UNDS.A., UNDK., UNDS.S.R. and Germany, 1938–1945, in: Economic History Review XLI, 1988, S. 171-192.

20 So der Titel des Sammelbands von Richard BESSEL / Ralph JESSEN (Hrsg.), Die Grenzen der Diktatur. Staat und Gesellschaft in der DDR, Göttingen 1996.

21 Zu diesem Fragenkomplex vgl. Sigrid MEUSCHEL, Überlegungen zu einer Herrschafts- und Gesellschaftsgeschichte der DDR, in: Geschichte und Gesellschaft 19, 1993, S. 5-14, und die Erwiderung von Ralph JESSEN, Die Gesellschaft im Staatssozialismus. Probleme einer Sozialgeschichte der DDR, in: Geschichte und Gesellschaft 21, 1995, S. 96-110. Jessens Überlegungen haben die vorliegende Studie in wichtigen Gedankengängen inspiriert, insbesondere sein Plädoyer für einen analytischen Zugang, „der die Gesellschaft als eigenständige und nicht ableitbare Größe auch im Staatssozialismus ernst nimmt“; ebd., S. 99.

22 M. Rainer Lepsius spricht von der DDR als einem politischen System „ohne intermediäre Organisationen“, in dem die „Verstaatlichung der Wirtschaft [...] keine Ausdifferenzierung von Interessengruppen“ erlaubt habe. Das Fehlen von „Arenen der legitimierten Interessenauseinandersetzung“ habe „Interessenartikulation und Interessenvertretung außerhalb der politisch homogenisierten und zentralisierten staatlichen Herrschaftsstruktur“ verhindert; M. Rainer LEPSIUS, Die Institutionenordnung als Rahmenbedingung der Sozialgeschichte der DDR, in: Hartmut KAELBLE / Jürgen KOCKA / Hartmut ZWAHR (Hrsg.), Sozialgeschichte der DDR, Stuttgart 1994, S. 17-30, hier: S. 28.

In diesem Sinne ist die vorliegende Arbeit auch als Plädoyer zu verstehen, die Analyse diktatorisch oder gar totalitär verfasster Gesellschaften methodisch offen zu halten für die Wahrnehmung auch unerwarteter sozialer Prozesse und Freiräume.

1.3. Modellannahmen als Vergleichsbasis

Komparative Untersuchungen benötigen neben klar abgegrenzten Vergleichsobjekten auch einen fest umrissenen „dritten Punkt", von dem aus der Vergleich mittels unabhängiger Kriterien methodisch nachvollziehbar vorgenommen werden kann.[23]

Wesentliche methodische Anstöße für komparative Studien in der Geschichtswissenschaft kamen und kommen aus der Soziologie und aus der Politikwissenschaft, also aus Zweigen der Sozialwissenschaft, die traditionell stärker als die Geschichtswissenschaft ihre Erkenntnisprämissen und Vorgehensweisen *explizit* reflektieren. Die explizite Formulierung der anzulegenden Vergleichskriterien ist eine wichtige Voraussetzung für jede wissenschaftliche komparative Studie.[24] Dass auch offensichtliche fundamentale Unterschiede der Vergleichsobjekte kein Argument gegen die komparative Methode darstellen, wird am wissenschaftlichen *Systemvergleich* zwischen der Bundesrepublik Deutschland und der Deutschen Demokratischen Republik deutlich, der durch den Entwurf *systemindifferenter* Vergleichsansätze zu wichtigen Ergebnissen gelangte und noch immer methodische Anregungen enthält.[25]

Die komparative Untersuchung der beiden deutschen Wirtschaftssysteme nach 1945 mittels systemindifferenter Ansätze führten in diesem Forschungskontext seit den 1970er Jahren vor allem Hannelore Hamel und Helmut Leipold an.[26] Letzterer entwarf eine Theorie der Wirtschaftssyste-

23 Vgl. grundsätzlich Hartmut KAELBLE, Der historische Vergleich. Eine Einführung zum 19. und 20. Jahrhundert, Frankfurt am Main 1999.

24 In der vorwissenschaftlichen und Alltagsauseinandersetzung über politische Systeme gibt es eine Fülle *impliziter* Vergleichskriterien, die sich dagegen für wissenschaftliche Studien nicht eignen. Zur Bedeutung impliziter und expliziter „Gesetze" in den Sozialwissenschaften vgl. Karl-Dieter OPP, Methodologie der Sozialwissenschaften. Einführung in Probleme ihrer Theorienbildung und praktischen Anwendung, Opladen [3]1995, S. 60ff.

25 Einen differenzierten Überblick über die methodische Vielfalt dieser Forschungsrichtung bietet der Sammelband von Gernot GUTMANN / Siegfried MAMPEL (Hrsg.), Probleme systemvergleichender Betrachtung, Berlin (West) 1986.

26 Vgl. Hannelore HAMEL (Hrsg.), Bundesrepublik Deutschland – DDR. Die Wirtschaftssysteme, Soziale Marktwirtschaft und Sozialistische Planwirtschaft im Systemvergleich, München [4]1983, sowie Helmut LEIPOLD, Wirtschafts- und Gesellschaftssysteme im Vergleich, Stuttgart [3]1981.

me, die indifferent und analytisch ertragreich ist und darüber hinaus Anknüpfungspunkte für Mikrostudien bietet. Die Indifferenz erreicht Leipold durch eine Abstraktion von den gegebenen konkreten Wirtschaftssystemen mittels theoretischer Konzepte, die zum Teil auch die Akteure der Mikroebene mit einschließen.[27]

Es liegt auf der Hand, dass für geschichtswissenschaftliche Mikrostudien, in denen uns handelnde und ihr Handeln reflektierende Menschen begegnen, ein partiell anderes Instrumentarium nötig ist als bei vergleichenden Untersuchungen, die sich auf Gesamtsysteme beziehen. Wenn im Folgenden die Abstraktion der zu vergleichenden Situationen durch Handlungsmodelle angestrebt wird, sollte im Blick behalten werden, dass hier Modelle nicht als Ausgangsbasis für Verallgemeinerungen gelten sollen (wie das in der Soziologie im Kontext der angestrebten Prognostizierbarkeit sozialen Handelns üblich ist), sondern als Beitrag zu einer Systematisierung der Vorstellungen über das konkrete soziale Handeln historischer Individuen verstanden werden.

2. HANDLUNGSMODELLE

Wenn handelnde Menschen als kleinste Einheiten sozialer Entwicklung angesehen werden, bietet sich eine Fülle an Vorstellungen und Modellen, die Ausgangspunkt für komparative Studien sein können.

M. Rainer Lepsius versucht in seinem „Plädoyer für eine Soziologisierung der beiden deutschen Diktaturen“, die „Massenkonformität in Diktaturen [...] nicht nur aus ideologischer Indoktrinierung, sondern [...] auch aus den wahrgenommenen Verhaltenssituationen und den erwarteten oder befürchteten, stets [für den Einzelnen] unkontrollierbaren Sanktionsdrohungen zu erklären“.[28] Mittels soziologischer Verhaltenstheorien (z.B. zur Norm-

---

27 Leipold stellt in einem ersten Schritt verschiedene Ansätze und deren Prämissen vor – neben der Systemtheorie stehen ordnungs- und entscheidungstheoretische Ansätze im Mittelpunkt – und verbindet dann die Ordnungstheorie von Walter Eucken mit entscheidungsorientierten Ansätzen zu einer „systemindifferenten Theorie der Wirtschaftssysteme“, in der strukturelle Rahmenbedingungen und individuelle Entscheidungslagen gleichermaßen Berücksichtigung finden; vgl. ebd., S. 1-59. Leipold nutzt so den in der Geschichtswissenschaft unüblichen Weg, über theoretische Modellierung eine Verbindung zwischen Mikro- und Makroebene eines sozialen Phänomens herzustellen. Zu diesem in Ökonomie und Soziologie gängigen Vorgehen vgl. OPP, Methodologie, S. 90ff.

28 M. Rainer LEPSIUS, Plädoyer für eine Soziologisierung der beiden deutschen Diktaturen, in: Christian JANSEN / Lutz NIETHAMMER / Bernd WEISBROD (Hrsg.), Von der Aufgabe der Freiheit. Politische Verantwortung und bürgerliche Gesellschaft im 19.

geltung und zur Rollenabschottung) würden nach Lepsius' Auffassung „die beiden deutschen Diktaturen [...] hinreichend genau analysiert".[29]

Modelle schaffen eine kontrollierte Distanz zu den Untersuchungsobjekten und ermöglichen so einen Vergleich trotz großer Unterschiede oder Ähnlichkeiten. Sie ermöglichen es, verschiedene historische Situationen *unabhängig von deren Ähnlichkeitsgrad* gleichermaßen zu analysieren. Damit schwinden auch methodische Bedenken gegen einen Vergleich von Drittem Reich und SBZ/DDR. Haupteinwand gegen einen solchen Vergleich im ökonomischen Bereich bilden die unleugbar fundamentalen Unterschiede der Wirtschaftssysteme: Während im Nationalsozialismus trotz administrativer Markteinschränkung und der Arisierungen das Privateigentum an Produktionsmitteln unangetastet blieb (also Marktmechanismen und Eigentumsmotivation grundsätzlich erhalten blieben), zielten die sowjetische Besatzungspolitik und die Wirtschaftspolitik der SED auf die Abschaffung dieses Privateigentums und dessen Ersatz durch die planwirtschaftliche Regulation des Güterverkehrs.

Allerdings ist dieser Unterschied in der Wirtschaftspraxis nicht immer eindeutig zu erkennen, da sich in der industriellen Wirtschaft Eigentum selten in persönlicher, direkter Einflussnahme äußert, sondern Kompetenzen und Nutzungsbefugnisse – und dies hat die Marktwirtschaft mit der Planwirtschaft gemeinsam – zumeist delegiert werden. Für die vorliegende Arbeit ist diese Feststellung von zentraler Bedeutung. Sie bietet einen Anknüpfungspunkt für soziologische Ansätze, die Bedingungen und Folgen der Delegierung von Rechten untersuchen, wie das *Prinzipal-Agent-Modell*: Ein Prinzipal (z.B. der Eigentümer einer Fabrik) delegiert Aufgaben (wie die effiziente Führung der Produktion) an einen Agenten (den Geschäftsführer). Aus dieser Konstellation erwachsen spezifische Kontrollprobleme, da der Prinzipal zumeist nicht die Handlungen des Agenten, sondern nur die *Resultate* seiner Handlungen im Blick haben kann. Der Agent ist bedingt in der Lage, sich der Kontrolle zu entziehen und von ihm geforderte Anstrengungen faktisch zu verringern. Die Interessen von Prinzipal und Agent divergieren demnach, und der Prinzipal kann gezwungen sein, die Kontrolle immer wieder zu erneuern.[30]

Des weiteren muss der Prinzipal präzise Vorstellungen von der Verwendung der delegierten Ressourcen haben, wenn er den Agenten erfolgreich kontrollieren will. Exakt das stellt Janos Kornai für die Zentralverwaltungswirtschaft sowjetischen Typs in Frage: Die Interessen- und Rollenkon-

---

und 20. Jahrhundert. Festschrift für Hans Mommsen, Berlin 1995, S. 609-615, hier: S. 614.

29 Ebd., S. 615.

30 Vgl. dazu einführend Rudolf RICHTER, Institutionen ökonomisch analysiert, Tübingen 1994, S. 16ff., und grundlegend James S. COLEMAN, Grundlagen der Sozialtheorie, München / Wien 1995, Bd. 1, S. 102f. und 186ff.

flikte der Wirtschaftsfunktionäre in Planwirtschaften führten „zu einer inneren Unsicherheit bei den Bürokraten", was „die Formulierung von befriedigenden Anreizschemata" verhinderte.[31]

Daraus entsteht die Frage, ob die vorliegende Untersuchung in beiden Diktaturen überhaupt auf dasselbe ökonomische Handeln zielt, auf ein an Knappheit orientiertes, rationales Kalkül.[32] Gemeinsam ist dem Handeln von Betriebsleitungen in beiden Diktaturen indes, dass es sich auf die Organisation der Herstellung materieller Güter bezieht. Es muss nicht zwangsläufig „ökonomisch" sein, um als „soziales" Handeln untersucht werden zu können.

3. FORSCHUNGSSTAND

Handlungsspielräume und Entscheidungslagen von Betriebsleitungen werden nicht allein von volks- und betriebswirtschaftlich zu fassenden Faktoren bestimmt. Die „Neue Institutionenökonomik" bezieht soziale, politische und rechtliche Rahmenbedingungen als Institutionen in die ökonomische Analyse mit ein, wobei unterschiedliche Grade der Abstraktion erreicht werden.[33]

Der Begriff der Institution ist im Rahmen dieses Ansatzes vielschichtig: So kann er sich auf kodifizierte Rechtsinstitute, auf Rechtsnormen beschränken, zumal in Fällen, in denen keine zusätzlichen Quellen zur Rechtspraxis vorliegen. Als Institutionen können aber auch die faktisch gegebenen rechtlichen und sozialen Rahmenbedingungen betrachtet werden, wobei neben dem kodifizierten Recht auch der Grad der Normgeltung und

---

31 KORNAI, System, S. 139. Ob damit wirklich die Anwendung des *Prinzipal-Agent-Modells* unmöglich wird, ist fraglich: Die Feststellung widersprüchlicher Anreizschemata erfolgt bei Kornai bereits durch die Anlegung eines aus dem Modell abgeleiteten Maßstabs. Allerdings ist dem Autor darin zuzustimmen, dass Zentralverwaltungswirtschaften nicht einfach „als die Verwirklichung eines gigantischen ‚Prinzipal-Agent'-Modells beschrieben werden" können; ebd., S. 419.

32 Für die DDR-Planwirtschaft der 1970er und 1980er Jahre konstatiert Martin Heidenreich, dass „politische und ökonomische Effektivitätsgesichtspunkte eng miteinander verflochten waren". Daher hätten Betriebe „auf organisatorischer Ebene [...] nicht ausschließlich wirtschaftliche Ziele verfolgen" können, und für Individuen seien die Anreize gering gewesen, „sich im Arbeitsprozess tendenziell als nutzenmaximierende *homines oeconomici* zu verhalten"; Martin HEIDENREICH, Zur Doppelstruktur planwirtschaftlichen Handelns in der DDR, in: Zeitschrift für Soziologie 20, 1991, S. 411-429, hier: S. 412.

33 Vgl. Mathias ERLEI / Martin LESCHKE / Dirk SAUERLAND, Neue Institutionenökonomik, Stuttgart 1999. Die Autoren definieren Ökonomik als „diejenige Sozialwissenschaft [...], die menschliches Handeln vor dem Hintergrund auftretender Knappheitsprobleme analysiert"; ebd., S. 2.

die konkrete soziale Praxis der Normendurchsetzung in die Untersuchung einbezogen werden. Es liegt auf der Hand, dass der erweiterte Institutionsbegriff dort, wo er durch Quellen gestützt wird, auch Momente der Rechtsbeugung oder der informellen Aushandlung von Normen berücksichtigt, die bei einem Bezug allein auf kodifizierte Normen aus dem Blick geraten können. Derartige Überlegungen haben in der Unternehmensgeschichte bereits in unterschiedlichem Maße Eingang gefunden und eine längerfristige Methodendiskussion angeregt.[34]

3.1. Unternehmensgeschichte

Seit Mitte der neunziger Jahre ist eine Zunahme von Studien über einzelne Unternehmen während der NS-Zeit erkennbar. Nicht zuletzt im Kontext der Diskussionen über die Entschädigung von Zwangsarbeitern gehörte es schließlich zum „guten Ton" der Unternehmensselbstdarstellung, Historikern den ungehinderten Zugang zu entsprechenden Firmenakten zu ermöglichen. Diese neue Tendenz – noch in den achtziger Jahren beklagte beispielsweise Ludolf Herbst die mangelnde Bereitschaft von Unternehmensleitungen, Firmenakten aus der NS-Zeit zur Verfügung zu stellen[35] – hat eine Reihe neuer Studien hervorgebracht, die sich keineswegs allein an moralischen Fragen der Unternehmensführung in Diktaturen orientierten, sondern zum Teil sehr differenzierte und neue Ergebnisse über die zwiespältige Motivationslage von Unternehmensführern, insbesondere im Zweiten Weltkrieg, präsentierten.[36]

Eine zweite, bereits aus den achtziger Jahren herrührende Tendenz zur „Personalisierung" von Unternehmensgeschichte erlebt auf diese Weise eine neue Bestätigung. Tatsächlich lässt sich die Frage nach Kontinuitäten

---

34 Vgl. Toni PIERENKEMPER, Unternehmensgeschichte. Ein Einführung in ihre Methoden und Ergebnisse, Stuttgart 2000, insbesondere S. 64ff. und 248ff. Ausgangspunkt ist für Pierenkemper der seit den 1950er Jahren virulente „Mangel an theoretischer Fundierung der Unternehmensgeschichte", der aufgrund der strikten Trennung der sozialwissenschaftlichen Disziplinen nur mühsam überwunden würde, zumal die Unternehmensgeschichte „bis in die unmittelbare Vergangenheit als eigenständige Disziplin [...] nicht existiert hat"; ebd., S. 13; für die Planwirtschaft der DDR vgl. Peter HÜBNER, Diktatur und Betrieb in der frühen DDR (1949–1961), in: Dierk HOFFMANN / Michael SCHWARTZ / Hermann WENTKER (Hrsg.), Vor dem Mauerbau. Politik und Gesellschaft in der DDR der fünfziger Jahre, München 2003, S. 119-135.

35 Vgl. Ludolf HERBST, Der Totale Krieg und die Ordnung der Wirtschaft. Die Kriegswirtschaft im Spannungsfeld von Politik, Ideologie und Propaganda 1939–1945, Stuttgart 1982, S. 9f.

36 Vgl. Werner BÜHRER, Neuere Forschungen zur deutschen Wirtschafts- und Unternehmensgeschichte der ersten Hälfte des 20. Jahrhunderts, in: Neue Politische Literatur 44, 1999, S. 25-39.

und Brüchen in der deutschen Wirtschaftsgeschichte des 20. Jahrhunderts besonders fruchtbar und anschaulich an den Biographien einzelner Unternehmer oder Geschäftsführer erörtern. Gerade der Umstand, dass sich die Untersuchungen oft auf Leitungspersonal konzentrieren, das keineswegs immer im Zentrum öffentlicher Aufmerksamkeit stand, ermöglicht bemerkenswerte Einsichten in die Selbstbilder und Karriereverläufe ganzer Generationen deutscher Wirtschaftseliten.[37] Dass hierbei überwiegend die westdeutsche Elite nach dem Zweiten Weltkrieg in den Blick genommen wurde, mag der deutschen Teilung und der daraus ableitbaren Perspektivenverengung geschuldet sein. Zumindest die Frage nach den Nachkriegskarriereverläufen bezieht die Entwicklung in der SBZ und der DDR mit ein.[38]

Neuere Ansätze der Wirtschaftswissenschaften (überwiegend aus den USA), die seit den siebziger Jahren in Unternehmensstudien fruchtbar angewendet werden, sind inzwischen auch in der deutschen Geschichtswissenschaft wirksam und haben die Diskussion bereichert.[39] Dabei kristallisieren sich zwei Positionen heraus, die mit den Begriffen „Mikropolitik" und „*Property Rights*" gefasst werden und betriebliche Entscheidungsabläufe kontrovers deuten.

Ausgehend von einer Kritik am lange in der Betriebswirtschaft vorherrschenden Modell des *homo oeconomicus*, also eines streng rational kalkulierenden, vollständig informierten Menschen im Wirtschaftsprozess,[40] entstanden, initiiert von angloamerikanischen Wissenschaftlern, methodische Gegenvorstellungen, die unter dem Oberbegriff „Mikropolitik" auf irrationale Elemente betrieblicher Entwicklung abhoben und den an strenger Rationalität orientierten Modellen Wirklichkeitsferne vorwarfen.[41]

So berechtigt die Feststellung über die analytische Begrenztheit von Rationalitätsmodellen auch ist, entwickelte sich die an „Mikropolitik" orientierte Unternehmensgeschichte jedoch eher zu einem Sammelbecken für allgemeines Unbehagen an rational orientierten Handlungsmodellen als zu einer fruchtbaren alternativen Forschungsstrategie. Sammelbände deutscher Beiträge zur „Mikropolitik" zeigen denn auch entweder die enorme Band-

---

37 Vgl. Paul ERKER / Toni PIERENKEMPER (Hrsg.), Deutsche Unternehmer zwischen Kriegswirtschaft und Wiederaufbaund Studien zur Erfahrungsbildung von Industrie-Eliten, München 1999.

38 Vgl. Paul ERKER, Industrie-Eliten in der NS-Zeit. Anpassungsbereitschaft und Eigeninteresse von Unternehmern in der Rüstungs- und Kriegswirtschaft 1936–1945, Passau 1993, S. 83ff.

39 Vgl. PIERENKEMPER, Unternehmensgeschichte, S. 255ff.

40 Vgl. ERLEI / LESCHKE / SAUERLAND, Institutionenökonomik, S. 2ff.; zur Anwendung des Modells in den Sozialwissenschaften vgl. Gebhard KIRCHGÄSSNER, Homo Oeconomicus. Das ökonomische Modell individuellen Verhaltens und seine Anwendung in den Wirtschafts- und Sozialwissenschaften, Tübingen 1991, S. 13ff. und 98ff.

41 Vgl. Willi KÜPPER / Günther ORTMANN (Hrsg.), Mikropolitik. Rationalität, Macht und Spiele in Organisationen, Opladen 21992.

breite theoretischer Überlegungen, die es obsolet macht, von einem einheitlichen Ansatz oder gar Modell der „Mikropolitik“ zu sprechen, oder die relative Beliebigkeit, mit der Wirtschaftshistoriker sich zwar nun auf innerbetriebliche Mechanismen konzentrieren und solide Unternehmensgeschichte betreiben, aber dabei nur in wenigen Fällen methodische Neuerungen vorweisen können.[42]

Schließlich zielt die Kritik an der wirklichkeitsfremden Annahme strenger Rationalität ins Leere, da eine Auseinandersetzung mit an Rationalität orientierten Ansätzen nur diffus stattfindet und dabei jene neuere Sozialforschung fast gänzlich aus dem Blick gerät, die sehr wohl die Einschränkungen rationalen Verhaltens reflektiert und zu zeigen vermag, dass dennoch die Annahme rationalen Kalküls z.B. bei betrieblichen Entscheidungen sinnvoll sein kann, wenn man von begrenzter Rationalität und unvollständiger Information der Akteure ausgeht.[43]

Tatsächlich zeigt eine genauere Betrachtung wirtschaftssoziologischer Ansätze des methodischen Individualismus,[44] dass hier nicht nur der Rationalitätsbegriff ausdifferenziert worden ist, sondern Modelle erarbeitet worden sind, die gerade soziale Aspekte und Informationsprobleme rationalen Handelns explizit berücksichtigen. Solche Ansätze sind unter dem Begriff *„Property Rights“* zusammengefasst – im Deutschen treffend mit „Verfügungsrechte“ übersetzt – und werden z.B. als Werterwartungstheorie dem „ökonomischen Erklärungsansatz für soziales Handeln“ zugerechnet. Neben der schon angesprochenen Delegierung von Verfügungsrechten über Eigentum und den damit verbundenen Kontroll- und Exaktheitsproblemen (*Prinzipal-Agent-Modell*) tragen *„Property-Rights“*-Ansätze dem Umstand Rechnung, dass Menschen in ökonomischen oder politischen Entscheidungssituationen auch soziale Vor- und Nachteile der Optionen abwägen. Nur selten gibt es in Unternehmen eine Trennung zwischen rein ökonomischen,

---

42 Vgl. die Beiträge in Karl LAUSCHKE / Thomas WELSKOPP (Hrsg.), Mikropolitik im Unternehmen. Arbeitsbeziehungen und Machtstrukturen in industriellen Großbetrieben des 20. Jahrhunderts, Essen 1994. Heiner Minssens Aufsatz über den sozialen Prozess betrieblichen Wandels, in dem er u.a. die historische Bedingtheit betrieblicher Rationalität herausarbeitet, bietet methodische Anregungen, die jedoch kaum von anderen Autoren aufgegriffen wurden; vgl. Heiner MINSSEN, Der soziale Prozess betrieblichen Wandels, in: Ebd., S. 16-47, hier: S. 31ff.

43 Vgl. einführend Erich WEEDE, Mensch und Gesellschaft. Tübingen 1992, S. 97ff. Eine überzeugende Anwendung des property-rights-Ansatzes bei der Untersuchung „systemimmanenter Niedergangsdynamik der Zentralverwaltungswirtschaft“ bei Christian HEIMANN, Systembedingte Ursachen des Niedergangs der DDR-Wirtschaft. Das Beispiel der Textil- und Bekleidungsindustrie 1945–1989, Frankfurt am Main u.a. 1997, S. 12ff.

44 Allen Ansätzen des methodischen Individualismus ist gemeinsam, dass sie soziale Erscheinungen „letztlich durch individuelles Handeln und Handlungsanreize für Individuen“ erklären; WEEDE, Mensch, S. V. Damit unterscheiden sie sich von systemischen Ansätzen, deren Erklärungen sich auf überindividuelle Faktoren stützen.

rein politischen und rein sozialen Aspekten einer Entscheidung. Die Annahme eines rationalen Kalküls bei Betriebsleitern ermöglicht es auch dann, wenn sie über nichtökonomische Sachverhalte entscheiden, genau diese Unschärfe zu erfassen: Fragen der Rentabilität *und* der politischen Opportunität wurden oft genug in einer einzelnen betrieblichen Entscheidung miteinander verknüpft.

Wichtig bleibt, dass es sich bei der Rationalitätsannahme um ein methodisches Instrument zur Untersuchung der „sozialen Welt“ handelt, nicht um die Unterstellung *echter* Rationalität. Die Frage, ob man rationale Wahlmodelle nutzt oder im Rahmen der „Mikropolitik“ ablehnt, ist folglich keine Aussage über die wirkliche Rationalität oder Irrationalität einer sozialen Situation, sondern eine forschungspraktische Methodenentscheidung.

Dass sich die Untersuchung betrieblicher Entscheidungssituationen nicht auf die Genese strategischer Unternehmensentscheidungen beschränken kann, sondern den politischen und sozialen Kontext reflektiert und gewichtet, wird in den letzten Jahren stärker thematisiert, bleibt aber eine wichtige Forderung auf dem Weg zu einer interdisziplinären „Theorie der Unternehmung“.[45] Inzwischen zeigt eine Reihe von Studien über einzelne Unternehmen, dass die Berücksichtigung des sozialen Kontextes in der unternehmensgeschichtlichen Analyse fruchtbar ist. Dass dabei ein Schwerpunkt auf Unternehmen im Nationalsozialismus liegt, mag einem Forschungstrend entspringen, weist aber auch darauf, dass nicht nur „Unternehmen über ihren engeren Bereich hinaus in vielfältiger Weise in die Gesellschaft hinein wirken“,[46] sondern ebenso die Bedingungen der Gesellschaft die Formen unternehmerischer Entscheidungsfindung und betrieblicher Interessenvertretung prägen.[47]

3.2. Betriebsführung

Die Handlungen von Betriebsleitungen lassen sich nach ihrem jeweiligen Bezug auf innerbetriebliche Abläufe, politische Interessen- und Wirtschaftsverbände sowie andere Unternehmen charakterisieren. In allen Beziehungen begegnen Unternehmer und Geschäftsführer interessengeleiteten Akteuren, mit denen offen oder verborgen Kompromisse ausgehandelt werden müssen. Dabei haben alle Akteure situationsspezifische, veränderbare

---

45 PIERENKEMPER, Unternehmensgeschichte, S. 283.

46 Ebd., S. 284.

47 Vgl. BRÄUTIGAM, Unternehmer, GEHRIG, Rüstungspolitik sowie Bernhard LORENTZ, Industrieelite und Wirtschaftspolitik 1928–1950. Heinrich Dräger und das Drägerwerk, Paderborn 2001; in der differenzierten Darstellung von Unternehmensstrategien und innerbetrieblicher Entwicklung überzeugend ist Neil GREGOR, Stern und Hakenkreuz. Daimler-Benz im Dritten Reich, Berlin 1997.

Handlungsspielräume, die durch viele Faktoren beeinflusst werden, wobei betriebliche, volkswirtschaftliche und nicht zuletzt politische Interessen und Absichten in unterschiedlichem Maße prägend wirken.

Die vorliegende Arbeit konzentriert sich auf die Entscheidungsspielräume und Aushandlungsprozesse der Betriebsleitungen eines Leipziger Maschinenbauunternehmens. Innerbetriebliche Handlungsspielräume werden an der Entwicklung der Personal- bzw. Kaderpolitik untersucht. Das Verhältnis zwischen Belegschaft und Betriebsleitung wird dabei nur in ausgewählten Zeitabschnitten betrachtet.

Für diese forschungspraktische Entscheidung waren zwei Aspekte von wesentlicher Bedeutung. Zum einen erwies sich die Überlieferung im Betriebsarchiv als asymmetrisch, da zwar für den gesamten Untersuchungszeitraum 1932 bis 1963 aussagefähige Unterlagen über Entscheidungsprozesse der Betriebsleitungen vorliegen, aber für die Zeit bis 1945 kaum Akten über die Belegschaftsentwicklung und die betriebliche Sozialpolitik.

Zum zweiten nahmen die jeweiligen Betriebsleitungen bis in die 1950er Jahre hinein selbst eine Trennung von außerbetrieblicher Unternehmensführung und innerbetrieblicher Belegschaftsmotivation vor, eine Einstellung, die mit Erstarken der SED-Betriebsparteiorganisation einer zunehmenden Kritik ausgesetzt war. Die SED versuchte vor allem über betriebsinterne Abläufe und die Mobilisierung der Arbeiterschaft Einfluss auf Entscheidungen der Betriebsführung zu gewinnen, während die nachhaltigere Kaderpolitik ihre Wirkung erst Ende der 1950er Jahre voll entfalten konnte. Innerbetriebliche Abläufe lassen sich demnach für die DDR auch bei einer Konzentration auf die Entscheidungsprozesse der Betriebsleitungen nicht völlig ignorieren.

Die Wirkungen und Folgen wirtschaftspolitischer Maßnahmen, gerade wenn sie volkswirtschaftlich schwer messbar sind, bleiben immer noch auf der betrieblichen Leitungsebene erkennbar. So sehr beispielsweise die Kontingentierung von Material und Devisen zu gesamtwirtschaftlich wünschenswerten Balancen führen konnte, so sehr wurden zugleich auf der Ebene der Einzelbetriebe Handlungsweisen herausgefordert, die sich schon mittelfristig als verhängnisvoll erwiesen, da sie neue Knappheiten erzeugten. Solche Zusammenhänge lassen sich nur herausarbeiten, wenn die betrieblichen Entscheidungslagen detailliert berücksichtigt werden.

Für die Analyse wirtschaftlicher Realität und betrieblichen Leitungshandelns unter den Bedingungen von Diktaturen ist weiter die Annahme eines „Betriebsegoismus“[48] sinnvoll: Betriebe prägen durch technische und

48 Dieser Begriff ist zwar in der frühen DDR seitens der staatlichen Wirtschaftsverwaltung in negativer Bedeutung verwendet worden, trifft aber dennoch den Kern; vgl. Jörg ROESLER, Spielraum für betriebliche Entscheidungen volkseigener Industriebetriebe während des Zweijahrplanes 1949/50 und Schlussfolgerungen für die betriebsgeschichtliche Forschung, in: Werner PLUMPE / Christian KLEINSCHMIDT (Hrsg.), Unternehmen zwischen Markt und Macht. Aspekte deutscher Unternehmens- und Indu-

organisatorische Anforderungen das Verhalten ihrer Leitungen. Diese Prägung ist relativ unabhängig von der Eigentumsfrage und basiert nicht zuletzt auf branchenspezifischen Erfordernissen, wie sie sich aus dem jeweiligen Produktionsprofil oder besonderen Anfälligkeiten gegenüber wirtschaftlichen Entwicklungen ergeben. Eine Folge dieser Erfordernisse ist, dass Unternehmer und Betriebsleiter als Akteure nur begrenzt „aus ihrer Haut können", unabhängig davon, wie groß ihre politische Anpassungsbereitschaft und der äußere Anpassungsdruck sind. Damit trägt betriebliches Leitungshandeln in sich schon den Keim des Konflikts mit außerbetrieblichen Planungsinstanzen.

In seiner Arbeit über die bayrische Industrie im Nationalsozialismus charakterisiert Fritz Blaich unternehmerisches Handeln in einem Spannungsfeld zwischen „Gleichschaltung, Konformismus und Selbstbehauptung".[49] Dabei arbeitet er für die Vorkriegszeit jene Bereiche heraus, in denen Unternehmer und Betriebsdirektoren mit „den gesamtwirtschaftlichen Zielen der NSDAP und des von ihr beherrschten Staates" kollidierten: Neben der politischen Frage der industriellen Interessenvertretung waren dies vor allem wirtschaftliche Belange wie das betriebliche Personalwesen, die Rohstoffversorgung und die Gestaltung der wirtschaftlichen Transaktionen.[50] An Blaich anknüpfend, beschreibt Paul Erker „Anpassungsbereitschaft und Eigeninteresse" von Unternehmen im Zweiten Weltkrieg.[51] Dabei zeigt er, dass die bereitwillige Mitarbeit von Betriebsleitern in den Ausschüssen des Speer-Ministeriums sehr wohl betriebsorientiert begründet sein konnte.

Blaich hebt ein besonderes Verhältnis zwischen der politischen Haltung von Wirtschaftsführern und ihrer Einstellung zur staatlichen Wirtschaftspraxis hervor.[52] Betriebliche Nachteile beispielsweise durch die Materialkontingentierung konnten von einer Betriebsführung durchaus als schlimmer empfunden werden als die Forderung nach grundsätzlicher politischer Loyalität. Und umgekehrt musste das Bekenntnis zum Nationalsozialismus keineswegs unvermittelt zu einer Akzeptanz der Wirtschaftspraxis der NS-Behörden führen. Eine solche Beurteilung teilten Gerhard Hetzer zufolge bereits die Zeitgenossen: Nach 1945 beruhte zumindest in den Westzonen die Belastung von Unternehmern und führenden Managern „aus der NS-

---

striegeschichte im 20. Jahrhundert, Essen 1992, S. 90-104, hier: S. 95. Peter Hübner verweist darauf, dass das industrielle Management in der DDR „durchaus pragmatisch zu agieren verstand und auch für einen gewissen Betriebsegoismus offen war"; Peter HÜBNER, Industrielle Manager in der SBZ/DDR. Sozial- und mentalitätengeschichtliche Aspekte, in: Geschichte und Gesellschaft 24, 1998, S. 55-80, hier: S. 76.

49 BLAICH, Industrie, S. 237.

50 Ebd.

51 Vgl. ERKER, Industrie-Eliten, S. 16ff.

52 Vgl. BLAICH, Industrie, S. 252ff.

Zeit nicht nur [...] auf der Mitgliedschaft oder der Aktivität in der NSDAP oder anderen NS-Organisationen, sondern wesentlich darauf, ob ein Betriebseigentümer – mit oder ohne Parteibuch – sich allzu engagiert in den Dienst nationalsozialistischer Wirtschaftslenkungsmaßnahmen und der autarkie- wie rüstungswirtschaftlichen Zielsetzungen der NS-Führung gestellt hatte".[53]

Während zur Entnazifizierung der Wirtschaftselite in der SBZ in den letzten Jahren wichtige Studien erschienen sind, steckt die Untersuchung von Handlungsspielräumen und Entscheidungslagen der Wirtschaftsfunktionäre in Volkseigenen Betrieben noch in ihren Anfängen. Die bisherige Forschung zu Eliten in der SBZ und frühen DDR rückte vor allem Fragen der Kaderrekrutierung und Karriereverläufe in den Vordergrund,[54] während nur vereinzelt die Stellung von Betriebsleitungen im wirtschaftlichen Planungsprozess der 1950er Jahre untersucht wurde.[55]

Peter Hübner hebt hervor, dass die „Rekrutierung der Funktionseliten [...] in der DDR schon seit 1949 den Regeln eines am sowjetischen Modell orientierten Nomenklatur- und Kadersystems" gefolgt sei.[56] Den Wirtschaftsfunktionären sei im Laufe der DDR-Entwicklung eine „Doppelrolle" zugekommen: „Sie fungierten einerseits wie abhängige Angestellte und mussten doch selbständige Entscheidungen fällen können, wobei es zu einer

---

53 HETZER, Unternehmer, S. 551. Erker spricht in diesem Zusammenhang etwas nebulös von einem „Selbstreinigungsprozess der Unternehmer-Milieus"; Paul ERKER, Einleitung: Industrie-Eliten im 20. Jahrhundert, in: Ders. / PIERENKEMPER (Hrsg.), Unternehmer, S. 1-18, hier: S. 10. Vgl. die differenzierte Sicht bei Volker BERGHAHN, Unternehmer und Politik in der Bundesrepublik, Frankfurt am Main 1985, S. 40ff.

54 Vgl. vor allem die Beiträge in Peter HÜBNER (Hrsg.), Eliten im Sozialismus. Beiträge zur Sozialgeschichte der DDR, Köln u.a. 1999, sowie die Arbeiten von Christoph BOYER, „Die Kader entscheiden alles ...". Kaderpolitik und Kaderentwicklung der SBZ und der frühen DDR (1945–1952), Dresden 1996, Georg WAGNER-KYORA, Sozialer Auf- und Abstieg in der Chemieindustrie. Arbeiter, Angestellte und Akademiker in Leuna 1930–1960, in: Peter HÜBNER / Klaus TENFELDE (Hrsg.), Arbeiter in der SBZ-DDR, Essen 1999, S. 607-639, und Hanna HAACK, Aufsteiger in der Neptunwerft: Mobilität im Industriesystem der SBZ/DDR bis 1960, in: Geschichte und Gesellschaft 27, 2001, S. 424-443.

55 Vgl. für Sowjetische Aktiengesellschaften Rainer KARLSCH / Johannes BÄHR: Die Sowjetischen Aktiengesellschaften (SAG) in der SBZ/DDR, in: LAUSCHKE / WELSKOPP (Hrsg.), Mikropolitik, S. 214-255, sowie für den volkseigenen Sektor ROESLER, Spielraum.

56 HÜBNER, Eliten, S. 21. Vgl. zum Stellenwert der Kaderrekrutierung in der DDR auch Arnd BAUERKÄMPER, Kaderdiktatur und Kadergesellschaft. Politische Herrschaft, Milieubindungen und Wertetraditionalismus im Elitenwechsel in der SBZ/DDR von 1945 bis zu den sechziger Jahren, in: Ebd., S. 37-65, Wolfgang-Uwe FRIEDRICH, Kaderpolitik als totalitäres Herrschaftsinstrument. Das Nomenklatursystem in der DDR, in: HEYDEMANN / JESSE (Hrsg.), Diktaturvergleich, S. 169-185, sowie Hartmut ZIMMERMANN, Überlegungen zur Geschichte der Kader und Kaderpolitik in der SBZ/DDR, in: KAELBLE / KOCKA / ZWAHR (Hrsg.), Sozialgeschichte, S. 322-356.

eigenartigen Mischung von Ideologie und Pragmatismus, Politik und Technokratie kam." Eine genauere Gewichtung der ideologischen und fachlichen Elemente in den Wertorientierungen der DDR-Wirtschaftselite bleibe der weiteren detaillierten Forschung vorbehalten.[57]

Am Beispiel der Rostocker Neptun-Werft, die bis Ende April 1952 SAG-Betrieb war, zeigt Hanna Haack, dass bruchlose Karrieren von Leitungsfunktionären über die Zäsur von 1945 hinweg auch in der SBZ und der frühen DDR möglich waren und der sozialistische Staat zugleich Arbeitern völlig neuartige Aufstiegschancen bot. Die rasanten Karrieren brachten allerdings häufig „Rollenprobleme" mit sich, da die Aufsteiger „eine Pufferfunktion zwischen den verschiedenen Leitungsgremien und den Arbeitern" innehatten.[58] Die sich entfaltende Tätigkeit der SED-Betriebsparteiorganisationen in den industriellen Großbetrieben verkomplizierte im Laufe der fünfziger Jahre die Anforderungen an Leitungsfunktionäre noch weiter.[59]

Für die Gestaltungsspielräume der VEB-Leitungen im Rahmen der Planerstellung in den frühen 1950er Jahren verweist Jörg Roesler auf den unterschiedlichen Stellenwert, den der Umstand, dass ein Betrieb „Rechtsperson" sein konnte, in Plan- bzw. Marktwirtschaft hatte: „Nicht der rechtliche Status bestimmte den Handlungsspielraum der Betriebe mit, sondern seine Stellung im Planungsprozess."[60] Der faktische Freiraum, „den die Betriebe sich zur Gestaltung ihrer Produktion schufen", hing zudem davon ab, in welchem Umfang es Betriebsleitern gelang, „Löcher im dichtmaschigen Netz der [...] administrativen und finanziellen Regulierungen aufzuspüren und im Interesse des Betriebes zu nutzen".[61] Die Ableitung der betrieblichen Wirtschaftspraxis allein aus dem veröffentlichten administrativen Regelwerk muss folglich unvollständig bleiben. Diese methodisch folgenreiche Feststellung berührt den Kern der vorliegenden Arbeit.

4. DIE FRAGESTELLUNG DER ARBEIT

Aus den bisherigen Darlegungen geht hervor, dass die vorliegende Studie keine Unternehmensgeschichte im klassischen Sinne darstellt. Es ist daher nicht auszuschließen, dass ökonomisch versierte Leser wesentliche Parameter zur Beurteilung der wirtschaftlichen Entwicklung der *Bleichert Trans-*

---

57 HÜBNER, Eliten, S. 27.

58 HAACK, Aufsteiger, S. 443.

59 Die Frage der politischen Kompetenz von Wirtschaftsfunktionären wird von Haack dabei allerdings vernachlässigt.

60 ROESLER, Spielraum, S. 91.

61 Ebd., S. 103.

portanlagen GmbH bzw. des späteren *VEB VTA Leipzig* vermissen werden. Dahingegen bildet die Schwerpunktsetzung auf die „soziale Dimension" ökonomischen Handelns eine wichtigste Voraussetzung für eine diktaturvergleichende Perspektive. Die Ausgangshypothese lautet: Der Einfluss politischer und gesellschaftlicher Institutionen in Diktaturen auf die Handlungskriterien und Entscheidungsspielräume von Unternehmensleitungen ist ein komplexer Prozess, der nicht allein ökonomisch bestimmt ist, sondern wirksame soziale Komponenten umfasst.

Damit wird nicht behauptet, dass die Schaffung volks- und betriebswirtschaftlicher Rahmenbedingungen durch die Machthaber keinen Einfluss auf Unternehmensentscheidungen gehabt hätte oder in ihrer Wirkung vernachlässigenswert wäre. Aber die vorliegende Studie wird von der Annahme geleitet, dass auf der betrieblichen Mikroebene neben diesen offenkundigen Zusammenhängen weitere, soziale Faktoren die faktischen Handlungs- und Entscheidungsspielräume der Betriebsleitungen bestimmten.

An erster Stelle verharrt der Blick auf politischen Faktoren, vor allem auf der Präsenz und Durchsetzungsfähigkeit politischer Institutionen und politischer Argumente in Konflikten zwischen Leitungsmitgliedern über unternehmensstrategische bzw. betriebszentrierte Entscheidungen. Die Einschränkung oder Außerkraftsetzung tradierter betriebswirtschaftlicher Normen bedurfte zweifelsohne massiven politischen und sozialen Drucks seitens der Machthaber. Aber politische Einflussnahme wurde nicht nur in offener Artikulation, sondern häufig genug in eher subtilen Anpassungsforderungen sichtbar, deren Durchsetzung von der Kooperationsbereitschaft einzelner Mitglieder der Geschäftsführung abhing.

Die Feststellung, dass absichtsvoller politischer Druck auf lokale Kooperationspartner angewiesen bleibt, weist auf die nächste Hypothese dieser Arbeit: Wirksame Veränderungen im Sinne der politischen Machthaber waren nur dann langfristig möglich, wenn Menschen ihre Bereitschaft zur politischen Mitarbeit im Rahmen unternehmerischen Kalküls mit eigenen Interessen wie ihrer Karriereerwartung oder erhofften betrieblichen Vorteilen verknüpften. Aus der Annahme, dass auf betrieblicher Ebene auch unter diktatorischer Herrschaft individuelle Abwägungsprozesse stattfanden, folgt, dass realisierter politischer Einfluss niemals endgültig durchgesetzt werden konnte, sondern immer wieder neu ausbalanciert werden musste.

Die Absichten und das Wollen der Herrschenden bilden in der sozialen Realität nur *einen* Faktor. Es darf nicht aus den Augen verloren werden, dass nicht nur Machthaber mit Forderungen an gesellschaftliche Teilgruppen herantreten, sondern auch Vertreter dieser Teilgruppen sich zur Durchsetzung ihrer Sonderinteressen unaufgefordert an Instanzen der Macht wenden können.

Die Berücksichtigung von *actio* und *reactio*, die Günther Heydemann fordert,[62] betrifft daher beide Seiten, die Herrscher und die Beherrschten. Die Vorstellung einer durchgängig schwachen Mikroebene, die einem konstanten Drängen diktatorischer Machthaber hilflos ausgeliefert gewesen wäre, greift zu kurz. Vielmehr konnten Akteure der Mikroebene mit mehr Handlungskompetenz für ihren Bereich ausgestattet sein als „von außen" kommende Träger des Machtanspruchs.

Für die Abwägungsprozesse auf betrieblicher Ebene wird davon ausgegangen, dass der politische und soziale Kontext von den Betriebsdirektoren grundsätzlich mit einkalkuliert wurde. Die Entscheidungen für bestimmte Verhaltensstrategien – beispielsweise ob sich ein Unternehmen bei der Materialbeschaffung an die vorgegebenen, legalen Abläufe hielt, oder ob die Zulieferung „organisiert" wurde – werden in der vorliegenden Studie als Resultate rationaler Abwägung und nicht als einfache Reflexe auf Sanktionsdruck verstanden. Die sichere Drohung von Strafe mochte Direktoren davon abgehalten haben, sich jenseits staatlicher Verteilungsbehörden mit Engpassmaterial zu versorgen. Es konnte sie aber auch dazu motivieren, nach ebenfalls illegalen, aber weniger riskanten Wegen der Beschaffung zu suchen.

Die hier dargelegte, modellhafte Vorstellung von rational abwägenden, die Rahmenbedingungen immer wieder im *trial-and-error*-Verfahren ausprobierenden Akteuren kommt den Überlegungen von Hansjörg Siegenthaler nahe, auch wenn diese sich ausdrücklich allein auf die Entwicklung „in den Industrieländern liberaler Wirtschaftsverfassung" beziehen.[63] Siegenthaler bemängelt am Modell des *homo oeconomicus* die „Behandlung des Informationsproblems und den Präferenzbegriff": Die Einholung zusätzlicher Informationen wird allein an den dadurch entstehenden Kosten gemessen, eine Deutung, die „offenkundig einer empiristisch verkürzten Lerntheorie verhaftet" ist.[64] Als Präferenz eines Akteurs werden alle individuellen Vorbedingungen einer rationalen Entscheidung zusammengefasst und bei der Untersuchung der „eigentlichen", strategischen Entscheidung vernachlässigt.

Eine solche Verkürzung kann methodisch sinnvoll sein, aber bei der Analyse der „Ungleichmäßigkeit wirtschaftlicher und sozialer Entwicklung

62 Vgl. HEYDEMANN, Methodologie, S. 232f.

63 Hansjörg SIEGENTHALER, Regelvertrauen, Prosperität und Krisen. Die Ungleichmäßigkeit wirtschaftlicher und sozialer Entwicklung als Ergebnis individuellen Handelns und sozialen Lernens, Tübingen 1993, S. 1.

64 Ebd., S. 9. Siegenthaler erläutert hier auch das wissenschaftliche Kriterium der *Prognosetauglichkeit* von Modellen, welches in der Soziologie und der Ökonomie – im Unterschied zur Geschichtswissenschaft – einen hohen Stellenwert besitzt. Solche grundsätzlichen Differenzen müssen im Blick behalten werden, wenn interdisziplinäre Ansätze der Sozialwissenschaften konzipiert werden.

als Ergebnis individuellen Handelns und sozialen Lernens"[65] plädiert Siegenthaler für die Integration einer erweiterten Lerntheorie, welche die „kognitiven Regelsysteme" der Akteure als Rationalitätsgrenze betrachtet. Diese Regelsysteme werden als konstituierende Voraussetzung ökonomischen Handelns von den Akteuren in Kommunikationsprozessen überprüft und korrigiert, wobei sich gerade in Umbruchphasen zeitliche Verzögerungen im Lernprozess ergeben können, die sich dann von den Betrieben nur mit hohen Kosten ausgleichen lassen.

Auch wenn Siegenthaler diesen Zusammenhang allein auf Konjunkturumbrüche bezieht, lassen sich so auch die politischen Verschiebungen und Umwälzungen der Wirtschaftsordnung in Deutschland sowie die Versuche der Bewältigung auf betrieblicher Ebene erfassen. Und grundsätzlich kann ein solches Verständnis von sozialem Lernen mit Erkenntnisgewinn auch auf Wirtschaftsfunktionäre in Zentralverwaltungswirtschaften sowjetischen Typs angewendet werden. Die schon erwähnte Arbeit von Janos Kornai über die politische Ökonomie des Kommunismus bietet Anknüpfungspunkte, auch den Direktoren volkseigener Betriebe das Bedürfnis nach Regelvertrauen sowie die Fähigkeit zu unterstellen, in kommunikativen Prozessen nach Rückversicherungen zu suchen.

Angesichts der Fülle an Informationen, die in der Zentralverwaltungswirtschaft der DDR bürokratisch koordiniert werden mussten, ist diese Annahme naheliegend: Der Wirtschaftsplan steckte „voller verborgener Unstimmigkeiten", die nur „nach und nach im Zuge der Verwirklichung zum Vorschein" kamen und immer wieder zu „improvisierten Veränderungen" zwangen.[66] Schon deshalb stehen „vertikale Verhandlungen" und die informelle Abstimmung der Wirtschaftspläne für Kornai im Zentrum des Planprozesses.[67] Die daraus erwachsenden Anreizstrukturen für Betriebsleiter stellt er idealtypisch den Anreizstrukturen für Geschäftsführer in Marktwirtschaften gegenüber.

---

65 So der prägnante Untertitel von Siegenthalers Studie. Zum Folgenden vgl. ebd., S. 1-41.

66 KORNAI, System, S. 140.

67 Ebd., S. 134.

Hauptmerkmal	Im Wettbewerb stehende Privatfirma im Kapitalismus im Rahmen des unvollkommenen Wettbewerbs	Staatseigene Firma im klassischen Sozialismus
Interesse	Hauptsächlich Steigerung des Gewinns	Hauptsächlich Anerkennung durch vorgesetzte Organe. Hauptkriterium: Erfüllung von Anordnungen
Eintritt und Austritt	Marktbestimmt. Freier Zugang zum Markt. Geschäftliches Versagen führt zum Austritt	Bürokratie entscheidet über alle Ein- und Austritte
Budgetbeschränkung	Hart	Weich
Preisempfindlichkeit	Stark	Schwach
Preisfestsetzung	Die Firma setzt den Verkaufspreis. Preis ist höher als die Marginalkosten	Die Preisbehörde setzt den Verkaufspreis, aber die Firma hat Einfluss auf ihn. Verhältnis zwischen Preis und Marginalkosten willkürlich
Information und Nachfrage	Firma unsicher, was die Nachfrage angeht	Firma sicher, was die Nachfrage angeht

***Tabelle** 1: Ein idealtypischer Systemvergleich – das kurzfristige Verhalten der Firma*[68]

Aus dieser Gegenüberstellung lassen sich nicht nur zu erwartende Verhaltensweisen für Betriebsdirektoren ableiten, sondern zugleich die tatsächlich ermittelten Handlungen und Entscheidungen messen. Die Betriebsleitungen von Bleichert/VTA agierten zwischen 1932 und 1963 zu keinem Zeitpunkt unter diesen reinen Bedingungen, sondern immer in modifizierten Formen, deren konkrete Ausgestaltung von individuellen und sozialen Faktoren abhing.

Die Normen und Anreize, insbesondere aber deren faktische Geltung, mussten dabei nicht immer willentlich von den Herrschenden gesetzt worden sein. Vielmehr kann plausibel davon ausgegangen werden, dass in beiden Diktaturen eine Fülle von Handlungsanreizen aus chaotischen Situationen erwuchsen und von keinem der Beteiligten gewollt wurden. Das schließt jedoch nicht aus, dass solche Anreize von den Herrschenden nachträglich als nützlich erkannt und gebraucht wurden.

Auf die vorgestellten Handlungsmodelle wird im Folgenden nicht immer wieder verwiesen. Sie stellen vielmehr Prämissen dar, die für die Beurteilung der Handlungen und Entscheidungen der Leitungsfunktionäre von Bleichert/VTA den Hintergrund bilden, und auf die in den auswertenden Schlusskapiteln wieder Bezug genommen wird. Im Zentrum stehen zum einen die aus dem *Prinzipal-Agent-Modell* ableitbaren spezifischen Probleme der Ressourcendelegierung, zum anderen die grundsätzliche Annahme *rational abwägender Akteure*.

68 Gekürzt nach ebd., S. 297.

4.1. Quellenlage zur Geschichte von Bleichert/VTA

Für die Entscheidung, im Rahmen einer diktaturvergleichenden betrieblichen Mikrostudie die Bleichert-Werke zu untersuchen, war neben der Bedeutung des Unternehmens die sehr gute Quellenlage für die Zeit beider Diktaturen ausschlaggebend. Die Leitungsunterlagen sowohl der *Bleichert Transportanlagen GmbH* als auch des *VEB VTA Leipzig* sind nahezu vollständig erhalten, und ein Großteil der betrieblichen SED-Akten aus der Zeit nach 1956 ist archiviert.[69] Zudem sind auch die Bestände übergeordneter deutscher Wirtschaftsinstanzen weitgehend zugänglich – von 1932 bis 1945/46 waren dies die Kölner *Felten & Guilleaume Carlswerke*,[70] ab 1954 die Hauptverwaltungen des DDR-Maschinenbauministeriums bzw. nach 1958 die in Leipzig ansässige *Vereinigung Volkseigener Betriebe (VVB) Bergbauausrüstung und Förderanlagen*.

Einzig für die Zeit der *Sowjetischen Aktiengesellschaft (SAG) Bleichert*[71] zwischen 1946 und 1954 gibt es auf betrieblicher Ebene Lücken in den Leitungsunterlagen, insbesondere des ersten deutschen Hauptdirektors der *SAG Bleichert* in den Jahren 1946 bis 1948, die sich allerdings durch Handakten des kaufmännischen SAG-Direktors ausgleichen ließen.[72] Als schmerzlichste Einschränkung muss der Umstand gelten, dass für die SAG-Zeit keine Akten sowjetischer Stellen vorliegen: Weder die Handakten des sowjetischen Generaldirektors der *SAG Bleichert* noch der Bestand der SAG-Vermögensverwaltung ließen sich für die vorliegende Studie ausfindig machen.[73]

---

69 Das Betriebsarchiv von Bleichert/VTA für den gesamten Untersuchungszeitraum 1932 bis 1963 und das Leipziger SED-Bezirksparteiarchiv, welches auch die Bestände untergeordneter Parteiinstanzen umfasst, sind im Sächsischen Staatsarchiv Leipzig (im Folgenden StAL) archiviert. Betriebsunterlagen der A.W. Mackensen Maschinenfabrik Magdeburg, die zwischen 1936 und 1945 zur Bleichert Transportanlagen GmbH gehörte, wurden im Landesarchiv Magdeburg eingesehen.

70 Der Bestand der Felten & Guilleaume Carlswerke AG ist im Rheinisch-Westfälischen Wirtschaftsarchiv zu Köln (im Folgenden RWWA) zugänglich.

71 Die genaue Bezeichnung des Unternehmens lautet *Bleichert Transportanlagenfabrik in der SAG Transmasch*. Im Folgenden wird durchgängig die Kurzform *SAG Bleichert* verwendet.

72 Vgl. auch Friederike SATTLER, Mitwirkung im SAG-Betrieb. Zur Geschichte der Bleichert Transportanlagenfabrik Leipzig, unveröffentlichte Diplomarbeit, Freiburg im Breisgau 1991, S. 6f.

73 Zur Institution der SAG-Vermögensverwaltung vgl. Jan FOITZIK, Sowjetische Militäradministration in Deutschland (SMAD) 1945–1949, Berlin 1999, S. 180ff., sowie Jörg ROESLER, Der Beitrag der Betriebe sowjetischen bzw. gemischten Eigentums bei der Herausbildung und Festigung der sozialistischen Planwirtschaft in der volksdemokratischen Revolution, in: Die Große Sozialistische Oktoberrevolution und der revolutionäre Weltprozeß, Bd. 2, Berlin (Ost) 1978, S. 522-546.

Zwei Bestände wurden aus unterschiedlichen Gründen nicht gesichtet. Zum ersten konnten die Unterlagen des DDR-Ministeriums für Staatssicherheit bei der Leipziger Außenstelle des BStU nicht eingesehen werden. Zum zweiten sind die Akten des Wirtschaftsressorts der Landesverwaltung Sachsen aus den Jahren 1945 bis 1948 in der Habilitation von Winfrid Halder umfassend ausgewertet worden.[74] Auf eine Sichtung dieser Akten im Rahmen der vorliegenden Untersuchung wurde daher verzichtet, zumal im Bundesarchiv Berlin (Außenstelle Dahlwitz-Hoppegarten) die Tätigkeitsberichte der für SAG-Betriebe zuständigen Dresdner Abteilung für Reparationen zugänglich sind.

Trotz dieser Einschränkungen liegen für den gesamten Untersuchungszeitraum aussagefähige Akten der Leipziger Betriebsleitungen vor. Alle drei Betriebsformen der Bleichert-Werke – die GmbH, die SAG und der VEB – waren ihren übergeordneten Instanzen rechenschaftspflichtig. Dadurch ergab sich eine insgesamt ähnliche Rechtfertigungslage der jeweiligen Unternehmensleitungen in beiden Diktaturen – mit oftmals detaillierten Darlegungen der Entscheidungslagen im Schriftverkehr, welche die vergleichende Untersuchung an Hand der Akten begünstigten.

4.2. Gliederung der vorliegenden Arbeit

Der inhaltliche Aufbau der Arbeit entspricht der methodischen Entscheidung, vertiefenden Detailstudien im Rahmen des Diktaturvergleichs ein größeres Gewicht zu geben als der Gesamtentwicklung des Betriebes. Daher wird die Entwicklung der *Bleichert Transportanlagen GmbH* und ihrer Folgebetriebe *SAG Bleichert* und *VEB VTA Leipzig* zwischen 1932 und 1963 in Kapitel I nur skizziert. Hier stehen neben den wirtschaftspolitischen Rahmenbedingungen vor allem die Eigentumsverhältnisse, die betriebliche Wirtschaftspraxis sowie die technischen Voraussetzungen des Transportanlagenbaus im Vordergrund. Daran anschließend werden in insgesamt sieben Detailstudien soziale Prozesse der *innerbetrieblichen Politisierung* (Kapitel II) und der *außerbetrieblichen Interessenartikulation* (Kapitel III) herausgearbeitet. Im abschließenden Kapitel IV werden die Ergebnisse der Detailstudien resümiert und verglichen.

74 Winfrid HALDER, „Modell für Deutschland". Wirtschaftspolitik in Sachsen 1945–1948, Paderborn 2001.

I. DIE ENTWICKLUNG DES UNTERNEHMENS

1. DAS FAMILIENUNTERNEHMEN ADOLF BLEICHERT BIS 1932

Es wäre unangemessen, die Entwicklung der Leipziger Bleichert-Werke von deren Gründung 1874 bis zur Liquidation im Frühjahr 1932 zu einer bloßen Vorgeschichte der späteren *Bleichert Transportanlagen GmbH* zu reduzieren. Für das Verständnis der betrieblichen Entwicklung nach 1932 sind aber einige betriebsorganisatorische und zwischenbetriebliche Faktoren unverzichtbar, die sich überwiegend bereits im 19. und frühen 20. Jahrhundert herausbildeten, und die im Folgenden skizziert werden.[1]

1.1. Die Transportanlagenfabrik Adolf Bleichert *von 1874 bis 1918*

Der Firmengründer Adolf Hermann Bleichert, geboren am 31. Mai 1845 bei Bitterfeld, gilt als Erfinder der modernen Drahtseilbahn.[2] Als Ingenieur arbeitete er bei verschiedenen Maschinenbaufirmen und setzte dort bereits eigene Ideen für gleislose Seilförderanlagen um; eine erste Drahtseilbahn nach seinen Entwürfen entstand zwischen 1872 und 1874.[3]

Bleichert erhielt die Patente für derartige Anlagen und entschloss sich Anfang 1874, zusammen mit einem Ingenieurskollegen ein eigenes Büro zu eröffnen, das sich ausschließlich der Projektierung und der Konstruktion von Drahtseilförderanlagen widmete. Dieses Büro war die Keimzelle eines der bedeutendsten sächsischen Maschinenbauunternehmen und des langjährigen deutschen Marktführers im Drahtseilbahnbau. Neue Aufträge nutzten

---

1 Zur Geschichte der Bleichert-Werke bis 1932 gibt es neben einer Firmenschrift zum 50-jährigen Firmenjubiläum (C.W. KOEHLER, Adolf Bleichert & Co. Leipzig. Rückblick und Umschau aus Anlass des 50-jährigen Bestehens am 1. Juli 1924, Leipzig 1924) nur einen knappen Band von Manfred HÖTZEL / Stefan W. KRIEG (Hrsg.), Adolf Bleichert und sein Werk. Unternehmerbiografie, Industriearchitektur, Firmengeschichte, Beucha 2002.

2 Vgl. Gustav DIETERICH, Die Erfindung der Drahtseilbahnen. Eine Studie aus der Entwicklungsgeschichte des Ingenieurwesens, Leipzig 1908, S. 101ff. Lebensdaten nach Manfred HÖTZEL, Biographisches zu Adolf Bleichert, in: Ders. / KRIEG (Hrsg.), Adolf Bleichert, S. 17-52, hier: S. 18ff.

3 Diese erste Drahtseilbahn von Adolf Bleichert, für eine Paraffinfabrik in Teutschenthal bei Halle konstruiert, lief noch auf verschweißten Rundeisen, während die Waggons mittels eines Seilzugsystems bewegt wurden; vgl. DIETERICH, Erfindung, S. 98f.

Bleichert und sein Kompagnon für weitere technische Verbesserungen, nicht zuletzt 1875 die Bestellung einer Seilbahn durch Alfred Krupp, welcher zustimmte, dass Bleichert an dieser Bahn Neuerungen ausprobierte.[4]

Adolf Bleichert kann also durchaus als Prototyp des dynamischen Unternehmers im Sinne Joseph Schumpeters gelten, „der innovative Funktionen erfüllte“[5] und davon unmittelbar profitierte. Bleicherts zentrale Innovationsleistung bestand, neben der Etablierung des Drahtseils als Hauptträger für längere Förderstrecken, in der Entwicklung einer besonderen Klemmkupplung, die eine hohe Laufsicherheit gewährleistete und damit den Wartungs- und Kontrollaufwand entscheidend verringerte.[6] Damit wurden Seilförderanlagen für Unternehmen der expandierenden Schwerindustrie interessant, die den Vorteil von Seilbahnen, nämlich die völlige Unabhängigkeit von geographischen Gegebenheiten, nun technisch ausgereift nutzen konnten.

Die folgenden Aufträge ermöglichten der Drahtseilbahnfabrik, die Bleichert ab August 1876 allein führte, für Jahrzehnte eine rasche und nahezu ohne Störung verlaufende Expansion. Die Entwicklung des Unternehmens vollzog sich „im Zeichen der günstigen Entwicklung der Montanindustrie, die für den Transport der Rohstoffe und der Halbfabrikate von Werk zu Werk in wachsendem Maße derartige Verkehrseinrichtungen benötigte“.[7] Jenseits des persönlich begründeten Erfolgs lag Bleichert damit im Trend der Entwicklung des sächsischen Maschinenbaus im letzten Drittel des 19. Jahrhunderts, in dem sich „endgültig das für Sachsen im 20. Jahrhundert typische, sehr breit gefächerte Wirtschaftsprofil“ herausbildete.[8]

Die wachsende Zahl der Aufträge machte es bald notwendig, sich neue Unternehmensgebäude zu suchen, in denen dann erstmals Konstruktionsbüros und Montagewerkstatt unter einem Dach vereinigt waren: „Mit einem Personalbestand von 20 Beamten und 70 Arbeitern übersiedelte daher Bleichert am 1. Oktober 1881 auf das heutige Gohliser Grundstück.“[9] Zu die-

---

4 Vgl. KOEHLER, Rückblick, S. 15, sowie Eduard SIODLACZEK, Die Entwicklung der Leipziger Maschinenbauindustrie, Halle/Saale 1930, S. 60.

5 Werner PLUMPE, Unternehmen, in: Gerold AMBROSIUS / Dietmar PETZINA / Werner PLUMPE (Hrsg.), Moderne Wirtschaftsgeschichte. Eine Einführung für Historiker und Ökonomen, München 1996, S. 47-66, hier: S. 48. Jürgen Kocka bezeichnet diesen Typus als „Techniker-Unternehmer“; vgl. Jürgen KOCKA, Unternehmer in der deutschen Industrialisierung, Göttingen 1975, S. 50ff.

6 Zu den technischen Details vgl. P. STEPHAN, Die Drahtseilbahnen. Ihr Aufbau und ihre Verwendung, Berlin 1914, S. 27ff.

7 SIODLACZEK, Entwicklung, S. 60.

8 Roland ZEISE / Bernd RÜDIGER: Bundesstaat im Deutschen Reich (1871–1917/18), in: Karl CZOK (Hrsg.), Geschichte Sachsens, Weimar 1989, S. 381-428, hier: S. 383.

9 KOEHLER, Rückblick, S. 14. Gohlis blieb bis 1992 als „Werk I“ Teil des Unternehmens. Die Verlegung in die verkehrsgünstig gelegene nördliche Vorstadt (erst 1890 wurde Gohlis eingemeindet) fiel in eine Zeit massiver industrieller Expansion in Leip-

sem Zeitpunkt lieferte die *Transportanlagenfabrik Adolf Bleichert* bereits ihre einhundertste Drahtseilbahn aus.

Die Kontakte der Bleichert-Werke in den rheinisch-westfälischen Wirtschaftsraum entwickelten sich schnell zu wechselseitigen Beziehungen und zu einem Potenzial späterer Abhängigkeiten. Schon früh wurde dabei der Umstand bestimmend, dass die von Bleichert gelieferten Anlagen zum Transport von Erzen oder Brennstoffen *relativ langlebige Investitionsgüter* waren, die – einmal errichtet – über Jahre und Jahrzehnte nur noch Wartungsarbeiten und die Lieferung von Ersatzteilen benötigten. Solange Bleichert auf dem Ersatzteilmarkt keine ernsthafte Konkurrenz hatte bzw. die Ersatzteile durch Patente schützen konnte, mag die Behauptung, die Wirtschaftsbeziehungen sicherten ihm „einen festen Stamm von Abnehmern",[10] zutreffend gewesen sein.

Indes lag hier bereits eine potenzielle Gefährdung der Bleichertschen Marktposition, oder in den Worten einer 1924 erschienenen Firmenjubiläumsschrift: „Nachdem die Erfolge Bleicherts in unzweifelhafter Deutlichkeit zu Tage getreten, erhob sich eine nutzgierige Konkurrenz, die gegen die Patente des Pioniers der Drahtseilbahntechnik anstritt, deren Abwehr jedoch, zum Teil nach harten Kämpfen, gelang."[11]

Im Gegenzug für die Lieferung von Transportanlagen ins Rheinland erhielt die *Transportanlagenfabrik Adolf Bleichert* von dort Drahtseile und Stahlbauelemente. Insbesondere die *Felten & Guilleaume Carlswerke*, 1873 in Köln-Mülheim gegründet, versorgten die Bleichert-Werke mit belastbaren Spezialdrahtseilen. Auch hier lag Potenzial für eine Verlagerung von Machtzentren innerhalb des Produktionsprozesses, da die *Carlswerke* ebenfalls rasch expandierten und deren Leitung sich entschied, den Absatz ihrer Produkte über enge Bindungen und Verpflichtungen mit den Abnehmern der Transportanlagenindustrie zu sichern.[12] Vorerst aber blieben solche

---

ziger Vororten; vgl. Lutz HEYDICK, Leipzig. Historischer Führer zu Stadt und Land, Leipzig u.a. 1990, S. 82ff. Der gerade auch in Sachsen forcierte Ausbau der Eisenbahn glich den durch fehlende Wasserwege bedingten Infrastrukturnachteil Leipzigs aus und ermöglichte die Ansiedlung von Maschinenbauunternehmen, die auf die Zulieferung spezieller Stahlsorten und schwerer Halbfabrikate angewiesen waren; vgl. die Karten bei ZEISE, Bundesstaat, S. 388f., welche die rasche Expansion der Schienenwege in der zweiten Hälfte des 19. Jahrhunderts dokumentieren.

10 KOEHLER, Rückblick, S. 14.

11 Ebd., S. 16.

12 Vgl. Kurt PRITZKOLEIT, Männer, Mächte, Monopole. Hinter den Türen der westdeutschen Wirtschaft, Düsseldorf 1953, S. 272ff. Die Geschichte der Kölner *Felten & Guilleaume Carlswerke AG* ist ein Desiderat der Forschung; vgl. Wilfried FELDENKIRCHEN, Fernostgeschäfte der Felten & Guilleaume Carlswerk AG bis zum Beginn des Zweiten Weltkrieges, in: Zeitschrift für Unternehmensgeschichte 22, 1977, S. 91-108 und 161-182, sowie Günther SCHULZ, Die Arbeiter und Angestellten bei Felten & Guilleaume. Sozialgeschichtliche Untersuchung eines Kölner Unternehmens im 19. und beginnenden 20. Jahrhundert, Wiesbaden 1979.

Tendenzen nur latent, und die *Transportanlagenfabrik Adolf Bleichert* versorgte die weiter wachsende Montanindustrie mit Transportanlagen.[13] Die Produktion entwickelte sich stetig: Wurden bis 1880 über 75 Drahtseilbahnen fertiggestellt, verzehnfachte sich diese Zahl bis 1895, um im Jahr 1905 einen Stand von insgesamt 1328 seit der Firmengründung errichteten Anlagen zu erreichen.[14]

Die Depression nach dem „Gründerzeit-Boom" ab 1875 traf trotz der grundsätzlichen Dramatik die verschiedenen Branchen des Maschinenbaus in sehr unterschiedlichem Maße.[15] Im Unterschied zu anderen Maschinenbauunternehmen konnte die *Transportanlagenfabrik Adolf Bleichert* von den 1879 für das Deutsche Reich eingeführten Eisenzöllen profitieren: Zwar zogen die Rohstoffpreise drastisch an, aber zugleich wurde die deutsche Montanindustrie von den Zöllen begünstigt, und die Bleichert-Werke, deren Entwicklung vorerst eng an die Expansion der Montanindustrie geknüpft blieb, konnten im Windschatten des Ausbaus großer Kohle- und Erzförderstätten ebenfalls expandieren.

In anderen Sparten der Schwerindustrie und des Maschinenbaus, mit regionalem Schwerpunkt im rheinisch-westfälischen Wirtschaftsgebiet, führten die wechselseitigen Abhängigkeiten von Zulieferern und Abnehmern bereits in den 1880er und 1890er Jahren zu Bestrebungen, über Kartelle und darüber hinausgehende Firmenzusammenschlüsse die wirtschaftlichen Transfers und Erträge abzusichern.[16] Dass eine solche Entwicklung gerade im Transportanlagenbau erst zum Beginn des 20. Jahrhunderts einsetzt, mag mehrere Gründe haben, die in der Literatur sehr unterschiedlich gewichtet werden.[17]

Für die *Transportanlagenfabrik Adolf Bleichert* waren dafür, neben dem Selbstbewusstsein des Gründers, der das noch immer im Familienbe-

---

13 Die Firmenjubiläumsschrift von 1924 konstatiert euphorisch: „In keinem Industriezweig, der sich im letzten Viertel des vorigen Jahrhunderts zum Großbetrieb entwikkelte, fehlte die Bleichertsche Drahtseilbahn als Mittel zur Hebung des Unternehmens"; KOEHLER, Rückblick, S. 16.

14 Zahlen nach StAL, BTG 49 (Rede Max Bleicherts anlässlich der Einweihung neuer Fabrikanlagen am 24.3.1908, S. 9).

15 Dazu grundsätzlich Richard TILLY, Vom Zollverein zum Industriestaat. Die wirtschaftliche Entwicklung Deutschlands 1834 bis 1914, München 1990, S. 77ff.

16 Vgl. Ernst BARTH, Entwicklungslinien der deutschen Maschinenbauindustrie von 1870 bis 1914, Berlin (Ost) 1973, S. 139ff., sowie TILLY, Zollverein, S. 87ff.

17 Während der DDR-Historiker Ernst Barth als Faktoren der Verzögerung im deutschen Maschinenbau bei der Umwandlung von Familienunternehmen in Kapitalgesellschaften betont, sie seien „in erster Linie nicht privater, sondern organisatorisch-technischer und damit letzten Endes auch ökonomischer Natur" gewesen (BARTH, Entwicklungslinien, S. 142f.), hebt Richard Tilly stärker die individuelle Bandbreite von Zusammenschlüssen und den Umstand hervor, dass Konzentration „nicht identisch mit Wettbewerbsbeschränkungen" sei; TILLY, Zollverein, S. 87.

sitz befindliche Unternehmen weiterhin führte, und der anhaltenden Expansion des Unternehmens, die sich erst zu Beginn des 20. Jahrhunderts verlangsamte, die Bleichert-Patente verantwortlich. Grundsätzlich ist die Bildung von Preis- oder Produktionskartellen dann unwahrscheinlich, „wenn ein einziges bedeutendes Mitglied glaubt, durch die Möglichkeit eines Erwerbs von Patenten, die dem Partner nicht zur Verfügung stehen, auf eine Zusammenarbeit mit den [...] übrigen Unternehmen des gleichen Fachbereiches verzichten zu können".[18] In der Tat schützten die Patente die Produktion der *Transportanlagenfabrik Adolf Bleichert* vorerst ausreichend.

Indes erlebte Adolf Bleichert den weiteren Aufschwung seines Unternehmens nicht mehr. Am 29. August 1901 starb er im Alter von nur 56 Jahren und hinterließ seinen beiden Söhnen Paul und Max das Unternehmen, wobei Max Adolf Bleichert wohl schon früh der wirtschaftlich engagiertere der beiden Brüder war.[19]

Die Brüder Bleichert sahen die Entwicklung des Familienunternehmens mit neuem Optimismus und erweiterten Produktionsanlagen sowie die Konstruktionsbüros. Entsprechend wuchs die Zahl der Beschäftigten: von 41 Arbeiter im Jahr 1880 über 700 im Jahr 1908 auf schließlich 730 zu Beginn des Ersten Weltkrieges bzw. von 22 Angestellten im Jahr 1880 auf 460 im Jahr 1908.[20] Eine Rede Max Bleicherts zur Einweihung eines neuen Fabrikgebäudes im März 1908 gipfelte in der Feststellung, dass es „weder in der Leistungsfähigkeit noch in Terrainschwierigkeiten noch in irgendeiner anderen Hinsicht [...] Grenzen" gebe, „die den Siegeslauf der Drahtseilbahn zu hemmen imstande" wären.[21]

Vorerst waren solche Hemmungen tatsächlich nicht sichtbar: Sowohl die starke Exportorientierung der Bleichert-Werke (insbesondere der Export nach Übersee gewann an Bedeutung, und in Russland existierte seit 1909

---

18 Siegfried Reitschuler, zitiert nach BARTH, Entwicklungslinien, S. 164. Diese Einschätzung der besonderen Bedeutung von Patenten bei Unternehmenszusammenschlüssen geht auf Rudolf Hilferding zurück. Zu den verschiedenen Kartellformen vgl. Günter WÖHE, Einführung in die Allgemeine Betriebswirtschaftslehre, München [19]1996, S. 404ff.

19 Diesen Eindruck vermitteln die Firmenakten, in denen Paul von Bleichert kaum in Erscheinung tritt. Zur Person Max von Bleicherts, der am 25.5.1875 in Schkeuditz bei Leipzig geboren wurde, vgl. Reichshandbuch der deutschen Gesellschaft, Berlin 1930, Bd. 1, S. 148, und HÖTZEL, Biographisches, S. 28ff.

20 Zahlen für 1880 bis 1908 nach StAL, BTG 49 (Rede Max Bleicherts anlässlich der Einweihung neuer Fabrikanlagen am 24.3.1908, S. 22); die Zahl für 1914 (hier liegt keine Angabe für die Gruppe der Angestellten vor) nach Silvia EICHHORN, Gesellschaftliche Widersprüche in der Schwerindustrie im Raum Leipzig 1924–1928, unveröffentlichte Diplomarbeit, Leipzig 1982, S. 21.

21 StAL, BTG 49 (Rede Max Bleicherts anlässlich der Einweihung neuer Fabrikanlagen am 24.3.1908, S. 10).

die *Drahtseilbahnfabrik Bleichert & Eichner GmbH*)[22] als auch die Entstehung neuer Absatzmärkte durch den beginnenden Tourismus in Bergregionen rechtfertigten die enormen Investitionen und verdeckten vorerst das strukturelle Problem, dass ein kostenintensives Büro mit hochqualifizierten Ingenieuren nur solange finanzierbar ist, wie sich immer wieder neue Aufträge für Großanlagen akquirieren lassen. Im Ersten Weltkrieg entwickelte die *Transportanlagenfabrik Adolf Bleichert* Feldseilbahnen, die als mobile Anlagen große Mengen Erdaushub über weite Strecken transportieren konnten – eine Konstruktion, die nach dem Übergang zum Stellungskrieg großen Absatz fand.

1.2. Die Entwicklung der Bleichert-Werke nach dem Ersten Weltkrieg

Die nachhaltige Verringerung der Expansionskraft des Familienunternehmens wurde für die 1917 geadelten Brüder von Bleichert erst mit dem Kriegsende erkennbar. In den Jahren bis zur Hyperinflation verringerte sich die Nachfrage nach Lastenseilbahnen, zum einen wegen der grundsätzlich langen Haltbarkeit bereits gebauter Bahnen und einer damit einhergehenden Marktsättigung, zum anderen aber auch deshalb, weil Lastkraftwagen, Förderbrücken und Pipelines den Lastseilbahnen potenzielle Einsatzgebiete entzogen.[23]

Die Leitung der *Transportanlagenfabrik Adolf Bleichert* reagierte auf diese Entwicklung mit der Vergabe von Lizenzen für die eigenen Patente im Tausch gegen Firmenanteile der Kölner *J. Pohlig AG*, einem wichtigen Konkurrenten im Drahtseilbahnbau. Neben der Erneuerung eines bereits zu Beginn des 20. Jahrhunderts eingerichteten Produktionskartells, von der noch zu sprechen sein wird, wurde nun die eigentumsrechtliche Verschränkung maßgeblicher deutscher Transportanlagenfirmen zu einem stabilisierenden Faktor der Branche.[24]

---

22 Vgl. Leipziger Wirtschaftshandbuch. Hrsg. von der Industrie- und Handelskammer Leipzig, Leipzig 1930, Bd. 3, S. 49.

23 Vgl. Mario SCHATZ, Seilbahnen der DDR. Geschichte, Technik, Betrieb, Berlin (Ost) 1987, S. 15. Allerdings gewannen innerhalb der Produktpalette von Bleichert Personenschwebebahnen zur Erschließung neuer Regionen für den beginnenden Tourismus gegenüber den Lastseilbahnen an Bedeutung. Dennoch: „Hatte Bleichert in den ersten 50 Jahren seines Bestehens bis 1924 fast 4000 Seilbahnen hergestellt, so waren es in den folgenden 20 Jahren bis 1944 nur noch 200"; ebd.

24 Allgemein einführend über Strategien der Eigentumsverschränkung und Konzernbildung in der Weimarer Republik noch immer Ottfried DASCHER, Probleme der Konzernorganisation, in: Hans MOMMSEN / Dietmar PETZINA / Bernd WEISBROD (Hrsg.), Industrielles System und politische Entwicklung in der Weimarer Republik, Bd. 1, Düsseldorf / Kronberg ^{2}1977, S. 127-135.

Ende 1924 besaß das nun als *Adolf Bleichert & Co* firmierende Unternehmen mit einem Stammkapital von vier Millionen RM nicht nur ein Stahlbauunternehmen in Neuß und Mehrheitsanteile der *Pohlig AG*, sondern darüber hinaus Anteile an der *A.W. Mackensen GmbH* in Magdeburg, und der Maschinenfabrik *Kayser & Co AG* in Kassel.[25] Während mit dem größten Konkurrenten, der ebenfalls in Leipzig ansässigen *Allgemeinen Transportanlagen Gesellschaft* (*ATG*), bereits über ein Kartell auf der Basis grundsätzlicher Gleichheit verhandelt wurde, sollten umfangreiche Kredite den Bleichert-Werken ermöglichen, gegenüber der Saarbrücker *Gesellschaft für Förderanlagen Ernst Heckel mbH* zu dominieren, um eine Aufteilung des europäischen Marktes zu erzwingen.[26]

So gelang es den Brüdern von Bleichert, wichtige Konkurrenten auf dem deutschen Transportanlagenmarkt an sich zu binden. Diese Vorgehensweise konnte indes nur durch Bankkredite realisiert werden, die bis an die Kapazitätsgrenzen der Bleichert-Werke ausgedehnt wurden und die Position des Leipziger Unternehmens gegenüber den *Felten & Guilleaume Carlswerken* schwächte, welche Mitte der 1920er Jahre bereits über ein Aktienkapital von 60 Millionen RM verfügten.[27]

Das Bedürfnis der *Carlswerke*, ordnend in die deutschen Transportanlagenbranche einzugreifen, führte schließlich zu einer – vorerst verschleierten – Beteiligung des Kölner Konzerns an der bis Dezember 1926 in eine Aktiengesellschaft umgewandelten *Adolf Bleichert & Co AG*.[28] Die Bemühungen der *Carlswerke*, sich vor allem über eine vertikale Integration Absatzgarantien zu verschaffen, kollidierten dabei mit den zunehmend unreali-

---

25 Vgl. Andreas GRAUL, Zur Entwicklung des Bankwesens in Sachsen im Stadium des monopolistischen Kapitalismus (1914–1933), Dissertation A, Leipzig 1984, S. 65.

26 „Bleicherts Vorstellungen gingen dahin, dass das Saarbrücker Unternehmen in Zukunft allein für Frankreich und seine Kolonien liefern, das eigene Unternehmen aber einziger Produzent für den deutschen Inlandsmarkt“ würde (ebd., S. 67). Diese Aufteilung erwies sich trotz der von den Bleichert-Werken aufgenommenen Kredite als nicht realisierbar, hingegen wurde die *Gesellschaft für Förderanlagen Ernst Heckel mbH* zum 1. Januar 1927 Mitglied in dem neu gegründeten Kartell, dem so genannten Zollausschuss-Vertrag (ZAV).

27 Vgl. ebd., S. 65ff.

28 Offiziell „schied Paul von Bleichert krankheitshalber aus und verkaufte seine Anteile“ nach Köln; StAL, BTG 257 (BTG an F&G, 25.1.1941). Dieses Ausscheiden gehört aber zu den Mythen, die um den insgesamt geheim gehaltenen Prozess der Kartell- und Übernahmeabsprachen gesponnen wurden: Bereits im Vorfeld der Bildung der *Adolf Bleichert & Co AG* findet sich die detaillierte Abmachung zwischen Max von Bleichert und den *Carlswerken*, die Übernahme von 50% der Bleichert-Aktien betreffend, an denen den handschriftlichen Veränderungen zufolge nur noch Fristen und Teilregelungen unklar waren; vgl. RWWA, 11-A I/9/111 (Entwürfe eines Optionsvertrags und eines Abkommens über die Stimmrechtsverteilung, März/April 1926; Georg Zapf an Max von Bleichert, 27.4.1926).

stischen Vorstellungen Max von Bleicherts, den deutschen Maschinenbau in einem einzigen Konzern zusammenzufassen.[29]

Zwar entwickelten sich die Bleichert-Werke noch günstig – 1928 hatte man etwa 1700 Beschäftigte[30] –, zugleich wuchsen aber die Schulden bis April 1929 auf knapp 3,7 Millionen RM, und zur Entlastung des Leipziger Unternehmens kauften die *Carlswerke* im Frühjahr 1929 Pohlig-Anteile der *Adolf Bleichert & Co AG* in Höhe von knapp zwei Millionen RM. Diese Transaktion wurde geheimgehalten, so dass die *Deutsche Bank* als wichtigster einzelner Kreditgeber der Bleichert-Werke Anfang 1929 über die neue Lage nur vermuten konnte, dass die Kölner *Carlswerke* nunmehr in der Lage seien, „wohl die Geschäfte unseres Kunden einer dauernden Kontrolle [zu] unterziehen".[31] Hinter den Kölner *Carlswerken* stand zu diesem Zeitpunkt bereits mehrheitlich der Luxemburger *ARBED*-Konzern.[32]

Diese Konzernpolitik der sukzessiven Aneignung ganzer Produktionslinien lag Ende der 1920er Jahre als Krisenstrategie durchaus im Trend. Harold James konstatiert bei Großunternehmen der Stahlbranche für diese Zeit grundsätzlich ein vermehrtes Engagement im Maschinenbau: „Eine derartige Diversifikation ebnete nicht nur den Weg zu neuen Technologien, sondern versprach auch den Kapitalseignern eine gleichmäßigere Verteilung des Risikos."[33]

Mit den Eigentumsverflechtungen der *Carlswerke* gingen enge Kartellabsprachen einher, die eine besondere Aufmerksamkeit verdienen, da die *Carlswerke* versuchten, diese Absprachen zu institutionalisieren und schließlich innerhalb des Konzerns weiterzuführen. Ähnlich wie bei den Eigentumstransfers setzten sich in der Kartellpolitik der deutschen Transport-

---

29 Ebd. (Max von Bleichert an Georg Zapf, 14.12.1926). Max von Bleichert schwebte eine Aktiengesellschaft „mit einem Kapital von 250.000.000 RM" vor, die von einem Konsortium gegründet werden sollte, „an dem außer den Maschinenfabriken auch sämtliche Großbanken beteiligt sind". Diese Aktiengesellschaft hätte dann „die Aufgabe und Vollmacht, eine radikale Rationalisierung bei den zugehörigen Gesellschaften in Bezug auf Schließung, Zusammenlegung, Austausch von Fabrikaten, also Spezialisierung, vorzunehmen"; ebd. Dieser salopp formulierte Plan ignorierte nicht nur die komplexen Gegebenheiten des deutschen Maschinenbaus, sondern wirkte bei dem Mitinhaber einer Aktiengesellschaft mit vier Millionen Reichsmark Stammkapital schlichtweg unangemessen.

30 Vgl. StAL, BTG 257 (BTG an F&G, 25.1.1941).

31 Bankinterne Aktennotiz vom 27.1.1929, zitiert nach GRAUL, Entwicklung, S. 69.

32 Vgl. Handbuch der deutschen Aktiengesellschaften (Hoppenstedt). Berlin / Leipzig 1943, Bd. V, S. 5033ff.

33 Harold JAMES, Deutschland in der Weltwirtschaftskrise 1924–1936, Stuttgart 1988, S. 124. James erläutert diesen Prozess am Beispiel der *Gutehoffnungshütte*, die bereits vor 1914 ein Drahtwerk gekauft hatte und sich in den zwanziger Jahren an Schiffswerften beteiligte; vgl. ebd., S. 124f. Diese vertikale Integration verlief damit parallel zur Entwicklung der *ARBED*, die sich mehrheitlich an der *Felten & Guilleaume Carlswerke AG* und über diese an Transportanlagenfirmen beteiligten.

anlagenfirmen die Vorstellungen der ökonomisch stärkeren *Carlswerke* gegenüber den Plänen der kleineren Unternehmen wie *Bleichert* und *Pohlig* durch.

1.3. Kartellpolitik im deutschen Transportanlagenbau

Die Quellenlage für die Entwicklung der Kartellabsprachen ist sehr dünn, was vor allem in dem Geheimhaltungsbemühen der beteiligten Firmen begründet liegt. Tatsächlich gab es bereits seit 1912 Preisabsprachen zwischen der *Transportanlagenfabrik Adolf Bleichert* und der Kölner *J. Pohlig AG*, die sich ebenfalls auf dem Sektor der Transportanlagen, insbesondere bei Seilbahnen, eine Marktposition erarbeitet hatten. Diese frühen, wohl schon vertraglich geregelten Absprachen sind indes nur mittelbar dokumentiert.[34]

Das am 10. September 1926 unter dem Namen „Zollausschussvertrag“ (ZAV) vereinbarte umfassende Produktionskartell, dem bis 1927 neben einer italienischen Firma die führenden deutschen Transportanlagenunternehmen beitraten, stellte also eine Fortsetzung bisheriger Preisabsprachen dar.[35] Nun wurde mittels Produktionsquoten, Mindestpreisen und systematischer Angebotsabsprachen der gesamte, an die beteiligten Firmen gerichtete Auftragsbestand aufgeteilt.

Die nahezu vollständige Kartellierung der deutschen Transportanlagenindustrie im ZAV bedeutete insbesondere durch die Preisabsprachen eine starke Einschränkung der Marktmechanismen. Allerdings suggeriert die Zählung des ZAV – zusammen mit der *Chemnitzer Autounion* oder *Zeiss-Ikon* in Dresden – zu den „Betrieben mit Monopolcharakter“[36] eine Einheitlichkeit des im ZAV-Kartell organisierten unternehmerischen Handelns, die faktisch nie gegeben war. Zwar war die Herstellung von Drahtseilbahnen und anderen großen Transportanlagen monopolisiert, aber das Kartell verlagerte nur die scharfen Marktkonflikte in die Gremien des Zoll-Ausschusses. Sowohl die mehrfachen Nachbesserungen der Verteilungsverfahren und Berechnungsgrundlagen als auch die immer wieder zur Diskussion gestellten Quoten für die beteiligten Unternehmen weisen auf die letztlich unregulier-

---

34 Vgl. RWWA, 11-A I/9/111 (Stellungnahme des Bleichert-Direktors Arthur Boskamp zum Verhältnis zwischen Bleichert und Pohlig, 24.11.1926).

35 Neben der Mailänder Maschinenfabrik *Ceretti & Tanfani SA* und den bereits erwähnten Firmen Bleichert, ATG, Mackensen, Pohlig und Heckel waren noch die Darmstädter *Carl Schenck Eisengießerei und Maschinenfabrik GmbH*, die Duisburger *Demag* und die *Carlshütte AG* aus Waldenburg-Altwasser im ZAV-Kartell; vgl. StAL, BTG 210 (Ausführungsbestimmungen des Zollausschussvertrages mit allen Änderungen bis zum 1. Mai 1929).

36 Bernd RÜDIGER, Freistaat in der Weimarer Republik (1918–1933), in: CZOK (Hrsg.), Geschichte, S. 429-479, hier: S. 449.

baren Verteilungskämpfe.[37] So scheint die geringe Fluktuation der Ausschussmitglieder auch nicht durch die Attraktivität des Kartells, sondern – neben der wachsenden Eigentumsbindung durch die *Carlswerke* – eher dadurch begründet zu sein, dass ein Austritt aus dem ZAV zu einer noch schwierigeren Unternehmenslage geführt hätte, da man vor allem dann von der Verteilung aller maßgeblichen Aufträge ausgeschlossen geblieben wäre.

Die Nachbesserungen unterhöhlten die Geltung der Kartellnormen, und neue Produkte mussten mittels Aushandlungen den ursprünglichen Quoten zugeordnet werden. Die Quotierung wurde auf der Grundlage des Firmenumsatzes der jeweils letzten drei Jahre jährlich neu ermittelt; dieses Verfahren wurde aber in dem Augenblick zu einem Problem, als nach 1929 alle beteiligten Firmen Umsatzeinbrüche zu verzeichnen hatten, die sie nicht bei den Quoten berücksichtigt wissen wollten.

Es gehört zu den Besonderheiten der Konzernpolitik der *Felten & Guilleaume Carlswerke AG*, dass die Parallelität von Kartellpolitik und wachsender Eigentumsbindung der am ZAV-Kartell beteiligten Unternehmen den Leitungen der einzelnen Konzernfirmen weiterhin ein hohes Maß an eigenständiger Geschäftsführung ermöglichte.[38] So dominierten ab 1929 unter den Bedingungen der Wirtschaftskrise die jeweiligen Eigeninteressen der beteiligten Firmen, und selbst das ausgefeilte System aus Schiedsgerichten, Schutzzahlungen und Vertragsstrafen konnte die Erosion der Kartellnormen nicht verhindern.

1.4. Der Weg der Adolf Bleichert & Co AG in die Liquidation

Das ZAV-Kartell verteilte zwar die vorhandenen Aufträge, konnte aber die langsam schrumpfende Nachfrage nicht verhindern. Max von Bleicherts Vorstellungen über die Bewältigung der Krise des deutschen Maschinenbaus in den zwanziger Jahren pendelten zwischen überzogenen Plänen für ein Maschinenbaukonsortium ähnlich der *I.G. Farben* und der detaillierten

37 Eine solche Dynamik ist bei Kartellen grundsätzlich gegeben. Auch für die Zeit nach 1918 trifft Richard Tillys Feststellung zu, dass auch „innerhalb von Kartellen [...] die Konkurrenz um Marktanteile und die Konzentration weiter" fortgeschritten sei; „Kartelle dämpften und modifizierten die Formen des Wettbewerbs, schalteten ihn aber nirgends völlig aus"; TILLY, Zollverein, S. 89.

38 In welchem Umfang darin eine bewusste Politik der *Carlswerke* zu sehen ist, muss vorerst offen bleiben. Die Eigenständigkeit wurde auch nach 1932 innerhalb der *Carlswerke* beibehalten und hat das Verhältnis zwischen dem Kölner Mutterkonzern und der neu gegründeten Leipziger *Bleichert Transportanlagen GmbH* wesentlich geprägt.

Bekämpfung kleiner Ingenieurbüros, die sich als flexibler erwiesen und zudem ein geringeres ökonomisches Risiko eingingen.[39]

Es überrascht angesichts solcher Strategien nicht, dass die Leitung der *Adolf Bleichert & Co AG* die auf eine größere Krise hindeutenden Symptome ab 1927 nicht wahrnahm. Dass sie damit nicht alleine stand, verstärkte nur den katastrophalen Effekt der Fehlperzeption. Fritz Blaich arbeitet in seiner Darstellung der Weltwirtschaftskrise gerade auch solche, die Krise verstärkenden Faktoren in der Wahrnehmung der deutschen Wirtschaftselite heraus: So wurde der Umstand, dass bereits von 1927 auf 1928 die Nettoinvestitionen der deutschen Industrie um 10,3 Prozent zurückgingen, vom Großteil der deutschen Wirtschaftselite nicht erkannt, da der Export – zumindest bis 1930 – die Rückgänge auszugleichen vermochte.[40]

Darüber hinaus war der Handlungsspielraum vieler Firmen der metallverarbeitenden Industrie durch Preiskartelle stark eingeschränkt. Der gewünschte Effekt des ZAV, den beteiligten Unternehmen hohe Preise zu garantieren, schlug nun auf die einzelnen Transportanlagenfirmen zurück, die keine Anpassungsstrategien entwickeln konnten und schließlich nach und nach von den *Carlswerken* aufgekauft wurden.[41]

Für Max von Bleichert blieb als Ausweg aus der Krise nur die Hoffnung auf eine baldige Gesundung des Marktes. Die Zeit bis dahin versuchte er mit neuen Krediten zu überbrücken. Mit diesen Finanztransaktionen, die hier nicht weiter erörtert werden können, ruinierte er nicht nur das Familienvermögen, sondern entzog den Bleichert-Werken letztlich die Existenzgrundlage, da die beschworenen „einigermaßen wieder normalen Zeiten“

39 Max von Bleicherts Idee eines deutschen Maschinenbaukonsortium wurde bereits erwähnt. Als gefährliche Konkurrenz in Leipzig sah von Bleichert das kleine Ingenieurbüro von Curt Rudolph an, das Anfang 1928 „5-6 Zeichner, einen Buchhalter und Kassierer, sowie 2 Kontoristinnen“ beschäftigte; RWWA 11-A I/9/112 (Bericht des Verbands der Vereine Creditreform e.V., 4.1.1928). Die Pläne, Rudolph durch die Bindung an eines der ZAV-Unternehmen als Konkurrenz auszuschalten, scheiterten. 1943 versuchte der technische Direktor der Bleichert-Werke, seine Kontakte zum Speer-Ministerium zu nutzen, um eine Schließung des Ingenieurbüros zu erreichen.

40 Die Binnennachfrage im Deutschen Reich nach neuen Maschinen ging in diesem Zeitraum sogar um 12,6% zurück; vgl. Fritz BLAICH, Der Schwarze Freitag. Inflation und Weltwirtschaftskrise, München ^{2}1994, S. 76f. Aus marxistischer Sicht, mit Betonung des Monopolisierungsprozesses, vgl. Manfred NUSSBAUM, Wirtschaft und Staat in Deutschland während der Weimarer Republik. Wirtschaft und Staat in Deutschland, Bd. 2, Berlin (Ost) 1978, S. 259ff.

41 So erwarben die *Carlswerke* bereits Ende 1929 die *Gesellschaft für Förderanlagen Ernst Heckel mbH*, deren „Zähmung“ den Bleichert-Werken nur mit Mühe gelungen war; vgl. RWWA 11-AI/9/112 (Georg Zapf an Max von Bleichert, 28.1.1930). Zu Wachstum und Zusammensetzung der *Felten & Guilleaume Carlswerke AG* vgl. die Übersicht im Handbuch Hoppenstedt 1943, Bd. VI, S. 5766f.

vorerst ausblieben.[42] Im Sommer 1931 leistete Max von Bleichert gegenüber dem Generaldirektor der *Carlswerke*, Georg Zapf, faktisch den Offenbarungseid: „Ich bin nach den Werten, die ich noch besitze, nicht überschuldet, aber zur Zeit nicht flüssig." Der umfangreiche Briefwechsel zwischen Max von Bleichert und Georg Zapf, aus dem schon mehrfach zitiert wurde, belegt aber nicht nur diese Familientragödie, sondern weist sehr deutlich auf die im Verlauf der Weltwirtschaftskrise immer weiter divergierenden Interessen und unterschiedlichen Perspektiven der Leitung eines Großkonzerns einerseits und dem Mitinhaber eines Familienunternehmens anderseits.

Schon erste Bilanzschwierigkeiten der *Adolf Bleichert & Co AG* im Januar 1930 wurden unterschiedlich beurteilt: War man in Leipzig erschrocken und erwog die Erhöhung des Stammkapitals, bemerkte der Generaldirektor der *Carlswerke*, dass er „keineswegs die Situation für ungewöhnlich ansehe"; man dürfe sich angesichts der „inneren Werte" des Unternehmens „ganz beruhigt fühlen".[43]

Spätestens ein Jahr darauf verhandelte man nicht mehr auf gleicher Augenhöhe. Max von Bleichert berichtete Georg Zapf im Februar 1931, dass mehrfach bei ihm angefragt worden sei, ob er geneigt sei, seine Bleichert-Anteile zu verkaufen. Er vermute hinter diesen Anfragen „irgendwelche Schwerindustriellen-Interessen"; es scheine, „als ob die Schwerindustrie wieder mehr aktive Betätigung in der fertigverarbeitenden Industrie" suche: „Die Herren werden sich mit Recht sagen, dass derartige Käufe nur in Zeiten der Tiefkonjunktur möglich sind, da sonst wahrscheinlich niemand daran denken wird, ein gutgehendes Geschäft zu verkaufen."[44]

Es ist anzunehmen, dass sich Max von Bleichert bewusst war, damit exakt auch das Vorgehen der *ARBED* und der *Felten & Guilleaume Carlswerke AG* zu beschreiben. Ihm selbst blieb keinerlei Handlungsspielraum mehr, während der Kölner Generaldirektor keinen weiteren Anlass hatte, auf die Sonderinteressen der Familie von Bleichert Rücksicht zu nehmen. Die Planungen der *Carlswerke* zur Rettung des Produktionspotenzials seit dem Sommer 1931 fokussierten dann auch auf Fusionsmöglichkeiten der *Adolf Bleichert & Co AG* mit Konzernfirmen wie *Pohlig* oder *Heckel*. Diese Pläne, von Außenstehenden aufmerksam verfolgt, scheiterten aber angesichts der hohen Verschuldung und des nun auch wegbrechenden Exports.[45]

Max von Bleicherts verzweifeltes Resümee der eigenen Rettungsbemühungen, er habe immer „felsenfestes Vertrauen in die Unerschütterlichkeit"

---

42 RWWA 11-AI/9/113 (Max von Bleichert an Georg Zapf, 20.7.1931). Hier auch das folgende Zitat.

43 RWWA 11-AI/9/112 (Georg Zapf an Max von Bleichert, 28.1.1930).

44 RWWA 11-AI/9/113 (Max von Bleichert an Georg Zapf, 16.2.1931).

45 Vgl. StAL, ADCA 436 (Pressesammlung der *Allgemeinen Deutschen Credit-Anstalt* (*ADCA*) über die *Adolf Bleichert & Co AG* für den Zeitraum 1931/32).

seiner Firma gehabt,[46] markierte zwei Wochen vor Beginn des Liquidationsverfahrens aus der Perspektive des Generaldirektors der *Carlswerke* nur noch das Ende allen Einflusses der Gründerfamilie auf den weiteren Verlauf der Entwicklung der Bleichert-Werke.

1.5. Die Gründung der Auffanggesellschaft 1932

Mit der Einleitung des Liquidationsverfahrens der *Adolf Bleichert & Co AG* am 5. März 1932 endeten allerdings die Bestrebungen der *Carlswerke* nicht, mittels einer umfassenden Kontrolle des deutschen Transportanlagenbaus die eigene Marktposition zu sichern. Diese Sicherung war nicht zuletzt deshalb geboten, da ebenfalls im Frühjahr 1932 die *Friedrich Flick KG* sich anschickte, mit der *Allgemeinen Transportanlagen Gesellschaft* einen wichtigen Konkurrenten zu übernehmen, der im Falle einer Auflösung der Bleichert-Werke deren qualifizierte Ingenieure hätte übernehmen können. Die *Carlswerke* hatten also ein virulentes Interesse, das Potenzial der *Adolf Bleichert & Co AG* in eine Form zu bringen, die weiterhin von ihnen kontrolliert werden würde.

Mit dem Beginn der Liquidation gingen die Überlegungen einer Fortführung der Bleichert-Betriebsanlagen vorerst an einen Gläubigerbeirat über, dem neben einem Direktor der *Felten & Guilleaume Carlswerke AG* mehrere Vertreter der Gläubigerbanken *ADCA* und *Deutsche Bank* angehörten.[47] In den zähen Verhandlungen, „bei welchen es mehrfach schien, als ob das Unternehmen vollkommen aus der deutschen Wirtschaft verschwinden sollte“,[48] stand tatsächlich die Gründung einer Auffanggesellschaft anfangs nicht im Vordergrund, da es sich die Liquidatoren zum Ziel gesetzt hatten, „baldigst größere Barmittel hereinzubekommen“.[49] Das sollte über „*Goodwill*-Zahlungen“ erreicht werden, um die sich die *ATG* und die *Carlswerke* bewarben.

Beide Firmen waren bereit, für die Übernahme der Bleichert-Produktionsanlagen 500.000 RM zu bezahlen, allerdings zu unterschiedlichen Konditionen: Die *ATG* wollte den Betrag in Raten zahlen und den Betrieb ohne weitere Kontrolle durch den Gläubigerbeirat „an sich ziehen“; die *Carlswerke* hingegen wollten den gesamten Betrag sofort entrichten und „den Betrieb wenigstens in gewissem Umfange aufrecht“ erhalten.[50]

---

46 RWWA 11-A I/9/113 (Max von Bleichert an Georg Zapf, 23.2.1932).

47 Vgl. RWWA 11-14, 2, 17 (Protokolle der Sitzungen des Gläubigerbeirats vom Frühjahr 1932).

48 StAL, BTG 257 (BTG an F&G, 25.1.1941).

49 RWWA 11-14, 2, 17 (AN des F&G-Vertreters über die 2. Sitzung des Gläubigerbeirats, 13.4.1932).

50 RWWA 11-14, 2, 17 (Protokoll der 2. Sitzung des Gläubigerbeirats, 8.4.1932).

Die *Carlswerke* erhielten vom Gläubigerbeirat den Zuschlag; der *ATG* wurde angeboten, sich an der Neugründung zu beteiligen, was diese allerdings ausschlug.[51] Am 23. Juni 1932 wurde die *Bleichert Transportanlagen GmbH* mit einem Stammkapital von 1,2 Millionen RM ins Handelsregister eingetragen und nahm zum 1. Juli 1932 mit 73 Angestellten und 96 Arbeitern die Produktion in den Gohliser Werkhallen der *Adolf Bleichert & Co AG* auf.

2. DIE TECHNISCHEN GRUNDLAGEN DES TRANSPORTANLAGENBAUS

Die relativ stabilen technischen Grundlagen im Transportanlagenbau während des gesamten Zeitraums von 1932 bis 1963 bilden eine wesentliche Voraussetzung für die vergleichende Untersuchung der betrieblichen Entscheidungsspielräume. Darüber hinaus kommt dem empfindlichen Produktionsprofil des untersuchten Maschinenbauunternehmens in der vorliegenden Studie eine gleichsam seismografische Bedeutung für die Umbrüche der Wirtschaftsordnung in Deutschland im 20. Jahrhundert zu.[52] Daher werden hier, zum Teil im Vorgriff auf die eigentliche Betriebsgeschichte ab 1932, die technischen Grundlagen des Transportanlagenbaus und die Produktpalette von Bleichert/VTA umrissen.

Im Klassifikationssystem des Maschinenbaus sind trotz ihrer Verschiedenheit alle von der *Adolf Bleichert & Co AG* und deren Nachfolgeunternehmen gebauten Anlagen und Geräte in der Gruppe der *Hebezeuge und Fördermittel* zusammengefasst. Während Krane den *Hebezeugen* zugeordnet werden, gelten Seilbahnen, Elektrokarren und Förderbänder als *Fördermittel*. Die folgende Übersicht verdeutlicht die Klassifikation.[53]

51 Die *Friedrich Flick KG* entschloss sich in der Folge, die *ATG* in die Flugzeugproduktion einzubinden; vgl. Lutz BUDRAß, Flugzeugindustrie und Luftrüstung in Deutschland 1918–1945, Düsseldorf 1998, S. 299ff. Damit schied die *ATG*, die bisher auch Kohleförderanlagen hergestellt hatte, zugleich als direkter Leipziger Konkurrent der neuen Bleichert-Gesellschaft aus.

52 Als *Produktionsprofil* werden die spezifischen technischen und betriebsorganisatorischen Anforderungen verstanden, die aus dem Herstellungsprozess großer, individuell projektierter Transportanlagen erwachsen.

53 Nach Johannes KUNSEMÜLLER (Hrsg.), Meyers Handbuch über die Technik, Mannheim 1964, S. 356-368.

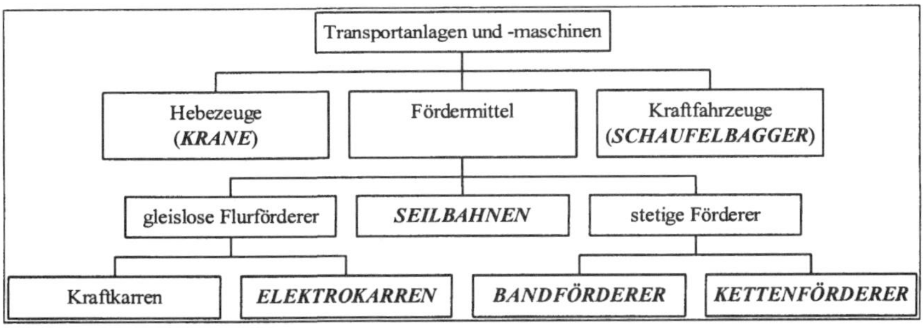

***Abbildung 1**: Klassifikation der von Bleichert/VTA produzierten Transportanlagen*

Trotz dieser überschaubaren Anordnung aller Bleichert-Fabrikate waren die Produktionsbedingungen für die einzelnen Maschinen und Anlagen sehr unterschiedlich, und die Einbindung in einen Fabrikationsprozess erforderte betriebliche Grundsatzentscheidungen, die, waren sie einmal getroffen, nicht ohne hohe Kosten revidiert werden konnten. Deutlich wird dies an der parallelen Herstellung von Maschinen, die mit typisierten Bauteilen in Serie gefertigt wurden, sowie Großanlagen, die als Einzelprojekte den Zulieferfirmen eine hohe Flexibilität abverlangten. Zu den in Serie produzierten Bleichert-Fabrikaten gehörten elektrisch betriebene Kraftkarren, die, unter dem Namen „Eidechse" vertrieben, zum Gütertransport in geschlossenen Fabrik- oder Bahnhofsräumen eingesetzt wurden, sowie kleinere Band- bzw. Kettenförderer für Schüttgut.

Demgegenüber konnten Seilschwebebahnen für den Güter- und Personentransport sowie Krane, die als große Kabelkrane (Helling-Anlagen) gebaut wurden und auf die komplexen Anforderungen etwa in Überseehäfen abgestimmt werden mussten, als Großanlagen nur einzeln projektiert werden. Auch mobile Anlagen wie Autodrehkrane oder Schwimmkrane wurden zumeist nach den spezifischen Anforderungen der Besteller gestaltet und boten damit nur geringen Spielraum für Versuche, durch die Vereinheitlichung von Einzelteilen „Rationalisierungseffekte" zu erzielen.

Solche Typisierungen allerdings wurden von außerbetrieblichen Institutionen immer dann von der Betriebsleitung gefordert, wenn es galt, die Produktion von Engpassbauteilen durch Vereinheitlichung zu erleichtern oder überbetrieblichen Planungsgremien mehr Übersicht über die Produktionsabläufe durch deren Vereinfachung zu verschaffen.

Dieses Ansinnen konnten die Direktoren von Bleichert/VTA zu keinem Zeitpunkt einfach ignorieren. Es gab aber weder die technischen Möglichkeiten noch war es betriebsorganisatorisch geboten, die Produktpalette von Bleichert/VTA vollständig zu vereinheitlichen.[54] Dass das Unternehmen

54 Ein Vergleich mit dem Werkzeugmaschinenbau verdeutlicht die Problemlage: Diese Branche war sehr viel stärker durch Serienfertigung geprägt als der Transportanlagenbaund In den von Astrid Gehrig untersuchten württembergischen Werkzeugmaschi-

komplexe Anlagen des Schwermaschinenbaus den jeweiligen Anforderungen anpassen konnte, wurde von allen Direktoren als unverzichtbarer Teil der Produktion verstanden. Daher mussten immer wieder Kompromisse gefunden werden, die durch Teilanpassungen der Fabrikate den Vereinheitlichungsdruck von außen minderten, ohne den Ablauf innerbetrieblicher Konstruktions- und Herstellungsverfahren zu behindern. Nicht zuletzt aus diesem Grund gewinnt die Frage der Artikulation betrieblicher Interessen gegenüber außerbetrieblichen Institutionen für die Geschichte von Bleichert/VTA eine große Bedeutung.

Von dem Versuch abgesehen, durch die Aufnahme einer Lkw-Anhänger-Produktion Mitte der 1930er Jahre neue Absatzmärkte zu erschließen, blieb die Produktpalette der *Bleichert Transportanlagen GmbH* und ihrer Nachfolgeunternehmen zwischen 1932 und 1963 weitgehend unverändert.[55] Obwohl am Ende des Zweiten Weltkriegs die zivile Anlagenherstellung bei Bleichert weitgehend lahmgelegt war, belebte sich diese Produktion ab 1946 wieder angesichts des virulenten Interesses der sowjetischen Besatzungsmacht an hochwertigen Reparationsgütern des Schwermaschinenbaus.

Erst mit dem Kohle- und Energieprogramm der DDR, dass im Frühjahr 1957 vom Ministerrat beschlossen wurde,[56] kündigte sich eine tiefergehende Veränderung der Produktpalette an: Der *VEB VTA Leipzig* übernahm im Rahmen dieses Programms die Projektierung und den Bau großer Braunkohleförderanlagen. 1963 schließlich wurde bei VTA der Seilbahnbau aufgegeben und im Rahmen einer Arbeitsteilung im Rat für Gegenseitige Wirt-

nenbaufirmen lassen sich bereits für die zwanziger Jahre intensive Rationalisierungsbemühungen ausmachen, deren Träger in den dreißiger und vierziger Jahren in den Gremien der Reichsgruppe Industrie und des Speer-Ministeriums ihre langgehegten Pläne zur Typenvereinheitlichung realisieren konnten. Nach 1945 profitierten einige der Firmen von technischen Fortschritten dieser Rationalisierung; vgl. GEHRIG, Rüstungspolitik, S. 205f. und 315ff.

55 Der Vergleich einer Werbeanzeige der *Bleichert Transportanlagen GmbH* in der Zeitschrift DER VIERJAHRESPLAN (2. Jg., 1938, Heft III, S. 192), in der die Fabrikate des Unternehmens aufgezählt werden, und zwei 1957 vom Ministerium für Schwermaschinenbau herausgegebene Lieferverzeichnisse des VEB VTA Leipzig (Beilagen in Heinz SCHMIDTCHEN (Hrsg.), Ausrüstungen für Bergbau und Förderanlagen. Hrsg. im Auftrag des Ministeriums für Schwermaschinenbau, Hauptverwaltung Ausrüstung für Schwerindustrie, Leipzig 1955f., Bd. 1, Krane und Hebezeuge, sowie Bd. 4, Förderanlagen) belegt diesen Umstand augenfällig.

56 Vgl. Hans MÜLLER / Karl REIßIG, Wirtschaftswunder DDR. Ein Beitrag zur Geschichte der ökonomischen Politik der SED, Berlin (Ost) 1968, S. 272f., sowie Jörg ROESLER, Die Herausbildung der sozialistischen Planwirtschaft in der DDR. Aufgaben, Methoden und Ergebnisse der Wirtschaftsplanung in der zentralgeleiteten volkseigenen Industrie während der Übergangsperiode vom Kapitalismus zum Sozialismus, Berlin (Ost) 1978, S. 262f.

schaftshilfe (RGW) von tschechischen Firmen übernommen. Zudem begann die Verlagerung der Herstellung von Elektrokarren nach Bulgarien.

Bis 1963 blieb nicht nur die Produktpalette annähernd konstant, auch die ausgereiften Fabrikate waren keinen fundamentalen technischen Veränderungen ausgesetzt. Sowohl die maßgeblichen Erfindungen (wie die patentierte Klemmkupplung) und technischen Neuerungen (insbesondere verbesserte Seile und Stahlkonstruktionen, die Anfang des 20. Jahrhunderts bereits Spannweiten von bis zu 1500 Metern zuließen),[57] als auch die grundsätzlichen Entscheidungen der Firmenleitung, wichtige Teile der Anlagen nicht selbst herzustellen, fallen in die Zeit bis 1914. So war die technische Entwicklung der Drahtseilbahnen für den Personentransport mit dem Bau der Kohlernbahn in Bozen, die 1913 eröffnet wurde, weitgehend abgeschlossen.[58] In der Zeit danach, vor allem im gewählten Untersuchungszeitraum, gab es keine dic Produktionsverfahren verändernden Innovationsschübe mehr.[59]

Die schon eingangs der Arbeit betonte Störanfälligkeit des Produktionsprofils gegenüber Veränderungen der Wirtschaftsordnung, insbesondere der zwischenbetrieblichen Beziehungen, erwuchs in erster Linie aus der Abhängigkeit von Zulieferfirmen. Die komplexen Kran- und Seilbahnanlagen, die neben den aufwendigen Konstruktionsplanungen auch eine außergewöhnlich breite und ausdifferenzierte Zulieferungspalette aus dem Stahlbau, der Elektroindustrie und der Drahtseilfertigung verlangten, stellten hohe Anforderungen an die strategische Planung des Unternehmens.

Während die *Adolf Bleichert & Co AG* ein eigenes Stahlbauunternehmen in Neuss besaß und durch enge Kooperation mit dem Drahtseillieferanten *Felten & Guilleaume Carlswerke AG* Sicherheiten in der Zulieferung schuf, hatte die *Bleichert Transportanlagen GmbH* ab 1932 keine integrierte Stahlbauzulieferung mehr und war daher sowohl von den *Carlswerken* als auch von den Zulieferunternehmen um so abhängiger. Nach 1945 wurden Zulieferungen durch eine administrativ forcierte, vertikale Integration

---

57 Vgl. StAL, BTG 49 (Rede Max Bleicherts anlässlich der Einweihung neuer Fabrikanlagen am 24.3.1908, S. 10).

58 Zu dieser von den Bleichert-Werken erbauten Gebirgsbahn vgl. SCHATZ, Seilbahnen, S. 14f., und STEPHAN, Drahtseilbahnen, S. 280ff.

59 Ein Blick auf die von Lutz Budraß untersuchte deutsche Flugzeugindustrie verstärkt den Kontrast: Deren Entwicklung war zwischen 1910 und 1940 durch insgesamt „drei technische Spurts des Flugzeugbaus" geprägt, welche jeweils „alle überkommenen Konstruktionsprinzipien" in Frage stellten. Das hatte nicht nur technische Anpassungszwänge zur Folge, sondern schuf „dreimal eine Situation, in der risikobereite Unternehmer durch eine Bündelung von Forschungs- und Entwicklungsanstrengungen an die Spitze der industriellen Hierarchie springen konnten"; BUDRAß, Flugzeugindustrie, S. 883.

der Sowjetischen Aktiengesellschaften bzw. dann der staatlichen Wirtschaftsverwaltungen der DDR organisiert.[60]

Die Abhängigkeit bestand gerade bei unscheinbarsten Zulieferungen wie z.B. Spezialkugellagern in derart hohem Maße, dass im untersuchten Zeitraum mehrfach der Umstieg auf technisch anspruchslosere und wartungsaufwendigere Gleitlager erwogen und realisiert wurde, um die fristgerechte Fertigstellung von Anlagen zu gewährleisten.[61] Diese Vorgehensweise gefährdete indes mittel- und langfristig die Konkurrenzfähigkeit der produzierten Transportanlagen.

Eine unvermeidliche Diskrepanz bestand zwischen dem großen ingenieurtechnischen und organisatorischen Aufwand der Anlagenherstellung einerseits sowie dem dann bei Betrieb einer Seilbahn- oder Krananlage nur noch marginalen Bedarf von Ersatzteilen andererseits. Für die Firma erwuchs daraus eine besondere Anfälligkeit sowohl gegenüber Konjunkturen als auch willkürlichen Programmänderungen in der Staatswirtschaft. Nur solange der Erhalt eines großen Ingenieurstamms durch den Verkauf immer neuer Anlagen finanzierbar blieb, bestand ein betriebswirtschaftlich akzeptables Gleichgewicht.

Sobald aber die Nachfrage zurückging, stand die Firmenleitung vor dem Dilemma, ob sie die qualifizierten Fachkräfte kreditfinanziert weiter an das Unternehmen band oder ob sie Ingenieure entließ, was angesichts des permanenten Mangels an Metallfacharbeitern und Maschinenbauern in Sachsen bedeutete, diese Kräfte an Konkurrenten zu verlieren (das war schon wegen des ingenieurtechnischen Sonderwissens riskant) und im Falle neuer Aufträge nicht wieder anwerben zu können. Dieser Umstand wird angesichts der dramatischen Arbeitslosigkeit in Sachsen bis tief in die 1930er Jahre hinein häufig übersehen.[62] Er erklärt aber zum Teil, weshalb die *Felten & Guilleaume Carlswerke AG* die *Bleichert Transportanlagen GmbH* trotz geringer Rentabilität weiterführte.

Nach 1946 blieb dieses Problem zwar bestehen, aber die Leitung der Sowjetischen Aktiengesellschaft fand einen Ausweg, indem sie ohne Rücksicht auf Ressourcen die massive Anwerbung von qualifizierten Ingenieuren durch materielle Vergünstigungen zu erreichen suchte. Indes bedeutete die

---

60 Zur Entwicklung des Förderanlagenbaus in der SBZ/DDR 1945 bis 1955 vgl. Industrie und Technik in der Deutschen Demokratischen Republik 1945 bis 1955. Berlin (Ost) 1960, S. 212-253.

61 Wälzlager (in der Regel Kugellager) sind bei guter Verarbeitung nahezu wartungsfrei, Gleitlager hingegen benötigen eine regelmäßige Schmierung und sind daher für unzugängliche Bereiche einer Maschine ungeeignet; vgl. Brockhaus der Naturwissenschaften und der Technik, Wiesbaden 1958, S. 330.

62 Vgl. Ulrich HEß, Sachsens Industrie in der Zeit des Nationalsozialismus. Ausgangspunkte, struktureller Wandel, Bilanz, in: Werner BRAMKE / Ulrich HEß (Hrsg.), Wirtschaft und Gesellschaft in Sachsen im 20. Jahrhundert, Leipzig 1998, S. 53-88, hier: S. 60f.

Umwandlung der *SAG Bleichert* in einen Volkseigenen Betrieb zum 1. Januar 1954 ebenfalls eine Verringerung der Nachfrage, da die angebotenen Anlagen nun nicht mehr als Reparationen galten und für sowjetische Interessenten einfach teurer wurden. Innerhalb der Zentralverwaltungswirtschaft führten solche Veränderungen des Verhältnisses von Angebot und Nachfrage nicht sofort zu dramatischen Umbrüchen auf betrieblicher Ebene, da die Zusammenhänge verspätet wahrgenommen wurden und die zentralen Planungsinstanzen überwiegend administrativ reagierten.

Eine letzte, nicht zu vernachlässigende Auswirkung des Produktionsprofils von Bleichert/VTA auf die konkrete Betriebsführung ergibt sich aus dem Umstand, dass der Vorfinanzierungsbedarf im Schwermaschinenbau grundsätzlich sehr hoch ist und im Fall der *Bleichert Transportanlagen GmbH* nur zum Teil durch finanzielle Vorleistungen der Auftraggeber gedeckt werden konnte. Das brachte zum einen ein besonderes finanzielles Risiko, das in den 1930er Jahren, zumindest solange Bleichert ein Verlustbetrieb blieb, weitgehend allein von den *Carlswerken* getragen worden ist. Eine weitere Folge waren unregelmäßige Bilanzen, da die Fertigstellung von Großanlagen sich selten mit den Rechnungsjahren deckte und Durststrecken oft nur nachträglich ausgeglichen werden konnten. Solange die traditionellen ökonomischen Kriterien in der *Bleichert Transportanlagen GmbH* Geltung besaßen und damit die Quellen von verminderter Rentabilität und finanziellem Verlust benennbar waren, ließen sich solche Bilanzschwankungen begründen und blieben handhabbar. Um so verhängnisvoller wirkte sich dann aber nach 1945 die sukzessive Außerkraftsetzung ökonomischer Kriterien auf die Betriebsführung des *VEB VTA Leipzig* aus.

3. DIE GESCHICHTE DES UNTERNEHMENS 1932 BIS 1963

In diesem Kapitel wird die Entwicklung der *Bleichert Transportanlagen GmbH* und ihrer Nachfolgebetriebe *SAG Bleichert* und *VEB VTA Leipzig* in den Jahren 1932 bis 1963 skizziert.[63] Das geschieht überblicksartig, da in

63 Zur Geschichte von Bleichert/VTA gibt es nur wenige Veröffentlichungen: Für den Zeitraum 1935 bis 1945 vgl. Oliver WERNER, Produktionswunder rückwärts. Ein Leipziger Maschinenbaubetrieb in der nationalsozialistischen Kriegswirtschaft, in: Ulrich HEß u.a. (Hrsg.), Unternehmer in Sachsen. Aufstieg – Krise – Untergang – Neubeginn, Leipzig 1999, S. 205-217, als Überblick über die betriebliche Entwicklung zwischen 1946 und 1953 vgl. SATTLER, Mitwirkung, aus marxistischer Perspektive Günter KOPPELMANN, Zur Bedeutung der SAG-Betriebe für die Formierung und das Wachstum der Arbeiterklasse in der DDR in den ersten Jahren der antifaschistisch-demokratischen Umwälzung, in: Ernstgert KALBE (Hrsg.), Der rote Oktober und der Übergang vom Kapitalismus zum Sozialismus, Leipzig 1977, S. 362-376. Zur sächsischen Wirtschaftsgeschichte im Nationalsozialismus vgl. Ulrich HEß, Rüstungs- und

den systematischen Einzelstudien des zweiten Teils viele der hier angeschnittenen Aspekte detailliert erörtert werden.

3.1. Dominanz der Zivilproduktion 1932 bis 1942

Anfangs bildete die *Bleichert Transportanlagen GmbH*, 1932 mit immerhin 800 Mitarbeitern,[64] für den Kölner Mutterkonzern wenig mehr als eine vorläufige Garantie der dominanten Stellung im deutschen Transportanlagenbau. Mit entsprechend geringen Erwartungen seitens der Generaldirektion der *Felten & Guilleaume Carlswerke AG* nahm das sächsische Maschinenbauunternehmen die Produktion auf, ohne in den ersten Jahren vom „NS-Wirtschaftsaufschwung" zu profitieren.[65] Noch im September 1934 befanden sich die beiden Abteilungen Elektrokarren und Lkw-Anhängerbau nicht im „Stadium der Stetigkeit".[66]

Zudem blieb die Betriebsführung lange von dem Umstand geprägt, dass „die Abgrenzung der persönlichen Zuständigkeits- und damit der Verantwortungsbereiche nicht immer ganz klar" war. Nach Ansicht einer Düsseldorfer Industrieberatung war es deshalb „zu empfehlen, den Aufgabenkreis jedes einzelnen Herrn näher zu bestimmen und festzulegen, damit er auch für die Erfüllung dieser Aufgaben voll verantwortlich gemacht werden kann". Anordnungen dürften „im Betrieb nur von einer Stelle, nämlich der Betriebsleitung bzw. deren Vertreter, erteilt werden", um „Widersprüche und häufige Änderungen in den erteilten Anordnungen mit Sicherheit zu vermeiden, die immer eine bedenkliche Unruhe in den Betrieb hineintragen".

Kriegswirtschaft in Sachsen (1935–1945), in: Werner BRAMKE / Ulrich HEß (Hrsg.), Sachsen und Mitteldeutschland. Politische, wirtschaftliche und soziale Wandlungen im 20. Jahrhundert, Köln / Weimar 1995, S. 73-91, sowie Michael C. SCHNEIDER, Die Wirtschaftsentwicklung von der Wirtschaftskrise bis zum Kriegsende, in: Clemens VOLLNHALS (Hrsg.), Sachsen in der NS-Zeit, Leipzig 2002, S. 72-84. Für die Zeit nach 1945 vgl. KARLSCH, Rainer: Rekonstruktion und Strukturwandel in der sächsischen Industrie von 1945 bis Anfang der sechziger Jahre, in: BRAMKE / HEß (Hrsg.), Wirtschaft, S. 89-132.

64 Bis zum 31.12.1939 stieg die Belegschaft auf 1.726 Mitarbeiter an, um bis zum 31.12. 1945 stetig auf 1.168 zurückzugehen; vgl. StAL, BTG 285 (Bericht über die Entwicklung der BTG 1936 bis 1945, 27.2.1946).

65 Zum neuesten Forschungsstand in der Frage des Charakters dieses Aufschwungs vgl. Christoph BUCHHEIM, Die Wirtschaftsentwicklung im Dritten Reich – mehr Desaster als Wunder, in: Vierteljahrshefte für Zeitgeschichte 49, 2001, S. 653-664.

66 RWWA, 11-10, 6, 13/3 (Bericht der Fraenkel-Weber Industrieberatung Düsseldorf über die BTG, September 1934, Abschrift, Bl. 5). Hier auch die folgenden Zitate (Bl. 24, 27, 29 und 32).

Die anfängliche Desorganisation begünstigte nicht nur innerbetriebliche Rivalitäten, sondern verschärfte auch den Umstand, dass die Gepflogenheiten eines umkämpften Marktes ungebremst auf die Betriebsabläufe durchschlugen. Beispielsweise wurden drei Viertel aller Aufträge betriebsintern zu „Eilaufgaben" erklärt, mit der Folge, dass „eine bevorzugte Behandlung wirklich dringender Aufträge kaum noch möglich" war. Aus „Verkaufsrücksichten" wurden darüber hinaus Liefertermine zugesagt, die „sehr oft kaum einzuhalten" waren. Entsprechend wuchs der Auftragseingang schneller als der Rechnungsumsatz, und im Betrieb stauten sich die Halbfabrikate.[67]

Auch die wirtschaftspolitischen Rahmenbedingungen, insbesondere die wachsenden Exporthemmnisse durch Devisenbewirtschaftung und Clearing-Abkommen,[68] boten wenig Aussicht auf eine kurzfristige Verbesserung der betrieblichen Ergebnisse. Während Elektrokarren gut absetzbar waren, freilich deren Lieferfristen durch Materialknappheit immer länger wurden, wuchs die Lkw-Anhängerproduktion nur langsam, und die Anlagenabteilung – der Kernbereich des Unternehmens – fuhr große Verluste ein, die das gesamte Betriebsergebnis immer wieder in den Minusbereich drückten.

Mit der Übernahme der Bleichert-Werke durch die *Carlswerke* 1935 änderte sich daran vorerst wenig, und solange die Verluste begründbar waren, störte sich die Konzernleitung auch nicht daran.[69] Indes begann die Kölner Generaldirektion auf eine Vereinheitlichung des Rechnungswesens in allen Transportanlagenfirmen des Konzerns zu drängen, und als sich 1937 abzuzeichnen begann, dass auch die Bleichert-Werke vom Aufbau der *Reichswerke „Hermann Göring"* in Salzgitter profitieren könnten, wurde die Revision in den Konzernunternehmen energischer. Ansatzpunkte für Veränderungen bildeten innerbetriebliche Faktoren zum schnelleren Durchlauf von Aufträgen.[70]

1938 setzte die Konzernleitung in der *Bleichert Transportanlagen GmbH* eine Umstrukturierung der Geschäftsführung durch. Zugleich wurde das Stammkapitel auf nunmehr vier Millionen RM verdoppelt. Damit schien das Unternehmen für die Expansion der Anlagenabteilung und eine

---

67 Vgl. RWWA 11-14, 2, 18 (Übersicht Auftragseingang und Rechungsumsatz 1932 bis Juni 1934, o. D., Oktober 1934). Der halbjährliche Auftragseingang stieg vom zweiten Halbjahr 1932 (817.000 RM) zum ersten Halbjahr 1934 (3.067.700 RM) immerhin um das Dreieinhalbfache, der Rechnungsumsatz im selben Zeitraum hingegen nur um etwas mehr als das Zweieinhalbfache (von 611.000 RM auf 1.573.900 RM); ebd.

68 Vgl. Rolf WALTER, Wirtschaftsgeschichte. Vom Merkantilismus bis zur Gegenwart, Köln u.a. 1995, S. 177ff.

69 Vgl. RWWA 11-14, 2, 20 (Sitzung des Beirats der BTG, 26.11.1935).

70 Vgl. die Unterlagen einer intensiven Untersuchung der BTG-Betriebsorganisation im Sommer 1937 in StAL, BTG 252, und das daraus resultierende Gutachten vom 1.10. 1937 in RWWA 11-14, 3, 4.

reibungslose Auftragsabwicklung angemessen ausgestattet. Für das gleiche Jahr zählt eine Statistik der Wirtschaftsgruppe Maschinenbau die Bleichert-Werke mit einem Gesamtjahresumsatz von über zehn Millionen RM, davon 1,2 Millionen RM im Export, zu den wichtigsten sächsischen Maschinenbauunternehmen.[71] Allerdings zeigt der BTG-Geschäftsbericht für 1938, dass sich trotz aller innerbetrieblichen Anpassung an die NS-Rüstungswirtschaft deren Defekte, die sich z.B. in wachsenden Materialschwierigkeiten für nicht unmittelbar rüstungsrelevante Industrieproduktion zeigten, nicht zu kompensieren waren.[72]

Die veränderten Koordinaten in der wirtschaftlichen Kriegsvorbereitung des Deutschen Reiches wirkten sich für die Bleichert-Werke im Export sogar verhängnisvoll aus. Die jahrelangen und aufwendigen Bemühungen der *Carlswerke*, der *Bleichert Transportanlagen GmbH* einen Zugang zum britischen Drahtseilbahnkartell, der *British Ropeways Engineering Company* (BRECO), zu verschaffen, schienen im Sommer 1939 endlich von Erfolg gekrönt zu werden.[73] Durch die Gründung der *Bleichert-Mitchell Ltd.* sollten die Bleichert-Patente Eingang in die BRECO finden, als die britischen Geschäftspartner Ende August 1939 zur Vorsicht mahnten. Man vereinbarte einvernehmlich, dass nach „Beendigung der augenblicklichen Krisis [...] die Verhandlungen wieder aufgenommen werden" könnten.[74]

Der Kriegsbeginn am 1. September 1939 schien auf den ersten Blick kaum neue Probleme zu bringen. Noch im August hatte der kaufmännische Direktor festgestellt, für den Betrieb sei es das Wichtigste, dass er „überhaupt nichts tut als produzieren".[75] Als Voraussetzung dafür hatte man ein großes Materiallager angelegt, das zwar naturgemäß die Bilanz wieder belastete, aber es doch der Werkdirektion bis 1942 ermöglichte, schwerpunktmäßig die Zivilproduktion aufrecht zu erhalten. Zugleich nahmen die Blei-

71 Bundesarchiv Außenstelle Dahlwitz-Hoppegarten (im Folgenden BA Dahlwitz), R 13 III / 335 (Statistik der Wirtschaftsgruppe Maschinenbau, „Sachsen. Die wichtigsten Maschinenbaufirmen nach dem Umsatz 1938", 4.4.1945).

72 Vgl. RWWA 11-14, 2, 19 (Geschäftsbericht der BTG zum 31.12.1938, 21.6.1939). Im unmittelbaren Vorfeld des Zweiten Weltkrieges war die desolate Versorgung des Maschinenbaus insbesondere mit Eisen und Stahl auch im Reichswirtschaftsministerium ein drängendes Thema; vgl. Bundesarchiv Berlin-Lichterfelde (im Folgenden BA), 31.01 / 11617 (Interne Studie des Reichswirtschaftsministeriums über die „Abhängigkeit der einzelnen Wirtschaftszweige vom Eisen" und die „mögliche Belieferung der Eisenverbraucher im Kriegsfall", 21.8.1939).

73 Eine Recherche in britischen Archiven ergab, dass von der BRECO bzw. den britischen Geschäftspartnern der BTG keine Geschäftsunterlagen überliefert sind. Zur Entwicklung der britischen Kartelle im 20. Jahrhundert vgl. Helen MERCER, Constructing a competitive order. The hidden history of British antitrust policies, Cambridge 1995, S. 8ff.

74 StAL, BTG 283 (BTG an *Bleichert-Mitchell Ltd.*, 28.8.1939).

75 Ebd. (BTG-internes Schreiben Schmidt an Rubin, 16.8.1939).

chert-Werke die Herstellung von Granatrohlingen sowie später von Geschützlafetten auf, und sicherten sich auf diese Weise in den ersten Kriegsjahren eine gewisse Ruhe, zumal man in der Betriebsleitung einhellig davon ausging, dass der Krieg demnächst siegreich beendet würde.[76]

3.2. Zerrüttung im totalen Krieg 1942 bis 1946

Die Übernahme des Reichsministeriums für Bewaffnung und Munition durch Albert Speer im Februar 1942 wurde für viele Unternehmen unmittelbar als Wende in der NS-Kriegswirtschaft erkennbar. Rasch gelang es Speer, die Metallzuteilungen für den Maschinenbau zu zentralisieren, bevor der Ausbau seines ministerialen Machtbereichs das kriegswirtschaftliche Entscheidungsgefüge im Laufe des Jahres grundlegend veränderte.[77]

Dieser Wechsel wurde von der Direktion der *Bleichert Transportanlagen GmbH* in bemerkenswerter Weise nachvollzogen. Bis in den Sommer 1942 hatte der kaufmännische Direktor in besonders engem Kontakt zu Berliner Stellen zusätzliche Materialkontingente und Informationen über geplante Maßnahmen der Kriegswirtschaft organisiert.[78] Nun wurde diese für das Unternehmen zentrale Aufgabe ab Herbst 1942 vom technischen Direktor übernommen, der als Leiter eines Sonderausschusses im Speer-Ministerium arbeitete.

Ab 1942 stagnierte die Umsatzentwicklung,[79] und größere Einberufungswellen entzogen den Bleichert-Werken kompetente Monteure, deren Fachkenntnisse von zugewiesenen Zwangsarbeitern nicht ersetzt werden konnten.[80] Aufwendige und zum Teil verlustreiche Stahlbauten konnten

---

76 Vgl. StAL, BTG 286 („Betrifft: Künftige Fabrikleistung für Transportanlagen", 6.1.1941).

77 Vgl. Gregor JANSSEN, Das Ministerium Speer. Deutschlands Rüstung im Krieg, Berlin u.a. 1968, S. 69ff., sowie Rolf-Dieter MÜLLER, Die Mobilisierung der deutschen Wirtschaft für Hitlers Kriegsführung, in: Militärgeschichtliches Forschungsamt (Hrsg.), Das Deutsche Reich und der Zweite Weltkrieg, Bd. 5/1, Organisation und Mobilisierung des deutschen Machtbereichs 1939–1941, Stuttgart 1988, S. 347-689, hier: S. 630ff.

78 Vgl. Oliver WERNER, Ein Betrieb in zwei Diktaturen. Die Bleichert Transportanlagen GmbH / VEB VTA Leipzig im Dritten Reich und in der SBZ/DDR, in: HEYDEMANN / JESSE (Hrsg.), Diktaturvergleich, S. 303-319, hier: S. 308f.

79 Vgl. WERNER, Produktionswunder, S. 214f.

80 Die Unterlagen des BTG-Betriebsarchivs über die Beschäftigung von Zwangsarbeitern sind kurz vor Kriegsende vernichtet worden. Aus der statistischen Berichterstattung an die *Carlswerke* geht aber hervor, dass Anfang 1942 zehn Kriegsgefangene und im September 1942 zusätzlich die ersten 25 „Ostarbeiter" bei Bleichert eingesetzt wurden. Im Dezember 1943 erreichte die Zahl mit insgesamt 188 „ausländischen Zivilarbeitern" einen Höhepunkt, der bis kurz vor Kriegsende mit leichten Schwankun-

ohne große Schwierigkeiten an die *A.W. Mackensen GmbH* in Magdeburg delegiert werden, die seit 1935 eigentumsrechtlich der *Bleichert Transportanlagen GmbH* zugeordnet war, aber selbständig bilanzierte.[81] Zweifellos strapazierte ein solches Vorgehen in der zweiten Hälfte des Krieges das Verhältnis der Geschäftsführungen innerhalb der *Carlswerke*, denen trotz der klaren Besitzverhältnisse eine relative Eigenständigkeit zugestanden worden war. Nun aber rissen auch im Konzern die letzten gemeinsamen Fäden. Die einzelnen Organisationseinheiten wurden auf ihre jeweiligen Einzelinteressen zurückgeworfen, und die Konzernleitung reagierte darauf mit strikten rücksichtslosen Vorgaben.

Deutlicher sichtbar als diese immateriellen Zerrüttungen und Schäden waren aber vorerst die unmittelbaren Kriegsschäden durch Feindeinwirkung. Anfang Dezember 1943 wurde Leipzig von einem ersten massiven Luftangriff heimgesucht, bei dem die Bleichert-Werke einen Schaden an den Produktionsanlagen von etwa 50% erlitten.[82] Diese Zerstörungen führten zwar mittelfristig nicht zum Produktionsstillstand, aber von nun an fehlte der Hinweis auf die Folgen des „Terrorangriffs" in keiner Rechtfertigung für Produktionseinbrüche mehr. Faktisch fielen die immateriellen Schäden durch die Anpassung an die totale Kriegswirtschaft mindestens ebenso stark ins Gewicht, etwa wenn der Generaldirektor der *Carlswerke* der BTG dringend benötigten Kupferdraht, der bei dem Bombenangriff vernichtet wurde, nicht ersetzen wollte, sondern vage auf zuständige Reichsstellen verwies.[83] Die Entsolidarisierung innerhalb des Konzerns verschränkte sich mit den Kriegsschäden und entzog nicht nur den Bleichert-Werken sukzessive die ökonomische Existenzgrundlage.

Der Einmarsch der US-Armee nach Leipzig am 18. April 1945 bedeutete für die Betriebsleitung unter diesem Gesichtspunkt zugleich Erleichterung und neue Gefährdung. Dem in Leipzig verbliebenen kaufmännischen Direktor gelang es, in Verhandlung mit den amerikanischen Besatzern und Vertretern der neuen Stadtverwaltung die Produktion rasch wieder in Gang zu bringen, freilich nicht auf dem Niveau eines hochqualifizierten Ingenieurbetriebes.[84] Mithin blieben nach der Rückkehr vieler Ingenieure und Facharbeiter aus dem Krieg die laufenden Kosten der BTG lange zu hoch.

---

gen gehalten wurde; RWWA 11-15, 3, 9 (Statistische Unterlagen der BTG, Januar 1942 bis Dezember 1946).

81 Vgl. Landeshauptarchiv Magdeburg (LHAM), Rep. I 32 / 1, Bl. 153ff. (*A.W. Mackensen GmbH*, „Erläuterungen zur Bilanz für das Jahr 1942", o. D.).

82 Vgl. die Berichte in StAL, BTG 294 (BTG an Hauptausschuss Maschinen, 13.12. 1943, mit zwei Berichten des Werkluftschutzes über die Zerstörungen an den Bleichert-Produktionsanlagen).

83 Vgl. StAL, BTG 285 („Bericht des Herrn Dr. Schmidt über seinen Besuch bei Felten & Guilleaume [...]", 3.4.1944).

84 Vgl. StAL, BTG 286 (AN „Weiterbetrieb unseres Unternehmens", vom 3.5.1945).

Offenkundig war man aber bereit, den kostspieligen Ingenieursstamm mit dem selben Hinweis zu halten, der seinerzeit sowohl die Gründung der Auffanggesellschaft 1932 als auch die Aufrechterhaltung der Zivilproduktion in der ersten Kriegshälfte gerechtfertigt hatte. Die Einschätzung der Konkurrenzlage schien allerdings unter den neuen Umständen unangemessen: Schon die Stilllegung des Geldverkehrs nach dem Besatzungswechsel in Leipzig per SMA-Befehl im Juli 1945,[85] die monatelange Unsicherheit in der Eigentumsfrage und schließlich die mit der Konsolidierung der deutschen Verwaltungen einhergehende Verschärfung des Tons wiesen in eine gänzlich andere Richtung,[86] zumindest erzeugten sie Unsicherheit und entsprechende Zurückhaltung in weiten Teilen der in der SBZ ansässigen Unternehmerschaft.[87]

Dem begegnete die Leitung der *Bleichert Transportanlagen GmbH* mit Bittbriefen an die Sächsische Landesbank[88] und einer vorauseilenden Entnazifizierung des Führungspersonals. Die Bemühungen um Klarheit in den neuen Verhältnissen gipfelten im Dezember 1945 in der schriftlichen Bitte an Fritz Selbmann, mit dem Kauf neuer BTG-Anteile durch den sächsischen Staat die Bleichert-Werke „volkseigen" zu machen und so gleichzeitig die Beschaffung dringend benötigten Kapitals zu gewährleisten.[89] Selbmanns ausweichende Antwort kann als Indiz dafür gelten, dass die neuen Machthaber keine Anregungen für die wirtschaftliche Umgestaltung benötigten.[90]

Dennoch dauerte es ein halbes Jahr, bis sich die Verhältnisse für die Bleichert-Werke klärten. Im Februar 1946 wurde der kaufmännische Direktor als städtischer Treuhänder eingesetzt, und im Juli 1946 übernahm die

---

85 Der SMAD-Befehl Nr. 10 vom 23.7.1945 verfügte die Schließung aller Banken, deren Einlagen kurz darauf den neu gegründeten Landesbanken übereignet wurden; vgl. Dietrich STARITZ, Die Gründung der DDR. Von der sowjetischen Besatzungsherrschaft zum sozialistischen Staat, München ^{3}1995, S. 116f.

86 Vgl. StAL, SAG Bleichert 83/1, Bl. 361f. (AN „Bericht über die Sitzung bei dem Sekretär des Ausschusses zur Beschaffung von Rohstoffen und Kreditgewährung am 16.11.45", 17.11.1945).

87 Es überrascht nicht, dass marxistische Wirtschaftshistoriker die Reaktionen von Unternehmern auf die desolate Situation pauschal als „Wirtschaftssabotage" von „monopolhörigen Direktionen" gewertet haben; Wolfgang MÜHLFRIEDEL / Klaus WIEGAND, Die SMAD und die industrielle Entwicklung in den Jahren der antifaschistisch-demokratischen Umwälzung, in: Jahrbuch für Geschichte 20, Berlin (Ost) 1979, S. 79-110, hier: S. 89.

88 Vgl. StAL, SAG Bleichert 31, Bl. 65 (BTG an Landesverwaltung Sachsen, „betr. Auswirkung der Neuorganisation des sächs. Bankwesens", 26.9.1945).

89 Vgl. StAL, SAG Bleichert 27/2, 552f. (BTG-Betriebsrat und -Direktion an Fritz Selbmann, Vizepräsident der Landesverwaltung Sachsen, 28.12.1945). Bemerkenswert ist an diesem Schreiben die originelle Verknüpfung von bürgerlichem Aktienrecht und der Bereitschaft, sich zum „volkseigenen" Unternehmen zu wandeln.

90 Vgl. ebd., S. 541/1 (Fritz Selbmann an BTG, 4.1.1946); zum Kontext vgl. HALDER, Modell, S. 154ff. und S. 175ff.

sowjetische Besatzungsmacht das Unternehmen als Sowjetische Aktiengesellschaft (SAG).[91]

3.3. Reparationen 1946 bis 1953

Als *SAG Bleichert* produzierte das Werk hauptsächlich Reparationsgüter für die Sowjetunion.[92] Die faktische Übernahme in sowjetisches Staatseigentum dokumentierte den Stellenwert des Unternehmens in der sowjetischen Besatzungszone, und gegenüber Firmen, die bereits in den 1940er Jahren volkseigen wurden, weist die Entwicklung der SAG-Betriebe insgesamt eine Reihe von Besonderheiten auf. Neben einer „Zurückhaltung in Fragen der Entnazifizierung"[93] seitens der Besatzungsmacht waren dies vor allem die bevorzugte Belieferung der Belegschaft mit Lebensmitteln und das gegenüber stockenden Materialzulieferungen schlagende Argument der Reparationslieferungen. Die *SAG Bleichert* entwickelte sich vor diesem Hintergrund günstig mit einem enormen Zuwachs an Arbeitskräften auf kurzzeitig über 6200 Mitarbeiter und dem Aufbau eines zweiten Werkes in Leipzig.[94]

Unter Federführung eines im Betrieb anwesenden sowjetischen Generaldirektors wurde eine deutsche Betriebsleitung installiert.[95] Waren die deutschen Ingenieure zum Jahreswechsel 1945/46 von den sowjetischen Offizieren und deren Interesse an deutscher Technik angetan,[96] schienen russische Stellen trotz aller ideologischer Differenzen von der betriebswirtschaftlichen Kompetenz deutscher Direktoren beeindruckt, zumal es in den SAG-Betrieben nicht primär um eine sozialistische Umgestaltung ging, sondern um die rasche und wirkungsvolle Ingangsetzung der Produktion zur Lieferung hochwertiger Reparationsgüter.[97] Dies bot der Leitung der *SAG*

---

91 Vgl. RWWA 11-15, 3, 7 (BTG an F&G, 30.7.1946, mit Anlage „Bekanntmachung Nr. 576").

92 Zur Rolle der SAG-Betriebe in der sächsischen Industrie vgl. Gerd R. HACKENBERG, Wirtschaftlicher Wiederaufbau in Sachsen 1945–1949/50, Köln / Weimar 2000, S. 258ff., sowie HALDER, Modell, S. 278ff.

93 KARLSCH, Aktiengesellschaften, S. 233.

94 Die Anzahl der Belegschaftsmitglieder des Unternehmens entwickelte sich von 4.167 (Durchschnitt 1950) auf 6.154 Personen (Durchschnitt 1955), um dann bis 1962 auf 4.665 Belegschaftsmitglieder zurückzugehen; vgl. StAL, VTA 51 (Gesamtanalyse der Entwicklungslinien in den Jahren 1950 bis 1955, o. D.) und StAL, DN-Leipzig 1041 (Rechenschaftsbericht des VTA-Werkdirektors, 11.10.1962).

95 Vgl. KARLSCH, Aktiengesellschaften, S. 234ff.

96 Vgl. StAL, SAG Bleichert 22/1, Bl. 265f. (Bericht „über den Besuch bei der Sowjetischen Militäradministration in Berlin-Karlshorst am 23. Oktober 1945", 26.10.1945).

97 Die Charakterisierung der SAG-Betriebe als „Schulen des Sozialismus" ist daher unangemessen; vgl. Wolfgang MÜHLFRIEDEL, SAG-Betriebe – Schulen des Sozialismus. Eine Skizze der historischen Entwicklung des staatlichen sowjetischen Eigentums an

Bleichert die Möglichkeit, sich mit den ökonomischen Gegebenheiten zu arrangieren, was angesichts der bis zum Juli 1946 erlebten Ungewissheit beruhigend wirkte.

Die Wirtschaftspraxis war dann auch in der Anfangsphase entsprechend moderat: Die Kooperation zwischen dem sowjetischen Generaldirektor und dem wieder eingesetzten kaufmännischen Direktor betraf vor allem die rechnerische Abschirmung der Betriebsführung gegenüber den Kontrollmechanismen übergeordneter sowjetischer und deutscher Wirtschaftinstanzen.[98] Dieses Grundmuster betrieblicher Leitung in Zentralverwaltungswirtschaften sollte von nun an die Betriebsführung der *SAG Bleichert* und des späteren *VEB VTA Leipzig* nicht mehr verlassen.

Dass diese Arrangements mittel- und langfristig Ressourcen verschwendeten, Innovationsanreize untergruben und damit die Quellen volkswirtschaftlichen Reichtums verstopften,[99] war Ende der 1940er Jahre keineswegs selbstverständlich und auch für ökonomisch Verantwortliche kaum absehbar – die *SAG Bleichert* entfaltete im Gegenteil zwischen 1947 und 1953 eine beeindruckende Wirtschaftstätigkeit, vervielfachte die Belegschaft und vergrößerte die Produktpalette durch die Entwicklung von Schwimmkranen. Die Versorgungsschwierigkeiten wurden immer wirksamer auf Zulieferbetriebe abgewälzt, indem mit Unterstützung des Berliner Amtes für Reparationen das schlagkräftige Argument der zu bevorzugenden Reparationsproduktion Engpasskapazitäten und knappes Spezialmaterial beschafft werden konnte.

Führte die rasche Produktionsausweitung der SAG-Betriebe schon bei sowjetischen Stellen zu einem nachlässigen Umgang mit der Einhaltung von Bestellfristen und Dringlichkeiten, so veränderte sich mit der Konsolidierung der Reparationsgüterproduktion (und parallel zur deutschland- und

---

industriellen Produktionsmitteln in der sowjetischen Besatzungszone und in der Deutschen Demokratischen Republik, in: Jahrbuch für Wirtschaftsgeschichte 1980, Bd. IV, S. 159-186.

98 Vgl. StAL, SAG Bleichert 20/1, Bl. 390f. (interne Korrespondenz zwischen dem kaufmännischen Direktor Schmidt und dem sowjetischen Generaldirektor Iwanoff, 5. und 7.8.1946).

99 „In stärkerem Maße, als dies in den landeseigenen bzw. volkseigenen Betrieben möglich war, bemühten sich die sowjetischen Generaldirektoren um die Loyalität der alten Eliten. Nicht zuletzt deshalb vollzog sich der Bruch mit den traditionellen Betriebsstrukturen in den SAG-Betrieben eher langsam, blieb die Mentalität bürgerlicher Betriebs- und Lebensführung länger gewahrt. Die allgemeinen Systemdefekte der sowjetischen Planwirtschaft blieben in den SAG-Betrieben dank ihrer Sonderbehandlung lange Zeit unentdeckt. Ihnen stand indirekt ein Großteil der wirtschaftlichen Leistungskraft der SBZ/DDR als Quasi-Subvention zur Verfügung. Dennoch führte die völlig einseitige schwerindustrielle Orientierung der SAG-Hauptverwaltung bei den Werken zu einem empfindlichen Verlust ihrer Innovationspotenziale"; Rainer KARLSCH, Allein bezahlt? Die Reparationsleistungen der SBZ/DDR 1945–1953, Berlin 1993, S. 135.

weltpolitischen Situation) in der *SAG Bleichert* der Umgang mit dem Leitungspersonal. Auftakt für diese neue Phase betrieblicher Personalpolitik war die Verhaftung des kaufmännischen Direktors und seines engsten Mitarbeiters im April 1948.[100]

Die Rekrutierungspraxis der neuen Betriebsführung wandelte sich nun gegenüber den Jahren vor 1945 grundlegend: Wurden die Direktoren auch unmittelbar nach Kriegsende noch im Rahmen einer „Selbstrekrutierung" durch ihre jeweils engsten Mitarbeiter ersetzt, kam neues Leitungspersonal bereits Ende der 1940er Jahre überwiegend durch Delegierungen aus der staatlichen Verwaltung in die *SAG Bleichert*. Hier lassen sich allerdings noch deutlich Kriterien der fachlichen Bewährung ausmachen, zumal – zumindest für sowjetische Stellen – politische Loyalität keineswegs das allein ausschlaggebende Moment für die Beurteilung von Leitungspersonal war. Die fachliche Bewährung wurde freilich schon an den Widersprüchlichkeiten planwirtschaftlicher Prozesse gemessen: So wurde einem kaufmännischen Direktor nach einer monatelangen Kampagne, in der die Auslieferung fertiger Maschinen forciert werden sollte, im April 1952 vom sowjetischen Generaldirektor mit dem Vorwurf fristlos gekündigt, er hätte sich ausschließlich um die Auslieferung gekümmert und sei daher seiner Funktion nicht gerecht geworden.[101] Solche *ad-hoc*-Regelungen auf der Grundlage von persönlicher Einzelverantwortlichkeit der Direktoren häuften sich zu Beginn der 1950er Jahre. Zugleich wurden politische Druckmittel etabliert, um widerspenstiges Leitungspersonal zu disziplinieren.[102]

Zu Beginn der 1950er Jahre verschoben sich durch neue Großprojekte die volkswirtschaftlichen Gewichtungen in der DDR. Insbesondere die qualifizierten Ingenieure der *SAG Bleichert* wurden durch privilegierte Arbeitsbedingungen beim Aufbau der Schwerindustrie in Calbe oder Stalinstadt angezogen und konnten mit dem Hinweis auf diese Optionen ihrerseits die Bleichert-Direktion in Bezug auf die Verbesserung der eigenen Lage unter Druck setzen.[103] Damit drängten doch wieder Wettbewerbselemente in die

100 Vgl. RWWA 11-14, 3, 5/1 (AN, „ich hatte Dienstag, 30.4.1948, eine längere Besprechung mit Frau Schmidt […]", 30.3.1948).

101 Vgl. StAL, SAG Bleichert 45, Bl. 139ff. (AN „Information", 17.3.1952).

102 „Welche Mittel haben wir denn, um einen [Direktor], der seinen Verpflichtungen nicht nachkommt, zur Rechenschaft zu ziehen?" – „Da gibt es genug, entweder durch die Partei, Gewerkschaft, oder in einer öffentlichen Versammlung"; StAL, SAG Bleichert 34, Bl. 48 (Dialog auf einer „Besprechung des Rahmen-Betriebskollektivvertrages", 25.4.1953).

103 Vgl. StAL, SAG Bleichert 45, Bl. 196f. („Bericht an den Generaldirektor Leontschenkow, betr. Kündigungen der Konstrukteure […]", 15.1.1952). Unter diesen Bedingungen entstanden auch „Fantasiegehälter" [sic!], die „keinesfalls der Leistung" entsprachen und für Lohnverhandlungen mit Wirtschaftsfunktionären in der VEB-Zeit keinen Maßstab bilden konnten; StAL, BPA-Leipzig IV/7.144/6, Bl. 116 (BPO-Leitungssitzung am 28.8.1956).

Planwirtschaft, denen die SAG-Direktoren nur mangelhaft begegnen konnten, da Instrumente der Interessenregulierung auf die betriebliche Sozialpolitik beschränkt blieben. Hier verschränkten sich soziale Interessen und politische Ambitionen in den Jahren des Aufbaus der Planwirtschaft zu neuen Konstellationen.[104]

Die Mechanismen der konsolidierten Betriebswirtschaft, die Anfang der 1950er Jahre die enorme Expansion der *SAG Bleichert* möglich machten, waren zeitlich begrenzte Bevorzugungen, die untrennbar mit der Stellung der Bleichert-Werke als Reparationsbetrieb zusammenhingen. Dadurch wurden jedoch Defekte der betrieblichen Rechnungsführung niemals wirklich thematisiert, vielmehr deren Folgen auf die Zulieferfirmen abgewälzt. Dieser Umstand, dass Rechnungsführung schon zur SAG-Zeit nie unvoreingenommen analysiert wurde, hat maßgeblich zu den Bilanzproblemen der ersten VEB-Jahre beigetragen. Als Handlungsmuster der Betriebsführung etablierte sich sukzessive ein „operatives“ Vorgehen, das Fragen der Materialversorgung nicht längerfristig, sondern immer nur in Bezug auf konkrete Aufträge zu klären versuchte. Das war vor allem auch deshalb möglich, weil die Direktoren der *SAG Bleichert* allesamt noch klassische Betriebswirtschaftskompetenz besaßen und das Repertoire der Bilanzmanipulation beherrschten.[105] Demgegenüber stieß die „wirtschaftliche Rechnungsführung“ als Instrumentarium der Planwirtschaft „bei den mittleren und unteren Führungskräften des Werkes auf tiefgehende Verständnislosigkeit“.[106]

In der Beurteilung betrieblicher Probleme durch übergeordnete Instanzen der Reparationsverwaltung standen zwar politische Argumente noch nicht im Vordergrund. Aber die für SAG-Betriebe zuständige *Garantie- und Kreditbank AG* ließ in einer Einschätzung der finanziellen und betrieblichen Lage der *SAG Bleichert* im Sommer 1952 bereits erkennen, dass sie sich bei der Suche nach Problemquellen *ausschließlich* auf die Werkleitung konzentrierte und selbst Hinweise etwa auf säumige Lieferanten noch der Direktion der *SAG Bleichert* anzulasten verstand.[107]

---

104 Vgl. HAACK, Aufsteiger.

105 Vgl. StAL, BPA-Leipzig IV/2/6/430, Bl. 143ff. (Bericht der SED-Betriebsparteiorganisation „über die Einschätzung in politischer und charakterlicher Hinsicht des Führungs-Wirtschaftskaders des Betriebes SAG Bleichert“, 11.11.1953).

106 StAL, SAG Bleichert 19, Bl. 23 (AN des kaufmännischen Direktors, „betrifft: Themenplan für Kurse zur Erläuterung der Prinzipien der wirtschaftlichen Rechnungsführung“, 8.12.1952).

107 StAL, SAG Bleichert 3/1, S. 347ff. (Garantie- und Kreditbank AG, Filiale Leipzig, „Schlussfolgerungen“, 20.8.1952); zu dieser Institution vgl. Rainer KARLSCH, Die Garantie- und Kreditbank AG – Hausbank der Besatzungsmacht in der SBZ/DDR von 1946 bis 1956, in: Bankhistorisches Archiv 18, 1992, S. 69-82.

Nach dem Aufstand des 17. Juni 1953, an dem die Arbeiter der *SAG Bleichert* maßgeblich beteiligt waren,[108] entschloss sich die sowjetische Regierung, die letzten in ihrem Besitz befindlichen 33 SAG-Betriebe zum 1. Januar 1954 in das Staatseigentum der DDR zu übergeben.[109]

3.4. Planwirtschaft 1954 bis 1963

Mit dem Übergang zur Planwirtschaft stagnierte die Entwicklung des nun als *VEB Verlade- und Transportanlagen Leipzig* firmierenden Betriebes. Insbesondere in der Wirtschaftspraxis bedeutete der Übergang von der SAG zum VEB eine tiefe Zäsur. Der Hinweis auf dringende Reparationsgüterfertigung fiel nun als Druckmittel gegenüber den Zulieferbetrieben fort, und das diffizile Produktionsprofil des *VEB VTA Leipzig* wurde ungeschützt mit den auf ausgeglichene Bilanzen und vorausschaubare Kreditierung orientierten Mechanismen der Zentralverwaltungswirtschaft konfrontiert.[110] Der Hinweis der VTA-Direktion auf die besonderen Anforderungen der Einzelprojektierung von Großanlagen geriet sowohl seitens staatlicher Wirtschaftsinstanzen als auch der SED-Gremien zunehmend in den Verdacht mangelnder Einsicht in volkswirtschaftliche Zusammenhänge. Der Betriebsleitung wurde entgegengehalten, sie solle durch die Erhöhung der Serienfertigung und eine Vereinfachung der Produktionsabläufe den Betrieb für die zentrale Planung geschmeidiger machen.[111] Der Umstand, dass die Anpassungsschwierigkeiten vor allem mit dem speziellen Produktionsprofil des Betriebes zusammenhingen, wurde von den Instanzen oberhalb der Betriebsleitung letztlich nicht akzeptiert.

Die staatliche Wirtschaftsverwaltung hatte in den 1950er Jahren die eigenen Hierarchien immer wieder neu organisiert, ohne dass sich die Situation für Einzelbetriebe qualitativ veränderte. Erweiterte Kompetenzen erhielten höchstens die mittleren Verwaltungsebenen, die im Maschinenbau der DDR anfangs als Hauptverwaltungen (HV) des Ministeriums für Maschinenbau (bzw. Schwermaschinenbau) firmierten, um nach Auflösung der Ministerien 1958 als Vereinigungen Volkseigener Betriebe (VVB) den jeweiligen Abteilungen der Staatlichen Plankommission direkt unterstellt zu werden.[112] Die Position der einzelnen VEB veränderte sich dabei allerdings

---

108 Heidi ROTH, Der 17. Juni 1953 in Sachsen, Köln 1999, S. 165ff.

109 Vgl. BA, DE 1 – 1314, Bl. 25f. („Kommuniqué der Sowjetisch-Deutschen gemischten Kommission“ zur Übergabe der SAG-Betriebe, o. D., Anfang 1954).

110 Vgl. WALTER, Wirtschaftsgeschichte, S. 245ff., sowie André STEINER, Von Plan zu Plan. Eine Wirtschaftsgeschichte der DDR, München 2004, S. 94ff.

111 Vgl. etwa BA, DG 3 II / HV Stahlbau 235 („Protokoll über die am 18.8.1955 [...] durchgeführte Rentabilitätsbesprechung“, 20.8.1955).

112 Vgl. ROESLER, Herausbildung, S. 33.

trotz der mehrfachen Umbenennung der übergeordneten Instanzen kaum, und die Materialversorgung bzw. die Gestaltung der zwischenbetrieblichen Beziehungen wurde selten tangiert. Der *VEB VTA Leipzig* blieb der HV 2 (Stahlbau und Förderanlagen) zugeordnet, und erst 1958 wurde nach einer neuerlichen Umgruppierung die *VVB Bergbauausrüstung und Förderanlagen* für den Leipziger Betrieb zuständig.

Die Korrespondenz der VTA-Leitung mit der HV 2 zwischen 1954 und 1958 umfasst Fragen der Preisbildung, der Materialbeschaffung und der konkreten Gestaltung der Produktion, mithin Komplexe, die zwar die betrieblichen Planungen zentral berührten, aber auf betrieblicher Ebene nur akzeptiert, kaum je substanziell verändert werden konnten.[113] Wesentlich ist hier ein strukturelles Ungleichgewicht, das sich nur zum Teil aus der Hierarchie erklärt: Tatsächlich konnten die Mitarbeiter der Wirtschaftsverwaltung nicht nachhaltig helfen, sondern mussten stereotyp auf das betriebliche Anpassungsvermögen verweisen und die Verbindlichkeit von Preis- und Zuliefervorgaben unterstreichen. Die Defekte der Zentralverwaltungswirtschaft ließen sich durch die permanente Reorganisation nicht beheben, grundsätzliche Einsichten waren zunehmend ideologisch verbaut, aber dennoch harrten die bleibenden ökonomischen Probleme der DDR einer Lösung.

Die Industriepolitik der SED konnte diese Lösungen aber nur im konzeptionell engen Rahmen der Planwirtschaft suchen. Neben den strukturellen Veränderungen der Wirtschaftsadministration blieben der Staats- und Parteiführung nur politische Mobilisierungsstrategien und eine längerfristige „Kaderarbeit“. Letzteres brauchte freilich nicht nur Zeit, sondern schuf eine innerbetriebliche Atmosphäre des Misstrauens, die im *VEB VTA Leipzig* noch dadurch verstärkt wurde, dass der erste Sekretär der SED-Betriebsparteiorganisation unter Erfolgsdruck stand und den Konflikt mit der Werkdirektion als Gradmesser für eine gute politisch-ideologische Arbeit betrachtete. Die Auseinandersetzung eskalierte und führte im Januar 1958 zur Absetzung des langjährigen Werkdirektors.

Der Leitung des *VEB VTA Leipzig* gelang es unter diesen Umständen bis zum Beginn der 1960er Jahre kaum, die Planauflagen zu erfüllen. Dadurch geriet der Betrieb immer wieder in das Visier von Kontrollen der SED-Bezirksleitung, der staatlichen Wirtschaftsverwaltung und schließlich des Zentralkomitees der SED. Zugleich waren die zentralen Wirtschaftsin-

113 So wurde es zum Regelfall, bei der Hauptverwaltung Terminverlängerungen zu beantragen, denen die ministerielle Hauptverwaltung nur nach intensiven Verhandlungen zustimmte; vgl. BA, DG 3 II / HV Stahlbau 48 (VTA an Ministerium für Schwermaschinenbau, 16.3.1956) oder BA, DG 3 II / HV Stahlbau 193 (VTA an Ministerium für Schwermaschinenbau, 8.4.1957). Die Ursachen für Terminprobleme wurden kaum erörtert und im Regelfall den Einzelbetrieben zugeschrieben; vgl. BA, DG 3 II / HV Stahlbau 218 („Zwischenbericht über die Untersuchung der Ergebnisabweichung per 31.7.1957 im VEB VTA vormals Bleichert, Leipzig“, 2.9.1957).

stanzen zu einem Eingeständnis eigener Schwierigkeiten gegenüber den Betrieben nicht in der Lage.[114] Tatsächlich hatten innerbetriebliche Maßnahmen wie die Erhöhung des Anteils der Serienfertigung oder die Eigenherstellung von Spezialteilen, die eine Planerfüllung ermöglichen bzw. den Betriebsablauf reibungsloser gestalten sollten, nur begrenzten Erfolg oder konnten allein auf Kosten der Produktqualität verwirklicht werden.

Das war für einen wichtigen Exportbetrieb der DDR, der 1963 Leitbetrieb seiner VVB wurde,[115] zweifellos inadäquat. Zwar konnte eine 1962 eingesetzte Werkdirektion, die einen tragfähigen Kompromiss zwischen betrieblicher und parteilicher Anforderung fand, endlich auf diesem Weg eine längerfristige Planerfüllung erreichen. Aber das geschah ausgerechnet in dem Moment, als mit dem Auftakt des Neuen Ökonomischen Systems (NÖS) die bisherige Planungspraxis partiell in Frage gestellt wurde. Die Anpassungsbereitschaft der Werkleitung des *VEB VTA Leipzig* wurde damit gleichsam Voraussetzung für die Vernachlässigung betrieblicher Interessen schon bei der Implementierung der Wirtschaftsreformen der 1960er Jahre.

Das Jahr 1963 bildet daher in mehrfacher Hinsicht eine Zäsur in der Geschichte des *VEB VTA Leipzig*. Während das Unternehmen als Leitbetrieb innerhalb der *VVB Bergbauausrüstung und Förderanlagen* eine Aufwertung erfuhr und es dem neuen Werkdirektor Hans Frenzel gelang, die Produktion im Rahmen der Planwirtschaft zu konsolidieren, sollte sich in der Implementierungsphase des NÖS zugleich zeigen, dass niemand der Betriebsleitung Eigenständigkeit und Gestaltungsspielraum zugestehen wollte.

---

114 Vgl. BA, DE 4 – VA 1112 („Protokoll über die Beratung zur Sicherung des Plananlaufes und der Produktion I. Quartal 1960 im *VEB VTA Leipzig*", 8.1.1960).

115 Vgl. StAL, TAKRAF 233 („Erfahrungen bei der Durchsetzung des neuen ökonomischen Systems der Planung und Leitung der Volkswirtschaft in der *VVB Bergbauausrüstung und Förderanlagen*", o. D., Ende 1963).

II. POLITISIERUNG VON PERSONAL- UND WIRTSCHAFTSENTSCHEIDUNGEN

Es erwies sich für die vorliegende Arbeit als sinnvoll, exemplarisch jene Verknüpfungspunkte zwischen betrieblicher und politischer Sphäre zu untersuchen, an denen sowohl die Herrschaftsinstitutionen beider Diktaturen als auch die Betriebsdirektionen ansetzen konnten, um Herrschaftsansprüche bzw. Betriebsinteressen zu artikulieren und durchzusetzen.

Die ersten drei Detailstudien konzentrieren sich auf Politisierungsprozesse *innerhalb* des Betriebes. Die zentrale, alle drei Darstellungen verbindende Frage zielt auf den *Geltungsgrad politischer Argumente in innerbetrieblichen, fachlichen Konflikten*. Dabei wird deutlich werden, dass Ende der 1930er Jahre ganz andere außerbetriebliche Impulse in das Unternehmen hinein wirken als in der unmittelbaren Nachkriegszeit bzw. Mitte der 1950er Jahre.

In der Darstellung treten sachliche Aspekte durch die Unterbrechung der chronologischen Abfolge stärker in den Vordergrund der Analyse. Dabei sollen die Prämissen der vorliegenden Studie, wie sie in der Einführung dargelegt wurden, nicht aus dem Blick geraten: Alle Handelnden, die in den folgenden Kapiteln im Mittelpunkt stehen, werden als *rational abwägende Akteure* verstanden, wobei die Kriterien der Abwägung maßgeblich von ihrer sozialen und ökonomischen Position bedingt wurden. Die Umbrüche in der deutschen Wirtschaftsgeschichte des 20. Jahrhunderts zwangen alle Verantwortlichen, sich immer wieder ihrer Handlungsmöglichkeiten, aber auch der beruflichen Konsequenzen ihres Verhaltens zu vergewissern.

1. VERSUCHTE POLITISIERUNG – CARL ZÖRNER 1937/38

Wenn in diesem Kapitel ein Konflikt zwischen den Direktoren der *Bleichert Transportanlagen GmbH* um die weitere Führung des Unternehmens detailliert betrachtet wird, so geschieht dies nicht, um die Bedeutung der Auseinandersetzung künstlich zu überhöhen. Tatsächlich handelt es sich hier um einen Konflikt zwischen den Geschäftsführern eines mittelgroßen Konzernunternehmens des Transportanlagenbaus, dessen Entwicklung als Teil der Kölner *Felten & Guilleaume Carlswerke AG* zudem maßgeblich von der Konzerndirektion bestimmt wurde. Die Wirkungen der Auseinandersetzung waren nicht spektakulär, blieben begrenzt und wurden außerhalb des Konzerns kaum wahrgenommen.

Die Darstellung konzentriert sich deshalb auf das Verhalten des schließlich abgesetzten Betriebsdirektors Carl Ernst Zörner, da er den gut dokumentierten Versuch unternommen hat, politische Argumente in einer fachlich geprägten Kontroverse zu etablieren und die eigene, innerbetriebliche Position durch die Einschaltung von NS-Institutionen zu stärken. Ob dieses Vorgehen als exemplarisch gelten kann, soll hier nicht entschieden werden. Es sollen auch nicht viele andere, ebenfalls gut dokumentierte Beispiele aus dem Bereich der politischen Einflussnahme im nationalsozialistischen Deutschland konterkariert werden,[1] wenn im Folgenden ein *erfolgloser* Versuch der Politisierung persönlicher oder fachlicher Konflikte beschrieben wird. Aber zwei Aspekte scheinen es wert festgehalten zu werden: Zum einen der Umstand, dass in diesem Fall die Initiative für politische Einflussnahme im betrieblichen Bereich aus diesem Bereich selbst kam – Zörner versuchte, Argumente der NS-Bewegung im eigenen Interesse zu nutzen. Zum anderen traten als Faktoren, die Zörners Versuch schließlich scheitern ließen, deutlich informelle und fachliche Strukturen hervor, die sich zu diesem Zeitpunkt und in diesem Kontext noch als intakt erwiesen.

---

1 In den letzten Jahren sind viele Studien veröffentlicht worden, die für die Zeit des Nationalsozialismus belegen, dass Menschen sehr häufig politische „Angebote" nutzten, um private Interessen mit Hilfe von Parteistellen durchzusetzen; vgl. zuletzt die Detailstudie über einen mittelständischen Repräsentanten der württembergischen Wirtschaft von Hartmut BERGHOFF / Cornelia RAUH-KÜHNE, Fritz K. Ein deutsches Leben im zwanzigsten Jahrhundert, Stuttgart u.a. 2000. Christine Arbogast hat in ihrer Untersuchung der unteren Instanzen der württembergischen NSDAP sowohl deren Einfluss auf Wirtschaftsunternehmen als auch den Stellenwert der Denunziation in privaten Konflikten herausgearbeitet; vgl. Christine ARBOGAST, Herrschaftsinstanzen der württembergischen NSDAP. Funktion, Sozialprofil und Lebenswege einer regionalen NS-Elite 1920–1960, München 1998, S. 69ff. und S. 101ff. Die Zerstörung jüdischer Existenzen durch die NS-Politik und die „Arisierungen" stehen außer Zweifel; vgl. BRÄUTIGAM, Unternehmer, S. 245ff. und S. 297ff.

1.1. Carl Zörner

Dr. Carl Ernst Zörner wurde am 18. Juni 1895 im saarländischen Neunkirchen geboren.[2] Er nahm am Ersten Weltkrieg teil, sein Zwillingsbruder Walter fiel als Leutnant in Flandern. Über seine Ausbildung, die Zörner mit zwei Promotionen abschloss (Dr. jur. et rer. pol.), ist nichts bekannt. Anfang der 1930er Jahre lebte Carl Zörner in Niesky/Oberlausitz, und zum 1. November 1932 wurde er in den Vorstand der *Bleichert Transportanlagen GmbH* berufen, „mit der Aufgabe, die kaufmännische Leitung der Gesellschaft zu übernehmen".[3] Er wurde am 1. Mai 1933 Mitglied der NSDAP und der SA,[4] und in den 1930er Jahren war Zörner auch als ehrenamtlicher Sportfunktionär tätig.[5]

Carl Zörner kam von außen in die *Felten & Guilleaume Carlswerke AG*, und er führte sich nicht geschickt ein: In den Verhandlungen über eine neue Verteilung der Produktionsquoten zwischen den Transportanlagenfirmen im Herbst 1933 vertrat Zörner seine Position in einer Weise, „dass die anderen 3 Firmen von einer Erhöhung ihres Angebotes [...] absahen".[6] Auch in einem an die Kölner Konzernleitung gesandten Rechtfertigungsschreiben bewies Zörner wenig diplomatisches Geschick. Er drohte der Konzernleitung unterschwellig, ein weitergeführter Konkurrenzkampf könne „gewisse Rückwirkungen" auslösen, „welche die geschäftlichen Beziehungen zwischen F.&G. und uns" berührten, und gab Ratschläge, „wie man Kundendienst treiben sollte".[7] Die Kölner Direktion ließ Zörner daraufhin mitteilen, sein Brief müsse „in voller Würdigung Ihrer Pflichten als Geschäftsführer der B.T.G. doch als über das Ziel hinausschießend angesehen" werden, und sah „von einer schriftlichen Beantwortung" ab.[8]

Mangelnde Kenntnis des diffizilen Geflechts aus formalen Hierarchien und informellen Beziehungen versuchte Zörner dadurch zu kompensieren, dass er sich innerhalb des Konzerns als überzeugter Nationalsozialist gerierte. Als die Kölner Konzerndirektion im Sommer 1936 einen neuen Versuch

---

2 Lebensdaten von Carl Ernst Zörner nach BA, BDC. Sein Vater Ernst Zörner (*1861) war 1895 Bergwerksdirektor und Mitglied der Preußischen Bergwerksdirektion Saarbrücken; vgl. Reichshandbuch Bd. 2, S. 2098.

3 RWWA, 11-14, 2, 17 (Dr. Albert Rössing, *Deutsche Bank*, an den F&G-Direktor Johannes Breisig, 7.10.1932).

4 NSDAP-Mitgliedsnummer 2.989.602; vgl. BA, BDC.

5 U.a. betreute Carl Zörner die deutsche Fußballnationalmannschaft bei Länderspielen. Auf einer Postkarte aus Bukarest vom 25.9.1938, abgesandt nach dem Sieg über Rumänien, steht sein Name neben dem von Helmut Schön; vgl. Mitteilungsblatt der Betriebssportgemeinschaft Bleichert, Jg. 1 (1938), Heft 5 (September), S. 7.

6 RWWA 11-14, 2, 17 (Bericht über die Verhandlungen mit der BTG, 13.10.1933).

7 Ebd. (Zörner an Breisig, 23.10.1933).

8 Ebd. (Direktor des Drahtseilverbandes, Storkebaum, an Zörner, 16.11.1933).

unternahm, die drei Transportanlagenfirmen zu einem Quotenarrangement zu zwingen, störte Zörner daran weniger „der Verstoß gegen eines der vielen Wirtschaftsgesetze“ als vielmehr die „Übersehung der festliegenden soziologischen Auffassung der nationalsozialistischen Partei“.[9] Man lebe „im Augenblick in einer Zeit eines einmaligen großen Umbruchs in der sozialen Struktur“, und da gehe es nicht an, „dass das Kapital sich in einer selbstgefälligen Rentabilität erschöpfe“. Zörner selbst sah sich „in erster Linie als Betriebsführer und Nationalsozialist“ verpflichtet, das Interesse seiner „Gefolgschaft“ zu wahren, habe so bereits „vor der nationalsozialistischen Ära“ gehandelt und „damit unzweifelhaft Erfolge erzielt“.

Solche dezidiert politischen Aussagen finden sich in der betrieblichen Korrespondenz allein bei Zörner, doch blieb auch er in den für die *Carlswerke* wichtigen Fragen der NS-Wirtschaftspolitik auf Vermutungen angewiesen: Angesichts der 1937 eingeführten Kontingentierung von Eisen und Stahl blieb es seiner Auffassung nach abzuwarten, ob dies „der Beginn einer Totalplanwirtschaft ist oder lediglich eine momentane Kontingentierung bedeutet, um den Markt zu ordnen“.[10]

Während Carl Zörner im Umgang mit den wirtschaftspolitischen NS-Institutionen einiges Geschick entwickelte,[11] reagierte er innerbetrieblich allergisch auf die kleinsten Anzeichen der „Untergrabung“ seiner Autorität als Betriebsführer und erwies sich als außerordentlich nachtragend.[12]

Neben der kaufmännischen Verwaltung zeichnete Zörner auch für die bei den Bleichert-Werken neu aufgenommene Fabrikation von Lkw-Anhängern verantwortlich, die schlecht anlief, da in diesem Bereich wider Erwarten nur langsam ein neuer Kundenstamm aufgebaut werden konnte. Beides, der persönlich schwierige Umgang mit ihm und seine Versäumnisse bei der Lkw-Anhängerproduktion, führte dazu, dass Zörner im Sommer

9 StAL, BTG 252 (Zörner an Hans Rohrer, Direktor der *E. Heckel GmbH*, 5.5.1936). Hier auch die folgenden Zitate.

10 Ebd. (Zörner an Rohrer, 6.1.1937).

11 „Auf Grund unserer Kenntnis haben wir davon abgesehen, den Treuhänder der Arbeit, die Arbeitsfront bzw. die Politischen Stellen auf die Schwierigkeiten unseres Betriebes hinzuweisen, weil wir wissen, dass Interventionen dieser Stellen von der Überwachungsstelle bzw. in diesem Falle von dem Stahlwerksverband nicht sehr gern gesehen werden und häufiger schon die gegenteilige Wirkung ausgelöst haben. Im Falle des Kautschukkommissars ist uns bekannt, dass Firmen, die politische Stellen veranlassten zu intervenieren, das Gegenteil ihrer Absicht erreicht haben bzw. späterhin belehrt wurden, dies zu unterlassen. Die Arbeitsfront, Gauwaltung Sachsen, hat sich, als der Kautschukkommissar uns nicht Reifen in genügendem Umfange zuteilen konnte, entgegenkommenderweise bereit erklärt, für uns zu intervenieren. Wir haben von dieser Absicht den Kautschukkommissar sofort in Kenntnis gesetzt und dadurch erreicht, dass die Intervention der Arbeitsfront uns nicht angekreidet wurde“; ebd. (Zörner an Rohrer, 6.1.1937).

12 Vgl. etwa StAL, BTG Karton 1, 607 (betriebsinternes Schreiben Zörners an Rubin, 2.8.1937).

1937 seitens der Konzerndirektion unter Druck geriet und schließlich seinen Posten in Leipzig räumen musste.

Nach seinem Weggang wurde Zörner Geschäftsführer der neu gegründeten *Bleichert-Fahrzeuge-Vertriebsgesellschaft mbH* (BFV) in Berlin. Er blieb damit der *Felten & Guilleaume Carlswerke AG* erhalten, aber die vermeintlich geregelten Kompetenzabgrenzungen zwischen dem Bleichert-Stammbetrieb in Leipzig und der Vertriebsgesellschaft boten immer wieder Anlass für Konflikte.

Carl Zörner, schon vor dem Krieg zu Reserveübungen der Wehrmacht herangezogen, wurde im Zweiten Weltkrieg Soldat und fiel am 12. Oktober 1941 im russischen Wjasma, zu einem Zeitpunkt, als die deutsche Wehrmacht gerade ihre Offensive auf Moskau begonnen hatte.[13]

1.2. Die Neuregelung der Geschäftsführungskompetenzen

Mit der mehrfachen Erwähnung seiner nationalsozialistischen Überzeugungen hob sich Zörner deutlich von der Personalpolitik innerhalb der *Carlswerke* ab. Die Rekrutierungspraxis bei Leitungspersonal zeigt in den 1930er Jahren einen ausgesprochen geringen Stellenwert politischen Wohlverhaltens als Kriterium bei der Personalauswahl: Der Generaldirektor der *Felten & Guilleaume Carlswerke AG*, Friedrich Lehmann,[14] entschied bei der Besetzung von Leitungsposten nach persönlicher Kenntnis und Vertrauen.

Die Bedeutung der NSDAP-Mitgliedschaft bei den Direktoren der *Bleichert Transportanlagen GmbH* war deshalb eher von informeller, freilich nicht zu vernachlässigender Bedeutung. Ein nach Kriegsende wegen seiner Parteimitgliedschaft fristlos entlassener, leitender Angestellter beschwerte sich im Oktober 1945 bei der neuen Betriebsleitung und erklärte, Nutznießer seiner NSDAP-Mitgliedschaft sei doch nur das Unternehmen selbst gewesen. Mit dem Parteiabzeichen hätten sich „bei den Besuchen in unserem großen Kundenkreis ohne Formalitäten Tore und Direktionstüren" geöffnet, und „viele wertvolle, für die Firma ertragreiche Geschäftsabschlüsse [seien]

---

13 Vgl. RWWA 11-15, 3, 7 (Todesanzeige Carl Ernst Zörner).

14 Zu Friedrich Lehmann (geboren am 19.5.1882 in Trier) vgl. RWWA 11-A I, 6b, 1 (Auszug aus den Personalakten des Beigeordneten a. D. Fritz Lehmann). Lehmann gehörte unmittelbar nach dem Zweiten Weltkrieg zu einer Gruppe von insgesamt 42 Industriellen, die von einem Sonderausschuss des US-Senats als „einwandfrei mitschuldig" an den Verbrechen des Nationalsozialismus bezeichnet wurde; Dietrich EICHHOLTZ / Wolfgang SCHUMANN (Hrsg.), Anatomie des Krieges. Neue Dokumente über die Rolle des deutschen Monopolkapitals bei der Vorbereitung und Durchführung des zweiten Weltkrieges, Berlin (Ost) 1969, S. 493f. 1949 war „Generaldirektor Lehmann" wieder mit der Zusammenarbeit der Transportanlagenfirmen Pohlig, Heckel, Mackensen und Bleichert (West) befasst; RWWA 11-14, 3, 5/1 („Besprechung zwischen den Vorständen der Firmen Pohlig und Heckel [...]", 12.4.1949).

erleichtert hereingebracht" worden.[15] Insbesondere die Verhandlungen mit Wehrmachtsstellen über den Verkauf von Feldseilbahnen sei nur erfolgreich gewesen, „weil wir [...] als regierungstreu gekennzeichnet waren".

Mochte die Parteimitgliedschaft sich in Verhandlungen mit Geschäftspartnern auszahlen, bot sie doch kein handfestes Kriterium für die Beurteilung von betrieblichen Führungsqualitäten. In der Leitung der Bleichert-Werke 1937 und 1938 waren bis auf eine Ausnahme alle Direktoren Mitglieder der NSDAP. Neben Carl Zörner waren dies noch seine „Gegenspieler", der technische Direktor Prof. Dr. Adolf Rubin[16] und der Leiter der Betriebsabteilung, Dr. Rudolf Frank.[17] Einzig der im Dezember 1937 eingesetzte kaufmännische Direktor Theodor Schmidt war parteilos.[18]

Das Verhältnis zwischen Carl Zörner und Adolf Rubin war offenbar seit längerem vor allem persönlich belastet. Mit der Einstellung Rudolf Franks als Betriebsleiter Ende 1936 eskalierten die Auseinandersetzungen, wobei sowohl für die Kölner Konzerndirektion als auch für den heutigen Betrachter die Anteile fachlicher Kontroversen und persönlicher Feindseligkeiten schwer auseinander zu halten waren. Rubin und Frank fanden hingegen zu einer guten Zusammenarbeit, so dass Zörner sich in den Bleichert-Werken zunehmend auf verlorenem Posten fühlen musste.[19]

Diese Leipziger Querelen passten der Direktion der *Felten & Guilleaume Carlswerke AG* nicht ins Konzept, da sich erstmals die Strategie auszuzahlen schien, mit dem Erwerb der *Bleichert Transportanlagen GmbH* trotz anfänglicher Verluste ein Marktsegment im deutschen Transportanlagenbau besetzt zu halten. Die im Juli 1937 gegründeten *Reichswerke AG für Erzbergbau und Eisenhütten „Hermann Göring"* bestellten Förderbänder und Krananlagen bei Transportanlagenfirmen der *Carlswerke*.[20]

---

15 StAL, SAG Bleichert 83/1, Bl. 363 (Walter Vollring „an die Geschäftsleitung und an den Betriebsrat", 31.10.1945). Hier auch das folgende Zitat.

16 Adolf Rubin (geboren am 15.8.1890 in Emmendingen) war seit dem 1. Mai 1933 Mitglied der NSDAP; vgl. BA, BDC.

17 Rudolf Frank (geboren am 17.4.1898 in Kaiserslautern) war seit dem 1.12.1931 Mitglied der NSDAP (NSDAP-Mitgliedsnummer 840.834); vgl. BA, BDC.

18 Theodor Schmidt (geboren am 7.2.1899 in Antwerpen) blieb bis Kriegsende parteilos und trat 1945 in die SPD ein; vgl. StAL, SAG Bleichert 27/2, Bl. 527-529 (Schmidt an das Amt für Betriebsneuordnung, 6.2.1946).

19 Dafür spricht auch Zörners energisches Aufgreifen banaler Konflikte, um grundsätzliche Kontroversen auszutragen, beispielweise die Bestrafung eines Fahrers, die Frank in Abwesenheit Zörners vorgenommen hatte. Zörner empfand dies als „Brüskierung" und verlangte eine Besprechung, auf der auch „einige weitere Bemerkungen und Handlungen des Herrn Dr. Frank" erörtert werden sollten, „die meine Autorität gefährden"; StAL, BTG Karton 1, 607 (betriebsinternes Schreiben Zörners an Rubin, 2.8.1937).

20 Die Kontakte zum US-amerikanischen Hütteningenieur Hermann A. Brassert, der mit dem Aufbau der *Reichswerke „Hermann Göring"* betraut war, sind offenbar wesent-

Eine Kontrolle der Betriebsführung in den entsprechenden Firmen sollte die ökonomischen Voraussetzungen für die erwarteten Großaufträge sicherstellen, die „Vereinheitlichung der Kalkulationsunterlagen" ermöglichen und „für auskömmliche Preise [...] sorgen".[21] Zugleich war diese Revision Voraussetzung für eine geplante Verdopplung des Stammkapitals der *Bleichert Transportanlagen GmbH*.[22]

Die Untersuchung in Leipzig wurde von einem führenden Mitarbeiter der *Carlswerke*, Dr. Grunewald, geleitet. Das abschließende Gutachten schrieb im Oktober 1937 die wirtschaftlichen Probleme der Bleichert-Werke weitgehend dem organisatorischen Unvermögen des Betriebes zu, sich den wirtschaftspolitischen Rahmenbedingungen anzupassen. Neben einer mit allen Abteilungen detailliert abgestimmten Lagerhaltung und einem schnelleren Durchlauf der Aufträge schlugen die Kontrolleure die Einrichtung einer zusätzlichen Planstelle für die Koordination der kaufmännischen Aufgaben vor. Das war ein deutliches Urteil über Zörners bisherige Arbeit. Zudem sollte laut Gutachten die Stellung des Betriebsleiters Frank dadurch gestärkt werden, dass er zukünftig allein der technischen Direktion unterstellt wurde.[23]

Carl Zörner war schon während der Untersuchung im Sommer 1937 sichtlich bemüht gewesen, jede Kritik an seiner kaufmännischen Betriebsführung abzuwehren.[24] Offenbar nahm er die nun von Generaldirektor Lehmann vorgeschlagene Neufestlegung der Geschäftsführungskompetenzen persönlich. Tatsächlich liefen die Pläne auf eine deutliche Schwächung Zörners gegenüber Rubin und Frank hinaus: Um „dem seit einiger Zeit erheblich erweiterten Umfange des Aufgabenkreises der Geschäftsführung Rechnung zu tragen", sollte Zörner die „gesamte innere kaufmännische Verwaltung" an einen neuen Direktor abgeben und dafür „sämtliche Ver-

---

lich von Carl Zörner eingefädelt worden; vgl. RWWA 11-14, 3, 4 (AN von Zörner, „Nachdem Herr Dr. Frank in seinem Briefe [...]", 31.3.1937). Vgl. zu den Reichswerken, die das saure Erz des Salzgittergebietes verhütten sollten, August MEYER, Hitlers Holding. Die Reichswerke „Hermann Göring", München u.a. 21999, Gerhard Th. MOLLIN, Montankonzerne und „Drittes Reich". Der Gegensatz zwischen Monopolindustrie und Befehlswirtschaft in der deutschen Rüstung und Expansion 1936–1944, Göttingen 1988 sowie Lotte ZUMPE, Wirtschaft und Staat in Deutschland 1933 bis 1945. Wirtschaft und Staat in Deutschland Bd. 3, Berlin (Ost) 1980, S. 192ff.

21 RWWA 11-14, 2, 20 (Sitzung des Beirats der BTG, 17.6.1937).

22 Insbesondere musste die Kapitalerhöhung gegenüber dem ARBED-Konzern gerechtfertigt werden, zu dem die *Carlswerke* mehrheitlich gehörten; vgl. RWWA 11-14, 3, 4 (Lehmann an den Generaldirektor der ARBED, Dr. Alois Meyer, 28.6.1938).

23 Vgl. ebd. („Grunewald-Gutachten" über die BTG, 1.10.1937).

24 Vgl. StAL, BTG 255 (AN „III. Herr Michael überreicht am 15.7. eine Aufstellung [...]", 15.7.1937). Entsprechend kritisierte Zörner auch die Ergebnisse des „Grunewald-Gutachtens"; vgl. RWWA 11-14, 3, 4 („Zusatzbericht zum Gutachten Bleichert", 29.11.1937).

triebsabteilungen“ außer des bei Rubin verbleibenden Vertriebs von Transportanlagen erhalten.[25] Damit blieb Carl Zörner bei allen betriebsorganisatorischen Fragen außen vor, während Rubin nicht nur die technische Abteilung behalten, sondern zudem die „Betriebsführerschaft“ übernehmen sollte. Auf Druck des Kölner Generaldirektors stimmte Zörner der neuen Regelung dennoch zu.

Zörners Gefühl der Unterlegenheit gegenüber Rubin und Frank war demnach grundsätzlich berechtigt, aber seine Schärfe in der weiteren Auseinandersetzung stieß in Köln auf Unverständnis. Zwar verwies Zörner gegenüber Lehmann nicht ungeschickt darauf, dass „er zu den maßgebenden Stellen die besten Beziehungen gewonnen habe, die sich voraussichtlich nicht so ohne Weiteres überleiten ließen“.[26] Zugleich aber demonstrierte er seine Empfindlichkeit, indem er die „Beleidigung“ durch einen Konzernmitarbeiter auch „durch die erfolgte Rücknahmeerklärung noch nicht ganz aus der Welt geschaffen“ sah.

In der weiteren Auseinandersetzung mit Rudolf Frank wollte Zörner „das SA-Ehrengericht“ anrufen und legte Lehmann das zu erwartende Verfahren auseinander: Das SA-Gericht würde „möglicherweise ein Vorgehen gegen Dr. Frank fordern“ und, da Frank kein SA-Mitglied sei, „die Angelegenheit an das Partei-Ehrengericht zur Entscheidung abgeben“. Offenkundig versprach sich Zörner von einem solchen Vorgehen, dass Frank als Leiter der Bleichert-Betriebsabteilung untragbar würde und als innerbetrieblicher Kontrahent ausscheiden müsste. Dafür hatte Zörner „Material gegen die Glaubwürdigkeit des Herrn Dr. Frank gesammelt“.

Solche Pläne mochten in Köln den Eindruck verstärkt haben, dass Carl Zörner ein schwieriger Zeitgenosse sei. Am 30. Oktober 1937, seine Zustimmung zur neuen Kompetenzverteilung war noch keine Woche alt, beschwerte sich Zörner in Köln erneut über Frank, der angeblich Betriebsinterna an Dritte weitergegeben hätte, so dass bei Zörner von „außenstehender Seite angefragt worden“ sei, „ob es richtig sei, [...] dass entweder Herr Dr. Rubin oder Herr Dr. Zörner gehen würde“.[27]

Unabhängig davon, ob dieser Vorwurf zutreffend war, sah man in Köln inzwischen vor allem die Aufdringlichkeit Zörners als Problem an: Auf seine Frage, ob nicht gegen Franks Verhalten „seitens seines Vorgesetzten“ vorgegangen werden müsse, erwiderte der Kölner Gesprächspartner, Franks Äußerungen seien „wohl nicht zweckmäßig gewesen“, etwaige Vorwürfe gegen ihn seien aber „Sache der Leipziger Direktion“. Das war unmissver-

---

25 Ebd. (Lehmann an Rubin, 26.10.1937; Anlage: „Entwurf eines Rundschreibens“).

26 Ebd. (AN „Am 25.10.1937 empfing Herr Generaldirektor Lehmann [...]“, 27.10. 1937). Hier auch die folgenden Zitate.

27 Ebd. (AN „Am 30.10.37 rief Herr Dr. Zörner aus Leipzig an [...]“, 30.10.1937). Hier auch die folgenden Zitate.

ständlich und warf Zörner zugleich auf seine schwierige Position gegenüber Rubin zurück.

Carl Zörners Versuche, seinen Positionsverlust zu kompensieren, vertieften nur den Gegensatz zum technischen Direktor Adolf Rubin und zum Betriebsleiter Rudolf Frank. Zudem besaß Rubin den besseren Draht nach Köln und konnte im November 1937 gegenüber Lehmann anmerken, dass Zörner ohne Rubins Kenntnis Organisationsbestimmungen herausgab, welche in Gebiete eingriffen, „die künftig nur Herrn Dr. Schmidt und allenfalls mir unterstehen sollten".[28] Zudem sei eine endgültige Klärung der Kompetenzen dringend, da im Betrieb „z. Zt. viel nebeneinander und durcheinander gearbeitet" werde „mangels Kenntnis der endgültigen Abgrenzung der Verantwortlichkeit".

Während Rubin diese Desorganisation in sachlichen Worten Zörner anlastete, legte er seinem Brief „ein weiteres Zeugnis über Herrn Dr. Frank" bei, in dem ein Aufsichtsratsmitglied der *Dingler-Werke AG* Frank für dessen „Erfolge bei der schwierigen Wiederaufbauarbeit bei den Dinglerwerken" beglückwünschte und bestätigte, dass sich der Vorstand der Werke über Franks „fachlichen Leistungen" und „charakterlichen Eigenschaften außerordentlich lobend ausgesprochen" habe.[29]

Damit stand in der Frage der Reputation von Rudolf Frank Aussage gegen Aussage; zugleich verschob sich aber aus Kölner Sicht die Argumentation auf eine persönliche Ebene, deren Loslösung von fachlichen Erwägungen alles andere als zweckdienlich schien.

Die Einsetzung des parteilosen Theodor Schmidt als kaufmännischer Direktor bei der *Bleichert Transportanlagen GmbH* am 1. Dezember 1937 war in dieser Hinsicht auch ein Weg für die Kölner Konzerndirektion, verlässliche Informationen über die Leipziger Verhältnisse zu erhalten. Diese Einsetzung war deshalb bemerkenswert, weil sie ein weiteres Mal dokumentierte, dass als wesentliches Kriterium der Generaldirektion der *Carlswerke* für Personalentscheidungen noch immer das Vertrauensverhältnis auf der Basis persönlicher Bekanntschaft galt.[30]

Schmidt enttäuschte die Konzerndirektion nicht. Er arbeitete sich rasch in die Verhältnisse der Bleichert-Werke ein und berichtete im März 1938 an Lehmann, dass aufgrund des kaufmännischen Verständnisses des Herrn Frank „die Differenzen zwischen Herrn Dr. Frank und Herrn Dr. Zörner [...] von geschäftlichen Vorgängen in keiner Weise abgeleitet werden" könnten.[31] Der Konflikt sei gleichwohl „nicht auf die beiden Beteiligten be-

---

28 Ebd. (Rubin an Lehmann, 4.11.1937). Hier auch die folgenden Zitate.

29 Ebd. (Bürgermeister von Zweibrücken/Pfalz an Frank, 12.10.1936). Eine Ablichtung dieses Schreibens war dem Brief Rubins an Lehmann vom 4.11.1937 beigelegt.

30 Schmidt war seit 1922 in verschiedenen Firmen der *Felten & Guilleaume Carlswerke AG* beschäftigt gewesen.

31 Ebd. (Schmidt an Lehmann, 17.3.1938). Hier auch die folgenden Zitate.

schränkt geblieben", sondern habe „zu Spannungen zwischen gewissen kaufmännischen Beamten und dem Betrieb geführt", die nur dann ausgeräumt werden könnten, „wenn die Angelegenheit Dr. Frank - Dr. Zörner als solche bereinigt" wäre. Schmidt schätzte ein, dass Rudolf Frank zwar „seinen Weg ohne jede Diplomatie" gehe, weshalb man ihm „wohl eine Unvorsichtigkeit, vielleicht sogar eine Rücksichtslosigkeit zutrauen" könne, allerdings keine „hinterlistige oder sogar niederträchtige Tat".

1.3. Politische gegen fachliche Argumente

In dieser Situation entschied sich Carl Zörner Ende März 1938, das über Rudolf Frank gesammelte Material für ein Verfahren vor dem SA-Ehrengericht der Kölner Konzerndirektion vollständig vorzulegen. Da diese Unterlagen interessante Einblicke zulassen, wie ein Wirtschaftsfunktionär sich in den 1930er Jahren Auskünfte beschaffte, wie er sich eine politische Argumentation vorstellte und wie schließlich verschiedene NSDAP-Stellen in diesem Konflikt agierten, lohnt es sich, diesen Punkt etwas eingehender zu betrachten.

Auf Beschuldigungen seitens Frank, die nicht im Detail rekonstruierbar sind, reagierte Zörner stereotyp mit Selbstanzeigen beim Wehrbezirkskommando bzw. bei der für ihn zuständigen SA-Standarte, die beide – gleichsam als Beleg für Zörners „Ehre" – eine Bearbeitung ablehnten und stattdessen in Aussicht stellten, auf der Grundlage von Zörners Material gegen Rudolf Frank vorzugehen.

Zörner hob bei der Übergabe des Materials an die Kölner Konzerndirektion seine eigenen guten Kontakte insbesondere zur Firma *Brassert & Co* hervor, die mit dem Aufbau der *Reichswerke „Hermann Göring"* betraut war. Beiläufig erwähnte Zörner, dass Herr Brassert „die Zusage mir gegenüber […], uns als Lieferanten in großem Umfange heranzuziehen", inzwischen erfülle, um dann zu schildern, wie Frank von den Reichswerken, insbesondere von deren Generaldirektor Paul Pleiger,[32] protegiert werde: Die Leitung der *Reichswerke „Hermann Göring"* hätte „an die Firma Brassert ein Schreiben gerichtet", in dem verlangt wurde, „dass in die Verhandlungen zwischen Brassert und Bleichert Herr Dr. Frank eingeschaltet werden sollte".[33]

Zörner sah „eine Gefahr in dem Vorgehen des Herrn Dr. Frank", der schon früher „über parteiamtliche Dienststellen und die Arbeitsfront ver-

32 Zu Paul Pleiger, der auch Gauwirtschaftsberater im Gau Westfalen-Süd war, vgl. Gerhard KRATZSCH, Der Gauwirtschaftsapparat der NSDAP. Menschenführung, „Arisierung", Wehrwirtschaft im Gau Westfalen-Süd, Münster 1989, S. 25ff.

33 RWWA 11-14, 3, 4 (AN von Zörner, „Nachdem Herr Dr. Frank in seinem Briefe […]", 31.3.1937).

sucht" habe, Einfluss auf „Entscheidungen der Vorstände" der jeweiligen Firmen zu nehmen. Was Zörners Blick offenbar aber entging, war der Umstand, dass er dieses kritisierte Verfahren selber anzuwenden versuchte, während Frank gerade durch seine Kontakte zu den Reichswerken für Köln offenkundig unverzichtbar geworden war.

Dabei war das Material über Rudolf Frank eigentlich brisant. Zörner hatte bei früheren Arbeitgebern Franks Auskünfte über dessen Verhalten eingeholt und herausgefunden, dass er Anfang Dezember 1933 von der Hildener Filiale der *Vereinigten Stahlwerke* fristlos entlassen worden sei, „nachdem er sich an einer nächtlichen Schießerei auf das Haus des ihm übergeordneten Vorstandsmitgliedes unserer Firma beteiligt hatte".[34] Mehrere Klagen Franks gegen diese fristlose Entlassung, „gestützt auf unwahre und verleumderische Behauptungen über zwei Vorstandsmitglieder", seien vor Gericht abgewiesen worden.

Auch spätere Arbeitgeber Franks – die *Junkers Flugzeug- und Motorenwerke AG* und die *Dingler-Werke AG* – gaben bereitwillig über Rudolf Frank Auskunft: Bei Junkers sei er „als notorischer Querulant" bekannt gewesen und habe „Streitigkeiten über seine Arbeitsaufnahme" provoziert,[35] und in den *Dingler-Werken* habe er „sehr viel Unruhe gestiftet durch Quertreibereien" und schließlich „sein Arbeitsverhältnis [...] ohne Kündigung oder Einhaltung einer Kündigungsfrist abgebrochen".[36] Man habe auf rechtliche Schritte verzichtet, „weil wir nur seine Einstellung und nicht den Verlust zu bedauern hatten".

Über die Schießerei bei den *Vereinigten Stahlwerken* erfuhr Zörner noch Näheres bei der NSDAP-Gauleitung Düsseldorf bzw. über Mittelsmänner beim Hildener Ortsgruppenleiter Thiele. Frank habe sich mit einem Direktor überworfen und „in betrunkenem Zustand" mehrere Leute veranlasst, nachts die Wohnung des Direktors aufzusuchen, wo dann „7 Schüsse auf das Fenster des Schlafzimmers abgegeben" worden seien.[37] Der NSDAP-Ortsgruppenleiter in Hilden habe, um „diese Vorfälle nicht in die Öffentlichkeit kommen zu lassen, [...] die Durchführung des eingeleiteten Strafverfahrens verhindert".

Ein Vertreter der Bleichert-Werke suchte daraufhin im Auftrag Zörners den Ortsgruppenleiter Thiele in Hilden auf, und dieser bestätigte nochmals, dass er „im Interesse der Bewegung das bei der Polizei bereits eingeleitete Verfahren an sich genommen" und erledigt habe.[38] Für Thiele war Rudolf

---

34 Ebd. (*Vereinigte Stahlwerke AG* an Zörner, 28.1.1938). Hier auch das folgende Zitat.

35 Ebd. (*Junkers Flugzeug- und Motorenwerke AG* an Zörner, 3.2.1938).

36 Ebd. (*Dinglerwerke AG* an Zörner, 21.1.1938). Hier auch das folgende Zitat.

37 Ebd. („Auskunft Gauleitung Düsseldorf", Abschrift, o. D.). Hier auch das folgende Zitat.

38 Ebd. (Eugen Messerschmidt, Vertreter der BTG, an die SA-Standarte 107 Leipzig, 21.3.1938). Hier auch die folgenden Zitate.

Frank „ein richtiger Schweinehund“ und einer „der unangenehmsten Parteigenossen, die er jemals kennen gelernt habe“. In einem Schreiben an die SA-Standarte hob der Bleichert-Vertreter hervor, er selbst kenne Carl Zörner als „einen Betriebsführer [...] von selten vorbildlichen Charakter“, dessen „ganzes Handeln und Wollen sich im nationalsozialistischen Sinne und kameradschaftlicher Weise ausgewirkt“ habe.

Unmittelbar nachdem Zörner diese Unterlagen der Kölner Konzerndirektion vorgelegt hatte, wurde erwartungsgemäß die „Einleitung eines Ehrenverfahrens“ von der zuständigen SA-Standarte abgelehnt. Seine „Ehrenhaftigkeit [sei] in jeder Beziehung einwandfrei erwiesen“, so dass „nicht der geringste Anlass zu einem Einschreiten gegen Sie, namentlich in Ihrer Eigenschaft als Nationalsozialist und SA-Führer“, vorliege.[39] Indes sehe man sich gezwungen, Frank „durch das zuständige Parteigericht zu Rechenschaft zu ziehen“.

Und dann fügten die Parteigenossen der SA noch eine Bemerkung an, die Zörner hätte hellhörig machen müssen. „Für die Wahrung des Betriebsfriedens ist der Reichstreuhänder der Arbeit für das Wirtschaftsgebiet Sachsen zuständig. Die Anrufung des Reichstreuhänders muss Ihnen überlassen werden; sie erscheint in diesem Falle aber unbedingt notwendig.“ Damit verwies die von Zörner angerufene Parteistelle auf die formale Grenze ihrer Möglichkeiten, ihm in diesem Konflikt beizustehen.

Es sollte sich darüber hinaus erweisen, dass Zörners Kontrahenten in der *Bleichert Transportanlagen GmbH* mit der Deutschen Arbeitsfront (DAF) ebenfalls eine parteiamtliche Stelle auf den Plan riefen, die sich – anders als das SA-Ehrengericht – rasch in den Konflikt einschaltete. Die Nutzung politischer Institutionen stand letztlich allen Beteiligten zu Gebote, und es war eine Frage des persönlichen Geschicks, mit diesen Kräften umzugehen.

Zugleich wurde aber in Köln offenkundig gar nicht mehr dieses Geschick registriert, sondern allein der fatale Umstand, dass Institutionen des NS-Staates dabei waren, sich in die internen Abläufe des Konzerns einzumischen und die Kölner Generaldirektion Gefahr lief, die Kontrolle über ihre Personalpolitik zu verlieren.

Im Einzelnen kann nicht mehr nachvollzogen werden, wie die Funktionäre der DAF in den Konflikt involviert wurden. Sie machten auf einer Vertrauensratssitzung der Bleichert-Werke Ende Juni 1938 unmissverständlich klar, wessen Position sie vertraten. Zudem hielt mit ihnen der scharfe Ton ideologischer Maßregelung Einzug in die Auseinandersetzung. Der Gaufachabteilungswalter der DAF Sachsen, Müller, war offenkundig bestens auf die Sitzung vorbereitet, vertrat konsequent Franks Standpunkt und demontierte systematisch die Position Zörners.

39 Ebd. (SA-Standarte 107 Leipzig an Zörner, 31.3.1938). Hier auch die folgenden Zitate.

Weder Zörner noch Frank waren bei dieser Sitzung anwesend. Die Betriebsdirektion wurde von Adolf Rubin und Theodor Schmidt vertreten, und der DAF-Funktionär übernahm die Wortführung. Ein Teilnehmer begrüßte „das energische Eingreifen des Betriebsleiters", und Direktor Schmidt hob hervor, dass „über Dr. Frank weder als Pg. noch als Betriebsleiter etwas festzustellen sei, was gegen seine Person und gegen seine Tätigkeit spräche".[40] Die Kluft zwischen den Kontrahenten sei allerdings „unüberbrückbar", so dass „eine Änderung der Sachlage herbeigeführt werden müsste".

DAF-Funktionär Müller begann daraufhin mit der Demontage Zörners. Dieser habe im Frühjahr 1934 die Betriebsabläufe von einer „jüdischen Organisationsfirma" untersuchen lassen. Auch sei Zörner für „Spenden von der Firma an NS-Verbände" zuständig und habe diesen Aufgabenbereich vernachlässigt. Müller machte unmissverständlich klar, „dass die DAF an der Vergangenheit" von Frank „in keiner Weise interessiert sei" und dieser „von der DAF als Betriebsleiter jederzeit die notwendige Unterstützung erfahren würde". Daran anschließend missbilligte der Vertrauensrat „jede weitere Untersuchung über die Person bzw. das Vorleben des Betriebsleiters Dr. Frank durch Dr. Zörner" und sprach den Wunsch aus, „dass diese Nachforschungen nicht weitergeführt werden sollten im Interesse des Betriebsfriedens".

Damit waren die innerbetrieblichen Machtverhältnisse in der *Bleichert Transportanlagen GmbH* klar, und der Generaldirektion der *Carlswerke* blieb es überlassen, eine Lösung zu finden, die alle Beteiligten zufrieden stellte und zugleich die Lage wieder beruhigte.

1.4. Eine geschickte personalpolitische Lösung

Die Vorbereitungen für einen solchen Weg, die wieder stärker an Sachfragen orientiert waren, liefen in Köln schon seit einiger Zeit, so dass bereits Anfang Juli 1938 die konkrete Ausgestaltung zwischen allen Beteiligten erörtert werden konnte. Generaldirektor Lehmann legte größten Wert darauf, dass nun, wo „die personelle Seite zur Erörterung" stand, der Ton wieder gemäßigter wurde.[41]

Da die Auseinandersetzungen „durch den Eintritt des Herrn Dr. Schmidt in die Geschäftsführung in Leipzig" leider nicht hätten beigelegt werden können, sondern „nach wie vor tiefgehende Differenzen bezüglich der Person des Herrn Dr. Zörner" bestünden, sollte nun durch die Gründung einer Vertriebsgesellschaft für Elektrokarren in Berlin eine neue Arbeits-

40 Ebd. (Vertrauensratssitzung der BTG, 29.6.1938). Hier auch die folgenden Zitate.

41 RWWA 11-15, 3, 7 (AN über eine „Aussprache" in Köln zwischen Vertretern von F&G und der BTG-Geschäftsführung, 3.7.1938). Hier auch die folgenden Zitate.

stelle für Carl Zörner außerhalb des Leipziger Zusammenhangs geschaffen werden. Eine zuerst erwogene „Ausgründung" des gesamten Anhängergeschäfts von Bleichert wurde wieder verworfen, da durch einen solchen Schritt „der Streit nur nach außen evident würde". Schmidt bediente solche Befürchtungen postwendend, indem er anmerkte, dass „auch bereits außenstehende Instanzen mit dieser Angelegenheit befasst worden seien". Zudem glaubte der kaufmännische Direktor, „mit Herrn Dr. Zörner als Generalvertreter gut arbeiten zu können". Als Zörner erklärte, dass „er sich heute noch nicht endgültig entschließen könne" und „es gegebenenfalls vorziehen würde, in fairer Form auszuscheiden", erwiderte Generaldirektor Lehmann, dass er Wert darauf lege, „die Aktivität des Herrn Dr. Zörner für die Firma zu erhalten", zugleich aber „fest entschlossen sei, die Bereinigung bei der B.T.G. vorzunehmen". Zörner solle die Tatsache, dass ihm die neuen Pläne vorgelegt würden, obwohl er „doch zur Konkurrenz gehen könnte", als einen „Vertrauensbeweis" ansehen. Die Kölner Generaldirektion müsse ihrerseits erwarten können, dass Zörner die Leitung der Vertriebsgesellschaft nur übernehme, „wenn er innerlich völlig loyal handeln und zur Firma stehen wolle". Damit rückte Lehmann die Prämissen seiner Personalpolitik wieder in das Zentrum der Auseinandersetzung und schaltete geschickt die Gefahr aus, dass Zörner Betriebsinterna an Konkurrenzfirmen weitergab.

In der Folge stimmten alle drei Leipziger Direktoren der Gründung einer Vertriebsgesellschaft zu, und die sich über Monate hinziehenden, zähen Verhandlungen über die genaue Verteilung der Entscheidungsbefugnisse mochten Generaldirektor Lehmann in der Ansicht bestärkt haben, dass die Trennung der Kontrahenten der einzig richtige Weg zur Beruhigung der Lage bei der *Bleichert Transportanlagen GmbH* war.[42]

Lehmann setzte zudem ein Ende der politisch und persönlich aufgeladenen Konfrontation zwischen Rudolf Frank und Carl Zörner durch. Im November 1938 lehnte das Parteigericht der NSDAP die Einleitung eines Verfahren gegen Frank ab. Zugleich aber war die Ernennung Franks zum Reserveoffizier durch Zörners Intervention beim Wehrbezirkskommando verzögert worden, weshalb Frank weiter „gegen Herrn Dr. Zörner vorgehen" wollte.[43] Der Generaldirektor ließ Frank daraufhin mitteilen, dass er die „Personenfrage" als geklärt ansehe und es nun, wenn „man dem Ansehen der Firma Bleichert nicht schaden wolle", unbedingt notwendig sei, „dass die ganze Angelegenheit jetzt begraben und vergessen werde". Leh-

42 Die Korrespondenz über Detailfragen des Verhältnisses zwischen der BTG und der BFV zieht sich vom Juli 1938 bis in den April 1940; vgl. ebd. Darüber hinaus war Zörner ohne Rücksprache mit der BTG an der Gründung einer „Wirtschaftstelle Elektrokarren" beteiligt; vgl. RWWA 11-14, 3, 4 (BTG an F&G, Juristische Abteilung, 17.5.1939).

43 Ebd. (Grunewald an Frank, 26.11.1938). Hier auch die folgenden Zitate.

mann betrachtete „irgendwelche weiteren Schritte […] als durchaus unerwünscht".

Betriebswirtschaftlich war diese Einigung zwiespältig. Zwar ermöglichte der Betriebsfrieden die störungsfreie Arbeit der Anlagenabteilung, und die Aufträge für die *Reichswerke „Hermann Göring"* bzw. deren Zweigbetriebe gewannen in der Folge an Bedeutung.[44] Aber die Erwartung, durch den forcierten Vertrieb der Elektrofahrzeuge eine gleichmäßige Gesundung der *Bleichert*-Bilanzen zu erreichen, wurde enttäuscht.[45] Zwar trug die Kapitalaufstockung bei *Bleichert* auf nunmehr vier Millionen Reichsmark zu einem kurzfristig positiven Bild bei, aber mit zusätzlichem Geld wurde die Frage einer soliden, langfristigen Materialversorgung nur in die Zukunft verlagert. Auch konnte ein Vertrieb nur die Zahl der Aufträge erhöhen, was bei einem Auftragsüberhang bei Elektrokarren von zeitweise 38 Monaten keine Lösung der Probleme bedeutete.[46]

Die Schritte der Konzernleitung waren nur eingeschränkt wirksam, und es liegt nahe, dass es der Konzerndirektion der *Carlswerke* eher um die Festigung der personellen Verhältnisse in Leipzig als um betriebswirtschaftliche Impulse ging. So werden auch die Reaktionen der Bleichert-Geschäftsführung verständlich, die nun gegenüber Köln nicht fachliche Fähigkeiten, sondern – wie Zörner in einem Exposé zur Gestaltung der neuen Vertriebsgesellschaft – ihre Beziehungen zu bestimmten Personen und die Kenntnisse informeller Geflechte in den Vordergrund stellte.[47]

Offenkundig war der Generaldirektion die Empfindlichkeit solcher für die Wirtschaftspraxis unentbehrlichen Beziehungen und Kenntnisse bewusst. Die Gründung der BFV zum 1. Januar 1939 mit Carl Zörner als Geschäftsführer erscheint unter diesem Blickwinkel weniger als wirtschaftliche denn als personalpolitische Leistung, indem der Konflikt entschärft wurde, ohne dabei eine der Vertrauenspersonen vor den Kopf zu stoßen. Zugleich mochte die Gründung ein deutliches Signal nach Leipzig gewesen sein, die betrieblichen Probleme nach Bereinigung der personellen Auseinandersetzungen nun endlich in den Griff zu bekommen.

Carl Zörners Versuch, durch die politische Diskreditierung eines innerbetrieblichen Kontrahenten seine Position zu stärken, war aus mehreren Gründen gescheitert: Er geriet nicht nur gegenüber einer durch persönliches Vertrauen gestärkten und durch Interessenverschränkung stabilisierten „Front" von Kollegen ins Hintertreffen, sondern verschätzte sich darüber hinaus gründlich im Stellenwert politischer Argumente. Die politische Charakterisierung blieb bei der Personalbeurteilung in der *Felten & Guilleaume*

---

44 Vgl. StAL, BTG Karton 1, 601 („Aufstellung über ausgeführte Großanlagen durch die Firma Bleichert für den Zeitraum 1934–1945", 18.9.1946).

45 Vgl. RWWA 11-14, 2, 19 (Geschäftsbericht der BTG zum 31.12.1938, 21.6.1939).

46 Vgl. StAL, BTG 255 („Besprechung mit Herrn Schicketanz", 5.7.1937).

47 Vgl. RWWA 11-15, 3, 17 (Zörner an Lehmann, 20.7.1938).

Carlswerke AG als Kriterium gegenüber betrieblichen, auf Vertrauen basierenden Einschätzungen durch die Konzerndirektion erfolglos. Das lag nicht nur an den noch intakten personellen Netzwerken und wirksamen ökonomischen Beurteilungskriterien im Kölner Konzern, sondern auch am offenkundigen Desinteresse des von Zörner angerufenen Ehrengerichts der SA, sich in dem konzerninternen Konflikt zu positionieren.

Alle maßgeblich Beteiligten waren Mitglieder der NSDAP – es kann hier also nicht von Unbehagen oder gar Widerständigkeit ausgegangen werden. Vielmehr konnte der Einfluss der DAF für die personellen Interessen der Gegner Zörners genutzt werden, ohne dass die wirtschaftlichen und betrieblichen Argumente ernsthaft von ideologisch-politischen überlagert worden wären. Das eingespielte Arrangement zwischen qualifizierten und einander vertrauten Wirtschaftsfunktionären machte es in diesem Fall im Bereich personeller Entscheidungen nahezu unmöglich, ideologische Motive zur Geltung zu bringen.

Es ist fraglich, ob Carl Zörner selbst diese Einsicht gewann. Als Geschäftsführer der Berliner BFV zeigte er immer wieder, dass er Entscheidungen der Bleichert-Werke sehr persönlich nahm. So kritisierte er noch im April 1940 gegenüber Schmidt die „Politik der Nadelstiche", die allein darauf abziele, „mich loszuwerden und die BFV zu kassieren".[48] Er mache sich allerdings „gar keine Sorgen um meine Zukunft, denn meine sehr einflussreichen Freunde werden schon, wenn ich sie darum bitte, zu gegebener Zeit eingreifen". Schmidt bemerkte dazu gegenüber Lehmann lapidar, dass „diese Ausführungen des Herrn Dr. Zörner nichts Tatsächliches, sondern unbestimmte Äußerungen" enthielten und daher „eine weitere schriftliche Diskussion nichts Positives bringen" würde. Carl Zörner war endgültig abgeschrieben.

Allerdings geriet auch Rudolf Frank zu diesem Zeitpunkt bei der *Bleichert Transportanlagen GmbH* ins Abseits. Nach Auseinandersetzungen mit Adolf Rubin über die Entscheidungsbefugnisse bei Rüstungsaufträgen verließ Frank den Betrieb,[49] und Mitte Juli 1940 erhielten die Bleichert-Werke mit Alfred Lippmann einen neuen Betriebsdirektor.[50]

---

48 Zitiert nach StAL, BTG 288 (Schmidt an Lehmann, 5.4.1940). Hier auch die folgenden Zitate.

49 Leider sind zu diesem neuerlichen Konflikt im Frühjahr 1940 keine Unterlagen in den Betriebsarchiven erhalten. Rudolf Frank arbeitet nach seinem Weggang aus Leipzig in Thüringen für die *Hugo Schneider AG*, wurde im April 1944 wegen Verbrechen gegen die Kriegswirtschaftsordnung zu acht Monaten Gefängnis verurteilt, allerdings vorzeitig entlassen und in der Rüstungsverwaltung der letzten Kriegsmonate beschäftigt; vgl. BA, BDC, und StAL, BTG 286 (AN von Lippmann, „Am Donnerstag, dem 8.3. wurde ich in meiner Eigenschaft [...], 12.3.1945).

50 Alfred Lippmann (geboren am 15.8.1894 in Gera) war bis zum Sommer 1940 Direktor der Städtischen Elektrizitätswerke Leipzig; vgl. BA, BDC, und StAL, BTG 288 (Lippmann an Lehmann, 1.7.1940).

Schmidt versicherte dem Generaldirektor der *Carlswerke*, dass er „mit Herrn Lippmann zum Wohle des Unternehmens aufs engste zusammenarbeiten“ werde, denn so dürfte es „am raschesten möglich sein, den ungünstigen Eindruck, den Bleichert einmal durch die Angelegenheit Rubin/Frank gegen Zörner und jetzt wieder durch die Angelegenheit Frank gegen Rubin gemacht“ habe, zu beseitigen.[51] Nicht zuletzt auch die erkennbare Reue mochte mit dazu beigetragen haben, dass mit Lippmanns Eintritt in das Leipziger Konzernunternehmen eine personelle Konstellation gefunden wurde, die bis 1945 stabil blieb und erst mit dem Kriegsende in Leipzig auseinander brach.

51 Ebd. (Schmidt an Lehmann, 18.7.1940).

2. VORAUSEILENDE ENTNAZIFIZIERUNG – THEODOR SCHMIDT 1945/46

Die historische Forschung hat nicht nur die signifikanten Unterschiede der Entnazifizierung in den vier Besatzungszonen, sondern auch die „doppelte Zielsetzung" der Entnazifizierungspolitik in der SBZ herausgearbeitet: Es ist unstrittig, dass die sowjetische Besatzungsmacht und die von ihr protegierten deutsche Kommunisten mit der Entlassung von Mitgliedern der NSDAP frühzeitig nicht nur den Nationalsozialismus „ausrotten", sondern zugleich die „Durchsetzung des kommunistischen Machtanspruchs im Zuge der ‚antifaschistisch-demokratischen Umwälzung' der deutschen Gesellschaft" begünstigen wollten.[1]

Indes differenzierte sich die Interessenlage der sowjetischen Besatzungsmacht in den ersten Wochen und Monaten nach der Besetzung Deutschlands weiter aus.[2] So lassen sich deutliche Unterschiede im Umfang der Entnazifizierung im Justiz- und Verwaltungsapparat einerseits und in der Industrie und im Transportwesen andererseits ausmachen.[3] Der wirtschaftliche Bereich wurde zumindest auf der mittleren Ebene vergleichsweise vorsichtig von NSDAP-Mitgliedern gesäubert, nicht nur mit Rücksicht auf ein weiteres Funktionieren des Transportwesens, sondern zunehmend auch im Hinblick auf industrielle Reparationsgüter, die aus laufender deutscher Produktion in die Sowjetunion geliefert werden sollten.[4]

Für den Bereich des industriellen Managements in den übrigen Betrieben der SBZ konstatiert Dietrich Staritz einen tiefgreifenden Wandel des Sozialprofils in den ersten beiden Nachkriegsjahren.[5] Ob dieser jedoch al-

---

1 Clemens VOLLNHALS (Hrsg.), Entnazifizierung. Politische Säuberung und Rehabilitierung in den vier Besatzungszonen 1945–1949, München 1991, S. 166. Die Forschungslage vom Anfang der 1990er Jahre ist bis heute kaum verändert, aber in vielen Einzelstudien vertieft worden; vgl. zuletzt FOITZIK, Militäradministration, S. 331ff., und Andreas THÜSING, Landesverwaltung und Landesregierung in Sachsen 1945–1952. Dargestellt am Beispiel ausgewählter Ressorts, Bern u.a. 2000.

2 Vgl. Norman M. NAIMARK, Die Russen in Deutschland. Die sowjetische Besatzungszone 1945 bis 1949, Berlin 1997, S. 35ff. und 227ff.

3 Vgl. STARITZ, Gründung, S. 107ff.

4 Zu den unterschiedlichen Formen der Reparationsentnahme vgl. Lothar BAAR / Rainer KARLSCH / Werner MATSCHKE, Kriegsschäden, Demontagen und Reparationen [der SBZ/DDR], in: Deutscher Bundestag (Hrsg.), Materialien der Enquete-Kommission „Aufarbeitung von Geschichte und Folgen der SED-Diktatur in Deutschland" (12. Wahlperiode des Deutschen Bundestages), Bd. II, Baden-Baden 1995, S. 868-988.

5 „Die ehemaligen Direktoren stellten [1947 in der SBZ] unter den Leitern der nun schon verstaatlichten Betriebe nur noch einen 6,2 Prozent-Anteil, frühere Arbeiter (21,7 Prozent) und Angestellte bildeten mit 52,4 Prozent eine absolute Mehrheit." STARITZ, Gründung, S. 108f.

lein auf ein rigoroses Durchgreifen der Besatzungsmacht zurückzuführen ist, wie Staritz nahe legt, ist zweifelhaft. In einem Aufsatz über den Elitenwechsel in Betriebsleitungen der Leipziger Industrieregion nach 1945 beschreibt Frank Schulz an mehreren Beispielen die verschiedenen Wege der Entnazifizierung, die zum Teil schon vor dem Einzug der Roten Armee in Leipzig Anfang Juli 1945 bemerkenswert weit fortgeschritten war.[6]

Offenbar boten die ersten Nachkriegsmonate, in denen die Besatzungsbehörden sich im Aufbau befanden und die deutsche Verwaltung zwischen Zusammenbruch und Neuausrichtung vielfach weiter nach traditionellen Mustern agierte, noch personalpolitische Freiräume für die Betriebsleitungen, die entsprechend den eigenen Vorstellungen und Erwartungen ausgefüllt wurden. Das geschah nur in seltenen Fällen planvoll, oft bildete die überstürzte Flucht von Geschäftsführern den Ausgangspunkt des Revirements, und die Rückversicherungsmöglichkeiten bei kommunalen Stellen und den Besatzungsmächten waren vorerst begrenzt.

In welchem Umfang eine Geschäftsführung trotz dieser Unsicherheiten bereit war, neue personalpolitische Vorstellungen zu entwickeln und umzusetzen, hing in hohem Maße von individuellen Faktoren ab. Die folgende Darstellung des Elitenwechsels bei der *Bleichert Transportanlagen GmbH* zwischen April 1945 und Februar 1946 bietet deshalb auch nur eine Variante von Entnazifizierung, an der allerdings deutlich wird, dass die Handlungen einer Betriebsleitung unter den neuen Bedingungen der Besatzung an traditionellen Rechtsvorstellungen orientiert bleiben konnten.

Obwohl sich die eigenen Erwartungen in den Wirren der ersten Nachkriegswochen nicht sofort überprüfen ließen, bestimmten sie dennoch das Handeln insbesondere des bisherigen kaufmännischen Direktors der *Bleichert Transportanlagen GmbH*, Dr. Theodor Schmidt. Dieser Zusammenhang soll im Folgenden als eine wesentliche Voraussetzung der Entwicklung des Betriebes nach 1945 herausgearbeitet werden. Die schon erläuterte, nahezu vollständige Handlungsunsicherheit der unmittelbaren Nachkriegszeit, die Schmidt durch die Rückbesinnung auf lokale Netzwerke zu kompensieren versuchte, führte in der betrieblichen Personalpolitik zu einer *vorauseilenden* Entnazifizierung, die in der Leitungsetage der Bleichert-Werke zu dem Zeitpunkt, als politische und kommunale Entnazifizierungsstellen endlich arbeitsfähig waren, längst beendet worden war.

Die klassische Dreierkonstellation von Betriebs-, kaufmännischem und technischem Direktor in der *Bleichert Transportanlagen GmbH* hatte sich

---

6 Vgl. Frank SCHULZ, Elitenwechsel in Betriebsleitungen der Leipziger Industrieregion 1945 bis Anfang der fünfziger Jahre, in: BRAMKE / HEß (Hrsg.), Wirtschaft, S. 185-225. Schulz präsentiert interessante Quellen, beschränkt sich aber weitgehend auf eine deskriptive Darstellung der Ereignisse in einzelnen Betrieben. Die Entnazifizierungsmaßnahmen der *Bleichert Transportanlagen GmbH*, die Schulz als ein Beispiel aufführt, sind in der Schilderung durch eine inkonsistente Anonymisierung der Direktorennamen verwirrend.

bereits in den unmittelbaren Nachkriegswochen aufgelöst. Während Alfred Lippmann unmittelbar „bei Besetzung der Stadt Leipzig durch die Amerikaner verhaftet"[7] worden war, kam Adolf Rubin erst mit den abrückenden US-Soldaten in die Westzonen und erhielt offenbar ein Angebot zur Übersiedlung in die USA, das er aber ausschlug.[8] Allein der kaufmännische Direktor Louis Theodor Schmidt verblieb nach Kriegsende in Leipzig.

2.1. Louis Theodor Schmidt

Dr. Louis Theodor Schmidt wurde am 7. Februar 1899 in Antwerpen als Sohn eines deutschen Exportkaufmanns geboren und wuchs in Belgien auf.[9] Nach der Teilnahme am Ersten Weltkrieg studierte Schmidt Geografie und Nationalökonomie an der Universität Göttingen, wo er 1921 promovierte.

Ab 1922 arbeitete Schmidt in der Kölner *Felten & Guilleaume Carlswerke AG* und galt nach mehrjähriger Tätigkeit in Köln als loyaler Fachmann für schwierige Unternehmenslagen: 1930 wurde ihm die Betreuung einer neu gegründeten Konzernfirma in Polen übertragen, und 1936 wurde er kaufmännischer Direktor der *Gesellschaft für Förderanlagen Ernst Heckel mbH* in Saarbrücken, die er „während der schweren Übergangszeit von der Saarherrschaft zu Deutschland betreute".[10]

Seit dem 1. Dezember 1937 in der Geschäftsführung der *Bleichert Transportanlagen GmbH*, verkörperte Theodor Schmidt als kaufmännischer Direktor den Typ des kompetenten und anpassungsfähigen, zugleich aber unpolitischen Fachmannes. Er beherrschte nicht nur die ganze Bandbreite der Bilanz- und Abrechnungsverfahren, die dem Leipziger Unternehmen bis in die erste Kriegshälfte hinein ein komfortables Materiallager verschafften, sondern verstand es auch, seine guten Kontakte zu den Berliner Wirtschaftsgruppen für den Erwerb wertvoller Informationen und zusätzlicher Metallkontingente einzusetzen. Er war während des Dritten Reiches „lediglich Mitglied der DAF und der NSV" und lehnte alle Versuche ab, ihn „für die Partei oder deren Gliederungen zu gewinnen".[11] Im Dezember 1945 wurde Schmidt Mitglied der SPD.

---

7 StAL, SAG Bleichert 29, Bl. 48 (Schmidt an das Amt für Betriebsordnung, 23.2. 1946).

8 Vgl. Rubins eigene Darstellung in RWWA, 11-14, 3, 5/1 (Bericht „Betr.: Besuch des Herrn Professor Dr. Rubin [...]", 6.10.1948).

9 Alle Angaben zur Person nach Schmidts Bewerbung als kommissarischer Treuhänder der *Bleichert Transportanlagen GmbH*; vgl. StAL, SAG Bleichert 27/2, Bl. 527-529 (Schmidt an Amt für Betriebsneuordnung, 6.2.1946). Schmidt führte seinen zweiten Namen Theodor als Rufnamen.

10 Ebd., Bl. 528 („Beruflicher Lebenslauf", 6.2.1946).

11 Ebd., Bl. 529 („Politischer Lebenslauf", 6.2.1946).

Auch nach Kriegsende war neben seiner fachlichen Kompetenz sein Anpassungsvermögen gefragt. Als fähiger Betriebswirtschaftler wurde Schmidt in den ersten beiden Jahren der *SAG Bleichert* eine unverzichtbare Stütze der sowjetischen Generaldirektion beim Ausbau des Unternehmens zum Reparationsbetrieb, blieb aber mindestens bis Ende 1946 auch auf der Gehaltsliste der Kölner Carlswerke.[12] Dieser Umstand wird mit dazu geführt haben, dass er gemeinsam mit dem vormaligen technischen Direktor Max Müller und dem Prokuristen Walter Strobelt am 10. September 1947 verhaftet wurde.[13] Nach Lebenszeichen aus verschiedenen Straflagern in der SBZ, zuletzt aus Torgau, verliert sich die Spur von Louis Theodor Schmidt in den betrieblichen Akten im Frühjahr 1948.[14]

2.2. Die unmittelbaren Nachkriegswochen in Leipzig

Der genaue Ablauf der Personalveränderungen in der *Bleichert Transportanlagen GmbH* ist für die ersten Wochen nach Kriegsende nur schwer zu rekonstruieren.[15] Ein Schreiben der Bleichert-Werke an die Wirtschaftskammer Leipzig vom 9. Mai 1945, in dem nochmals um eine schriftliche Bescheinigung der Produktionsberechtigung gebeten wird, ist noch von Adolf Rubin und Theodor Schmidt unterzeichnet, hingegen nicht mehr von Alfred Lippmann.

Lippmann wurde von den Amerikanern für längere Zeit inhaftiert; von ihm sind keine weiteren Schriftstücke in den betrieblichen Unterlagen überliefert.[16] Adolf Rubins Weggang aus Leipzig bleibt ungeklärt; man kann aber annehmen, dass er noch während der amerikanischen Besatzung Leipzigs nach Westdeutschland kam. Ab Anfang Oktober 1945 korrespondierte Rubin von dort aus mit Direktor Schmidt in Leipzig.

Die Stelle Rubins als technischer Direktor übernahm unmittelbar nach dessen Weggang – gleichsam im Rahmen innerbetrieblicher Rekrutierung –

12 Vgl. RWWA 11-15, 3, 9 (Statistische Unterlagen der BTG, Januar 1942 bis Dezember 1946).

13 Vgl. StAL, VTA 1349 (Betriebschronik des VEB VTA Leipzig 1945 bis 1971, Eintrag 10.9.1947).

14 Vgl. RWWA, 11-14, 3, 5/1 (AN „Betr. Besprechungen bei der Verbindungsstelle West der Bleichert Transportanlagen GmbH in Frankfurt […]“, 5.2.1948, und AN über eine Besprechung mit „der Gattin des Herrn Dr. Schmidt von Bleichert“, 30.3. 1948).

15 Vgl. zum Folgenden auch SCHULZ, Elitenwechsel, S. 209-213.

16 „Von Herrn Lippmann haben wir nunmehr gehört, dass er sich in Ziegenhain b. Kassel befindet, es soll ihm dort recht gut gehen, wenn man von der Beeinträchtigung der persönlichen Freiheit absieht.“; StAL, SAG Bleichert 29, Bl. 47 (Schmidt an Rubin, 3.10.1945).

dessen langjähriger Assistent, Dr. Max Müller. Dieser war bereits 1942 Prokurist der Bleichert-Werke gewesen,[17] und dass er trotz seiner NSDAP-Mitgliedschaft in die Geschäftsführung aufrückte, weist sowohl auf die widersprüchliche Personalpolitik als auch auf die Erwartungen der Bleichert-Betriebsleitung gegenüber der US-amerikanischen Besatzungsmacht.

Tatsächlich konzentrierten sich deren erste Maßnahmen in Leipzig „auf die Säuberung und Umbesetzung der Spitzenpositionen in den Behörden“, während sie sich „bei der Entnazifizierung der Wirtschaft offenbar zunächst fast ausschließlich auf Einzelfälle“ beschränkte, insbesondere auf wirtschaftspolitische Funktionsträger und prominente Wehrwirtschaftsführer.[18]

Auch nach dem Einzug der Roten Armee in Leipzig am 2. Juli 1945 „konzentrierte sich die Entnazifizierung zunächst auf die Verwaltung“.[19] Zugleich bildete deren Neuaufbau den Ausgangspunkt für tiefgreifende Umwälzungen der wirtschaftlichen Struktur. Die Ämter der Leipziger Stadtverwaltung reorganisierten sich unter diesen Voraussetzungen nur langsam, zumal drängende Versorgungs- und Aufbaufragen den ganzen Sommer über im Vordergrund standen. Über die genaue Aufgabenverteilung zwischen den einzelnen Leipziger Behörden herrschte zudem bis in den Herbst 1945 hinein Unklarheit, so dass die kommunalen Entnazifizierungsinstitutionen keineswegs als Motor der Entwicklung in den einzelnen Betrieben gelten können.

Der am 1. August 1945 gebildete Wirtschaftspolitische Ausschuss der Stadtverwaltung Leipzig sollte „lediglich Reinigungsaufgaben“[20] übernehmen, aber auch diese politische Funktion wurde ab Ende Oktober sukzessive dem Amt für Betriebsneuordnung übertragen, das auch maßgeblich für die Verwaltung der sequestrierten Unternehmen zuständig war. Damit war diese neue Institution nicht nur durch die Vielzahl zu bearbeitender Betriebe überfordert, sondern geriet zudem in die Abstimmungsschwierigkeiten zwischen dem Wirtschaftspolitischen Ausschuss und dem kommunalen Aufbauamt Leipzig.[21]

---

17 In einer Liste von elf Prokuristen vom Juli 1942 wird „Max Müller, Dr. Ing., Alter: 50“ aufgeführt; StAL, BTG 257 (BTG an F&G, „Zeichnungsberechtigung“, 11.7. 1942).

18 SCHULZ, Elitenwechsel, S. 187 und 190.

19 Ebd., S. 194.

20 StAL, SED-Bezirksparteiarchiv Leipzig (im Folgenden BPA-Leipzig) III/01, Bl. 29 („Bericht von der Arbeitsausschusssitzung der SPD und KPD“ am 10.10.1945, o. D.).

21 Die Auseinandersetzungen im Leipziger Arbeitsausschuss von SPD und KPD betrafen Mitte Oktober 1945 die Kompetenz des Aufbauamts: Während der Stadtbaurat und Architekt Walther Beyer den Begriff „Aufbau“ vor allem auf den Wiederaufbau zerstörter Gebäude bezog und das Amt daher dem Hoch- und Tiefbauamt zuordnen wollte, sah der KPD-Funktionär und spätere Präsident der IHK Leipzig, Anton Schneiderheinze, das Aufbauamt in erster Linie als Auffangbecken für die „herrenlos gewordenen Betriebe“; ebd. Erst mit der Einrichtung des Amtes für Betriebsneuordnung An-

Die angestrebte Kombination von politischer Säuberung und Konfiszierung der Industriebetriebe lähmte eine systematische Entnazifizierung durch die Leipziger Stadtverwaltung. Dementsprechend war auch die juristische Festschreibung der personellen Umstrukturierungen bei der *Bleichert Transportanlagen GmbH* ab Oktober 1945 eher vorauseilend denn eine Reaktion auf Forderungen außerbetrieblicher Institutionen. Das Leipziger Amt für Betriebsneuordnung sollte sich erst Anfang Februar 1946 an die BTG-Geschäftsführung wenden.

2.3. Die Bleichert-Betriebsleitung im Herbst 1945

Theodor Schmidt zog aus dem kommunalen Kompetenzchaos, das sich ihm vor allem als Informationsdefizit offenbarte, seine eigenen Schlüsse und bemühte sich auf anderen Wegen um Informationen. So erfuhr er im Gespräch mit Leipziger Bankdirektoren Anfang Oktober 1945, „dass vielleicht damit zu rechnen ist, dass auch die Industrie in kurzem von nationalsozialistischen Elementen bereinigt werden soll".[22]

Andeutungen dieser Art mochten Schmidt bewogen haben, gemeinsam mit dem am 11. Oktober 1945 gewählten Bleichert-Betriebsrat die Frage der Entlassung ehemaliger NSDAP-Mitglieder eigenständig zu klären. In einem Entwurf des Betriebsrats vom 26. Oktober 1945, entstanden unter „Zugrundelegung der Hinweise von Herrn Dr. Schmidt", wird vorgeschlagen, „ca. 30 Angestellte (Pg's) mit normaler Kündigung zu entlassen".[23] Allerdings sollten die meisten dieser Angestellten, um „unsere guten Fachkräfte zu erhalten", „den Montagestellen oder unseren Werkstätten zugeführt" werden, damit man „im Bedarfsfalle auf sie zurückgreifen" könne. Sie sollten – so das Papier des Betriebsrats weiter – während der Kündigungszeit als Angestellte bezahlt und nach „Ablauf der Kündigungsfrist [...] als Hilfs- oder Montagearbeiter neu eingestellt werden".

Das Resultat dieses Arrangements war eine Betriebsbekanntmachung vom 27. Oktober 1945, die von der Bleichert-Geschäftsleitung und dem Betriebsrat gemeinsam unterzeichnet wurde. Schon der Titel „Sparmaßnahmen" kaschierte den Umstand, dass nun oftmals langjährige Mitglieder der Betriebsleitung aus politischen Gründen entlassen wurden. Entsprechend empört reagierte beispielsweise ein leitender kaufmännischer Angestellter

---

fang November 1945 war diese Kompetenzfrage entschieden; vgl. Lieselotte BORUSIAK / Gertrud HÖHNEL, Chronik der Stadt Leipzig. 1945–1946 (Teil 1), Leipzig ^{2}1971, S. 94.

22 StAL, BTG 282 (AN „Betr.: Besuch bei den Banken am 5. und 8.10.1945", 8.10. 1945).

23 StAL, SAG Bleichert 83/1, Bl. 364 (internes Schreiben des Betriebsrats an die BTG-Geschäftsleitung, 26.10.1945). Hier auch die folgenden Zitate.

und Prokurist der *Bleichert Transportanlagen GmbH* auf die Formulierung, Mitglieder der NSDAP seien „vielfach die Nutznießer der früheren Regierung" gewesen.[24] Nutznießer seiner „Partei-Anmeldung" im Mai 1938 sei „nur unsere Firma gewesen", er selbst habe „auch nicht den geringsten Nutzen gehabt". Die Einfügung einer solchen politischen Bemerkung „in die rein betriebliche Bekanntmachung" habe ihn „erbittert".

Allerdings stand im Herbst 1945 für Geschäftsführung und Betriebsrat der Bleichert-Werke nichts weniger auf der Tagesordnung als eine politisch differenzierte Einschätzung der früheren Betriebsleitung. Entnazifizierung lag allgemein in der Luft, und Schmidt hatte alle Hände voll zu tun, in der Frage der Entlassung politisch belasteter Personen verlässliche Informationen über die Rahmenbedingungen zu erhalten. Seine Absicht war offenkundig, die Geschäftsführung rasch auf die erwartete politische Situation einzustellen, um damit künftigen Entnazifizierungsforderungen außerbetrieblicher Behörden von vornherein den Wind aus den Segeln zu nehmen. Zugleich gelang Schmidt das Kunststück, den Betriebsrat der BTG an das Vorgehen der Geschäftführung zu binden, wodurch innerbetriebliche Reibungsverluste gering blieben.[25]

Schmidts wichtigster Ansprechpartner in der Stadtverwaltung war der Leipziger Rechtsanwalt und Notar Dr. Erich Blume, der offenkundig nicht nur mit den Verhältnissen der *Carlswerke* vertraut war, sondern zudem in der neuen Leipziger Stadtverwaltung als ehrenamtlicher Stadtrat für Rechtswesen tätig war, und dessen Urteil daher Verlässlichkeit versprach.[26]

Schon im ersten Schritt – der Veränderung des Eintrags im Handelsregister – zeigte sich indes die ungebrochene Handlungsorientierung Schmidts an privatwirtschaftlichen Rechtsgepflogenheiten. Die Anregung hierfür erhielt er offenkundig von Blume: Schmidt wandte sich am 10. Oktober 1945 an Blume und teilte mit, man habe sich „in Ihrem Sinne an zwei Herren gewandt [...] mit der Bitte, für die Gesellschafter den Antrag auf Streichung der beiden Namen von Herrn Lippmann und Herrn Prof. Dr. Rubin aus dem Handelsregister zu übernehmen".[27] Die „zwei Herren" waren Dr. Thierbach von der Deutschen Bank und Direktor Gebhardt von der Commerzbank.

---

24 Ebd., Bl. 363 (Walter Vollring „an die Geschäftsleitung und an den Betriebsrat", 31.10.1945). Hier auch die folgenden Zitate.

25 Eine solche Übereinstimmung war 1945/46 in Leipziger Betrieben keineswegs selbstverständlich; vgl. SCHULZ, Elitenwechsel, S. 197f.

26 Vgl. Ursula OEHME (Hrsg.), Alltag in Ruinen. Leipzig 1945–1949, Begleitbuch zur Ausstellung des Stadtgeschichtlichen Museums Leipzig, Leipzig 1995, S. 15. Erich Blume, geboren 1885, war von 1947 bis 1949 stellvertretender Vorsitzender des sächsischen Landesverbands der LDP (Für diesen Hinweis danke ich Christian Kurzweg, Leipzig).

27 StAL, SAG Bleichert 29, Bl. 46 (BTG an Erich Blume, 10.10.1945).

Schmidt schilderte ihnen ebenfalls am 10. Oktober in gleichlautenden Schreiben die Lage der BTG, die dadurch besonders wäre, dass man zu den Gesellschaftern keine Verbindung habe, „da sie sich in der englischen Besatzungszone befinden, falls sie überhaupt noch existieren bzw. am Leben sind".[28] Auch sei die Löschung der Namen von Lippmann und Rubin, welche sich beide in der amerikanischen Besatzungszone befänden, dringend, da man Vorsorge treffen müsse, „dass von dort nicht etwa Beschlüsse gefasst werden können, die unsere Gesellschaft binden, auf die wir jedoch keinerlei Einfluss haben". Daher bleibe „im Interesse unserer Gesellschaft mithin nichts anderes übrig, als dass zwei Pfleger bestellt werden, die im Namen der nicht erreichbaren Gesellschafter die Löschung der Namen der abwesenden Vorstandsmitglieder beantragen". Schmidt bat nun Thierbach und Gebhardt in dem Bewusstsein, „dass es sich um eine sehr heikle Angelegenheit handelt", die Stellen der Rechtsvertreter für die Kölner Gesellschafter zu übernehmen.

Die Behauptung, es könnten Beschlüsse ohne die Leipziger Geschäftsführung gefasst werden, war freilich übertrieben und im Grunde eine Verleumdung von Lippmann und Rubin. Vielmehr mochte es Schmidt darum gehen, sich rasch auch formalrechtlich von den belasteten Personen zu trennen, um die noch erwarteten, schwer abzuschätzenden Sanktionen gegen NSDAP-Mitglieder nicht auf die Handlungsspielräume der BTG-Geschäftsführung durchschlagen zu lassen.

2.4. Bürgerliche Rechtsgepflogenheiten

Schmidt informierte die Kölner Konzernleitung am 15. Oktober 1945 von seinen Absichten, und seine Loyalität gegenüber den *Carlswerken* war so ausgeprägt, dass er, als im November ein Veto aus Köln eintraf, wieder Rücksprache mit Blume hielt und nichts weiter unternahm.[29] Er teilte Blume mit, dass die Konzernleitung es nicht für erforderlich halte, „schon jetzt in dieser Hinsicht Maßnahmen zu ergreifen", da nicht bekannt sei, ob das Leipziger Registriergericht bereits wieder arbeite, vor allem aber, weil „die Abberufung vom Posten eines Geschäftsführers eine empfangsbedürftige Willenserklärung ist und wir uns zur Zeit nicht in der Lage sehen, einen Widerrufsbeschluss den betreffenden Herren zur Kenntnis zukommen zu lassen".[30] Köln befürchte zudem nicht, „dass aus dem Hinausschieben der

---

28 Ebd., Bl. 45 (BTG an Commerzbank-Direktor Gebhardt, 10.10.1945). Hier auch die folgenden Zitate.

29 Das ist auch ein deutliches Indiz dafür, dass in Leipzig keine kommunalen oder Besatzungsbehörden eine solche Streichung der Namen aus dem Handelsregister forderten.

30 Ebd., Bl. 66 (BTG an Erich Blume, 16.11.1945). Hier auch das folgende Zitat.

formellen Abberufungen und der Eintragung im Handelsregister sich für [die Bleichert-Werke] Nachteile ergeben werden". Die Konzernleitung wartete offenkundig ab: Selbst auf mehrmaliges Schreiben von Schmidt antwortete bis zum 22. Dezember 1945 niemand.

Bemerkenswert an diesem Vorgang ist zweierlei: Zum einen hatte die formale Streichung der Namen gar keine praktische Relevanz, sondern konnte die Fakten höchstens formaljuristisch festschreiben. Dass Schmidt sich davon Sicherheit vor willkürlicher Entnazifizierung versprach, entsprang in erster Linie seinem Rechtsverständnis und seinen Geschäftsgepflogenheiten sowie der Loyalität gegenüber der Kölner Konzernleitung.

Zum anderen stand genau diese Rücksicht auf tradierte Normen der Eigentumsverwaltung in einem deutlichen Gegensatz zu den Maßnahmen der sowjetischen Besatzungsmacht und der gerade ins Arbeiten kommenden deutschen Verwaltung. Insbesondere die radikalen Umbrüche der Eigentumsordnung in der Sowjetischen Besatzungszone ab Ende Oktober 1945 und deren enge Verknüpfung mit der politischen Neuordnung der SBZ standen wohl außerhalb von Schmidts Vorstellungsvermögen.[31] Noch im Dezember 1945 kommt diese Diskrepanz in einem Schreiben an den sächsischen Vizepräsidenten Fritz Selbmann zum Ausdruck, in dem die BTG-Geschäftsführung und der Betriebsrat vorschlugen, den Einfluss staatlicher Stellen über eine „Kapitalerhöhung" zu gewährleisten, „wobei die Sächs. Staatsstellen das neue Kapital geben und einen entsprechenden Einfluss auf unser Unternehmen gewinnen" würden.[32]

Mitte Dezember 1945 kam Schmidt gegenüber Blume erneut auf die Möglichkeit der Bestellung von Abwesenheitspflegern zu sprechen und schlug vor, „die notwendigen Beschlüsse mit rechtskräftiger Wirkung" durchzuführen.[33] Dem pflichtete Blume bei und führte aus: „Ich halte es <u>heute mehr denn je</u> für <u>dringend</u> wünschenswert, dass aus der Geschäftsleitung jede Person entfernt wird, die als untragbar anzusehen ist. Jedes Zögern in diesem Punkte ist bedenklich und kann ebenso überraschende wie

---

31 Die SMAD-Befehle Nr. 124 und 126 vom 30. bzw. 31. Oktober 1945 (Um ein antifaschistisch-demokratisches Deutschland. Dokumente aus den Jahren 1945–1949, Berlin (Ost) 1968, S. 189ff. und 194ff.) boten trotz aller Rechtsförmigkeit die Möglichkeit, nahezu das gesamte Industriepotenzial in der SBZ zu beschlagnahmen; vgl. HALDER, Modell, S. 131ff.

32 StAL, SAG Bleichert 27/2, Bl. 553 (Betriebsrat und Direktion der BTG an Vizepräsident Selbmann, 28.12.1945). Schmidt, unter dessen Federführung dieses Schreiben entstand, vergaß nicht, auf die rechtlichen Bedingungen der Bildung eines neuen Beirates der *Bleichert Transportanlagen GmbH* zu verweisen: Es „wäre unserer Ansicht nach zweckmäßig, die neue Beiratsbesetzung erst nach durchgeführter Kapitalerhöhung im Einvernehmen mit den Sächs. Staatsstellen als dem neuen Gesellschafter vorzunehmen"; ebd.

33 StAL, SAG Bleichert 29, Bl. 64 (BTG an Erich Blume, 10.12.1945).

schwerwiegende Folgen nach sich ziehen."[34] Die *Carlswerke* seien nicht in der Lage, „die Bedeutung solcher Bereinigungsmaßnahmen zu erkennen und daher richtig einzuschätzen"; daher sei es geradezu die Pflicht der BTG-Leitung, „im Interesse des Werkes die Bereinigung von sich aus mit aller Energie in die Hand zu nehmen und durchzuführen".

So sehr Blume hier in einer Ausnahmesituation für Unabhängigkeit von der Kölner Direktion plädierte – auch er maß formaljuristischen Details eine große Bedeutung bei und stellte zudem seinen Sinn für traditionelle Honoratiorenbeziehungen unter Beweis. Er schlug als einen der Abwesenheitspfleger den früheren Leipziger Oberbürgermeister Dr. Hans Vierling vor, da die „Persönlichkeit des Abwesenheitspflegers [...] für die Entschließungen der Carlswerke eine Rolle spielen" würde: Handele es sich bei dem Pfleger um einen Mann, „der in der Wirtschaft steht und aus dieser Kenntnis heraus alle diese Vorgänge zu beurteilen vermag, so wird das Carlswerk um so mehr geneigt sein, die Berechtigung Ihrer Maßnahmen anzuerkennen, wenn sie auch der Abwesenheitspfleger für nötig erachtet hat". Dem Vorschlag Blumes, ein Gespräch mit Vierling zu arrangieren, stimmte Schmidt zu.[35]

Über den Jahreswechsel entschied sich indes die Frage der Streichung von Lippmann und Rubin aus dem Handelsregister, so dass die Benennung von Abwesenheitspflegern hinfällig wurde. Die Leitung der *Felten & Guilleaume Carlswerke AG* erklärte sich am 22. Dezember 1945 bereit, eine Gesellschafterversammlung in Köln durchzuführen, die der Einschätzung von Schmidt folgen würde.[36] Bereits am 7. Januar 1946 berief die Gesellschafterversammlung Lippmann und Rubin aus der BTG-Geschäftsführung ab. Die in Köln ebenfalls beschlossene Ernennung Max Müllers zum zweiten Geschäftsführer wurde allerdings von den politischen Ereignissen wieder überholt. Blume, der die Änderungen im Handelregister vornahm, wurde Ende Januar 1946 mitgeteilt, dass die „vorgesehene Bestellung Dr. Müllers zum Geschäftsführer [...] aus den Ihnen bereits am 25. d. Mts. fernmündlich genannten Gründen" nicht vorgenommen würde.[37] Das bezog sich auf die NSDAP-Mitgliedschaft Müllers, die nun von außerbetrieblichen Entnazifizierungsinstitutionen beanstandet wurde.

---

34 Ebd., Bl. 63 (Erich Blume an die BTG, 14.12.1945; Hervorhebung im Original). Hier auch die folgenden Zitate.

35 Neben dem entsprechenden Absatz in Blumes Brief befindet sich ein handschriftliches „ja"; ebd.

36 „Voraussichtlich wird die Versammlung den von Ihnen gegebenen Darlegungen Rechnung tragen und die Herren Dr. Lippmann und Dr. Rubin aus ihren Ämtern als Geschäftsführer abberufen. Es würde dann als einziger Geschäftsführer Ihrer Firma Herr Direktor Dr. Schmidt übrig bleiben." Zitiert nach ebd., Bl. 58 (BTG an Erich Blume, 5.1.1946).

37 Ebd., Bl. 57 (BTG an Erich Blume, 28.1.1946).

2.5. Ein politisch motivierter Generationswechsel

Tatsächlich war inzwischen das Amt für Betriebsneuordnung an die *Bleichert Transportanlagen GmbH* herangetreten: In einem Schreiben an Erich Blume vom 6. Februar 1946 teilte die Bleichert-Geschäftsführung mit, dass das Unternehmen „aufgrund der Potsdamer Beschlüsse […] in die Obhut der Stadtverwaltung übergegangen" sei.[38] Als Treuhänder wurde Dr. Schmidt eingesetzt. Des weiteren war allen „leitenden Herren, soweit sie Pg. waren, […] ihre Zeichnungsbefugnis genommen worden".

Das betraf insgesamt fünf Herren, die zu diesem Zeitpunkt allerdings aus Altersgründen oder wegen ihrer längst bekannten NSDAP-Mitgliedschaft bereits von Schmidt selbst nicht mehr für die Geschäftsführung vorgesehen waren. Neben Müller (der erst 53 Jahre alt, aber Mitglied der NSDAP gewesen war) schieden aus „politischen" Gründen zwei Mitglieder aus der Geschäftsführung aus, die bereits über 70 Jahre alt waren.[39]

Dass die Entnazifizierung bei den Bleichert-Werken zu einem Gutteil einen Generationswechsel bedeutete, der zudem noch als innerbetriebliche Rekrutierung bewerkstelligt wurde, zeigt auch die Besetzung des Postens des technischen Direktors: Nachfolger von Müller wurde Wilhelm Sammet, 44 Jahre alt, langjähriger Mitarbeiter der BTG und im Juni 1942 bereits Handlungsbevollmächtigter.[40]

Zumindest in personalpolitischer Hinsicht war Schmidts Strategie aufgegangen, durch eine vorauseilende Entnazifizierung und entsprechende Rekrutierung von Nachfolgern die Bleichert-Geschäftsführung handlungsfähig zu halten. Die im Februar 1946 vom Leipziger Amt für Betriebsneuordnung durchgesetzten Maßnahmen wurden weitgehend unter Schmidts Aufsicht vollzogen.

Von nun an allerdings blieb die Beurteilung der politischen Zuverlässigkeit des Leitungspersonals der BTG außerbetrieblichen Instanzen vorbe-

---

38 Ebd., Bl. 55 (BTG an Erich Blume, 6.2.1946). Hier auch das folgende Zitat. Nach der Streichung von Lippmann und Rubin aus dem Handelsregister wandte sich Schmidt in einem Brief an Rubin: Die Besprechungen „mit den neuen Behörden" und mit Blume „ließen es als erforderlich erscheinen, dass Sie Ihre Stellung im Vorstand von Bleichert aufgeben, da Sie nicht mehr in unserer Gesellschaft tätig sind". Schmidt nehme an, dass Rubin „für diesen Schritt, den wir nur ungern vorgenommen haben, Verständnis haben" werde, um so mehr, „als ja eine Wiedereinsetzung, wenn Sie zurückkommen sollten, neu vorgenommen werden könnte"; ebd., Bl. 56 (Schmidt an Rubin, 28.1.1946).

39 Vgl. die Aufstellung in StAL, BTG 257 (BTG an F&G, „Zeichnungsberechtigung", 11.7.1942).

40 Die Lebensdaten Wilhelm Sammets (geboren am 7.7.1901 in Rehau/Fichtelgebirge) nach Gina KLANK / Gernot GRIEBSCH, Lexikon Leipziger Straßennamen, hrsg. vom Stadtarchiv Leipzig, Leipzig 1995, S. 222; zu Sammets Stellung in der BTG 1942 vgl. StAL, BTG 257 (BTG an F&G, „Zeichnungsberechtigung", 11.7.1942).

halten. Die Anlaufschwierigkeiten des Amts für Betriebsneuordnung waren überwunden, und mit der Konsolidierung der Leipziger Kommunalverwaltung setzte nicht – wie von Schmidt erwartet – eine Vergrößerung der Handlungssicherheit ein, sondern die fundamentale Umgestaltung der Besitz- und Eigentumsverhältnisse.

Das von Theodor Schmidt und Erich Blume als Maßstab ihres Handelns angelegte traditionelle Rechtsbewusstsein und ihre Vorstellungen von kommunaler Honoratiorengemeinschaft sollten sich in den folgenden sozialökonomischen und politischen Umbrüchen der SBZ als unangemessen – man möchte meinen: „historisch überholt" – erweisen.

3. FACHLICHKEIT GEGEN PARTEILICHKEIT – KURT NÄTHER 1953 BIS 1958

Es besteht in der zeitgeschichtlichen Forschung Konsens darüber, dass sich die ideologisch geprägten Auseinandersetzungen in der DDR-Planwirtschaft auf das Verständnis von Fachlichkeit ausgewirkt haben, wenn auch über die konkreten Mechanismen und die Abläufe der Konflikte im Detail nicht immer Klarheit besteht.[1] Diese Unklarheit rührt zu einem Gutteil daher, dass die Auseinandersetzungen auf der betrieblichen Ebene oft allein aus den formulierten Herrschaftsansprüchen und den schließlich sichtbaren Ergebnissen der Tätigkeit der SED abgeleitet werden. Zudem wirkt sich bei dieser Frage der alleinige Bezug auf Akten der zentralen Parteiebene besonders verzerrend aus, da gerade die Darstellung von Konflikten den gängigen ideologischen Schemata angepasst worden ist.[2]

Die Betriebsunterlagen spiegeln zwar „im Wesentlichen das zu erwartende Bild wider“, dass die SED „mit Hilfe ihrer Betriebsparteiorganisation nicht nur die Kompetenzen der Werksleitung aushöhlte, sondern auch von der Belegschaft neben der zu leistenden Produktionsarbeit beständig politisches Engagement abforderte“.[3] Aber der Blick auf die Mikroebene zeigt nicht nur die enormen Kosten der Etablierung eines längerfristigen parteilichen Einflusses, sondern auch die konkreten Bedingungen, die keineswegs allein von der SED bestimmt waren. Der *VEB VTA Leipzig* war Schauplatz erbitterter Konflikte zwischen traditionell orientierten Fachleuten und neuen Kadern um die Entscheidungskompetenz in der Betriebsführung. Wenn die politischen Ambitionen der SED-Funktionäre schließlich obsiegten, kann daraus weder das Vorhandensein einer umfassenden ökonomischen Konzeption der SED noch die Schlüssigkeit des parteilichen Vorgehens automatisch abgeleitet werden.

---

1 Zur Vermengung von Kriterien politischer Loyalität und fachlicher Kompetenz neben FRIEDRICH, Kaderpolitik, vor allem HÜBNER, Eliten, S. 25ff. und BAUERKÄMPER, Kaderdiktatur, S. 59f.

2 Damit ist nicht der Umstand gemeint, dass durch die Zusammenfassung lokaler Berichte Details verloren gehen. In erster Linie, das zeigen beispielsweise die Berichte der SED-Betriebsparteileitung des *VEB VTA Leipzig* an die übergeordnete SED-Kreisleitung Leipzig-Nord sehr deutlich, wurden die innerbetrieblichen Konfrontationslinien in der parteilichen Berichterstattung mit klassenkämpferischer Rhetorik markiert und entsprechend verzerrt.

3 Detlef SCHMIECHEN-ACKERMANN, Die Parteiapparate von NSDAP und SED als Vermittlungsinstanzen der modernen Diktatur. Eine Zwischenbilanz des Forschungsprojektes „Funktionsweise, soziale Basis und Rezeption diktatorischer Herrschaft auf lokaler Ebene“. POLHIST (Arbeitshefte der Forschungsstelle Diktatur und Demokratie am Otto-Suhr-Institut für Politikwissenschaft) Nr. 13. Berlin 2000, S. 16.

Im Folgenden wird vielmehr deutlich, dass die Betriebsparteiorganisation (BPO) der SED im *VEB VTA Leipzig*[4] ihr innerbetriebliches Terrain nur in einem mühsamen, mehrjährigen Lernprozess erweitern konnte, in dessen Verlauf ihre Tätigkeit zudem mit den Ansprüchen der übergeordneten SED-Instanzen kollidierte. Zugleich wurden keine echten Lösungen für die betriebswirtschaftlichen Probleme der Planökonomie gefunden, und der Erfolg der BPO in den Konflikten mit der Werkdirektion rührte nicht zuletzt daher, dass es die Parteisekretäre zunehmend verstanden, die wirtschaftlichen Schwierigkeiten des Betriebes gezielt zuzuspitzen und propagandistisch zu nutzen. Dem konnte die Werkleitung von VTA, insbesondere Werkdirektor Kurt Näther, nur die eigene fachliche Kompetenz und persönliche Beharrlichkeit entgegensetzen, mithin Potenziale, die sich in endlosen Auseinandersetzungen verschlissen.

Die Verschränkung politischer und ökonomischer Faktoren bildete folglich die Grundlage der Durchsetzung parteilichen Einflusses auf der Werkleitungsebene. Um dieser Komplexität annähernd gerecht zu werden, wird in diesem Kapitel das chronologische Darstellungsprinzip durchbrochen. Nach einem Überblick über die Entwicklungstendenzen der SED-Betriebsparteiorganisation bis 1954 und der Darstellung der Ausgangsbasis für die innerbetrieblichen Konflikte im *VEB VTA Leipzig* werden jene Impulse und Spannungsfelder systematisch dargelegt, in denen die Parteisekretäre der BPO ihre Tätigkeit ausbauen konnten. Insbesondere die Vorgaben und Kontrollen der SED-Bezirksleitung Leipzig geraten hier in den Blick.

Im Anschluss werden dann die Auseinandersetzungen zwischen BPO-Leitung und Werkdirektion zwischen 1956 und 1958 geschildert, die im Januar 1958 mit der Absetzung Kurt Näthers als Werkdirektor für die BPO-Leitung endete, freilich ohne dass die Parteisekretäre eine überzeugende alternative Betriebsführungskonzeption präsentieren konnten. Die Darstellung konzentriert sich auf innerbetriebliche Prozesse, deren Konsolidierung dann die Voraussetzung schuf für den weitergehenden, direkten Zugriff außerbetrieblicher Instanzen auf die Produktionsgestaltung in den Jahren 1958 bis 1963.

3.1. Entwicklungstendenzen der SED-Betriebsparteiorganisationen

Der bereits 1947 deutlich erkennbare Umstand, „dass die SED auf den gesamten Komplex der Demontagen und Reparationen keinerlei Einfluss aus-

4 Nach der Umwandlung der *SAG Bleichert* in einen VEB wechselte mehrfach die Betriebsbezeichnung, und erst ab dem 1. Februar 1955 hieß der Betrieb offiziell *VEB Schwermaschinenbau VTA Leipzig*; vgl. StAL, VTA 2 (Direktorensitzung am 12.3. 1955). Der Übersicht halber wird der Betrieb für die Zeit ab dem 1. Januar 1954 durchgängig als *VEB VTA Leipzig* bezeichnet.

zuüben vermochte“, bestimmte die Tätigkeit der neu gebildeten Betriebsparteigruppen.[5] Die Reparationsinteressen der sowjetischen Besatzungsmacht begrenzten den betrieblichen Kontrollzugriff der SED in den Anfangsjahren der SBZ/DDR deutlich.

Während die SED-Betriebsgruppen in den bereits gebildeten VEB Ende der 1940er Jahre wenigstens formal sowohl für die Belegschaft als auch für die Leitungsebene zuständig waren,[6] mussten sie in den SAG-Betrieben ihre Intentionen zurückschrauben. Die sowjetischen Generaldirektoren akzeptierten keinen allzu großen Einfluss der deutschen Genossen auf innerbetriebliche Belange und versuchten häufig, die Leitungen der SED-Betriebsgruppen allein für die Akquisition von Material einzuspannen, indem diese die Betriebsparteileitungen von Zulieferbetrieben kontaktieren sollten.[7]

Die SED erwies sich als anpassungsfähig. Auf einer Beratung des Parteivorstandes mit Parteisekretären aus SAG-Betrieben im August 1949, an der auch Wilhelm Pieck teilnahm, wurde neben der konkreten Arbeit der Parteisekretäre in den Betrieben auch erörtert, dass der SED-Spitze eine Arbeitsteilung vorschwebte, wie sie tatsächlich nur in SAG-Betrieben verwirklicht wurde. Während der Betriebsparteiorganisation die politische Arbeit in der Belegschaft oblag, hatte der „Kulturdirektor“ als Mitglied der Werkleitung den Auftrag, ideologischen und politischen Fragen im Zusammenspiel mit der sowjetischen Generaldirektion gegenüber der technischen Intelligenz Geltung zu verschaffen.

Pieck legte Wert darauf, dass die SED versuchen sollte, „die Funktion und Bedeutung unserer Betriebsgruppen sehr stark zu steigern“, damit die Parteisekretäre sich „wirklich für die Verbesserung der Produktion, Senkung der Betriebskosten und für die Ausschaltung irgendwelcher Sabotage- und Zersetzungsarbeit“ einsetzen könnten. Diese politische Arbeit sei „von

---

5 Andreas MALYCHA, Die SED. Geschichte ihrer Stalinisierung 1946–1953, Paderborn 2000, S. 198 und 194. Die Literaturlage zum Stellenwert der Betriebsgruppen der SED ist insbesondere für die 1950er Jahre außerordentlich dünn; vgl. neben ebd., S. 139ff., vor allem den Aufsatz von Thomas REICHEL, „Feste Burgen der Partei“? Aufbau und Rolle der SED-Betriebsgruppen in der Sowjetischen Besatzungszone (SBZ) 1946–1949, in: Internationale wissenschaftliche Korrespondenz zur Geschichte der deutschen Arbeiterbewegung, Heft 1/2000, S. 62-99, der sich allerdings auf die Entwicklung der SED-Betriebsgruppen bis 1949 beschränkt.

6 Vgl. ebd., S. 78ff. Bei der Beurteilung der Wirkung der SED-Betriebsgruppen müssen sowohl deren politische Funktionalisierung für überbetriebliche Zwecke als auch der nur zögernd gelingende Aufbau der SED-Parteiorganisation im Blick behalten werden; vgl. MALYCHA, SED, S. 324ff.

7 Vgl. BA, DY 30 – IV 2/1.01/120, Bl. 1-60 (Stenografische Niederschrift über eine Besprechung des Parteivorstandes der SED „mit den Betriebsgruppensekretären einiger SAG-Betriebe am [...] 8. August 1949“, o. D.). Auf dieser Besprechung, an der kein Vertreter der *SAG Bleichert* teilnahm, wurden die besonderen Bedingungen der Parteiarbeit in SAG-Betrieben erörtert.

größter Bedeutung für die Autorität unserer Betriebsgruppen". Das Gleiche treffe auch für den Kulturdirektor zu: Er solle in der Leitung „die Position haben, die die Betriebsgruppe im Betrieb" habe. Mit der nötigen Unterstützung durch die SED werde „seine Arbeit gut sein".[8]

Während über die Arbeit der SED-Betriebsgruppe in der *SAG Bleichert* keine Unterlagen erhalten sind,[9] zeigen die Akten des Kulturdirektors des Betriebes, dass die nötige Unterstützung seiner Arbeit schon dadurch fehlte, dass er trotz einer Fülle an Schulungen und Anweisungen keine eindeutigen Handlungsvorgaben erhielt und damit tendenziell für alles zuständig wurde. Der Kulturdirektor war nicht nur für Kunstausstellungen verantwortlich, die unter dem „Formalismus"-Vorwurf überstürzt geschlossen werden mussten,[10] sondern verhandelte auch in der *SAG Bleichert* mit Vertretern der „technischen Intelligenz", die sich – Abwanderungsmöglichkeiten in sozialistische Großprojekte oder nach Westdeutschland vor Augen – bessere Arbeitsbedingungen erstreiten wollten, ohne dass für solche Interessenkonflikte wirksame Aushandlungsgremien existierten.[11] Schon deshalb erwies sich die Stelle des SAG-Kulturdirektors als schwierige Position. Darüber hinaus gerieten die Kulturdirektoren der *SAG Bleichert* aufgrund ihres quasipolitischen Auftrags mehrfach mit Mitgliedern der deutschen Werkleitung aneinander, was schließlich dazu führte, dass der Posten ab November 1952 nicht mehr besetzt wurde.[12]

Obwohl inzwischen die Aufgaben und Befugnisse der SED-Betriebsparteiorganisationen präzisiert worden waren,[13] beschränkte sich deren Be-

8 BA, DY 30 – IV 2/1.01/120, Bl. 59 (Stenografische Niederschrift über eine Besprechung des Parteivorstandes der SED „mit den Betriebsgruppensekretären einiger SAG-Betriebe am [...] 8. August 1949", o. D.).

9 Der Bestand des SED-Bezirksparteiarchivs Leipzig im Sächsischen Staatsarchiv Leipzig enthält für den Zeitraum ab 1956 die Unterlagen der Leitung der Betriebsparteiorganisation des *VEB VTA Leipzig* (allerdings existieren keine Akten der einzelnen APO mehr), der SED-Kreisleitung Leipzig-Nord (hier sind vor allem die Informationsberichte der BPO relevant) und der SED-Bezirksleitung Leipzig (hier insbesondere die Abteilungen Wirtschaftspolitik und Maschinenbau).

10 Vgl. StAL, SAG Bleichert 43, Bl. 23 (Museum der bildenden Künste zu Leipzig an SAG Bleichert, Kulturdirektion, „betr. Betriebsausstellung ‚Form und Inhalt', 6.10.1952).

11 Vgl. StAL, SAG Bleichert 45, Bl. 196 („Bericht an den Generaldirektor Leontschenkow, betr. Kündigungen der Konstrukteure [...]", 15.1.1952). Zum Verhältnis von Ingenieuren zur SED in den 1950er Jahren vgl. Dolores L. AUGUSTINE, Frustrierte Technokraten. Zur Sozialgeschichte des Ingenieurberufs in der Ulbricht-Ära, in: BESSEL, Grenzen, S. 49-75, S. 61f.

12 Vgl. StAL, SAG Bleichert 19, Bl. 29ff. (Direktorensitzung am 25.11.1952, 1.12. 1952).

13 Etwa durch einen Beschluss des Politbüros vom 28.4.1953; vgl. Gernot GUTMANN / Werner KLEIN, Herausbildungs- und Entwicklungsphasen der Planungs-, Lenkungs-

deutung in der *SAG Bleichert* bis zum Herbst 1953 auf Fragen der Belegschaftsmobilisierung, oder – in der Erinnerung des späteren 1. Sekretärs der BPO Erich Kurth – darauf, „den Genossen Kraft u. Argumente zu vermitteln, die auf alle Werktätigen ausstrahlten".[14]

3.2. Die Kaderuntersuchung in den letzten SAG-Betrieben

Eine Aufwertung der SED-Betriebsparteiorganisation schien sich allerdings mit einer Kaderuntersuchung im Oktober 1953 anzudeuten. Die SED-Bezirksleitung Leipzig bereitete im Herbst 1953 eine solche Kontrolle für die Werkdirektoren der letzten sechs im Bezirk verbliebenen SAG vor, die zum 1. Januar 1954 in Volkseigentum überführt werden sollten. Diese Untersuchung, die maßgeblich von den jeweiligen Betriebsparteileitungen durchgeführt wurde, sollte ermitteln, „ob die Leitungen der jetzigen SAG-Betriebe nach der Übernahme in Volkseigentum in der Lage sind, die Betriebe zu leiten".[15] Dazu sei es nötig, „die Werkleitungsmitglieder kaderpolitisch, nach ihrer fachlichen Arbeit, nach ihrer politischen Eignung und nach ihrem charakterlichen und moralischen Verhalten zu überprüfen".

Für die *SAG Bleichert* zeigte die Untersuchung allerdings etwas ganz anderes: Offenbar hatte die Betriebsparteileitung trotz der Position des Kulturdirektors bis zu diesem Zeitpunkt kaum Einfluss auf wirtschaftliche Leitungsentscheidungen nehmen können und selbst die parteieigene Aufgabe der Wettbewerbsorganisierung und der Kadereinschätzung nur mit Mühe bewältigt. Gleich mehrere Direktoren, allesamt Mitglieder oder Kandidaten der SED, warfen in ihren Selbstdarstellungen den Sekretären der BPO Inaktivität vor, und der Arbeitsdirektor nahm gar für sich in Anspruch, dass die sozialistischen Wettbewerbe in der *SAG Bleichert* sein „ureigenstes Werk" seien und die „Leitung der Betriebsparteiorganisation [...] keinerlei Anteil am Wettbewerb genommen" habe.[16]

Zudem machte die Kaderuntersuchung deutlich, dass in erster Linie das eklatante Kompetenzgefälle zwischen Partei- und Wirtschaftsfunktionären eine anvisierte Kontrolle der Leitungsentscheidungen erschweren würde. Die Werkdirektion der Bleichert-Werke zeichnete sich Mitte der fünfziger Jahre nicht nur durch eine altersmäßige Geschlossenheit aus (alle waren um

---

und Kontrollmechanismen im Wirtschaftssystem [der SBZ/DDR], in: BUNDESTAG, Aufarbeitung, Bd. II, S. 1579-1647, hier: S. 1608.

14 StAL, BPA-Leipzig V/6/54/03 (Nachlass Erich Kurth, „Diskussionsbeitrag zum Kolloquium der BL: 65 Jahre Oktoberrevolution, 60 Jahre UdSSR", 2.12.1982).

15 StAL, BPA-Leipzig IV/2/6/430, Bl. 31 (Ablaufplan zur „Vorbereitung der Sekretariatsvorlage zur Bestätigung der Leitungen der SAG-Betriebe nach der Übernahme in Volkseigentum", 13.10.1953). Hier auch das folgende Zitat.

16 Ebd., Bl. 123 (Arbeitsdirektor Kellert an SED-BPO, 28.10.1953).

die fünfzig Jahre alt), sondern gleichfalls durch eine solide fachliche Kompetenz, die auf zum Teil beeindruckenden, kaufmännischen oder ingenieurtechnischen Karrieren beruhte. Die Direktoren konnten auf die eigenen Fähigkeiten vertrauen, bewiesen trotz aller äußeren Anpassung an politische Sprache und Stil gegenüber der Betriebsparteiorganisation relative Eigenständigkeit in ökonomischen Fragen und begriffen den Aufbau einer sozialistischen Planwirtschaft durchaus als persönliche und berufliche Herausforderung.

Während die Fachdirektoren gegenüber den Mitarbeitern der BPO selbstbewusst auftreten konnten, war beispielsweise der Kaderleiter der *SAG Bleichert*, mit dem die Betriebsparteileitung als Einzigem aus der Werkdirektion eng zusammenarbeitete, streckenweise mit seiner Tätigkeit überfordert, nach Meinung der Parteisekretäre vor allem deshalb, weil er „nach etwa 30-jähriger Tätigkeit als Dreher ohne jede Vorbildung und Schulung in diese umfangreiche und verantwortungsvolle Funktion eingesetzt" worden sei.[17] Peter Hübners Feststellung, dass Parteifunktionäre eine „bis in die 60er Jahre hinein oft völlig unzureichende Fachqualifikation" besaßen und, „sofern sie in den betrieblichen Leitungsprozess eingriff[en], erhebliche Probleme" heraufbeschworen, trifft für die *SAG Bleichert* zu.[18]

Offenbar wurden auch deshalb die Gutachten der BPO-Leitung über die Befähigung der Bleichert-Direktoren von der SED-Bezirksleitung Leipzig vorsichtig gewertet. Jedenfalls hatte der Wechsel von der *SAG Bleichert* zum volkseigenen Betrieb im Januar 1954 zunächst keine personellen Umbesetzungen auf der Betriebsleitungsebene zur Folge. Das ist schon deshalb bemerkenswert, weil die Leitung der Betriebsparteiorganisation im Kontext der Kaderuntersuchung die Absetzung des amtierenden Hauptdirektors mit dem Hinweis erreichen wollte, er lasse sich „in seinen Entscheidungen [...] nur vom persönlichen Standpunkt [...] und von seinem persönlichen Willen" leiten und achte „auch nicht auf kritische Hinweise, die er durch führende Genossen der Parteileitung bekommt".[19]

Die Hinweise der Betriebsparteileitung von VTA zählten aber auch für die übergeordneten Parteiinstanzen nicht eben viel, und im Sommer 1954 mehrten sich die Anzeichen, dass die Probleme im Verhältnis zwischen Parteileitung und Werkdirektion vorerst allein als schwache Parteiarbeit den BPO-Sekretären angelastet wurden, die sich gegen den bisherigen SAG-

17 Ebd., Bl. 146 (Bericht der SED-BPO „über die Einschätzung in politischer und charakterlicher Hinsicht des Führungs-Wirtschaftskaders des Betriebes SAG Bleichert", 11.11.1953).

18 HÜBNER, Manager, S. 72.

19 StAL, BPA-Leipzig IV/2/6/430, Bl. 148 (SED-BPO an SED-KL Leipzig-Nord, „Kaderpolitische Einschätzung des Direktoren-Kollektivs der SAG Bleichert betreffs der Übergabe des Betriebes in Volkseigentum", 22.12.1953).

Hauptdirektor und neuen Werkdirektor, Kurt Näther, nicht durchsetzen konnten.

3.3. Kurt Näther

Kurt Näther wurde am 3. September 1902 in Waldau (Kreis Weißenfels) als Sohn eines Fabrikarbeiters geboren.[20] Nach dem Besuch der Volksschule und einer Ausbildung zum technischen Zeichner in der *Zeitzer Eisengießerei- und Maschinenbau-AG* (*Zemag*) begann Näther 1922 ein Studium am Technikum im thüringischen Altenburg, das er 1924 mit einem Examen als Maschinenbauingenieur abschloss.

Nach einer zwölfjährigen Tätigkeit als Konstrukteur bei der *Zemag* nahm er 1936 im Magdeburger *Krupp-Gruson-Werk* eine Stelle als Ingenieur an. Während des Krieges wechselte Näther innerhalb der *Friedrich Krupp AG* mehrmals die Arbeitsstelle: So arbeitete er von November 1942 bis August 1943 als Leiter des Konstruktionsbüros in der *Neuen Maschinenfabrik Kramatorsk*,[21] und ab September 1943 als Oberingenieur bzw. Abteilungsleiter in technischen Büros der *Friedrich Krupp AG* in Breslau, Waldenburg und Mährisch-Schönberg.

Seine Tätigkeit für die *Krupp AG* in der besetzten UdSSR brachte Näther nach dem Krieg keine erkennbaren Nachteile. Er begann wieder, bei der *Zemag* als Oberingenieur zu arbeiten, und mit der Übernahme des Zeitzer Unternehmens in die SAG-Verwaltung wurde Näther als Hauptingenieur übernommen und im April 1948 Produktionsdirektor der *SAG Zemag*.

Ende November 1949 kurzfristig entlassen, wechselte Näther einen Monat später nach Leipzig, wo er am 27. Dezember 1949 bei der *SAG Bleichert* als Leiter der Abteilung Kooperation für Metallkonstruktionen einstieg. Bereits ein Jahr später Hauptkonstrukteur, wurde Kurt Näther am 25. April 1952 Hauptdirektor der *SAG Bleichert*.

Näthers Leitungsstil war umstritten. Er selbst gestand ein, Nachlässigkeiten dadurch entgegenzutreten, dass er „den Betreffenden in sachlicher und energischer Form auf seine Disziplinlosigkeit hinweise und ihm die et-

---

20 Alle Angaben zur Person nach Kurt Näthers Lebenslauf in den Unterlagen der Kaderuntersuchung in der *SAG Bleichert* (ebd., Bl. 155a) sowie einem Telefonat mit seinem Sohn Joachim Näther (Berlin) am 29.1.2001.

21 Die *Neue Maschinenfabrik Kramatorsk* im ukrainischen Donezbecken gehörte zu einer Reihe so genannter „Patenschaftsbetriebe", die von der neu gegründeten *Berg- und Hüttengesellschaft Ost mbH* (BHO) „treuhänderisch" deutschen Montankonzernen überlassen wurden. „Treuhänder" der *Neuen Maschinenfabrik Kramatorsk* war die *Friedrich Krupp AG*; vgl. EICHHOLTZ / SCHUMANN (Hrsg.), Anatomie, S. 411f., und die Abbildung gegenüber S. 401. Zur Gründung der BHO vgl. die Dokumente in Karl-Heinz THIELEKE (Hrsg.), Fall 5. Anklageplädoyer, ausgewählte Dokumente, Urteil des Flick-Prozesses, Berlin (Ost) 1965, S. 270ff.

waigen Folgen seiner Unterlassung vor Augen halte".[22] Seine persönliche Durchsetzungsfähigkeit, die überwiegend auf fachlicher Kompetenz und einem traditionellen Verständnis seines Direktorenstatus beruhte, ließ ihn in Diskussionen furchtlos agieren: „Bei auftretenden Meinungsverschiedenheiten entscheidet das bessere Wissen, die Überzeugungsarbeit und die Stimmenmehrheit des Kollektivs. In Einzelfällen ist meine operative Entscheidung erforderlich."

Die Leitung der BPO schätzte zwar Näthers Wissen und Durchsetzungsvermögen, bemängelte aber seinen schlechten Kontakt zu den Arbeitern, die das Empfinden hätten, dass er „unnahbar" sei und „noch kleinbürgerliche Tendenzen an sich" habe.[23] Der Werkdirektor zeige „Ansätze von Überheblichkeit", und erst „in hartnäckigen Diskussionen" könne man ihn „von seiner falschen Einstellung überzeugen". Solche Stereotypen umschrieben sicher auch Unbehagen darüber, dass Näther eine beeindruckende Erscheinung war, eine Autorität, der Arbeiter freiwillig die Tür aufhielten und die bei Rundgängen durch die Werkhallen von der Belegschaft in einem traditionellen Sinne respektiert wurde.[24]

Kurt Näther wurde im Oktober 1953 Kandidat der SED[25] und galt aus Sicht der Bezirksleitung Leipzig als „ein fortschrittlicher Angehöriger der technischen Intelligenz".[26] Die Bezirksleitung kam auch bei den Ursachen dafür, dass Näther „Kritik gegenüber [...] wenig aufgeschlossen" sei, zu einer etwas anderen Einschätzung als die BPO-Leitung: Diese „Schwächen" seien auch darauf zurückzuführen, „dass die Parteileitung sich bisher nur ungenügend mit der Arbeit und dem Verhalten der leitenden Wirtschaftsfunktionäre des Betriebes" beschäftigt habe. Da Näther „in wirtschaftlicher und organisatorischer Hinsicht, besonders aber auf technischem Gebiet, sei-

22 StAL, BPA-Leipzig IV/2/6/430, Bl. 152 (Näther an SED-BPO, 26. Oktober 1953). Hier auch das folgende Zitat.

23 Ebd., Bl. 143 (Bericht der SED-BPO „über die Einschätzung in politischer und charakterlicher Hinsicht des Führungs-Wirtschaftskaders des Betriebes SAG Bleichert", 11.11.1953). Hier auch das folgende Zitat.

24 Telefonat mit Joachim Näther, 29.1.2001.

25 Vgl. StAL, BPA-Leipzig IV/2/6/430, Bl. 148 (Schreiben der SED-BPO an SED-KL Leipzig-Nord, „Kaderpolitische Einschätzung des Direktoren-Kollektivs der SAG Bleichert betreffs der Übergabe des Betriebes in Volkseigentum", 22.12.1953). Die SED-Mitgliedschaft erhielt Kurt Näther im Frühjahr 1956; vgl. StAL, BPA-Leipzig IV/2/6/438, Bl. 33 („Wochenbericht der Arbeitsgruppe Scheibe/Göbel, 4. Einsatzwoche v. 30.4.-5.5.1956", o. D.). Nach Auskunft des Sohnes ging der SED-Aufnahmeantrag auf den Rat sowjetischer Genossen zurück. Die Gepflogenheiten der Arbeiterpartei habe sein Vater nie akzeptieren können; Telefonat mit Joachim Näther, 29.1.2001.

26 StAL, BPA-Leipzig IV/2/6/430, Bl. 8f. (Bericht der Abt. Wirtschaftspolitik der SED-Bezirksleitung Leipzig „an das Sekretariat über die Kader der Leitungen der SAG-Betriebe", 28.11.1953). Hier auch die folgenden Zitate.

ner Aufgabe voll gewachsen" sei, entschied die Bezirksleitung, „ihn in seiner Funktion zu belassen".

Dagegen konnte sich die SED-Betriebsparteileitung der *SAG Bleichert* mit ihrem Vorschlag nicht durchsetzen, dass der Werkdirektor „in der weiteren Entwicklung abgelöst werden" müsse.[27] Offenbar bahnte sich aber schon hier die innerbetriebliche Konstellation an, die sich in den folgenden Jahren zu einer direkten Konfrontation zwischen den Sekretären der BPO und Werkdirektor Kurt Näther auswachsen sollte. Vorerst stand aber der Aufbau einer disziplinierten Parteiorganisation im Vordergrund, wobei sich die Repression der SED erst einmal nach innen entfaltete. Jene Mitglieder der BPO des *VEB VTA Leipzig*, die das vergessen hatten, wurden im Sommer 1954 deutlich daran erinnert.

3.4. Die Disziplinierung der SED-Betriebsparteileitung im Sommer 1954

Wegen Korruption und des Verdachts der „Agententätigkeit" wurden der 1. Sekretär der BPO, Helmut Schumacher, und der Vorsitzende der Betriebsgewerkschaftsleitung (BGL) im Sommer 1954 verhaftet. Auf einer der Verhaftung folgenden Versammlung (unter Leitung des 1. Sekretärs der Leipziger SED-Stadtleitung, Fritz Beier) offenbarte sich vor allem die rigide Vorgehensweise bei Parteiuntersuchungen mit offener Erpressung, Denunziationen des 1. BPO-Sekretärs durch ehemals enge Mitarbeiter und der spezifischen Vermengung von persönlicher, parteilicher und fachlicher Verantwortung.[28]

Schumacher hatte angeblich über Jahre hinweg eine Art Günstlingswirtschaft aufgebaut sowie sich und anderen aus Fonds des sowjetischen Generaldirektors illegale „Prämien" gezahlt.[29] Fritz Beier sah „ein ernstes

---

27 Ebd., Bl. 148 (Schreiben der SED-BPO an SED-KL Leipzig-Nord, „Kaderpolitische Einschätzung des Direktoren-Kollektivs der SAG Bleichert betreffs der Übergabe des Betriebes in Volkseigentum", 22.12.1953). In dieser Einschätzung wurde Näthers Sachverstand zu einer „pedantischen Genauigkeit" umgedeutet, und den Ursprung seines Selbstbewusstseins sahen die BPO-Sekretäre in Näthers früherer Tätigkeit als „leitender Angestellter ehemaliger kapitalistischer, nazistischer Konzerne"; ebd.

28 Vgl. StAL, BPA-Leipzig IV/7.144/6, Bl. 1-32 (BPO-Leitungssitzung am 18.8.1954). Die folgenden Zitate auf Bl. 1f., 9, 20, 22, und 28.

29 Da das Protokoll die einzige Quelle ist, insbesondere der auf der Sitzung verlesene Bericht einer Kontrollbrigade nicht vorliegt und keine Einsicht in BStU-Akten genommen werden konnte, sind die genauen Vorwürfe und Ermittlungen nicht im Detail rekonstruierbar. Allerdings geht es in diesem Zusammenhang auch nicht um die Frage der wirklichen Schuld Schumachers, sondern um die innerparteiliche Disziplinierung und vor allem um den Ton, der in der Leitungssitzung vorgegeben wurde. Helmut Schumacher gehörte in den Wochen nach dem 17. Juni 1953 zu den politischen Scharfmachern; vgl. ROTH, 17. Juni, S. 555f.

Bild der Korruption" und forderte, „dass jedes einzelne Parteimitglied und jeder Sekretär zu den gemachten Ausführungen Stellung nimmt und seine Meinung sagt". Da Beier bereits zum Auftakt wusste, dass „am Ende unserer Diskussion" in einer „Entschließung" der BPO eine eindeutige Verurteilung von Schumachers Führungsstil stattfinden würde, waren die Äußerungen der einzelnen Leitungsmitglieder der BPO entsprechend festgelegt. Jeder versuchte, sich in einer Mischung aus Selbstkritik und Vorwürfen an die Adresse der Verhafteten aus der Schusslinie zu lavieren. Der 2. Sekretär der BPO entschuldigte sich beispielsweise mit der Fülle zu erledigender Aufgaben, so dass er „mehr oder weniger von dem Parteigeschehen im Sekretariat vieles nicht erfahren habe", was Beier allerdings als „eine sehr klägliche Haltung" charakterisierte.

Im Mittelpunkt dieser demütigenden Prozedur aus Selbsterniedrigung und Bezichtigung anderer stand die „Unmoral" der verhafteten Genossen und deren Duldung durch die übrige Leitung der BPO. Beier hob immer wieder auf „Geldsorgen, unmoralischen Lebenswandel und Saufereien" ab, „wo der Gegner ansetzen" könne. Jedes andere Leitungsmitglied hätte sich darüber im Klaren sein müssen, „dass dies alles mit Agententätigkeit verbunden sein kann".

Dass sich an den innerparteilichen Gepflogenheiten gegenüber Schumachers Zeit kaum etwas ändern würde, wird am Umgang Beiers mit einem vorbestraften Genossen deutlich. Dieser war von Schumacher nach dem 17. Juni 1953 in die BPO-Leitung „kooptiert" und in der Folge mit dem uneingelösten Versprechen einer Löschung der Vorstrafe zum Stillschweigen über ihm bekannte Vorgänge verpflichtet worden. Während der Verhandlung sprach der Genosse bereitwillig über Schumachers Verhalten, was ihm allerdings nichts nützte, denn auch Beier fiel in der Verhandlung nichts Besseres ein, als diesen Genossen wiederum an seiner verwundbarsten Stelle zu fassen: Man habe „gar nichts dagegen", dass er „mal abgeglitten" sei, und „wir sind doch der Meinung, dass, wenn jemand einen Fehler gemacht hat, [er] ihn auch wieder gutmachen kann".

Andere Genossen versuchten sich selbst zu entlasten, indem sie allgemein um die „Fühlung mit den Massen" und die „Einheit und Reinheit" der Partei fürchteten oder banale Ereignisse zu „Verfehlungen des Genossen Schumacher" aufbauschten.[30] Schließlich wurde der 1. Sekretär der Stadtleitung gebeten, nicht lange zu zögern und zu zeigen, „dass unsere Partei vor keiner Wahrheit zurückschreckt".

In einem abschließenden Rundumschlag präsentierte Beier zumindest seine Wahrheit: „Wir sind der Meinung – wir können das noch nicht bewei-

30 Ein Genosse sprach „noch über die Verfehlungen des Genossen Schumacher nach einer Demonstration, anlässlich eines Essens (es handelt sich um eine Wette: Wenn du die Klöße alle isst, die bezahle ich)"; StAL, BPA-Leipzig IV/7.144/6, Bl. 25 (BPO-Leitungssitzung am 18.8.1954). Die folgenden Zitate auf Bl. 26 und 28ff.

sen, aber es wird sich ergeben –, dass Schumacher nicht nur ein Gauner ist auf krimineller Ebene, sondern zugleich ein politischer Gauner, der mit so vieler moralischer Versumpfung behaftet auch das geeignete Werkzeug für [einen] feindlichen Spionagedienst abgeben“ habe. Nun sei „die Operation so tief vorzunehmen, dass der gesamte Eiter, der sich jetzt durch die Arbeit, durch die feindliche Arbeit des Genossen Schumacher und der sorglosen und parteischädigenden Arbeit der Sekretariatsmitglieder in der Parteiorganisation angesammelt hat, wirklich abfließen kann“. Daraus könne die Parteiorganisation neue Kraft schöpfen, zumal die Voraussetzung „zur Entlarvung dieser Gauner [...] die Partei geschaffen“ habe, was „jeden einzelnen Genossen mit Stolz erfüllen“ müsse. Der vorbereitete Beschluss der Parteileitung sah zudem vor, gegen „die Genossen des Sekretariats, die gegen die Prinzipien des Parteistatutes verstoßen haben, ein Parteiverfahren einzuleiten“.

Eine Folge dieses Exempels war, dass der neue 1. BPO-Sekretär Erich Kurth[31] bereitwillig Nachlässigkeiten politisierte – so wurde beispielsweise der Umstand, dass ein Genosse wegen familiärer Verpflichtungen das Hissen einer Fahne zu Wilhelm Piecks 80. Geburtstag vergessen hatte, zur „ideologischen Unklarheit“ hochgespielt, die man nicht dulden dürfe, denn „wo es politische Lumperei gibt, gibt es auch Lumperei in der fachlichen Arbeit“.[32] Diese Vermengung von politischem Verhalten und fachlicher Beurteilung blieb von nun an bestimmend für die innerbetrieblichen Auseinandersetzungen, und mit zunehmendem Einfluss der BPO-Leitung in den folgenden Jahren verschärfte sich der Umgangston auch mit der Werkleitung entsprechend.

3.5. Parteiliche Handlungsimpulse und ökonomisches Problembewusstsein in der SED

Nach dem Selbstverständnis der SED war „für die Verwirklichung der führenden Rolle der Parteiorganisationen ihr Kontrollrecht in den volkseigenen Industriebetrieben“ von zentraler Bedeutung.[33] Durch dieses „Kontrollrecht“ sollten sich die Parteisekretäre „jederzeit Klarheit über die Situation in der Betriebsleitung“ verschaffen, sie übernahmen damit aber auch „zu-

31 Erich Kurth (geboren am 4.8.1910, gestorben am 14.8.1989) wurde im April 1955 1. Sekretär der BPO des *VEB VTA Leipzig* und verblieb in dieser Funktion bis zum März 1960, vgl. StAL, VTA 1349 (Betriebschronik des *VEB VTA Leipzig* 1945 bis 1971, Übersicht über die 1. Sekretäre der BPO). Anschließend trat Kurth die Stelle des 1. Sekretärs der übergeordneten SED-Kreisleitung Leipzig-Nord an.

32 StAL, BPA-Leipzig IV/7.144/6, Bl. 43 (BPO-Leitungssitzung am 17.1.1956).

33 Johannes THAMM, Die sozialistische Leitung der Industrie, Berlin (Ost) 1961, S. 41. Hier auch die folgenden Zitate.

gleich den zentralen Parteiorganen gegenüber die Verantwortung für die gesamte Arbeit des Betriebes". Sie müssten daher ihr Recht „als Kontrollpflicht auffassen und entsprechend handeln".

Die Verantwortung der Parteiorganisation für die Entwicklung des Betriebes setzte die Sekretäre der BPO innerhalb der strengen Parteihierarchie unter einen spezifischen Druck, mit dem es in mehrfacher Hinsicht umzugehen galt. So waren die Handlungsimpulse und Anforderungen, die insbesondere von der SED-Bezirksleitung Leipzig an die BPO herangetragen wurden, äußerst widersprüchlich. Eine Parteikommission der Bezirksleitung kritisierte im August 1956, „dass unsere Partei in ökonomischen Fragen noch nicht immer führt und die von den Wirtschaftsfunktionären angegebenen Hinderungsgründe für die Einführung der modernen Technologie usw. kritiklos hinnimmt und den Wirtschaftsfunktionären damit ungenügend hilft."[34]

Die „Führung" in ökonomischen Fragen und eine ausreichende Hilfestellung für Wirtschaftsfunktionäre konnte aber genauso gut gegen die Parteisekretäre ausgelegt werden, wie ein Arbeitspapier der Abt. Maschinenbau der Leipziger Bezirksleitung belegt, in dem zur Stärkung der „ideologischen Überzeugungsarbeit in den Betrieben" gefordert wurde, es müsse „den Parteisekretären untersagt werden, die Arbeit der Wirtschaftsfunktionäre teilweise zu übernehmen".[35] Unabhängig davon, ob solche Widersprüche aus Konflikten innerhalb der SED-Bezirksleitung herrührten oder Teil einer Herrschaftsstrategie bildeten, Tatsache bleibt, dass die Arbeit der BPO dadurch immer wieder ins Visier parteiinterner Kontrolle kommen konnte. Damit gerieten die Parteisekretäre in staatlichen Betrieben tendenziell in eine doppelte Frontstellung gegenüber den Wirtschaftsfunktionären und der Parteihierarchie.

Die Befehls- und Informationswege der SED-internen Hierarchie bildeten für die Betriebsparteileitung des *VEB VTA Leipzig* nur einen Strang der parteilichen Instruktion. Anfang 1956 setzte die SED-Bezirksleitung Leipzig eine Brigade im Betrieb ein, die zum Ziel hatte, durch eine detaillierte Untersuchung der Betriebsökonomie „der Parteiorganisation des VEB VTA bei der Verwirklichung der Beschlüsse des 25. Plenums des ZK und der 14. Sitzung der Bezirksleitung zu helfen."[36] Diese Kontrollbrigade setzte sich

---

34 StAL, BPA-Leipzig IV/2/6/443, Bl. 143f. (Entwurf eines Berichts der Parteikommission „Maschinenbau" der SED-BL Leipzig, 30.8.1956).

35 Ebd., Bl. 180ff. (AN der Abt. Maschinenbau der SED-BL Leipzig, 16.1.1957).

36 StAL, BPA-Leipzig IV/2/6/438, Bl. 14ff. (Bericht über den Brigadeeinsatz bei VEB VTA Leipzig", 6.4.1956). Auf der 25. ZK-Tagung vom 24.-27.10.1955 wurde unter dem Schlagwort „Modernisieren, Mechanisieren, Automatisieren!" gefordert, den „wissenschaftlich-technischen Fortschritt in den Mittelpunkt der Wirtschaftstätigkeit zu stellen" und „die Arbeitsproduktivität zu steigern"; Geschichte der Sozialistischen Einheitspartei Deutschlands. Abriss. Berlin (Ost) 1978, S. 334; vgl. Walter ULBRICHT, Zur sozialistischen Entwicklung der Volkswirtschaft seit 1945, Berlin (Ost) 1959, S.

überwiegend aus Mitarbeitern der Wirtschafts- und Kaderabteilungen der SED-Bezirksleitung Leipzig zusammen, und obwohl sie überwiegend die Betriebsführung der Werkdirektion unter die Lupe nahm, gelang es der BPO-Leitung nur mit Mühe, die Präsenz der Kontrolleure zur Stärkung ihrer innerbetrieblichen Position zu nutzen.

Ausgangspunkt der Brigadetätigkeit bildete eine verheerende Einschätzung der Verhältnisse im *VEB VTA Leipzig* durch die Bezirksleitung, die offenbar auf Berichten der BPO und staatlicher Stellen beruhte: Die VTA-Werkleitung erkenne „den Wert der Vorschläge und Hinweise der Werktätigen nicht", durch eine schlechte Organisation sei „keine exakte Übersicht der Kapazität vorhanden", was zu „Materialstauungen" führe.[37] Der parteilose technische Direktor Herbert Großmann vertrete gar den „Standpunkt, dass Materialverbrauchsnormen nicht erforderlich" seien.[38] Die Werkleitung bemühe „sich ungenügend um [die] Auftragslage", und zu guter Letzt führte die schlechte Qualität der Maschinen zur „Schädigung des Ansehens unserer Republik".

Damit wurde die Werkdirektion des *VEB VTA Leipzig* für nahezu alle benennbaren Missstände verantwortlich gemacht, und die Brigade der SED-Bezirksleitung hatte ausreichende Anknüpfungspunkte für die Untersuchung „der Produktion vom Eingang des Auftrages bis zur Auslieferung des fertigen Erzeugnisses", aber auch, um der Frage nachzugehen, „wie im Betrieb VTA die führende Rolle der Partei verwirklicht" werde.[39]

Einmal eingesetzt, fand die Kontrollbrigade immer neue Gründe für weitere Untersuchungen.[40] Stellten erste Berichte noch fest, dass die „Agi-

---

478ff. In der Folge der ZK-Tagung hatte die 14. Sitzung des Büros der SED-Bezirksleitung Leipzig am 5.11.1955 festgestellt, dass die VTA-Werkleitung der Leichtbauweise zu wenig Beachtung schenke und damit Exportrückstände von annähernd 15 Millionen DM zu verantworten habe; vgl. StAL, BPA-Leipzig IV/2/6/438, Bl. 14 („Bericht über den Brigadeeinsatz bei VEB VTA Leipzig", 6.4.1956).

37 Ebd., Bl. 139ff. (Arbeitspapier „Situationsbericht VTA", 12.11.1955). Hier auch die folgenden Zitate.

38 Da die Materialverbrauchsnormen im Zentrum der planwirtschaftlichen Kennziffern standen, handelt es sich hier um einen ernsthaften Vorwurf, der allerdings zugleich ein Indiz für die langsame Durchsetzung artifizieller Normen der Planwirtschaft ist; vgl. Carl-Jürgen STRAUß, Die Materialwirtschaft der Deutschen Demokratischen Republik, Berlin (Ost) ²1969, S. 155ff., sowie Karl FISCHER, Betriebsanalyse in der volkseigenen Industrie, Berlin (Ost) ⁶1972, S. 234ff.

39 StAL, BPA-Leipzig IV/2/6/438, Bl. 4ff. (Abt. Maschinenbau der SED-BL Leipzig, „Brigadeeinsatz beim VEB Verlade- und Transportanlagenbau Leipzig", Entwurf, 12.12.1955).

40 Die wirtschaftspolitischen Maßnahmen der SED-Bezirksleitung Leipzig standen im Frühjahr 1956 im Kontext der III. Parteikonferenz der SED, die darauf „orientierte", „eine leistungsfähige sozialistische Volkswirtschaft zu schaffen" und „den zum Teil veralteten Maschinenpark, vor allem im Maschinenbau selbst, schrittweise zu erneuern"; GESCHICHTE DER SED, S. 344. Im Vorfeld der III. Parteikonferenz legte die

tationsarbeit [...] verbessert" werden könnte, gerieten weiterführende Untersuchungen tatsächlich an den Kern der informellen Arrangements zwischen Werkdirektion und ministerieller Hauptverwaltung in Berlin,[41] die zwar gegen Verordnungen der planwirtschaftlichen Rechnungsführung verstießen, aber das Wirtschaften innerhalb dieser starren Vorgaben überhaupt erst möglich machten.[42]

In den Berichten der einzelnen Arbeitsgruppen der Kontrollbrigade wird eine unterschiedliche Bewertung solcher Arrangements durch hauptamtliche Parteimitarbeiter einerseits und Ökonomen aus Volkseigenen Betrieben andererseits deutlich. Während Mitarbeiter der SED-Bezirksleitung in solchen Eigenheiten die Ursache von „unrealen Plänen" sahen,[43] hatte der Hauptbuchhalter des Lauchhammerwerks, der von der Bezirksleitung zur Analyse der Betriebsökonomik herangezogen wurde, Verständnis für die „operative Arbeit" der VTA-Werkleitung.[44] Operative Arbeit zählte für

---

SED-Bezirksleitung Leipzig einen „Plan der wirtschaftspolitischen Abteilungen" vor, in dem zur „Steigerung der Arbeitsproduktivität" für notwendig erachtet wurde, „die Parteiorganisationen ideologisch zu festigen" und die Wirtschaftsfunktionäre „zu größerem Verantwortungsbewusstsein zu erziehen". Dies sollte durch „eine planvolle Propaganda und Agitationsarbeit" sowie durch die Bildung einer Parteikommission erreicht werden, die den weiteren „Einsatz von Brigaden zur Untersuchung und Unterstützung der Arbeit in bestimmten Schwerpunktbetrieben" leiten sollte; StAL, BPA-Leipzig IV/2/6/443, Bl. 101ff. („Plan der wirtschaftspolitischen Abteilungen zur Durchführung des Beschlusses der 3. Bezirksdelegiertenkonferenz", 14.3.1956). Auch wenn eine genauere Gewichtung der einzelnen Handlungsimpulse nicht immer vorgenommen werden kann, muss doch die grundsätzliche Verschränkung politisch absichtsvoller und eigendynamischer Tendenzen in der Arbeit der SED-Funktionäre im Blick behalten werden.

41 In der permanenten Reorganisation der DDR-Industrieministerien in den 1950er Jahren blieb die Hauptverwaltung 2 (Förderanlagen und Stahlbau) immer die übergeordnete Instanz für den *VEB VTA Leipzig*, unabhängig davon, ob sie selbst Teil des Ministeriums für Maschinenbau oder des zeitweisen Ministeriums für Schwermaschinenbau war. Der Bestand der Hauptverwaltung 2, aus der 1958 die *VVB Bergbauausrüstung und Förderanlagen* hervorging, liegt im Bundesarchiv Berlin-Lichterfelde (DG 3 II/HV Stahlbau) und ist gegenwärtig (Dezember 2001) nur zu einem geringen Teil erschlossen. Zur Entwicklung der DDR-Industrieministerien und den jeweiligen politischen Impulsen der Reorganisation vgl. noch immer Fritz SCHENK, Magie der Planwirtschaft, Köln 1960, für den Maschinenbau vgl. etwa die ministeriumsinternen Analysen in BA DG 3 – 1877.

42 StAL, BPA-Leipzig IV/2/6/438, Bl. 15 (Bericht über den „Brigadeeinsatz bei VEB VTA Leipzig", 6.4.1956). Zum grundsätzlichen Verhältnis zwischen planwirtschaftlichem Reglement und realer Aushandlungspraxis vgl. KORNAI, System, S. 134ff.

43 StAL, BPA-Leipzig IV/2/6/438, Bl.29 („Wochenbericht der Arbeitsgruppe Scheibe/Göbel im Brigadeeinsatz VTA, 2. Einsatzwoche v. 16.-21.4.1956", o. D.).

44 Ebd., Bl. 61ff. (Bericht des Hauptbuchhalters des Lauchhammerwerks, Jungwirth, über „Einsatz lt. HV 2 vom 17.4.-23.5.1956 im VEB Schwermaschinenbau Verlade- und Transportanlagen, vorm. Bleichert, Leipzig (Betriebsökonomik)", 18.5.1956). Hier auch die folgenden Zitate.

ihn zu den „Besonderheiten, welche sich aus der Zugehörigkeit dieses Betriebes zu den ehemaligen SAG-Betrieben" ergäben. Auch wenn „operatives Arbeiten ein Wesenszug in unserer soz. Wirtschaft sein" müsse, hieße das nicht, „operativ um jeden Preis".

Die Besonderheit des *VEB VTA Leipzig* bestand dem Bericht des Hauptbuchhalters aus Lauchhammer zufolge darin, dass bei der Bilanzierung der Planerfüllung keine rechnerische Trennung von Fremd- und Eigenleistung vorgenommen wurde. Die VTA-Leitung vertrat den Standpunkt, „dass auch die Kooperation (Fremde Lohnarbeit u. bezogene Teile) als Betriebsleistung Anerkennung finden müssten, da die Erbringung derselben abhängig sei von der Initiative der Kollegen in der Kooperations-Abteilung, oder von dem als Sonderbeauftragten eingesetzten Kollegen in den Zulieferbetrieben". So entstehe allerdings „kein ökonomischer Zwang zur vollen Auslastung der vorhandenen Maschinenkapazität und Arbeitskräfte hinsichtlich der Produktionsplan-Erfüllung". Obwohl die VTA-Rechnungsführung in dieser Frage eigenwillig blieb, lastete der Hauptbuchhalter das nicht der Werkleitung an, sondern forderte, dass „es seitens der HV Klarheit zu schaffen" gelte, „da die Betriebe hier unterschiedlich verfahren".

Die hauptamtlichen Parteimitarbeiter waren in dieser Frage unerbittlicher und wenig originell in der Orientierung an politischen Grobrastern. In den kaufmännischen Abteilungen des *VEB VTA Leipzig*, in denen die „operative Arbeit" üblich war, entdeckten sie „stärkere Konzentrationen von ehemaligen NSDAP-Mitgliedern bzw. Dienstgraden der faschistischen Wehrmacht".[45] Die Zahl der Genossen sei hingegen gering, und auch deren Qualifikation ließe stark zu wünschen übrig. Demgegenüber seien die früheren NSDAP-Mitglieder „gute Fachleute, was ihnen ein gutes Ansehen bei den übrigen Beschäftigten der Abteilungen einbringt und nicht unwesentlich auch zur politischen Meinungsbildung dieser Kollegen" beitrage. Die Kaderabteilung müsse „in Verbindung mit der Parteileitung ein System der fachl. Weiterbildung der Genossen der kaufm. Abteilungen" organisieren und „die Genossen von der Notwendigkeit ihrer fachlichen Qualifikation" überzeugen. Auf diese Weise erhielt die Forderung nach Bildungsmaßnahmen zugleich den Ton politischer Dringlichkeit.

Diese konsequent politisierende Perspektive belegt ein spezifisches Problembewusstsein der SED-Funktionäre, das sich Mitte der 1950er Jahre zumindest auf der Bezirksebene bereits etabliert hatte und nun in die untersten Bereiche der Parteihierarchie hineinstrahlte.[46] Die Anschauungen kon-

---

45 Ebd., Bl. 33ff. („Wochenbericht der Arbeitsgruppe Scheibe/Göbel, 4. Einsatzwoche v. 30.4.-5.5.1956", o. D.). Hier auch die folgenden Zitate.

46 Dieser grundsätzliche Prozess der innerparteilichen „Willensbildung" der SED im Rahmen eines „Demokratischen Zentralismus" ist zuletzt für die Zeit bis 1953 von Andreas Malycha untersucht worden, der insbesondere die fatalen Folgen der Demotivierung der Parteimitglieder herausarbeitet; vgl. MALYCHA, SED, S. 314ff.

zentrierten sich auf jene Aspekte wirtschaftlicher Entwicklung, die von Instanzen der Partei handhabbar schienen, und die zugleich das verbotene Argument respektierten: Prinzipielle Funktionsdefekte der Zentralverwaltungswirtschaft konnten nicht erörtert werden. Handhabbarkeit bedeutete in der Tendenz, dass die Ursachen der Probleme bei Individuen oder Organisationsstrukturen zu suchen seien. Entsprechend wurde beispielsweise die mangelhafte Materialversorgung des *VEB VTA Leipzig* von Seiten der SED-Bezirksleitung nie auf systemimmanente Verteilungsdefekte zurückgeführt, sondern der Werkleitung angelastet, da sie die Aufträge „nicht in Übereinstimmung mit der Liefermöglichkeit der Unterlieferanten" angenommen habe oder von ihr versäumt worden sei, bestimmte Aufträge „nach ihrer Dringlichkeit zu koordinieren, um einen geregelten Arbeitsablauf zu erreichen".[47] Selbst wenn zugestanden wurde, dass die „Materialversorgung [...] nicht vom Betrieb allein gelöst werden" könne, lautete die parteiliche Schlussfolgerung, dass die einzelnen Betriebe dennoch „durch Verbesserung der Arbeitsorganisation und vor allen Dingen einer guten Fertigungsvorbereitung nebst Standardisierung und Typung" die Versorgung wesentlich erleichtern könnten.[48]

Damit war der Ansatzpunkt für die Erziehungsarbeit der Partei geschaffen, ohne dass allerdings langfristige Lösungen gefunden werden konnten. Aber alle Störungen und Schwierigkeiten konnten auf mangelndes Bewusstsein zurückgeführt werden, etwa beim zwischenbetrieblichen Vertragssystem: Eine „mangelhafte sozialistische Zusammenarbeit unserer Betriebe" sei auch deshalb zu verzeichnen, weil sich die „Funktionäre der Betriebe [...] noch zu wenig für die Erfüllung der Pläne unserer gesamten Wirtschaft verantwortlich" fühlten und stattdessen „oft nur ihren eigenen Betrieb" sähen.[49] Zugleich kritisierten die Mitarbeiter der SED-Bezirksleitung aber auch „Anzeichen dafür, dass in den Betrieben die Entfaltung der Demokratie falsch verstanden [...] und damit das Weisungsrecht der Werkleitungen" und „die Eigenverantwortlichkeit der Wirtschaftsfunktionäre eingeschränkt" würde.[50]

Diese „Eigenverantwortlichkeit der Wirtschaftsfunktionäre" lief für die SED-Funktionäre aber nicht auf eine Selbstständigkeit der Werkleitungen in allen betrieblichen Entscheidungen hinaus, sondern musste als Gedanken-

47 StAL, BPA-Leipzig IV/2/6/438, Bl. 106 (Bericht der Arbeitskommission V zur Vorbereitung der II. ökonomischen Konferenz [...]", o. D., Sommer 1956).

48 StAL, BPA-Leipzig IV/2/6/443, Bl. 109f. („Politische Analyse der Planerfüllung des 1. Halbjahres 1956 in den Betrieben des Maschinenbaues im Bezirk Leipzig", 29.8. 1956).

49 Ebd., Bl. 154 (Abt. Maschinenbau der SED-BL Leipzig, AN „Maschinenbau", 11.9. 1956).

50 Ebd., Bl. 167ff. (Abt. Maschinenbau der SED-BL Leipzig, AN „Breitere Entfaltung der Demokratie in den Betrieben des Maschinenbaues", 12.11.1956).

konstruktion gewährleisten, dass Parteiinstanzen immer wieder für den ausbleibenden, breiten ökonomischen Aufschwung verantwortliche Individuen benennen konnten. Die ideologische „Zuverlässigkeit" der Genossen sollte dann verhindern, dass die eingehende Untersuchung der Betriebspraxis an der Personalisierung von Sachproblemen etwas veränderte.

3.6. Tätigkeitsfelder der SED-Betriebsparteiorganisation im VEB VTA Leipzig

Nur langsam fand diese Herangehensweise allerdings Eingang in die Arbeit der Betriebsparteiorganisation des *VEB VTA Leipzig*. Bei der Beurteilung dieses Prozesses ist es wesentlich, zwischen der Selbstdarstellung der BPO in Informationsberichten an die übergeordneten Parteiinstanzen einerseits und den Bedingungen der konkreten Parteiarbeit im Betrieb andererseits zu unterscheiden.

Die Informationsberichte sollten die Anpassungsfähigkeit der BPO-Sekretäre an den jeweiligen Argumentationsrahmen signalisieren, was eine wichtige Voraussetzung dafür war, dass die Leitung der BPO im Rahmen der Brigadeuntersuchungen nicht grundsätzlich behelligt wurde. Ein gängiges Signal bildete der Verweis auf Arbeiter, die betriebliche Missstände gleichsam stellvertretend für die Parteiorganisation „kritisierten".[51] Auf diese Weise konnten die Parteisekretäre zwischen den Zeilen ihre enge Verbundenheit mit der Belegschaft suggerieren und sich positiv von „passiven Wirtschaftsfunktionären" absetzen, die nur „ungenügend mit den Produktionsarbeitern über die Aufgaben" sprächen.

Allerdings bedeutete der Verweis auf entdeckte Mängel immer auch eine bisher nur unzureichende Kontrolltätigkeit der BPO. Entsprechend wurde in solche Berichte die „Selbstkritik" meist namentlich aufgeführter Genossen eingeflochten, um durch die Demutsgeste zugleich deutlich zu machen, dass eine weiterreichende Disziplinierung der BPO oder einzelner Abteilungsparteiorganisationen (APO) nicht nötig sei. Dieses Verfahren setzte eine „Instinktsicherheit" bei den unteren Parteisekretären voraus, die im *trial-and-error*-Verfahren – teilweise mit hohen persönlichen Kosten – erworben wurde. War diese Sicherheit gegeben, konnte die BPO-Leitung sogar riskieren, sich gegen berechtigte Vorwürfe von Seiten der übergeordneten SED-Kreisleitung zur Wehr zu setzen.[52]

---

51 StAL, BPA-Leipzig IV/7.144/9 (SED-BPO an SED-KL Leipzig-Nord, „Informationsbericht", 27.7.1957). Hier auch das folgende Zitat.

52 So wurde Ende August 1957 in der Leipziger Volkszeitung eine unzureichende Diskussion des Planes 1958 im *VEB VTA Leipzig* bemängelt und der BPO vorgehalten, sie dulde die Ignorierung der Partei- und Regierungsbeschlüsse"; LVZ vom 24.8. 1957, S. 6 („Nicht ohne die Arbeiter"). Dieser Artikel, so beschwerten sich die BPO-

Erfolge ihrer Parteiarbeit belegten die Sekretäre der BPO zumeist anhand des vermeintlich gewonnenen Einflusses auf innerbetriebliche Entscheidungslagen. Hierbei spielte die Kaderarbeit eine herausragende Rolle. In der Kaderuntersuchung im Herbst 1953 zählte der Kaderleiter noch zu den sechs *betrieblichen* Führungspositionen, die Zusammenarbeit zwischen der BPO-Leitung und der Kaderabteilung gestaltete sich zäh.[53] Im September 1957 war die Neubesetzung des Postens ausschließliche Angelegenheit der BPO-Sekretäre, und eine Stellungnahme der Werkleitung war nicht mehr vorgesehen, da „der Kaderleiter von der Partei eingesetzt" werde.[54] Auch wenn die „Entwicklung" von Kadern immer wieder durch Abberufungen von außen Rückschläge erfuhr – so wurde ein frisch gekürter APO-Sekretär im Januar 1956 vom Staatssekretariat für Staatssicherheit abgezogen, ohne dass die BPO-Leitung dazu auch nur gehört worden wäre[55] –, konnte die Parteileitung des *VEB VTA Leipzig* doch langsam Funktionäre in ihrem Sinne „erziehen".

Die tägliche Parteiarbeit bestand zu einem Großteil aus propagandistischer Routine sowie aus Beratungen und „Aussprachen", mit denen die Stimmung im Betrieb sondiert und zugleich die Werkleitung unablässig diszipliniert werden sollte. Eine Aussprache mit der technischen Intelligenz im Januar 1957 wurde „mit den verantwortlichen Genossen der Werkleitung

---

Sekretäre bei der SED-Kreisleitung Leipzig-Nord, habe „sowohl unter Arbeitern als auch unter den Wirtschaftsfunktionären Empörung ausgelöst", da der Plan der Belegschaft ausführlich „erläutert" worden sei. Die Parteileitung sei „mit dem ungenügenden politischen Auftreten einiger Wirtschaftfunktionäre ebenfalls nicht einverstanden", habe aber deshalb „in der Leitung eine Auseinandersetzung geführt". Deshalb sei es „absolut falsch zu sagen, dass der Plan ohne die Arbeiter aufgestellt wurde". Diese scharfe Abwehr war inhaltlich nicht gerechtfertigt (im selben Schreiben gestand die BPO-Leitung ein, dass es ihr wegen der knappen Zeit von drei Wochen nur „ungenügend" gelungen sei, „die Plandiskussion mit einem größeren Kreis Arbeitern zu führen"), aber die Impulsgebung von außen drohte in der angespannten Situation zwischen Werkdirektion und Betriebsparteileitung kontraproduktiv zu werden. Bemerkenswert bleibt, dass den BPO-Sekretären bei ausreichender Stabilität solche Kritik an übergeordneten Instanzen möglich war; StAL, BPA-Leipzig IV/7.144/9 (SED-BPO an SED-KL Leipzig-Nord, „Informationsbericht", 24.8.1957).

53 Vgl. StAL, BPA-Leipzig IV/2/6/430, Bl. 146 (Bericht der SED-BPO „über die Einschätzung in politischer und charakterlicher Hinsicht des Führungs-Wirtschaftskaders des Betriebes SAG Bleichert", 11.11.1953).

54 StAL, BPA-Leipzig IV/7.144/6, Bl. 237ff. (BPO-Leitungssitzung am 25.9.1957). Ein Mitarbeiter der ministeriellen Hauptverwaltung, der an der Sitzung teilnahm, stellte fest, dass man es sich bei der Kaderarbeit nicht leisten könne, in einem „Großbetrieb Experimente durchzuführen". Die Kaderabteilung sei die „stärkste politische Abteilung im Betrieb", denn sie spreche „mit allen Kollegen", während die Parteileitung „nur die Genossen ansprechen" könne; ebd., Bl. 238.

55 Ebd., Bl. 37ff. (BPO-Leitungssitzung am 17.1.1956). Für Erich Kurth sah es nach einem „Ausverkauf" aus, bei dem die Kader abgezogen würden, „die wir hereinlanciert haben mit einer Perspektive"; ebd., Bl. 43.

gründlich vorbereitet" und auch das einleitende Referat durch Genossen der BPO „festgelegt".[56] Dass sie dennoch „nicht in der politischen Richtung gelaufen ist, wie wir uns das gewünscht haben", lasteten die Parteisekretäre kurzerhand dem Werkdirektor an, dem es nicht gelungen sei, die Diskussion „in die richtige politische Bahn zu lenken".

Die Wirkung der eigenen propagandistischen Konzepte wurde von der Parteileitung kaum reflektiert. Allerdings belegt der Vorschlag der BPO-Sekretäre, künftige Aussprachen mit Fachexperten „im kleineren Rahmen" durchzuführen, da „sie in einem kleineren Kreis ohne weiteres ihre Meinung zum Ausdruck" brächten, dass viele Mitglieder der Intelligenz die Zudringlichkeiten parteilicher Neugier noch abwehren konnten.

Auch die Nachbereitung von richtungsweisenden Parteiveranstaltungen wie der 33. Tagung des ZK der SED im Oktober 1957 zeigte, dass das Interesse an intensiver politischer Agitation in der Belegschaft nie konstant blieb, sondern von den Parteisekretären immer wieder angestachelt werden musste.[57] Bei der „in Seminarform geführten Beratung" sei deutlich geworden, dass besonders in der Werkleitung „über die Gesetzmäßigkeiten der Entwicklung zum Sozialismus noch eine ganze Reihe von theoretischen Unklarheiten" bestünden. So habe Werkdirektor Näther nicht „beweisen" können, „dass im sozialistischen Sektor in der Industrie und Landwirtschaft die Arbeitsproduktivität schneller steigen" müsse als „die Lohnsumme".[58] Die implizite Botschaft, dass damit der ökonomisch versierte Werkdirektor immerhin ideologisch hinter die Parteifunktionäre zurückfiel, legitimierte den grundsätzlichen Erziehungsanspruch der SED.

Ein wichtiges Instrument der Betriebsparteiorganisationen zur Erziehung der Wirtschaftsfunktionäre stellten Mitte der 1950er Jahre die „ökonomischen Konferenzen" als „neue Form der Leitungstätigkeit der SED" dar.[59] Aber gerade bei dieser Erörterung betrieblicher und ökonomischer

---

56 StAL, BPA-Leipzig IV/7.144/9 (SED-BPO an SED-KL Leipzig-Nord, „Einschätzung über die am Freitag, den 25.1.1957 durchgeführte Aussprache mit der technischen Intelligenz", 28.1.1957). Hier auch die folgenden Zitate.

57 Ebd. (SED-BPO an SED-KL Leipzig-Nord, „Informationsbericht in der Zeit vom 18.-31.10.1957, 1.11.1957). Hier auch die folgenden Zitate.

58 Diese Beweisführung wäre auch kaum möglich gewesen, da es sich bei diesem Zusammenhang keineswegs um eine „Gesetzmäßigkeit", sondern eher um die planwirtschaftliche Wunschvorstellung der Parteifunktionäre handelte. Die Lohnsumme steigt in der Planwirtschaft grundsätzlich früher und stärker an als die Kennziffern für Produktivität; vgl. STARITZ, Gründung, S. 197f., und KORNAI, System, S. 251ff. Zu den Schwierigkeiten in der DDR-Planwirtschaft, überhaupt aussagefähige Kennziffern der Arbeitsproduktivität zu entwickeln, vgl. ROESLER, Herausbildung, S. 162f.

59 GESCHICHTE DER SED, S. 315. Eine kritische Einschätzung der „ökonomischen Konferenzen" als Form der „unmittelbaren Beteiligung der Arbeitnehmer an der Lösung der Produktionsaufgaben" bei Hannelore HAMEL, Das sowjetische Herrschaftsprinzip des demokratischen Sozialismus in der Wirtschaftsordnung Mitteldeutschlands. Wirtschaft und Gesellschaft in Mitteldeutschland Bd. 5, hrsg. vom Forschungsbeirat für

Probleme vor der versammelten Belegschaft zeigten sich die fachlichen Schwächen der Betriebsparteileitung des *VEB VTA Leipzig*. Die Sekretäre der BPO resümierten denn auch den Verlauf einer solchen Konferenz im Sommer 1956 zwiespältig: Zwar sei das Ziel erreicht worden – jeder habe „sich auf seine Art Gedanken gemacht" –, aber ein eigener Diskussionsredner wurde ausgepfiffen, das Hauptreferat der Parteileitung war weitgehend improvisiert worden, und der Maßnahmeplan der BPO, der eine nochmalige, ausführliche „Auswertung" der Konferenz in allen Mitgliederversammlungen vorsah, deutet auf die propagandistische Erfolglosigkeit der eigentlichen Veranstaltung hin.[60]

Das war insofern von Bedeutung, als die ökonomischen Konferenzen durch „Selbstverpflichtungen" von Werkleitung und Belegschaft auch eine mobilisierende Funktion ausüben sollten. Allerdings fielen die Parteisekretäre des *VEB VTA Leipzig* mit ihren mageren Ergebnissen nicht aus dem Rahmen, da die Bewegung der ökonomischen Konferenzen „bis Ende 1957 mehr und mehr" verflachte und die „Verpflichtungen [...] formal" wurden.[61] Erst vor dem Hintergrund der sich zuspitzenden betrieblichen Probleme der Planerfüllung gewann eine Ende Oktober 1957 im Betrieb durchgeführte ökonomische Konferenz an Bedeutung, allerdings nicht als mobilisierender Faktor, sondern allein als Agitationsmittel, um das „Versagen" der Werkleitung herauszustellen.

Schon der Erziehungsauftrag der SED stellte eine grundsätzliche Distanz zwischen der Betriebsparteileitung und der Werkdirektion des *VEB VTA Leipzig* her. Darüber hinaus war das Verhältnis durch ein kommunikatives Ungleichgewicht zugunsten der Parteileitung geprägt. Während die Parteisekretäre der BPO über die Sitzungen und Auseinandersetzungen der Werkdirektion durch Vertreter informiert waren, war die Werkleitung, insbesondere Näther, über die Beratungen und Pläne der BPO-Sekretäre nicht im Bilde. Im Zweifelsfall verweigerte Röder als einziger Direktor in der BPO-Leitung die Auskunft mit dem Hinwies, es handle sich um „parteiinternes Material".[62]

Fragen der Wiedervereinigung Deutschlands beim Bundesminister für gesamtdeutsche Fragen, Berlin (West) 1966, S. 163ff., Zitat S. 163.

60 StAL, BPA-Leipzig IV/7.144/6, Bl. 102f. (BPO-Leitungssitzung am 24.7.1956).

61 ROESLER, Herausbildung, S. 251. Ähnlich schätzte bereits Walter Ulbricht die Entwicklung auf der 33. ZK-Tagung am 16.10.1957 ein und verwies als Alternative auf „die wichtigen Beschlüsse über die Rechte und Pflichten der Hauptbuchhalter als staatliche Kontrolleure in den volkseigenen Betrieben"; ULBRICHT, Entwicklung, S. 614f. Diese zwischenzeitliche Rückorientierung der SED-Spitze auf staatliche Kontrollinstrumente wurde auch von der BPO-Leitung des *VEB VTA Leipzig* rasch nachvollzogen. Zum Stellenwert der 33. ZK-Tagung in der SED-Wirtschaftspolitik vgl. Ludwig BRESS / Karl Paul HENSEL (Hrsg.), Wirtschaftssysteme des Sozialismus – Plan oder Markt? Frankfurt am Main 1972, S. 120ff.

62 StAL, BPA-Leipzig IV/7.144/6, Bl. 163 (BPO-Leitungssitzung am 4.12.1956).

Auch gab es kaum personelle Überschneidungen: Kein Fachdirektor war Mitglied der Parteileitung (nur Arbeitsdirektor Röder wurde zu einigen Sitzungen hinzugezogen, war dann aber der Parteileitung gegenüber loyal), und entsprechend erfuhren die Direktoren nichts von den Verhandlungen der BPO. Eine Besonderheit des Verhältnisses, die auch durch die Persönlichkeit Kurt Näthers geprägt war, lag darin, dass eine Disziplinierung Näthers durch Appelle an seine Parteimitgliedschaft fruchtlos blieben. Auch dies begünstigte letztlich die offene Konfrontation zwischen Kurt Näther und den Sekretären der BPO.

3.7. Konflikte zwischen Werk- und Parteileitung im VEB VTA Leipzig *1956 bis 1958*

Werkdirektor Näther nahm nur selten an den BPO-Leitungssitzungen teil, aber wenn, dann wich er Auseinandersetzungen nicht aus. Auf einer Sitzung Mitte April 1956, der noch weitere Wirtschaftsfunktionäre des Betriebes beiwohnten, schilderte er beispielsweise die Ursachen der Produktionsverzögerungen.[63] In der protokollierten Diskussion wird deutlich, wie sehr die BPO-Leitung noch um die Deutungsmacht zu kämpfen hatte, obwohl zu diesem Zeitpunkt eine Kontrollbrigade der SED-Bezirksleitung den *VEB VTA Leipzig* untersuchte.

Näther führte in erster Linie außerbetriebliche Ursachen für die Verzögerungen an, insbesondere die Terminüberschreitung bei der Zulieferung von Stahlblechen und Getrieben. Auch die langen Bestellfristen für Engpassfabrikate wie elektrische Ausrüstungen hemmten die innerbetrieblichen Abläufe, die nun häufig kurzfristiger geplant werden mussten. Die ministerielle Hauptverwaltung war angesichts dieser Situation zwar bereit gewesen, den Halbjahresplan um 5% zu senken, die bis Ende 1956 „wieder aufzuholen" seien, „um den Jahresplan zu garantieren".[64] Aber im angespannten System der planwirtschaftlichen Betriebsorganisation zeitigte jeder Kompromiss und jede Beschränkung sofort neue unangenehme Folgen. Die unkontinuierliche Anlieferung von Material verzögerte die Fertigstellung von Großanlagen, deren Halbfabrikate knappen Lagerplatz im Betrieb blockierten.

Die Sekretäre der BPO konnten zur Lösung der Probleme vorerst wenig mehr beisteuern, als an sich selbst zu appellieren, man müsse „all die Mängel, die aufgezeigt wurden, [...] verhindern".[65] Oder sie verwiesen auf im

---

63 Ebd., Bl. 62ff. (BPO-Leitungssitzung am 14.4.1956). Hier auch die folgenden Zitate.

64 Dieses Verfahren wurde in der zweiten Hälfte der 1950er Jahre immer üblicher, bis es schließlich als „Ideologie der Planüberschreibung" ins Visier der SED geriet.

65 Ebd. (BPO-Leitungssitzung am 14.4.1956). Hier auch die folgenden Zitate.

Betrieb vorhandene „objektive und subjektive Schwierigkeiten“, die es sauber zu trennen gelte. Zumindest bot diese Unterscheidung für die SED-Funktionäre Anknüpfungspunkte, um Verantwortlichkeiten konstruieren und „parteilich“ handeln zu können.

Am originellsten erwies sich dabei Hans Frenzel, zu diesem Zeitpunkt Wirtschaftssekretär der BPO: Wenn Wirtschaftsfunktionäre objektiven Schwierigkeiten dadurch begegneten, dass sie „sich gewisse Puffer schaffen“ würden, um „selbst nicht zu verunglücken“, begännen die subjektiven Schwierigkeiten, auch wenn solche Puffer „in der Endkonsequenz uns helfen, [...] den Plan zu erfüllen“. Einmal mehr lieferte so die Interpretation der Welt den Vorwand, sie nicht verändern zu müssen.

Die Vermutung, dass solche „subjektiven Schwierigkeiten“ vor allem „in der produktionstechnischen Planung zu sehen“ seien, löste eine heftige Diskussion aus, in der sich Vertreter der einzelnen Abteilungen die Schuld wechselseitig in die Schuhe schoben. Ein Technologe behauptete, man habe in seiner Abteilung „im Maschinenbau einen gewissen Vorlauf“ erreicht, während es im Stahlbau schlechter aussehe. Der Leiter der Planabteilung erklärte, nicht durch bessere betriebliche Planungsverfahren, sondern allein durch eine kontinuierliche Materialzulieferung ließe sich die Arbeitsproduktivität steigern.

Die BPO-Sekretäre verwiesen dagegen allgemein auf die Verantwortung der Werkleitung oder konstatierten „Bürokratismus“. Man müsse als Parteileitung „überprüfen, an welchen Punkten angesetzt werden muss, damit Mängel schon viel eher erkannt werden“. Dass sie dazu fachlich gar nicht in der Lage war, wurde in dieser Runde freilich verschwiegen.

Näther beharrte darauf, dass nicht innerbetriebliche Mängel, sondern vor allem die stockende Zulieferung Hauptursache der Probleme sei. Die Planabteilung könne noch so genaue Kapazitätspläne aufstellen, sie nützten nichts, „wenn das Material nicht kommt trotz der Verträge, wenn die Getriebe nicht kommen trotz der Vertragsabschlüsse“. In den Fällen, in denen „die Materialdecke vorhanden ist und trotzdem die Wartezeiten“ zu verzeichnen seien, verwies Näther auf die zu knappe Auftragserteilung. Würden Bestellungen rechtzeitig erfolgen, bestünden „auch keine Schwierigkeiten mit den Lieferterminen“.

Solche Hinweise mochten zwar zutreffend sein, aber sie boten der Betriebsparteileitung keinerlei Handhabe oder innerbetriebliche Ansatzpunkte für Diskussionen. Wenn die BPO-Sekretäre den Hinweis auf objektive Schwierigkeiten prinzipiell nicht akzeptierten, dann auch deshalb, weil der innerparteiliche Druck – wie bereits zu sehen war – dezidiert anders formuliert wurde. Einen Monat nach dem Disput über objektive und subjektive Schwierigkeiten nahm der 1. Sekretär der SED-Bezirksleitung Leipzig, Paul Fröhlich, Mitte Mai 1956 an einer BPO-Sitzung im *VEB VTA Leipzig* teil und rückte die Argumente wieder zurecht: In der Frage der Materialversorgung sei „der Kampf aufgenommen [worden] mit der Leichtbauweise“, wobei man – Fröhlich blieb hier allgemein – eine „Reihe von Schwierigkeiten [...] noch zu überbrücken" habe.[66] Der Betrieb würde aber gar nicht „sozialistisch geleitet". Wenn bei der „angespannten Materialdecke solche Schwierigkeiten" aufträten, sei die „sozialistische Arbeitsorganisation [...] nicht in Ordnung". Auch die von Arbeitern aus verschiedenen Abteilungen des *VEB VTA Leipzig* vorgetragenen Problemlagen überzeugten Fröhlich nicht. Die Einschätzung der Probleme sei zu sehr „auf ökonomische Fragen" orientiert, die III. Parteikonferenz im März 1956 habe aber „nicht nur ökonomische Beschlüsse gefasst, sondern auch politische, ideologische Aufgaben gestellt". Und da es im Betrieb offenbar Arbeiter gebe, „die noch keine gründliche Kenntnis von den Beschlüssen der Partei" hätten, zeige sich „der Mangel der ideologischen Arbeit".

Den anwesenden Sekretären der BPO blieb nichts anderes übrig, als sich anzuschließen: Sie selbst vermissten „die Selbstkritik der Leitung", bemängelten fehlende „Kollektivität", und der 1. BPO-Sekretär Erich Kurth, den die Kritik hauptsächlich traf, verwies etwas hilflos darauf, dass die „Kollektivität der Leitung [...] eine persönliche Verantwortung von jedem einzelnen Genossen" verlange.

Die Mechanismen der BPO, den politischen Druck der übergeordneten Parteiinstanzen an die Werkleitung *substanziell begründet* weiterzugeben, waren Mitte 1956 noch nicht sehr entwickelt. Es überrascht daher nicht, dass die Bemühungen der BPO-Sekretäre, den Werkdirektor in seiner Position wenigstens zu schwächen, im Dezember 1956 in dem Versuch mündeten, Kurt Näther *persönlich* zu diskreditieren.

Eine Fahrt ins Ministerium nach Berlin hatten Näthers Fahrer und eine Sekretärin genutzt, um im Westteil der Stadt Einkäufe zu erledigen. Sie wurden an der Sektorengrenze kontrolliert und wegen des Verstoßes gegen das Zollgesetz belangt. Nachdem Näther zuerst geleugnet hatte, davon etwas gewusst zu haben, stellte sich nach ausführlichen Gesprächen mit den Mitarbeitern heraus, dass er selbst darum gebeten hatte, Schuhe aus West-Berlin mitzubringen. Näthers anfängliches Leugnen deutete der 1. Sekretär der BPO, Erich Kurth, als „Fraktionsmacherei" – zudem zeige sich, dass „Genosse Näther [...] nicht ehrlich gegenüber der Partei" sei – und versuchte nun, den Werkdirektor auf diese Weise aus seiner Funktion zu drängen.[67] Fachliche Fragen wurden vorsorglich ausgeklammert.

Bereits einige Tage zuvor hatte Arbeitsdirektor Röder auf einer Direktorensitzung Näther entsprechende Vorhaltungen gemacht, worauf Näther empört erklärt habe, er sei „ein völlig makelloser Mensch" und „nicht einverstanden mit solchen Methoden, die von der Parteileitung inszeniert"

---

66 Ebd., Bl. 73ff. (BPO-Leitungssitzung am 16.5.1956). Hier auch die folgenden Zitate.

67 Ebd., Bl. 162ff. (BPO-Leitungssitzung am 4.12.1956). Hier auch die folgenden Zitate.

würden.[68] Röder habe sich seinerseits geweigert, Näther genauere Angaben zu den Vorwürfen zu machen, mit dem Hinweis, „dass es sich um parteiinternes Material handle" und er „weder befugt noch berechtigt" sei, auf der „Direktorensitzung eine Erklärung abzugeben". Näther habe daraufhin angekündigt, „er werde sich an seinen Minister wenden" und verzichte „unter solchen Umständen [...], Mitglied der Partei zu sein".

Die an Röders Schilderung anschließende Diskussion der BPO-Sekretäre zeigt, in welchem Maße diese inzwischen bereit waren, Näther mit moralischen Vorwürfen zu Fall zu bringen. Offenbar war der Werkdirektor der allein politisch begründeten Forderung nach Parteidisziplin wenig zugänglich. Ein Sekretär befürchtete, dass Näther auf der nächsten Mitgliederversammlung „das Mitgliedsbuch auf den Tisch schmeißt und den Raum verlässt". Seine energische Haltung verschaffte Näther tatsächlich eine gewisse Unabhängigkeit gegenüber der BPO, die alles zu einer „Frage der Parteimoral" stilisierte und dem Werkdirektor vorhielt, er gehe „nicht als Mitglied unserer Partei an diese Sachen heran". Ein Sekretär der BPO verstieg sich gar zu der Behauptung, Näther sei „nur in die Partei eingetreten [...], um sie zu schädigen".

Subtiler argumentierte Kurt Rath, Leiter der Abteilung Maschinenbau der SED-Bezirksleitung Leipzig, der an dieser BPO-Leitungssitzung als Gast teilnahm. Nach seiner Auffassung hätten die „Ereignisse in Ungarn und Polen [...] nicht zuletzt auf den Genossen Näther seine Wirkung zurückgelassen". Der Werkdirektor wende „sich an seinen Minister und nicht an seine Partei" und sei „der Meinung, dass jetzt der Staat die Rolle" spiele. Aus diesem Grund suche Näther „seine Zuflucht bei den staatlichen Organen".

Hier zeigten sich noch Unterschiede in der Qualität der „ideologischen" Arbeit, die – wenn sie auch nicht die Ursachen der ökonomischen Probleme berührte – immerhin das Verhältnis zwischen Parteileitung und Werkdirektion bestimmen konnte. Dennoch kam man allein mit politischen Argumenten nicht gegen Näther an, und auch die immer wiederkehrende Phrase, seinen Leitungsstil müsse man „als sehr schädlich einschätzen", brachte der BPO-Leitung keine Punkte, solange ihr die fachlichen Argumente fehlten. Oder, wie es ein Parteisekretär ausdrückte: „Genosse Näther ist ein Mensch, der eher weit vorausdenkt, und wir als Partei müssen noch weiter vorausdenken."

68 Röders Schilderung der Direktorensitzung belegt eine Diskrepanz zwischen BPO- und Direktorenprotokollen, da letztere zumeist nur knappe Ergebnisprotokolle darstellen. Die Auseinandersetzung zwischen Röder und Näther wird in dem entsprechenden Direktorenprotokoll mit keinem Wort erwähnt; vgl. StAL, VTA 3 (außerordentliche Direktorensitzung am 1.12.1956).

Mithin brachte diese Sitzung keine Veränderung der Situation,[69] aber sie machte die Entschlossenheit der BPO deutlich, Näther bei der ersten Gelegenheit abzusetzen. Und es wurde die beinahe persönlich anmutende Feindschaft Erich Kurths sichtbar, auch wenn der 1. BPO-Sekretär immer wieder beteuerte, ihm komme „es nicht darauf an, auf die einzelnen Fakten einzugehen", sondern es ständen „lediglich die Fragen im Vordergrund: Frage der Parteimoral, Parteidisziplin". Damit allein war allerdings gegen Kurt Näther wenig auszurichten.

3.8. Die Absetzung eines Werkdirektors

Kurt Näthers Position als Werkdirektor des *VEB VTA Leipzig* begann erst in dem Augenblick zu schwinden, als Mitte 1957 wichtige Kennziffern nicht mehr erfüllt wurden, ohne dass die Gründe dafür sofort sichtbar waren. Sowohl für die Fachdirektoren als auch für die Sekretäre der BPO war es schwer erklärlich, wie der Betrieb trotz erfüllter Produktions- und Arbeitskräftepläne begann, Mindergewinne einzufahren.[70]

Wenn die Leitung der SED-Betriebsparteiorganisation in ihrem Aktionsprogramm vom Dezember 1957 einräumte, dass die Kontrolle der Maßnahmen zur Verringerung des Mindergewinns „durch die Parteiorganisation ungenügend" gewesen sei, so mochte dies zwar dem Ritual der Selbstkritik entsprechen, aber die Realität war eine andere.[71] Mit dem Auftauchen des Mindergewinns im Sommer 1957 begann die Leitung der BPO in ausführlichen Gesprächen mit dem Hauptbuchhalter und Vertretern der Werkleitung nach den Ursachen zu suchen und entsprechende Gegenmaßnahmen zu erörtern.

Die innerbetrieblichen Auseinandersetzungen über den Mindergewinn sind nicht nur deshalb von Relevanz, weil sie schließlich zur Absetzung Kurt Näthers führten, sondern sie zeigen exemplarisch die inzwischen entwickelten Strategien der BPO-Sekretäre, innerbetriebliche Konflikte zum eigenen Vorteil bewusst zu eskalieren und den Umstand, dass ökonomische Wechselwirkungen durch das inadäquate Rechnungswesen nur einge-

69 Beschlossen wurde die Durchführung einer „parteierzieherischen Maßnahme", die aber offenkundig ohne Folgen für Näther blieb, und die Auflösung und Umbesetzung seines Sekretariats, der Näther mit der lakonischen Bemerkung zustimmte, ein neuer Betriebsassistent müsse „allerdings Steno und Schreibmaschine schreiben können"; StAL, BPA-Leipzig IV/7.144/6, Bl. 163 (BPO-Leitungssitzung am 4.12.1956).

70 Der Sachverhalt, dass eine Produktion nicht planmäßig abgeschlossen wurde und als Halbfabrikat die Planbilanz belastete, wurde als „Überplanbestand", dessen negative finanzielle Folgen im betrieblichen Gewinnplan als „Mindergewinn" bezeichnet.

71 StAL, BPA-Leipzig IV/7.144/9 („Aktionsprogramm der BPO VEB VTA bis 1960", 17.12.1957).

schränkt erkennbar blieben, für eine gezielte politisch-ideologische Aufladung zu nutzen. Daher soll der Verlauf des Konflikts näher betrachtet werden.

Überplanbestände und Mindergewinne

Das Jahr 1957 lief für den *VEB VTA Leipzig* ursprünglich gut an. Insbesondere die Materialsituation war durch endlich eingelöste Zulieferverträge des vergangenen Jahres relativ günstig, wie Näther der Betriebsparteileitung erläuterte. Das Werk habe, so der Werkdirektor Ende Januar 1957, „indem es seine Aufträge für 1956 nicht im vollen Umfange erfüllen konnte, in den letzten Wochen des alten Jahres eine Fülle von Materialien bekommen, [...] die es uns ermöglichen, mit den Neueingängen der Materialsituation einigermaßen gefasst ins Auge zu sehen."[72] Und noch Ende Mai 1957 konstatierte der Hauptbuchhalter Kurt Schönefeld, „dass die ökonomischen Zahlen des Werkes als ordentlich bezeichnet werden" könnten.[73] Allerdings sei „kein Kampf [...] um die vorgegebenen Terminablaufpläne" geführt worden, so dass „4-6 Wochen Verzögerungen zu den abgegebenen Terminen eingetreten" seien.

Genau diese knappen Termine bedeuteten aber, dass trotz aller Selbstverpflichtungen qualitativ gedachte Kennziffern wie die Selbstkostensenkung bei der Produktion keine wirkliche Berücksichtigung finden konnten. Die Folge war, dass der Betrieb Ende Juli 1957 einen „außerplanmäßigen Verlust in Höhe von 1,77 Mill[ionen] DM" erwirtschaftet hatte, der nach Auffassung von Schönefeld seine Ursache in „der nicht erreichten Selbstkostensenkung" habe.[74] Der Hauptbuchhalter blieb aber optimistisch, da „im 2. Halbjahr gewinnbringende Aggregate zu erwarten" seien, „die uns in die Lage versetzen, den planmäßigen Gewinn zu erarbeiten und den im 1. Halbjahr aufgetretenen außerplanmäßigen Verlust zu beseitigen".[75] Voraussetzung für diesen Ausgleich sei es allerdings, dass „der Finanzplan des Werkes in seiner Gesamtheit überprüft und korrigiert" und mit der ministeriellen Hauptverwaltung neu abgestimmt werde.

Eine solche Revision des betrieblichen Finanzplans war dringend geboten, denn Ende Juli belief sich der Mindergewinn bereits auf 3,8 Millionen DM. Vor den versammelten Parteisekretären des *VEB VTA Leipzig* führte Schönefeld den Planrückstand nicht nur auf die „Überschreitung der lt. Plan vorgesehenen Selbstkosten" zurück, sondern auch auf die von der Hauptverwaltung vorgenommene „Reduzierung der tatsächlichen Abgabeprei-

72 StAL, BPA-Leipzig IV/7.144/6, Bl. 174 (BPO-Leitungssitzung am 29.1.1957).

73 StAL, VTA 4 (Direktorensitzung am 28.5.1957, Bl. 1). Hier auch das folgende Zitat.

74 Ebd. (Direktorensitzung am 24.7.1957, Bl. 2).

75 Ebd. (Direktorensitzung am 30.7.1957, Bl. 2). Hier auch das folgende Zitat.

se".[76] Die Ursachenforschung sei dadurch erschwert, dass andere betriebliche Kennziffern wie die Lohn- und Gemeinkosten „100% eingehalten" worden seien. Als Ausweg schlug der Hauptbuchhalter eine Überarbeitung des „als vollkommen unkonkret" anzusehenden Finanzplans und die Verringerung der vorgeschriebenen Selbstkostensenkung vor, damit „der Verlust im 3. und 4. Quartal aufgefangen" werde. Für beides bedurfte es freilich der Zustimmung der ministeriellen Hauptverwaltung.[77]

Auf dieser Sitzung der Parteileitung interessierten sich die Sekretäre der BPO einmal mehr für die Frage der persönlichen Verantwortlichkeit und stellten eine beachtliche Unkenntnis in ökonomischen Detailfragen unter Beweis. Kurth eröffnete die Diskussion nach Schönefelds Vortrag mit der Feststellung, es sei wichtig, „dass die Verantwortlichen mit Namen genannt werden", und verwies auf die Bedeutung von Dekadensitzungen und Rentabilitätsbesprechungen, auf denen die Werkleitung ihre Betriebsführungspraxis rechtfertigen müsse. Der Hauptbuchhalter fand diese Sitzungen angesichts des vermehrten Aufwands allerdings „nicht als fördernd, nur als störend für den gesamten Produktionsablauf", und versuchte, die Diskussion eher auf die ökonomischen Probleme des Betriebes zu lenken. Schönefeld gab an, „dass die Planung in allen Positionen nicht konkret" sei. So habe beispielsweise „die Projektabteilung die Brückenkabelkrane mit zu niedrigem Gewicht berechnet", entsprechend sei auch der Preis für diese Krane zu niedrig". Hier sei gar nicht „nach der Projektkalkulation gearbeitet worden."

Das Verhalten der Projektabteilung war allerdings eine Reaktion auf die stetig wiederholte Forderung, endlich die „Leichtbauweise" einzuführen; so sollte der chronische Materialmangel im Schwermaschinenbau ausgeglichen werden. Tatsächlich ließ sich diese Forderung technisch nicht immer realisieren – ein Umstand, den Betriebe wie der *VEB VTA Leipzig* nun in Form der Planungsunsicherheit auszubaden hatten.[78]

Ein solches Eingeständnis war den Parteifunktionären jedoch nicht möglich. Sie drangen darauf, dass bisher „von Seiten der Werkleitung und dem Hauptbuchhalter in der Frage der Kontrolle" kaum etwas getan worden sei. Ein BPO-Sekretär fragte verwundert, weshalb man den Mindergewinn erst jetzt festgestellt und „nicht schon früher und laufend eine Kontrolle eingesetzt" habe. Darauf konnte Schönefeld wahrheitsgemäß antworten, „dass im Laufe des Jahres bisher alles planmäßig verlaufen" sei. Zwar sei es

---

76 StAL, BPA-Leipzig IV/7.144/6, Bl. 215ff. (BPO-Leitungssitzung am 31.7.1957). Hier auch die folgenden Zitate.

77 Beide Maßnahmen liefen zudem eher auf „kosmetische" Korrekturen der ursprünglichen Planvorgaben als auf eine Lösung der strukturellen Probleme des Betriebes hinaus.

78 Vgl. StAL, BPA-Leipzig IV/2/6/438, Bl. 14 (Bericht der Abt. Maschinenbau der SED Bezirksleitung Leipzig „über den Brigadeeinsatz bei VEB VTA Leipzig", 6.4.1956).

wichtig, „die Dinge von vornherein [zu] kontrollieren“, aber die Frage der Selbstkostensenkung hinge eng mit dem von anderen Faktoren bestimmten Produktionsdurchlauf zusammen. So habe man „bei den Autokranen keinen zügigen Produktionsfluss“, wodurch die Herstellung verteuert werde.

Der Hauptbuchhalter geriet hier in die Falle seiner doppelten Aufgabenstellung: Er war Teil der Werkleitung und zugleich ihr Kontrolleur, wobei er nicht primär parteilichen, sondern Stellen der Wirtschaftsadministration verantwortlich war, ohne sich dem drängenden Nachfragen der Betriebsparteileitung wirksam entziehen zu können.[79] Nach Ansicht der BPO-Sekretäre müsste der Hauptbuchhalter in den Sitzungen der Werkdirektion, an denen er regelmäßig teilnahm, „gegen die Werkleitung auftreten“.[80] Als Schönefeld einräumte, das habe er „bei Gen. Näther wiederholt versucht“, komme aber damit nicht durch, hielt ihm der 1. BPO-Sekretär ärgerlich vor, er hätte dieses Problem von sich aus der Parteileitung mitteilen müssen.

Die von der Werkleitung bereits angebahnten Verhandlungen mit der ministeriellen Hauptverwaltung deutete Kurth als Versuch der Direktoren, „einiges zu verkleistern“. Dem würde die Leitung der BPO „niemals zustimmen“. Der anwesende Arbeitsdirektor Röder schlug in die gleiche Kerbe und berichtete, „dass bei der Planung alles drunter und drüber“ gehe, wofür allerdings die Abteilung Planung nicht allein verantwortlich zu machen sei. Damit waren die Parteisekretäre wieder ausschließlich bei den innerbetrieblichen Verantwortlichkeiten, und ein anwesender Vertreter der SED-Bezirksleitung Leipzig kündigte entsprechend an, „dass nochmals die Staatliche Kontrolle im Betrieb VTA eingesetzt“ werde. Die BPO-Sekretäre beschlossen, die ministerielle Hauptverwaltung darüber zu informieren, dass diese „mit dem gegenwärtig vorhandenen Material eine Brigade in unserem Werk einsetzt, um hier einige Schlussfolgerungen zu ziehen über die Ursachen des entstandenen Mindergewinns“.

Damit waren die Versuche der Werkleitung, mit dem Ministerium einen neuen Finanzplan auszuhandeln und zusätzliche Kredite zur Überbrückung des Mindergewinns zu erhalten, torpediert. Die anrückenden „Finanzrevisoren der HV“[81] fanden zudem für den Stichtag 31. Juli 1957 einen höheren Mindergewinn von 5,5 Millionen DM. Damit war das Vertrauen der ministeriellen Hauptverwaltung in die Werkdirektion des *VEB VTA Leipzig* erschüttert.[82] Die Gewichte verschoben sich, und es schlug die Stunde der Partei.

---

79 Vgl. THAMM, Industrie, S. 96ff.

80 StAL, BPA-Leipzig IV/7.144/6, Bl. 215ff. (BPO-Leitungssitzung am 31.7.1957). Hier auch die folgenden Zitate.

81 StAL, VTA 4 (Direktorensitzung am 27.8.1957, Bl. 2).

82 Vgl. StAL, BPA-Leipzig IV/7.144/6, Bl. 228ff. (BPO-Leitungssitzung am 11.9.1957). Hier auch die folgenden Zitate.

Diesen Umschwung hatte als erster Hauptbuchhalter Schönefeld begriffen. Er distanzierte sich von den Plänen der Werkleitung, die gegen seinen Einspruch festgelegt worden seien, und kritisierte die bisherige kaufmännische Kalkulation. Er konnte den Parteisekretären zudem mitteilen, dass ihre Versuche, die Verhandlungen der Werkdirektion mit Berliner Stellen zu unterbinden, erfolgreich gewesen wären. Die Stellungnahme der Direktoren werde von der Deutschen Notenbank und der Hauptverwaltung nicht anerkannt, und beide Stellen würden erneut „eine Kommission ins Werk schikken, die die Argumente überprüft und festlegt, ob diese stimmen".

Auch in der Frage der Zuordnung von Verantwortlichkeiten akzeptierte der Hauptbuchhalter die Vorgaben der BPO-Leitung. Die Rechnungsführung sei oft nicht in Ordnung, aber habe „man diejenigen Kollegen wirklich schon einmal zur Verantwortung gezogen?" Nach Schönefeld sei das bisher kaum erfolgt, und „wir [!] unterstützen durch diese Nachsicht die Nachlässigkeit der Kollegen".

Für die Sekretäre der BPO mochte es noch wichtiger gewesen sein, dass der Hauptbuchhalter für alle Missstände in der Rechnungsführung Werkdirektor Kurt Näther letztlich persönlich verantwortlich machte und sich dabei auf die parteiliche „Dialektik" von Politik und Ökonomie stützte. Näther habe die Aufgabe, „das Werk in erster Linie ökonomisch zu leiten" und dürfe sich nicht allein mit technischen Fragen befassen. Die Fachdirektoren hingegen müsse man „zwingen, sich mit politischen Fragen auseinanderzusetzen", damit sie darin einig würden, „den Genossen Werkdirektor zu zwingen, dass er mit Hilfe der wirtschaftlichen Rechnungsführung den Betrieb auf die ökonomische Basis bringt, wie es sein soll". Die politischen Fragen wurden damit primär, und die BPO-Sekretäre wussten nun neben Arbeitsdirektor Röder den zweiten Mann der Werkleitung auf ihrer Seite.

Die ökonomischen Zusammenhänge wurden dadurch jedoch nicht klarer, und die Frage eines BPO-Sekretärs, weshalb die einzelnen Berichte der Fachdirektoren „so große Unterschiede in Bezug auf die Arbeitskräfteplanung aufweisen", konnte nicht beantwortet werden. Auch die erste Kommission der Hauptverwaltung habe „uns in der Aufdeckung der Fehler keine Hilfe" geben können und „nach einigen Tagen ihre Tätigkeit eingestellt, ohne zu einem Ergebnis zu kommen". Erich Kurths Vorschlag, „im Direktorenkollektiv zu beraten, wie jeder verantwortliche Fachdirektor jeden Monat in einem Bereich an Ort und Stelle den Kollegen bei ihren Aufgaben helfen" könne, war angesichts der ökonomischen Probleme eine Verlegenheitslösung, die auf reine Symbolhandlungen abzielte.

Die betrieblichen „Überplanbestände", also Materialien und Halbfabrikate, die aufgrund verzögerter Produktionsabläufe in den Planbilanzen erschienen und den Mindergewinn mit verursachten, konnten zwar im August 1957 verringert werden, betrugen aber Mitte September immer noch 3,9 Millionen DM, von denen die Deutsche Notenbank 2,4 Millionen DM durch außerplanmäßige Kredite absicherte. Für die restlichen 1,5 Millionen

DM waren „Kreditanträge gestellt, aber noch nicht bestätigt" worden.[83] Die Werkleitung kam aus den Problemen nicht mehr heraus: Trotz einer mündlichen Zusage, „dass die Überplanbestände weiterhin kreditiert" würden, ließ sich die Deutsche Notenbank mit der Genehmigung Zeit.[84]

Der Quartalsabschluss zum 30. September 1957 zeigte dann, dass die Kennziffern der Planerfüllung „nicht als real nach dem gegebenen Finanzplan betrachtet werden" könnten.[85] Wie jetzt offenbar wurde, war auch die Überschreitung des Lohnfonds mit 3,2 Millionen DM an dem nun auf 5,5 Millionen DM angewachsenen Mindergewinn beteiligt. Der Leiter der Planungsabteilung, Opp, erhielt den Auftrag, „auf Grund der Ergebnisabweichung einen neuen Betriebsplan auszuarbeiten". Dabei sei „von den Kennziffern der staatlichen Aufgaben für Arbeitsproduktivität und Selbstkostensenkung auszugehen".

Eine weitere ökonomische Konferenz

Dies bedeutete nicht nur eine erneute Verschlechterung der Verhandlungsposition der Werkdirektion des *VEB VTA Leipzig* gegenüber Notenbank und ministerieller Hauptverwaltung, die von den Sekretären der eigenen Betriebsparteiorganisation bereits unterminiert wurde. Zudem lief die einfache Anpassung des Betriebsplans auf das Eingeständnis von Hilflosigkeit durch die Werkdirektion hinaus, die damit gegenüber dem innerbetrieblichen Kontrahenten die Waffen streckte.

Die Leitung der BPO konnte einen solchen Vorteil gegenüber der Werkdirektion dringend brauchen: Sie war wegen der steigenden Zahl republikflüchtiger VTA-Mitarbeiter unter Druck geraten und öffentlich für ihre Untätigkeit gerügt worden.[86] Eine schon länger anberaumte ökonomische Konferenz brachte für die Parteisekretäre Entlastung. Schon im Vorfeld konnte die BPO-Leitung darauf verweisen, dass die Werkleitung, die diese

83 StAL, VTA 4 (Direktorensitzung am 17.9.1957, Bl. 2). Durch die Kreditierung von Überplanbeständen waren diese zwar gedeckt, galten also in den Planbilanzen nicht als Belastungsposten. Für diese Kreditierung gab es allerdings Grenzen, die Höchstnormative, die nur in Ausnahmefällen überschritten werden sollten. Das Verfahren bedeutete allerdings meist nur die Verlagerung der Probleme in die Zukunft, da sich die Ursachen für die Überplanbestände innerhalb der Zentralverwaltungswirtschaft nicht beseitigen ließen; vgl. KORNAI, System, S. 549ff.

84 StAL, VTA 4 (Direktorensitzung am 24.9.1957, Bl. 2).

85 Ebd. (Direktorensitzung am 10.10.1957, Bl. 2). Hier auch die folgenden Zitate.

86 Im NEUES DEUTSCHLAND (ND) vom 1.11.1957 war die BPO des *VEB VTA Leipzig* gemahnt worden, angesichts zunehmender Republikfluchten nicht untätig zu bleiben: „Wäre es nicht richtiger, wenn unter Führung der Partei die Gewerkschaften offen mit allen Arbeitern diskutieren würden, was ihren Interessen dient: Stärkung der Arbeiter-und-Bauern-Macht oder Desertion zum NATO-Staat?"; ND vom 1.11.1957, S. 1 („Die Partei und die politische Kampfkraft der Gewerkschaften").

Konferenz vorzubereiten hatte, erst „auf energischen Druck der Parteileitung“ bereit gewesen sei, „in Thesenform die Schwerpunktaufgaben“ darzulegen.[87] Dabei sei deutlich geworden, dass die Werkdirektion versuchte, der „Frage des 6,9 Mill[ionen] Mindergewinnes, welche die Arbeiter beantwortet haben wollen, auszuweichen“. Es ist nicht ersichtlich, wie die Parteisekretäre diesen offenkundig übertriebenen Betrag ermittelt haben. Allerdings weist der laxe Umgang mit den Zahlen seitens der Parteileitung, insbesondere die Vermengung der Positionen Überplanbestand, fällige Kredite und Mindergewinn, darauf, dass ökonomische Argumente für die BPO-Sekretäre in der propagandistischen Auseinandersetzung mit der Werkleitung offenbar keiner Differenzierung bedurften.

Die Mobilisierung der Belegschaft gegen die Werkleitung war angesichts des weiter gewachsenen Mindergewinns diesmal für die Parteisekretäre sehr viel einfacher als auf den früheren ökonomischen Konferenzen. Nach Auskunft der BPO-Leitung hätten die „Arbeiter“ gefordert, „dass diejenigen Wirtschaftsfunktionäre, die diesen Mindergewinn verschuldet haben, konsequent zur Verantwortung gezogen“ würden. Die Arbeiter hätten erkannt, „dass der Mindergewinn nicht aus Fehlern ihrer Arbeit entstanden ist, sondern dass leitende Wirtschaftsfunktionäre, einschließlich des Werkdirektors, die alleinige Verantwortung für diese groben Planungsfehler zu tragen“ hätten. Näthers Darlegungen wurden diesmal von einem gründlich vorbereiteten Korreferat flankiert, in dem die BPO-Leitung „den prinzipiellen Standpunkt der Partei zu den Ursachen der Verantwortlichen und den Prinzipien der sozialistischen Lenkung und Leitung eines Betriebs“ darlegte.

In dieser Konstellation von ökonomischen Problemen und wirksamer Politisierung der Diskussion durch die Betriebsparteileitung besaß die Werkdirektion keine echten Handlungsmöglichkeiten mehr. Die Genehmigung der außerplanmäßigen Kredite durch die Deutsche Notenbank ließ weiter auf sich warten, nicht zuletzt deshalb, weil die bisher gewährten Kredite überfällig waren: am 1. November 1957 in einer Höhe von insgesamt 7,7 Millionen DM.[88] Dieser Betrag setzte sich dem kaufmännischen Direktor Haase zufolge aus mehreren Teilposten zusammen, von denen die Gewinnabweichung immerhin 5,3 Millionen, Überplanbestände an Material

87 StAL, BPA-Leipzig IV/7.144/9 (SED-BPO an SED-KL Leipzig-Nord, „Informationsbericht in der Zeit vom 18.-31.10.1957, 1.11.1957). Hier auch die folgenden Zitate.

88 StAL, VTA 4 (Direktorensitzung am 1.11.1957, Bl. 1). Hier auch die Zahlen und das folgende Zitat. Mit dieser Kreditakkumulation, die von der Deutschen Notenbank erst genehmigt wurde und ihr anschließend zum Vorwurf an die Werkdirektion des *VEB VTA Leipzig* gereichte, schlug die verhängnisvolle Strategie der VTA-Leitung, durch Kredite ökonomische Probleme in die Zukunft zu verlagern, auf sie selbst zurück. Zu diesem für Zentralverwaltungswirtschaften typischen Mechanismus vgl. KORNAI, System, S. 549ff.

1,9 Millionen und offene Rechnungen knapp 0,5 Millionen DM ausmachten.

Die Werkleitung konnte als einzige Reaktion nur den kaufmännischen Direktor anweisen, in Bezug „auf die überfälligen Debitoren [...] die Eintreibung umgehend in die Wege zu leiten". Eine Woche später hatte sich nichts geändert, und Haase erklärte, „dass in der Frage der überfälligen Debitoren Mahnungen ergangen" seien.[89] Mehr konnten die Direktoren nicht tun, und in der Folge beschränkten sie sich auf die Erörterung von Kennziffern, deren Erfüllung entweder gesichert war oder deren Unterschreitung gegenüber der ministeriellen Hauptverwaltung begründet werden konnte. So fehlten im „Plan der Eigenleistung" etwa 1,6 Millionen DM, und als externer Grund wurde aufgeführt, dass „die Fertigstellung von 4 Turmdrehkranen [...] für China durch verspätete Materialzuweisung bis zum 31.12. 1957 nicht möglich" gewesen sei.[90] Der *VEB VTA Leipzig* sei „also unverschuldet in eine Lage geraten, die die Erfüllung der Eigenleistung nach Plan nicht zulässt", und der Leiter der Planabteilung wurde „ersucht, die Situation der HV vorzutragen und auf der Linie zu verhandeln, dass wegen dieser objektiven Schwierigkeiten das Werk [...] nicht benachteiligt werden" könne.

Das Kalkül der Werkleitung ging jedoch nur teilweise auf. Immerhin konnte der bis Anfang Januar 1958 auf 10,66 Millionen DM angewachsene überfällige Kredit bis Mitte Januar 1958 bis auf 2,9 Millionen DM durch beglichene Rechnungen von Abnehmern getilgt werden.[91] Für diese letzte Finanzlücke beantragte die Werkleitung Ende Januar 1958 erneut Kredite.[92] Zu diesem Zeitpunkt war das Schicksal Kurt Näthers allerdings längst besiegelt.

Erfolgreiche Politisierung ohne politisches Konzept

Parallel zum Verlust an Handlungsoptionen der Werkleitung hatte sich die Leitung der Betriebsparteiorganisation unter ihrem 1. Sekretär Erich Kurth endlich Freiräume verschaffen können. Die Schwäche der Werkleitung ge-

---

89 StAL, VTA 4 (Direktorensitzung am 8.11.1957, Bl. 1).

90 Ebd. (Direktorensitzung am 12.11.1957, Bl. 1). Hier auch das folgende Zitat.

91 Vgl. StAL, VTA 5 (Direktorensitzungen am 3.1.1958, Bl. 1, und am 10.1.1958, Bl. 2).

92 Ebd. (Direktorensitzung am 1.2.1958, Bl. 2). Bereits Mitte Februar 1958 waren allein die Überplanbestände des Werkes wieder auf 2,2 Millionen DM angewachsen, und die Werkleitung legte fest, „dass bis Mitte des Jahres die Überplanbestände abzubauen sind"; ebd. (Direktorensitzung am 19.2.1958, Bl. 1). Von einer echten Konsolidierung der Lage des *VEB VTA Leipzig* konnte demnach zu diesem Zeitpunkt gar nicht gesprochen werden, da die Probleme nicht beseitigt waren und die VTA-Werkdirektion keine neuen Lösungsstrategien präsentiert hatte. Schwierig wurde auch die Genehmigung des Planes 1958 des *VEB VTA Leipzig* durch die ministerielle Hauptverwaltung; vgl. ebd.

genüber Hauptverwaltung und Notenbank war innerbetrieblich im Mindergewinn deutlich sichtbar geworden. Ein solch anschaulicher Beleg für das „Versagen" der Direktoren ließ sich propagandistisch vorzüglich verwerten. Zugleich war Arbeitsdirektor Röder bereit gewesen, für die BPO-Leitung bei der ministeriellen Hauptverwaltung die Möglichkeit der Absetzung Näthers auszuloten, ohne davon – verständlicherweise, aber entgegen seiner Dienstpflicht – Näther zu berichten.

Auf einer Sitzung der BPO-Leitung Ende November 1957 wurde mit Kurt Näther der Stand der Planerfüllung und die Verwirklichung der Beschlüsse der IV. ökonomischen Konferenz erörtert.[93] Näther räumte in seinem Bericht ein, „dass es in der Planerfüllung noch Schwierigkeiten" gebe, und die Genossen der BPO-Leitung forderten, dass der „Hauptbuchhalter [...] in Zukunft stärker von seinem Kontrollrecht Gebrauch machen", der Werkdirektor hingegen „monatlich eine Rechenschaftslegung" durchführen müsse. Für den weiter steigenden Mindergewinn seien allein die Wirtschaftsfunktionäre verantwortlich, da von den Arbeitern „die größten Anstrengungen unternommen" worden seien. Die Werkleitung setze zu sehr auf Zulieferungen, zumal bei Privatbetrieben, obwohl es in der schwierigen ökonomischen Lage darauf ankomme, „den sozialistischen Sektor zu stärken". Andere Diskussionsteilnehmer wiesen auf Leerlauf in der Produktion durch Werkzeug- oder Materialmangel hin („Hier stehen die Arbeiter herum und suchen nach Arbeit.") oder schlugen vor, einen großen Teil der Zulieferung „selbst in unserem Werk her[zu]stellen".

Näthers Rechtfertigung war souverän, doch in dieser Lage stieß er bei der Partei auf taube Ohren. Grundsätzlich müsse man kooperieren, sei aber „in dieser Hinsicht außerordentlich bescheidener geworden". Die Werkleitung bleibe auch „angewiesen auf Privatbetriebe, um unsere Aufgaben sicherzustellen". Zudem sei es „nicht Aufgabe des Werkleiters, wie die Arbeiter beschäftigt werden. Die Arbeiten müssen die Bereichsleiter übersehen." Näther „betonte nochmals, dass bisher noch keine Termine im Export versäumt wurden."

Von Röders Reise nach Berlin hatte der Werkdirektor erst „hintenherum" erfahren, daraufhin selbst in Berlin vorgesprochen und seine eigene Absetzung beantragt, allerdings mit der Begründung, dass von Seiten der Partei „die Diskussionen nicht mehr sachlich geführt werden". Während in Berlin, wo weder der Minister noch der HV-Leiter ihn absetzen wollten, „sehr hart, aber sachlich diskutiert" worden sei, habe Näther auf der ökonomischen Konferenz von der BPO-Leitung „keine Hinweise, sondern nur Schläge" erhalten. Darauf ließen sich die Parteisekretäre nicht ein: „Haben wir Dir nicht Hilfe und Hinweise gegeben, um politisch ideologisch stärker in Erscheinung zu treten?" Erich Kurth führte die Frage der parteilichen

93 Vgl. StAL, BPA-Leipzig IV/7.144/6, Bl. 249ff. (BPO-Leitungssitzung am 27.11. 1957). Hier auch die folgenden Zitate.

Hilfestellung letztlich auf die Anpassungsfähigkeit des Genossen zurück: Die „beste Hilfe der Partei" könne jedem Genossen nur dann gegeben werden, „wenn die Beschlüsse der Partei durchgeführt" würden. Näther selbst müsse sein „Verhältnis zur Partei" überprüfen.

Hans Frenzel wies die Kritik an der Partei ebenfalls zurück. Wenn gesagt würde, „auch die Parteiorganisation muss mehr als bisher in Erscheinung treten, um unseren Betrieb rentabler zu gestalten", so könne es keinesfalls sein, „dass der letzte Notschrei, wenn eine Mutter fehlt, bei der Partei" lande. Vielmehr bestehe die „entscheidende Frage" darin, „wirklich in der politischen Massenarbeit voran zu kommen, die Köpfe unserer Menschen zu verändern".

Näther konnte daraufhin die Sitzung verlassen, und die Sekretäre der BPO stellten ausnahmslos fest, dass man gegenüber der SED-Stadtleitung Leipzig für die Absetzung des Werkdirektors plädieren wolle, da „wir beim Gen. Näther auch in nächster Zeit nichts zu erwarten haben". Er habe „noch nie unsere Beschlüsse anerkannt" und könne als „Nurfachmann [...] keinen sozialistischen Betrieb aufbauen".

Einer der wenigen Genossen, die auf dieser Sitzung noch mit Anerkennung von Näther sprachen, war Herbert Beisswenger, Betriebsleiter im Werk II Leipzig-Eutritzsch: Zwar gebe es periodisch „diese Auseinandersetzungen" mit dem Werkdirektor, aber er bedaure die gegenwärtige Lage, „denn Gen. Näther hat fachlich und technisch außerordentliche Fähigkeiten, das muss man ihm zugestehen". Genau diese außerordentlichen Fähigkeiten sollten dem Betrieb nach Näthers Absetzung fehlen und sich auch nicht durch politisch-ideologische Kampagnen ersetzen lassen.

Dass die Sekretäre der BPO selbst keine konkreten Pläne für eine ökonomische Konsolidierung des *VEB VTA Leipzig* vorweisen konnten, sondern sich auf ihren „Erziehungsauftrag" zu beschränken gedachten, wurde spätestens in einem „Aktionsprogramm" deutlich, mit der die Betriebsparteileitung die anlaufende Absetzung Näthers begleitete und scheinbar selbstkritisch behauptete, die „Hauptursachen" der betrieblichen Misere lägen „in der ungenügenden politisch-ideologischen Erziehungsarbeit durch die Parteiorganisation".[94] Zu den „daraus resultierenden Aufgaben unserer perspektivischen Arbeit" zählte dann auch neben der Einforderung regelmäßiger Berichte der Wirtschaftsfunktionäre die Selbstverpflichtung, durch „einen beharrlichen Erziehungsprozess breitester Kreise unserer gesamten Belegschaft [...] es allen Werktätigen begreiflich zu machen, dass sie für ihren Arbeiter- und Bauernstaat und damit für den Sozialismus arbeiten."

Die Herstellung von Massenbedarfsgütern im *VEB VTA Leipzig*, die den Produktionsbedingungen des Betriebes nicht entsprachen, lastete die BPO-Leitung ebenfalls der Werkleitung an, die der Kritik der SED „nur

---

94 StAL, BPA-Leipzig IV/7.144/9 („Aktionsprogramm der BPO VEB VTA bis 1960", 17.12.1957). Hier auch die folgenden Zitate.

formal Rechnung getragen" habe: Es sei „keinesfalls zu akzeptieren, dass wir als größter Schwermaschinenbaubetrieb des Bezirkes den Weg der Produktion von Schneidbrettchen, Sägeböcken, Fliegenschränken usw. beschreiten". Der Genosse Werkdirektor habe sich „dafür einzusetzen, dass nach genauer Bedarfsanalyse des Ministeriums unser Betrieb auch mit betriebstypischen Massenbedarfsartikeln beauflagt" würde.[95]

Über den eigentlichen Vorgang der Absetzung Kurt Näthers als Werkdirektor des *VEB VTA Leipzig* am 21. Januar 1958 schweigen sich die Akten der Betriebsparteileitung weitgehend aus.[96] In einem Beschluss vom 25. Januar fand die Parteileitung die offenbar akzeptierte Mischung aus politischer Analyse und verhaltener Selbstkritik, freilich ohne angemessenes Verständnis für die Situation im Betrieb. Trotz ökonomischer Erfolge habe es ideologische Nachlässigkeiten gegeben, was auch zu der hohen Zahl von „Republikfluchten" beigetragen habe.[97] In einzelnen „Auseinandersetzungen" seien „typische Anzeichen des ideologischen Wirkens des Ostbüros [der SPD] sichtbar" geworden, denen gegenüber selbst Leitungsmitglieder „politische Sorglosigkeit" zeigten.

Die Wirtschaftsfunktionäre hätten „die Kenntnisse und Erfahrungen unserer Produktionsarbeiter" ignoriert, allen voran Werkdirektor Näther, in dessen Verhalten „seine kleinbürgerliche Denkweise zum Ausdruck" gekommen sei. Die sinkende Rentabilität des Werkes habe schließlich dazu geführt, dass führende Genossen der Parteileitung – u.a. Erich Kurth und Hans Frenzel – sich „einseitig auf ökonomische Fragen orientierten, Aufgaben der Wirtschaftsfunktionäre übernahmen, anstatt die politische Massenarbeit zu verbessern und mit Hilfe der ganzen Parteiorganisation und der ganzen Belegschaft die Schwierigkeiten zu überwinden". Auch sie hätten „die Kraft der Parteiorganisation und die Fähigkeiten, die bei unseren Arbeitern und Ingenieuren vorhanden sind", unterschätzt.

Inzwischen habe man aber eine „politisch-ideologische Offensive" gestartet, in deren Folge „die Autorität der Partei unter den parteilosen Arbeitern, Angestellten und Angehörigen der Intelligenz gewachsen" sei. Dafür sprächen die „zahlreichen Vorschläge, wie auch die ökonomische Lage in

---

95 In der Folge produzierte der *VEB VTA Leipzig* u.a. Leuchten, Fernsehsteuerungen, Dia-Rahmen, Schaukelbänke und Liegestühle als Massenbedarfsgüter; vgl. StAL, VTA 5 (Direktorensitzung am 17.6.1958). Ab 1960 wurden noch Küchengasherde ins Sortiment aufgenommen; vgl. Durch sozialistische Gemeinschaftsarbeit zum wissenschaftlich-technischen Höchststand im Maschinenbau und in der Metallurgie. 9. Tagung des ZK der SED, 20. bis 23. Juli 1960, Berlin (Ost) 1960, S. 50f.

96 Nach Auskunft Joachim Näthers war sein Vater nach der Entlassung ein gebrochener Mann, der keine neue Tätigkeit aufnahm und Anfang der 1960er Jahre, noch keine sechzig Jahre alt, gestorben ist; Telefonat mit Joachim Näther am 29.1.2001.

97 StAL, BPA-Leipzig IV/7.144/6, Bl. 262ff. („Beschluss der Parteileitung Schwermaschinenbau VTA über die politische und ökonomische Lage im Betrieb", 25.1.1958). Hier auch die folgenden Zitate.

unserem Betrieb so gestaltet werden kann, damit wir unseren staatlichen Verpflichtungen nachkommen können".

Für die Sekretäre der BPO des *VEB VTA Leipzig* hatte die Selbstkritik keine personellen Konsequenzen. Auch die Zusammensetzung der Werkleitung blieb nach der Entlassung Kurt Näthers vorerst unverändert, die Position des Werkdirektors wurde kommissarisch mit Herbert Beisswenger besetzt.

Es schien Ruhe einzukehren in die betriebliche Atmosphäre, und so ließ es sich für einen Augenblick vergessen, dass die Sekretäre der SED-Betriebsparteiorganisation keinerlei Vorbereitungen für die Zeit nach Näther getroffen hatten: Weder konnte von Seiten der BPO-Leitung eine alternative Führungspersönlichkeit präsentiert werden, noch hatte etwa die Partei Lösungsstrategien für die weiterhin drängenden Versorgungs- und Planerfüllungsprobleme des *VEB VTA Leipzig* entwickelt. Auch die Dürftigkeit der politischen Konzeption konnte durch den „Sieg" über Werkdirektor Näther nur zeitweise kaschiert werden. Außer dem phrasenhaften Verweis auf den parteilichen „Erziehungsauftrag" und der wiederholten Demonstration politischer Kampagnenfähigkeit hatten die Betriebsparteisekretäre nichts zu bieten. Dass sie sich dennoch gegen einen fachlich kompetenten und energischen Werkdirektor hatten durchsetzen können, war – wie gezeigt werden konnte – in hohem Maße von situativen Faktoren abhängig. Nicht zuletzt verbesserte sich die Position der Betriebsparteileitung im Laufe der Zeit auch durch die wachsenden ökonomischen Schwierigkeiten des Betriebes, die von den Sekretären der BPO propagandistisch immer besser zur Demontage des Werkdirektors genutzt werden konnten.

III. INTERESSENARTIKULATION

Die folgenden vier Detailstudien untersuchen Formen betrieblicher *Interessenartikulation* und konzentrieren sich auf die Frage, *auf welchen Wegen und mit welchen Wirkungen Betriebsinteressen vertreten wurden und wie sich dabei die Interessen selbst veränderten.*

Der enge Zusammenhang dieser Frage mit der bereits untersuchten innerbetrieblichen Politisierung ist evident: Der Erfolg und die Wirkung von Bemühungen, betriebliche Sonderinteressen gegenüber außerbetrieblichen Institutionen zur Sprache zu bringen, hing auch von der Bereitschaft der Betriebsdirektoren ab, politische Argumente zu akzeptieren. Institutionen im Nationalsozialismus und in der SBZ/DDR waren unter Umständen bereit, Besonderheiten z.B. des betrieblichen Produktionsprofils in ihren nivellierenden Plänen zu berücksichtigen, wenn sie bei der Betriebsdirektion politisches Wohlverhalten wahrnehmen konnten.

In drei Studien wird diese Frage an den Beispielen des Rüstungsministeriums unter Albert Speer, des Amtes für Reparationen Anfang der 1950er Jahre und schließlich des Parteiapparates der SED untersucht. In einer abschließenden Detailstudie über den *VEB VTA Leipzig* im Jahr 1963 wird dann analysiert, in welchem Maße die geschilderten Prozesse der *Politisierung* und der *Interessenartikulation* die Stellung des Betriebes bereits in der Implementierungsphase der Wirtschaftsreformen des Neuen Ökonomischen Systems 1963 determiniert hatten.

1. SCHLEICHENDE TRANSFORMATION – DIE „INDUSTRIELLE SELBSTVERANTWORTUNG“ IM SPEER-MINISTERIUM 1942 BIS 1945

Im Februar 1942 wurde Albert Speer Reichsminister für Bewaffnung und Munition. Sein Ministerium vereinte – ab September 1943 als Reichsministerium für Rüstung und Kriegsproduktion – bis auf die Organisation der Arbeitskräfteverteilung nach und nach alle wesentlichen Kompetenzen der Kriegswirtschaft des Deutschen Reiches in sich.

Die Geschichte der zentralen Instanzen des Speer-Ministeriums ist aus den Akten der Ministeriumsebene seit den 1960er Jahren umfassend rekonstruiert worden.[1] Im Mittelpunkt der Forschung standen lange die Ursachen der enormen Produktionssteigerung der deutschen Rüstungsindustrie zwischen 1942 und 1944.[2] Zurückgeführt wird dieses „Produktionswunder“ nahezu einhellig auf zwei Faktoren: auf die administrative Durchsetzung einer zentralen Ressourcenplanung einerseits und auf die Effizienzsteigerung durch eine energische Vereinheitlichung von Maschinentypen andererseits.[3]

Die Arbeit des Speer-Ministeriums wurde darüber hinaus durch eine Mobilisierungskampagne begünstigt, die „alle Bereiche der Gesellschaft umfasste und zunehmend unter dem Schlagwort des ‚totalen Krieges' geführt wurde“.[4] Diese Kampagne erhielt durch jede Verschärfung der Kriegslage neue Schubkraft, konterkarierte also die wachsende militärische Aussichtslosigkeit durch Produktionsschübe, und brachte immer neue Ein-

---

1 Vgl. Alan S. MILWARD, Die deutsche Kriegswirtschaft 1939–1945, Stuttgart 1966, sowie JANSSEN, Ministerium; die neueste Darstellung bei Rolf-Dieter MÜLLER, Albert Speer und die Rüstungspolitik im totalen Krieg, in: Militärgeschichtliches Forschungsamt (Hrsg.), Das Deutsche Reich und der Zweite Weltkrieg, Bd. 5/2, Organisation und Mobilisierung des deutschen Machtbereichs 1942–1944/45, Stuttgart 1999, S. 273-773. Die über das Kriegsende 1945 hinaus geretteten Unterlagen decken keineswegs alle Arbeitsfelder des Speer-Ministeriums ab: Während die Akten des Büros von Albert Speer weitgehend erhalten sind, ist die Überlieferung für die einzelnen Ämter des Ministeriums – insbesondere für das Technische und das Rüstungslieferungsamt – ausgesprochen dürftig. Ebenso sind die Unterlagen der den Ämtern zugeordneten Haupt- und Sonderausschüsse bzw. -ringe bis auf wenige Ausnahmen sehr lückenhaft und die laufenden Handakten der Jahre 1943 bis 1945 durch Kriegsverluste extrem ausgedünnt.

2 Der Index der Rüstungsendfertigung stieg „von Januar/Februar 1942 (= 100) kontinuierlich an und erreichte im Juli 1944 mit der Indexziffer 322 sein Maximum“; Ludolf HERBST, Das nationalsozialistische Deutschland 1933–1945. Die Entfesselung der Gewalt: Rassismus und Krieg, Frankfurt am Main 1996, S. 412.

3 Vgl. Richard J. OVERY, War and Economy in the Third Reich, Oxford 1995, S. 343ff.

4 HERBST, Deutschland, S. 413.

schränkungen für die Unternehmen in Form von Produktionsverboten oder Stilllegungen mit sich.

Die Kooperationswilligkeit der deutschen Industrie wurde im Rüstungsministerium durch ein System von Gremien erreicht und aufrecht erhalten, das Speer selbst als „Selbstverantwortung der Industrie" bezeichnete.[5]

1.1. Das System der Ausschüsse und Ringe im Speer-Ministerium

Die Ausweitung dieses bereits von seinem Vorgänger Fritz Todt konzipierten, hierarchisch gegliederten Ausschuss- und Ringsystems, das sukzessive in die Ämterstruktur des Rüstungsministeriums eingebunden wurde, bildet neben der Ausschaltung konkurrierender Wirtschaftsinstanzen die eigentliche Neuerung der NS-Kriegswirtschaft. Während die Zulieferindustrien in *Ringen* organisiert wurden, umfassten die *Ausschüsse* die Endfertigungsbetriebe.[6] Die in die Gremien berufenen Industriellen hatten unter dem Schlagwort der „Rationalisierung" die Vereinheitlichung von Maschinentypen und die notwendigen Produktionseinschränkungen selbst zu organisieren. Als Gegenleistung bot Speer „die Befreiung der Industrie von allzu rigider staatlicher Lenkung und Aufsicht" sowie die Weitergeltung überwiegend fachlicher Gesichtspunkte an.[7]

In der historischen Forschung wird erst seit kurzer Zeit die Problematik diskutiert, dass die Zusammenfassung betrieblicher Kompetenzen zwar aus der Perspektive des Ministeriums einen besseren Ressourcenzugriff ermöglichte, aber auch die Gremien für Absprachen und Interessenkoordination der Unternehmen genutzt werden konnten. Damit steht „der Grad des Wirksamwerdens dieser industriellen Eigenregie" in Frage.[8]

Fritz Blaich hebt zwar den Vorteil „der unbürokratischen Arbeitsweise der Ausschüsse und Ringe" hervor, „die sich auf das Talent vieler Unternehmer und ihrer leitenden Angestellten zur Improvisation" stützen konnten. Aber er nennt – neben den Störungen durch „die ständige Umorganisation in den einzelnen Gremien" – vor allem den Nachteil, dass sich das Blickfeld der Ausschussmitarbeiter „allzu leicht auf die Ausstoßziffern von Panzern, U-Booten und Jagdflugzeugen verengte" und das „komplizierte

5 Albert SPEER, Erinnerungen, Berlin 1969, S. 223f.

6 Zur Struktur der Gremien vgl. MÜLLER, Albert Speer, S. 312ff.

7 Ebd., S. 314.

8 Gerold AMBROSIUS, Staat und Wirtschaft im 20. Jahrhundert. Enzyklopädie deutscher Geschichte, Bd. 7, München 1990, S. 98.

Geflecht zwischen Grundstoff-, Zuliefer- und Fertigungsindustrie“ vernachlässigt wurde.[9]

Paul Erker stellt fest, dass trotz der durch eine zentrale Lenkung erreichten „bessere[n] Koordination der kriegswirtschaftlichen Produktionsprozesse“ die Ausschüsse und Ringe als faktische „Produktionskartelle“ durch „fehlende gegenseitige Abgrenzung miteinander ins Gehege kamen“.[10] Nach „den Anfangserfolgen der Rationalisierung und Rüstungsproduktion 1942/43 spiegelte sich in den Steuerungsmechanismen und Planungsinstrumenten der Kriegswirtschaft ein wachsender Realitätsverlust wider“; auch habe sich die Gremienarbeit „in der Praxis als ziemlich unübersichtlich“ erwiesen und „die Tendenz zur Zersplitterung der unternehmenseigenen Produktion“ gefördert.

Ausgehend von diesen stärker auf die differenzierte Entwicklung innerhalb des Systems der industriellen Selbstverantwortung konzentrierten Überlegungen sind in den letzten Jahren unternehmensgeschichtliche Studien erschienen, die an konkreten Beispielen die Wirkungsmechanismen der Gremienarbeit analysieren. Sie vertiefen den Einblick in die Arbeitsweise des Speer-Ministeriums und modifizieren die bisherigen Forschungsergebnisse, indem sie die immensen Kosten des „Produktionswunders“ sichtbar werden lassen.

Allen neueren Studien ist gemeinsam, dass sie die Branchenabhängigkeit der jeweiligen Ausschüsse und Ringe herausarbeiten, sowohl in Bezug auf die Branchendynamik als auch auf die Relevanz für die Rüstungsproduktion. So zeigen Tilla Siegel und Thomas von Freyberg für den Werkzeugmaschinenbau, dass die Vereinheitlichung von Maschinentypen in dieser Branche seit den 1920er Jahren gefordert wurde und so die Rationalisierungsbestrebungen des Speer-Ministeriums auf fruchtbaren Boden fielen.[11] An diese Erkenntnisse anknüpfend hat Astrid Gehrig württembergische Firmen des Werkzeugmaschinenbaus untersucht und detailliert nachgewiesen, in welch hohem Maße die Tätigkeit von Unternehmern in den Ausschüssen von konkreten Betriebsinteressen geprägt war.[12]

Am Beispiel des Dräger-Werks, einem Produzenten von Atemschutztechnik, zeigt Bernhard Lorentz, dass für die Zeit nach 1942 bei dieser für

---

9 Fritz BLAICH, Wirtschaft und Rüstung im „Dritten Reich“, Düsseldorf 1987, S. 48.

10 ERKER, Industrie-Eliten, S. 17. Das folgende Zitat ebd., S. 19.

11 Vgl. Tilla SIEGEL / Thomas von FREYBERG, Industrielle Rationalisierung unter dem Nationalsozialismus, Frankfurt am Main / New York 1991, S. 243ff.

12 Am deutlichsten wird dieser Zusammenhang am Beispiel des Göppinger Unternehmers Rolf Boehringer, der es als Leiter zweier Arbeitsausschüsse und eines Arbeitsringes meisterlich verstand, „die Interessen seiner Firma und der Vereinigten Drehbankfabriken in Einklang mit den wirtschaftspolitischen Zielsetzungen zu bringen und diese für die eigenen Unternehmensziele nutzbar zu machen“; GEHRIG, Rüstungspolitik, S. 325.

die militärische Planung unentbehrlichen Industrie „eine Instrumentalisierung der neuen Organisationsstrukturen durch die Wettbewerber erkennbar" sei.[13] Die Arbeit des Sonderausschusses Gasschutz- und Atemgerät war durch eine Konfrontation der beiden größten Anbieter charakterisiert. Das Dräger-Werk habe sich nicht zuletzt deshalb gegenüber einem mächtigeren Konkurrenten behaupten können, weil die Unternehmensleitung „Netzwerkstrukturen [...] zur Durchsetzung ihrer Ziele mobilisieren" konnte; entsprechend beschreibe in der Gasschutzbranche „die Annahme, die Steuerung des Rüstungsministeriums habe das Ende der Kartelle bedeutet, die Intention, nicht aber die Realität des Regimes".

Für die Arbeit des Sonderausschusses Transporteinrichtungen, der vom technischen Direktor der *Bleichert Transportanlagen GmbH*, Adolf Rubin, geleitet wurde, lässt sich eine ähnlich fortdauernde Wirksamkeit branchenbedingter Konfliktlagen feststellen. Darüber hinaus aber blieb die Nutzung der Gremien des Speer-Ministeriums für die Artikulation und Durchsetzung betrieblicher Sonderinteressen nicht ohne Folgen für den Betrieb und seine Interessen selbst. Die Prioritäten der weitgehend auf zivile Fabrikate orientierten Bleichert-Werke verschoben sich im Laufe der Tätigkeit Rubins und veränderten sich mit den kriegswirtschaftlichen Vorteilen, die der technische Direktor seinem Unternehmen verschaffen konnte.

Diese diffizile Wechselwirkung steht im Mittelpunkt der folgenden Darstellung.

1.2. Adolf Rubin

Adolf Rubin wurde am 15. August 1890 im badischen Emmendingen geboren.[14] Nach einem Ingenieursstudium an der Technischen Hochschule Karlsruhe und verschiedenen, überwiegend wissenschaftlichen Tätigkeiten trat Rubin 1920 in die *Adolf Bleichert & Co AG* ein. Nach einer zweijährigen Unterbrechung 1927 bis 1929 als Professor für Hebe- und Baumaschinen an der Technischen Hochschule Danzig kehrte er zu den Bleichert-Werken zurück, nun als technisches Vorstandsmitglied. Mit Gründung der *Bleichert Transportanlagen GmbH* im Juni 1932 wurde Adolf Rubin deren technischer Direktor. Seit dem 1. Mai 1933 war er Mitglied der NSDAP.[15]

Ob Rubin bereits in den 1930er Jahren in der Fachgruppe Hebezeuge, Fördermittel und Aufzüge der Wirtschaftsgruppe Maschinenbau mitwirkte, konnte nicht ermittelt werden. Die Überlieferung beginnt mit der Tätigkeit

13 LORENTZ, Industrieelite, S. 300f. Das folgende Zitat ebd., S. 313f.

14 Zum Lebenslauf Adolf Rubins vgl. BA, BDC bzw. personenbezogene Unterlagen des Ministeriums für Staatssicherheit (ZB II 1857 A3).

15 NSDAP-Mitgliedsnummer 2.986.719; vgl. BA, BDC.

als Obmann des „Rationalisierungsausschusses Fahrbänder" im Februar 1942.[16] Von Juni 1942 bis zum Kriegsende war Adolf Rubin Leiter des Sonderausschusses Transporteinrichtungen (SAT) im Hauptausschuss Maschinen.

Rubin, leitender Angestellter eines führenden deutschen Transportanlagenunternehmens, kann durchaus als kompetenter und anerkannter Vertreter seiner Branche gelten. Damit trifft die Feststellung, die Ausschüsse und Ringe seien „in aller Regel von maßgeblichen Vertretern der jeweils leistungsfähigsten Firma" geleitet worden, auch für den Sonderausschuss Transporteinrichtungen zu.[17]

Davon, dass Rubin die eigene Branche kannte und für sein Unternehmen nach Entwicklungsmöglichkeiten suchte, zeugen Überlegungen, die er bereits im Januar 1941 über die Zukunft der *Bleichert Transportanlagen GmbH* zu Papier brachte. Bei der Festlegung der „künftigen Fabrikleistung für Transportanlagen" gehe es „schlechthin um die führende Stellung von Bleichert im Transportanlagenbau", die Rubin nicht am Umsatzvolumen festmachte, das abhängig von der Nachfrage schwankte, sondern am hohen Anteil an der Deckung des jeweiligen Bedarfs.[18] Die Bleichert-Werke würden „in die zweite Linie zurückfallen, wenn nicht [...] auch weiterhin jener führende Anteil erreicht wird, der z. Zt. beispielsweise bei Drahtseilbahnen bei etwa 60%, bei schweren Kabelkranen bei etwa 80% und bei Brückenkabelkranen bei 100% [...] liegt und in dieser Höhe auch vor der Liquidation gelegen hat."

Auch für die Stellung des Konzerns sei diese Frage ausschlaggebend: Wenn Bleichert zu schwach sei, seien auch die anderen Konzernunternehmen nicht mehr in der Lage, „den Anforderungen des Bedarfs zu genügen, und es eröffnet sich dann für die neuen, nun im Wirtschaftsgebiet des deutschen Reiches befindlichen Konkurrenzfirmen die Möglichkeit, risikolos und zu sehr guten Preisen Transportanlagen, insbesondere Drahtseilbahnen, Kabelkrane usw. auszuführen." Insbesondere kleinere Unternehmen und Ingenieurbüros würden die Marktposition der *Bleichert Transportanlagen GmbH* gefährden, da die in den Büros arbeitenden Ingenieure von der Konkurrenz leicht übernommen werden konnten.

Diese im Januar 1941 formulierten Ziele – Bewahrung der Marktführerschaft seines Unternehmens sowie die Ausschaltung unliebsamer, kleinerer Konkurrenten – bildeten eine wichtige Konstante von Rubins Arbeit als Leiter des Sonderausschusses Transporteinrichtungen.

---

16 Vgl. StAL, BTG 303 („Niederschrift über eine Sitzung des Rationalisierungsausschusses Fahrbänder am ... 26.2.1942", 2.3.1942).

17 Dietrich EICHHOLTZ, Geschichte der deutschen Kriegswirtschaft, Bd. 2: 1941–1943, Berlin (Ost) 1985, S. 68.

18 StAL, BTG 286 („Betrifft: Künftige Fabrikleistung für Transportanlagen", 6.1.1941). Hier auch die folgenden Zitate.

1.3. Der Sonderausschuss Transporteinrichtungen im Hauptausschuss Maschinen

Dem SAT, der dem Hauptausschuss Maschinen zugeordnet wurde, unterstanden mehrere Arbeitausschüsse, die entsprechend der Ausdifferenzierung der Transportanlagenbranche für einzelne Maschinen- und Anlagentypen zuständig waren.

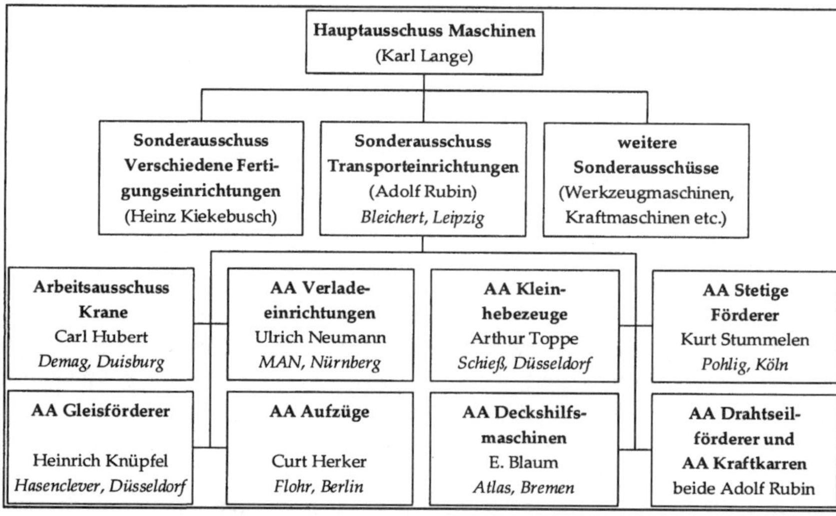

***Abbildung 2**: Der Sonderausschuss Transporteinrichtungen und seine Arbeitsausschüsse*[19]

Anfang Juni 1942 präsentierte Rubin auf der ersten Sitzung des Sonderausschusses Transporteinrichtungen die Aufgaben der neuen Sonderausschüsse, die ihm zuvor mündlich von Karl Lange, dem Leiter des Hauptausschusses Maschinen in Berlin, mitgeteilt wurden.[20] Rubin nannte zwei zentrale Aufgaben des SAT: „1. die Bereinigung der vorhandenen Typen, Normung und evtl. Schaffung von Einheitskonstruktionen, [und] 2. die Betriebskontrolle und Betriebsprüfung." Der Zweck dieser Arbeit sei nach Rubin „in erster Linie die Freimachung von Arbeitskräften, so dass alle zu

19 Angaben der Abbildung nach BA, R 13 III (Wirtschaftsgruppe Maschinenbau), Nr. 112, Beilage zu EICHHOLTZ, Geschichte Bd. 2, und Unterlagen des Sonderausschusses Transporteinrichtungen im StAL. Im Bestand Bleichert GmbH des StAL sind die Protokolle und Tätigkeitsberichte des SAT, ein Großteil der Korrespondenz Adolf Rubins in seiner Eigenschaft als Leiter des SAT für den Zeitraum Januar 1943 bis Dezember 1944 und spezielle Unterlagen zu technischen Vereinheitlichungen von Fahrbändern und Elektrokarren für den Zeitraum Februar 1942 bis März 1945 erhalten.

20 Zu Karl Lange und seinen diversen Funktionen vgl. GEHRIG, Rüstungspolitik, S. 201ff.

treffenden Maßnahmen von dem Gesichtspunkt einer Lohnstundeneinsparung betrachtet werden müssen".[21] In zweiter Linie müsse „die vorausschauende Planung erfolgen", wobei Karl Lange ausdrücklich betont habe, „dass das Friedensmoment nicht aus dem Auge gelassen werden" dürfe. Auch bei der Typenvereinheitlichung sollten sich die Firmen am „Friedensbedarf" orientieren, und die „zur Zeit in der Herstellung verbotenen Maschinen müssen in dem Rahmen der Friedensplanung einbezogen bleiben, sofern es sich um Typen handelt, die nach dem Kriege wieder dringend benötigt werden".

Abschließend erläuterte Rubin die einzelnen Schritte der geplanten Betriebsprüfungen. Bemerkenswert ist hier, dass die besondere Schwierigkeit, die darin bestand, dass Betriebsführer Konkurrenzunternehmen überprüften, sehr wohl gesehen und auf die möglichen Folgen hingewiesen wurde. Rubin appellierte an das Verantwortungsbewusstsein der versammelten Herren und schlug vor, durch wechselseitige Betriebsbesichtigungen die Gefahr einer einseitigen Ausforschung von Konkurrenzunternehmen zu unterbinden.

All das klang für die Mitglieder des SAT annehmbar, und die Betonung der Friedensplanung zerstreute vorerst die Bedenken in einer überwiegend auf zivile Produktion ausgerichteten Branche. Allerdings wurde schon im Zuge der Betriebsbegehungen deutlich, dass die Arbeit des Sonderausschusses sich keineswegs auf die eng umrissenen Aufgaben des Sommers 1942 beschränkte. Während der laufenden Prüfungen zeigte sich, dass das Maschinenbauhandwerk im Rahmen der geplanten Firmenbereinigungen noch gar nicht berücksichtigt worden war. Im November 1942 wurden daher Innungsvertreter des Schlosser- und Maschinenbauerhandwerks zu einer Sitzung des SAT eingeladen, um mit ihnen zu besprechen, „inwieweit die Organisationen des Handwerks in Bezug auf die betriebliche Rationalisierung ihrer Mitglieder vorzugehen beabsichtigen".[22] Eine solche Besprechung lag im Interesse der im SAT vertretenen Firmen. Rubin selbst hatte in seinen Überlegungen vom Januar 1941 befürchtet, dass im Krieg verlorene Positionen durch kleinere Firmen und Büros übernommen werden könnten.[23]

Doch auch die Innungsvertreter waren sich der Gefahren bewusst, die für ihre Kleinstbetriebe von einer „betrieblichen Rationalisierung" unter Federführung der Großindustrie ausgingen. So betonten sie, dass „die Erfassung der handwerklichen Betriebe nach ihren Erzeugnissen infolge der großen Zahl der Betriebe erheblich schwieriger [sei] als in der Industrie, zumal die Erhebungen erst jetzt bzw. vor kurzem in Angriff genommen" worden

21 StAL, BTG 313 (Protokoll der SAT-Sitzung am 9.6.1942, 19.6.1942). Hier auch die folgenden Zitate.

22 Ebd. (Protokoll der SAT-Sitzung am 11.11.1942, 16.11.1942). Hier auch die folgenden Zitate.

23 Vgl. StAL, BTG 286 („Betrifft: Künftige Fabrikleistung für Transportanlagen", 6.1.1941).

seien. Sie bekundeten zudem ihr Interesse, „sich stärker als bisher in den Reparatursektor einzuschalten“ und „die Ersatzteile den Handwerksbetrieben zur Verfügung zu stellen, damit sie sich auf diesem ihnen besonders gut liegenden Gebiet betätigen“ könnten.

Genau das aber war die Nische, in der sich die kleinen Handwerksbetriebe unentbehrlich machen konnten. Die Mitglieder des SAT waren hier zu keinen Zugeständnissen bereit, so dass eine „vollkommene Klärung dieser Frage [...] nicht erzielt“ wurde. Auch bei „einer klaren Abgrenzung zwischen Handwerk und Industrie“ konnte nur die Problemlage angerissen werden, die darin bestand, dass Industriebetriebe „ein Herstellungsverbot für bestimmte Erzeugnisse erhalten, während handwerkliche Firmen, die erheblich kleiner sind, ohne Schwierigkeiten weiterfertigen können“.

Bei diesen Feststellungen musste es vorerst bleiben, da der Sonderausschuss den Handwerksbetrieben gegenüber keinerlei Druckmittel besaß. Dem weiter reichenden Rationalisierungsansinnen des SAT konnte sich der Innungsverband lange mit dem stereotypen Verweis auf die unübersichtliche Lage im Handwerk entziehen. Erst im Sommer 1944 wurde der Innungsverband über ein Verbindungsbüro an den Sonderauschuss angebunden, und die von ihm vertretenen Handwerksfirmen gerieten somit in die letzte Mobilisierungsphase des gesamten deutschen Maschinenbaus für die Rüstungsendfertigung.[24]

Die vom SAT durchzuführenden Firmenumfragen und statistischen Erhebungen erwiesen sich als aufwendig und wenig ergiebig, da die erhobenen Daten mit den alliierten Bombardierungen an Aussagekraft einbüßten und zugleich die Fülle der Fragebögen und Nachfolgebefragungen einen abnehmenden Rücklauf der Unterlagen bewirkte, was eine sinnvolle Auswertung erschwerte. Auch ließen sich die Anreize nicht unterbinden, die Firmen veranlassten, die ihnen zur Verfügung stehenden Materialien und Arbeitskräfte nur unvollständig anzugeben.[25]

---

24 Tatsächlich wandten sich Handwerksbetriebe bei Problemen häufig an die Gau- und Kreiswirtschaftsverwaltungen der NSDAP, die so während des Krieges durchaus zu einer Art „Interessenvertretung“ des Handwerks gegenüber der zentralen Rüstungsbürokratie avancieren konnten; vgl. KRATZSCH, Gauwirtschaftsapparat, S. 367ff. und 418ff.

25 In einer Aufstellung zum 30. Juni 1944 über die „Anzahl der Arbeitskräfte der vom SAT für die Fertigung zugelassenen Firmen“, insgesamt immer noch 323 Unternehmen, wurde die Zahl der Arbeitskräfte dadurch verringert, dass nur diejenigen angegeben wurden, die an der von den neun Arbeitsausschüssen beaufsichtigten Produktion beschäftigt waren; StAL, BTG 298 („Anzahl der Arbeitskräfte nach dem Stand v. 30.6.1944“, 9.9.1944). So erschienen die Bleichert-Werke in dieser Aufstellung mit 598 Arbeitern (ebd.), während sie für den Juni 1944 der Leitung der *Carlswerke* 717 Arbeiter, 50 Lehrlinge und 134 ausländische Zivilarbeiter, also insgesamt 901 Arbeitskräfte meldeten; RWWA 11-15, 3, 9 (Statistische Unterlagen der *Bleichert Transportanlagen GmbH*, Juni 1944).

Gleichwohl erzeugten solche Umfragen Verwaltungsarbeit, und in den Reihen der SAT-Mitglieder mehrte sich Kritik an der rasch expandierenden Bürokratie des Speer-Ministeriums. Im Dezember 1942 diskutierte man „eingehend über die Überorganisation und die schwerwiegenden Folgen", was auf Anraten des SAT-Büroleiters Walther Busch aber nicht ins Protokoll aufgenommen wurde; vielmehr sei es besser, „dass derartige Dinge in mündlicher Aussprache beim BfM [dem Bevollmächtigten für die Maschinenproduktion Karl Lange] gelegentlich einer Sitzung der Sonderausschussleiter in geeigneter Form vorgebracht" würden.[26]

Zu Beginn des Jahres 1943 waren die Betriebsbegehungen und die Planungen für die so genannte „Firmenprogrammbereinigung" im SAT weitgehend abgeschlossen. Die Vorschläge zu Firmenstilllegungen bzw. Produktionseinschränkungen lagen beim Leiter des Hauptausschusses Maschinen vor, um von ihm verbindlich angeordnet zu werden. Als sich Karl Lange mit der Herausgabe der Anordnungen Zeit ließ, wandte sich SAT-Büroleiter Busch Ende Februar 1943 an den Hauptausschuss mit der Bitte um eine beschleunigte Bearbeitung. Hier erfuhr er, dass Lange erst dann Einzelanweisungen zur Firmenprogrammbereinigung weitergeben wolle, wenn er über die verbleibende Produktion in den Sparten des SAT genau informiert worden wäre. Lange forderte entsprechende „Positivlisten", aus denen er ersehen konnte, welche allgemeinen Maschinen und Spezialfertigungen im Bereich des SAT noch produziert würden.[27]

Genau diese Positivlisten bereiteten den Arbeitsausschussleitern aber Kopfzerbrechen, da viele der dem SAT zugeordneten Firmen sich weigerten, die Fragen zu den Positivlisten zu beantworten. Sie befürchteten (wie sich zeigen sollte, zu Recht), dass ihnen auf der Grundlage der Erhebungen in absehbarer Zeit erneute Produktionseinschränkungen ins Haus stünden. Im SAT entschied man sich daher, die Positivlisten auf der Grundlage der dem Büro des Sonderausschusses bereits vorliegenden Daten zu improvisieren.

In den Monaten nach der Niederlage von Stalingrad wurde den leitenden Mitgliedern des SAT deutlich, dass die nun anlaufende Mobilisierungskampagne auf eine Weise durchgeführt werden sollte, die für die weitgehend auf Einzelfertigung basierende Transportanlagenbranche nicht angemessen war. So sollten neue Erhebungen einen „betrieblichen Leistungsvergleich" anregen, aber Adolf Rubin musste feststellen, dass der verschickte Fragebogen „für den betrieblichen Leistungsvergleich im Hebezeug-, Fördermittel- u. Aufzugsbau nicht zu verwenden ist, da dieser nur auf Mu-

26 StAL, BTG 313 (SAT-Büroleiter Busch an Rubin, 10.12.1942).

27 StAL, BTG 291 (Rundschreiben des SAT-Büros an alle Mitglieder des SAT, 22.2. 1943).

nition und Geräte abgestellt" sei.[28] Rubin forderte, dass man zum betrieblichen Leistungsvergleich mit konstruktiven Beispielen Stellung nehmen müsse, „sonst denken die Leute, wir wollen nicht." Doch solche Beispiele ließen sich einem anderen Redner zufolge nicht finden: Schon der entsprechende Vergleich von Einzelteilen sei „sehr schwer und kaum durchzuführen": „Wir haben eben keine Serienherstellung."

In der Diskussion zeigte sich, dass die Vertreter der einzelnen Firmen entsprechend den technischen Möglichkeiten ihres Teilbereichs argumentierten: Während Curt Herker als Vertreter der Aufzugsbranche, in der Normungen bereits angelaufen waren, dafür eintrat, endlich „zur Normung einer vollständigen Maschine [zu] schreiten", beharrte Carl Hubert vom Arbeitsausschuss Krane darauf, wegen der Unmöglichkeit, ganze Krananlagen zu vereinheitlichen, zuerst die Einzelteile zu normen. Erst wenn man solche Einheitsteile habe, könne man sehen, welche Firmen mit dem geringsten Aufwand fertigten, und auf diese Weise dann eine „Standardtype" bestimmen.

Rubin sorgte sich weiterhin, die Tätigkeit des Sonderausschusses gegenüber Berliner Stellen nicht rechtfertigen zu können. Praktisch könne man keine echte Positivliste vorlegen. Daran änderten auch Vorschläge nichts, durch einen engeren Austausch zwischen Betriebsleitern den geforderten betrieblichen Leistungsvergleich zu forcieren. Bei „mittleren und kleineren Betrieben", so Rubin, komme „bestimmt dabei etwas heraus, ob bei größeren Firmen, ist noch fraglich".[29]

In ihrer Ratlosigkeit und angesichts des wachsenden Drucks, endlich aussagefähige Daten anzugeben, fühlten sich die Mitglieder des Sonderausschusses vom Hauptausschuss Maschinen im Stich gelassen: „Es wäre Sache von Herrn Lange zu sagen, in meinem Hauptausschuss kann ich so den Fragebogen nicht gebrauchen, ich will die Sache einheitlich machen."[30]

Gerade Karl Lange aber war als entschiedener Verfechter eines betrieblichen Leistungsvergleichs für Argumente einer differenzierten Betrachtung der einzelnen Sparten des Maschinenbaus weitgehend unempfindlich.[31] Rubin ließ dennoch nicht locker und agierte gegenüber dem Hauptausschuss

28 StAL, BTG 313 (Protokoll der SAT-Sitzung am 23./24.3.1943, 3.6.1943). Hier auch die folgenden Zitate. Dieses Protokoll gibt als einziges eine Diskussion im SAT wörtlich wieder.

29 Die Wirtschaftskammer Sachsen war in dieser Hinsicht optimistischer: Als „besonders wirkungsvolles Hilfsmittel der Leistungssteigerung" habe sich „der Erfahrungsaustausch der Firmen bewährt". Grundgedanke sei dabei „die wechselseitige kameradschaftliche Unterstützung im Wege der Nachbarhilfe, durch die insbesondere die fortgeschrittenen Betriebe die im Leistungsrückstand befindlichen Firmen fördern" sollten; StAL, BTG 291 (Rundschreiben der Wirtschaftskammer Sachsen, Abteilung Industrie, 9.1.1943).

30 StAL, BTG 313 (Protokoll der SAT-Sitzung am 23./24.3.1943, 3.6.1943).

31 Vgl. GEHRIG, Rüstungspolitik, S. 202.

als Vertreter seiner speziellen Branche. In dem SAT-Monatsbericht für den März 1943 hob er die besonderen Bedingungen des Transportanlagenbaus hervor und formulierte deutliche Bedenken gegen die offenbar schrankenlose Rationalisierungspolitik des Speer-Ministeriums.[32]

Eine wichtige Aufgabe des Hauptausschusses, so Rubin in seinem Bericht, sei neben der Schaffung spezieller Erfassungsbögen auch für Branchen mit mehrheitlicher Einzelfertigung „die Abgrenzung des Umfanges der wünschenswerten Konstruktions- bzw. Maschinenvereinheitlichungen".[33] Es gäbe „in sehr vielen und umsatzmäßig bedeutenden Fertigungen keine durch technische Gründe bestimmte Grenze", so dass das Ausmaß der Eingriffe letztlich von der Dauer des Krieges und der „Aufrechterhaltung des technischen Fortschrittes" abhinge, wobei dann die Frage wichtig sei, „inwieweit die einzelnen Unternehmungen nur Objekt oder nur Subjekt" der Entwicklung seien.

Deshalb wäre es begrüßenswert, eine Grenze der „Rationalisierung" zu bestimmen, die selbst dann nicht überschritten würde, „wenn durch ein Weitertreiben noch zusätzlich an Arbeitseinsatz etc. eingespart werden könnte." Bei der ausschließlichen Berücksichtigung der Kriegsbedürfnisse seien „tiefgreifende Strukturwandlungen innerhalb des Maschinenbaues und der einzelnen Maschinenbau-Unternehmungen" zu erwarten, deren Auswirkungen „erst nach vielen Nachkriegsjahren wieder einigermaßen ausgeglichen sein" würden.

Die Antwort des Hauptausschusses bestand in einer Einladung zu einer „eingehende[n] und persönliche[n] Rücksprache", da es „sich hier grundsätzlich um Fragen [handele], die im Einzelfall geprüft werden müssen."[34] Der Verlauf einer solchen Rücksprache ist weder in Rubins Unterlagen dokumentiert, noch wird sie in den Protokollen des SAT erwähnt. Allerdings brachte Rubin die Frage des betrieblichen Leistungsvergleichs nicht wieder in dieser Eindringlichkeit zur Sprache. Vielmehr erscheint in den folgenden SAT-Protokollen vom Juli und vom Oktober 1943 der betriebliche Leistungsvergleich als eine der zu bewältigenden Aufgaben, beschränkte sich allerdings in der Folgezeit zumeist auf Einzelteile oder auf die zu diesem Zeitpunkt bereits angelaufene Arbeit der „Rationalisierungsausschüsse".

Die sich verschärfende militärische Lage und der verstärkte Anpassungsdruck seitens der ministerialen Ämter und des Hauptausschusses Maschinen ab dem Frühjahr 1943 führte innerhalb des SAT zu einer Ausdiffe-

32 Für die Monatsberichte nicht nur seines Sonderausschusses ist das sehr ungewöhnlich und wohl ein Indiz für die von Rubin empfundene Dringlichkeit des Problems angesichts des steigenden Rationalisierungsdrucks; vgl. auch die Monatsberichte des Sonderausschusses Werkzeugmaschinen in BA, R 3 – 491.

33 StAL, BTG 310 („Tätigkeitsbericht Monat März 1943", 12.4.1943). Hier auch die folgenden Zitate.

34 Ebd. (Hauptausschuss Maschinen an Rubin, 4.5.1943).

renzierung der Positionen der Arbeitsausschussleiter entsprechend ihren Firmeninteressen. Zu keinem Zeitpunkt entwickelte sich etwa ein gemeinsames Verständnis von Rationalisierung, sondern die auf der SAT-Sitzung vom März 1943 deutlich gewordene unterschiedliche Bewertung der Firmen je nach den Möglichkeiten, Serienfertigung und damit Vergleichbarkeit im Sinne des „betrieblichen Leistungsvergleichs" in der eigenen Produktion zu etablieren, zog sich als roter Faden durch die weitere Arbeit des Sonderausschusses.

Diese Interessendifferenzierung innerhalb des SAT wurde noch dadurch begünstigt, dass die Verbotsanordnungen des Hauptausschussleiters Lange, die ab Februar 1943 zur Materialeinsparung beitragen sollten, die einzelnen Unternehmen der Hebezeuge- und Fördermittelbranche ganz unterschiedlich trafen: Konnte einerseits der Leiter des Arbeitsausschusses Aufzüge darauf verweisen, dass entsprechend der Verbotsanordnungen in seiner Branche echte Materialeinsparungen erreicht würden,[35] so führte die Forderung, „alle in Betracht kommenden Methoden des Leichtbaus anzuwenden", nicht zur erhofften „Ersparnis von Rohstoffen", sondern schuf insbesondere im Kranbau technische Probleme, die unter den Bedingungen des Krieges nicht zu bewältigen waren.[36]

Allerdings fanden die technischen Probleme der Transportanlagenindustrie zu diesem Zeitpunkt bereits keine Berücksichtigung mehr. Rüstungsfragen hatten absolute Priorität. Auch die Zulieferung wurde allein nach militärischen und rüstungstechnischen Gesichtspunkten organisiert, ohne dass der SAT darauf Einfluss nehmen konnte, wenn er nicht frühzeitig in die Planungen involviert war.

Augenfällig wird dieser Zusammenhang an einer Nebenwirkung des „Adolf-Hitler-Panzerprogramms", die für die Unternehmen des Fördermittelbaus fatal war.[37] Den Bestrebungen des Arbeitsausschusses Stahlgelenkketten im Hauptausschuss Panzerwagen und Zugmaschinen, sich „die gesamte Kettenproduktion [...] zu unterstellen" und „diese Produktion aus dem Kreis der fördermittelbauenden Firmen herauszunehmen", hatte das Speer-Ministerium nachgegeben.[38] Der Arbeitsausschuss Stahlgelenkketten vereinheitlichte nun diese Spezialförderketten entsprechend seinem eigenen,

---

35 Vgl. StAL, BTG 292 (Leiter des AA Aufzüge, Herker, an Rubin, 9.4.1943).

36 Ebd. (Wirtschaftsgruppe Maschinenbau an Rubin, 9.3.1943, mit Anlagen). Firmen, die sich weiterhin der Forderung nach Materialeinsparung durch Leichtbau entzogen, indem sie „auch heute noch den Versuch machen, Gewichte und Preise in Beziehung zueinander zu bringen", handelten nach Ansicht Langes verantwortungslos; ebd.

37 Das „Adolf-Hitler-Panzerprogramm" bot Anfang 1943 für die Steigerung der Panzerfertigung „die nötige Schubkraft", um „Widerstände bei der Ressourcenlenkung zu überwinden sowie die Betriebsführer und Belegschaften zu Höchstleistungen zu motivieren"; MÜLLER, Albert Speer, S. 570. Vgl. auch EICHHOLTZ, Geschichte Bd. 2, S. 333ff.

38 StAL, BTG 291 (*Maschinenfabrik Fredenhagen* an Rubin, 11.3.1943).

vor allem die Panzerkettenfertigung gewährleistenden Plänen ohne Rücksprache mit dem SAT. Als dieser protestierte, war es bereits zu spät: Auf einer Besprechung aller beteiligten Firmen Ende März 1943 wurde klar, dass die Anpassung der Förderbänder nicht mehr zu umgehen war. Es sei „zweckmäßig, die Firmen stellen sich auf einmal auf eine wenn auch sehr einschneidende Norm um, statt zunächst nur eine Angleichung an eine vorhandene Norm vorzunehmen und über kurz oder lang doch die endgültige Norm anzuerkennen".[39] Damit waren die für nicht unmittelbar rüstungsrelevante Firmen verbleibenden Handlungsalternativen ziemlich exakt beschrieben.

Dies verdeutlichte den Mitgliedern des Sonderausschusses sowohl die Grenzen ihres Einflusses als auch die Notwendigkeit, sich weiterhin für ihre Firmen einzusetzen, um nicht übergangen zu werden. Angesichts der ab Sommer 1943 dramatisch zunehmenden Ressourcenverknappung gelang es den im SAT versammelten Vertretern der Transportanlagenindustrie aber immer seltener, Zugeständnisse für die eigene Branche zu erreichen. Die Arbeit des SAT konzentrierte sich nun stärker darauf, die materiellen Folgen des totalen Krieges durch technische Anpassungen auszugleichen und schließlich Versuche abzuwehren, die Firmen der Transportanlagenindustrie der unmittelbaren Rüstungsendfertigung zur Verfügung zu stellen.

Dabei mussten sich die Firmenvertreter im SAT allerdings vollständig auf das Argument der „Kriegswichtigkeit" ihrer eigenen Fabrikate beschränken. Versuche, allgemeine Branchenzwänge oder die sichtbare Zerrüttung der eigenen Fabrikation als Rechtfertigung für erbetene Schonung ins Feld zu führen, hatten keine Erfolgsaussichten mehr.[40]

Diese Aussichten schwanden gänzlich im September 1944, als der Hauptausschuss Maschinen innerhalb des Speer-Ministeriums von der ursprünglichen Zuständigkeit des Rüstungslieferungsamtes in den Bereich des Technischen Amtes gelegt wurde, um die Voraussetzungen zu schaffen, „den Maschinenbau als letzte überhaupt verfügbare Reserve weitgehend mit Rüstungsendfertigungen zu belegen".[41] Bei der Beratung dieser Maßnahme auf einer SAT-Sitzung wurden alle Firmen benannt, „die vollständig oder zum Teil mit ihrer Kapazität schnellstens für direkte Wehrmachtsfertigun-

39 Ebd. („Bericht über die Sitzung am 30. März 1943 ... [betr.] Laschenbüchsenketten", 1.4.1943).

40 Vgl. etwa StAL, BTG 295 (Leiter des AA Krane, Hubert, an Hauptausschuss Maschinen, 10.2.1944). Hubert schildert den dramatischen Rückgang an freier Arbeitskapazität für Kranbau (allein bei der von Hubert vertretenen *Demag* auf „im Februar 1944 nur noch 20.000 bis höchstens 25.000 Werkstunden" entgegen „über 100.000 im Frieden"), begründet sein Plädoyer für die „Erhaltung der Produktion im Kranbau" aber allein mit dem Bedarf der Marine bzw. den Rekonstruktionsanfragen nach Bombenangriffen.

41 StAL, BTG 313 (Protokoll der außerordentlichen SAT-Sitzung am 6.9.1944, 8.9.1944). Hier auch die folgenden Zitate.

gen eingesetzt werden“. Verbunden war damit eine neuerliche, umfassende „Auftragsbereinigung auf dem Gebiet der Serienerzeugnisse“.

Zwar ließ sich im letzten Kriegsjahr die weitgehende Belegung mit Rüstungsendfertigung nicht mehr überall verwirklichen,[42] aber sämtliche Pläne der SAT-Mitglieder, die eigenen Firmen mit der Anpassung an die Kriegswirtschaft und der bereitwilligen „Rationalisierung“ trotz überwiegend ziviler Einzelfertigung über den Krieg zu retten, waren hinfällig.

1.4. Kriegsanpassung als „Rationalisierung“

Der Begriff „Rationalisierung“ birgt mehrere Probleme, die seine Verwendung in der historischen Analyse erschweren. Das grundsätzliche Problem bildet die politische Indienstnahme der technischen und betrieblichen Rationalisierung durch die Nationalsozialisten. „Für das NS-Regime standen [...] nicht fertigungstechnische Belange und die Verbesserung der Wettbewerbsfähigkeit“ des Maschinenbaus im Vordergrund, sondern vielmehr deren „Instrumentalisierung für eine intensivere Rüstungsproduktion“.[43]

Daher lassen sich „wesentliche Unterschiede“ zwischen den Rationalisierungsmaßnahmen in der deutschen Kriegswirtschaft seit 1941/42 und „der herkömmlichen Methode der Rationalisierung“ ausmachen.[44] So spielte im Krieg der Konkurrenzdruck der Firmen für die Forcierung von Rationalisierungsmaßnahmen kaum eine Rolle, sondern hat der Vereinheitlichung vielmehr entgegen gestanden. Die Dämpfung solcher Konkurrenzkräfte setzte eine staatliche Regulierung voraus, wie sie sich nur in der Ausnahmesituation des totalen Krieges rechtfertigen ließ.

Für das Verständnis dessen, was im Rüstungsministerium unter Rationalisierung gefasst wurde, ist schließlich von Bedeutung, dass die Entscheidung über Rationalisierungsmaßnahmen *unter Marktbedingungen* weitgehend im *betrieblich-wirtschaftlichen* Bereich verbleibt, während es sich bei den Maßnahmen des Speer-Ministeriums trotz der industriellen Selbstverantwortung in hohem Maße um *überbetrieblich-politische* Verordnungen handelte.

Gesamtwirtschaftlich blieben die Ergebnisse der Normungsbemühungen im Speer-Ministerium denn auch dürftig. Eichholtz stellt fest, dass „der

---

42 So heißt es im Kriegstagebuch des Rüstungskommandos Leipzig mit Eintrag vom 25. September 1944, die Bleichert-Werke müssten „auf Befehl des Hauptausschusses Maschinen 1/3 ihrer jetzigen Fertigung für Elektrokarren abgeben“, um in die „Fertigung des JG 42 eingeschaltet“ zu werden (für diesen Hinweis danke ich Peter Kohl, Leipzig). Die Aufnahme der JG42-Fertigung ist in den Betriebsunterlagen der BTG indes nicht belegt.

43 GEHRIG, Rüstungspolitik, S. 209f.

44 EICHHOLTZ, Geschichte, Bd. 2, S. 295.

Fortschritt in der Entwicklung der Produktivkräfte, sonst ein wesentliches Moment der kapitalistischen Rationalisierung, abgesehen von der Produktion von Waffen und Kriegsgerät, also von Destruktivkräften, gering [blieb], und [...] in keinem Verhältnis zu dem volkswirtschaftlichen Gesamtverlust [stand], den die Verlangsamung bzw. der Stillstand der Produktivkräfteentwicklung in weiten Teilen der Wirtschaft mit sich brachten".[45]

Die konkrete Rationalisierungstätigkeit im Sonderausschuss Transporteinrichtungen war durch die Unklarheit des Begriffs bestimmt. Zwar hatte Karl Lange auf einer Sitzung des Beirates der Reichsgruppe Industrie Anfang Februar 1942 die Etappen der durchzuführenden Rationalisierung umrissen: „Erste Etappe: Typenbeschränkung. Zweite Etappe: Bereinigung des Fertigungsprogramms der einzelnen Firma und Abstimmung auf die übrigen Firmen. Dritte Etappe: Völlige Umstellung der Fertigung oder Stilllegung".[46] Aber eine begriffliche Trennung von „Rationalisierung", „Typenvereinheitlichung" und „Fertigungsumstellung" fand bei den Mitgliedern des SAT nicht mit der erforderlichen Sorgfalt statt. Vielmehr vermengten sie die Begriffe, um in ihren Berichten an den Hauptausschuss Maschinen allein die Normung von Einzelteilen als „Rationalisierung" herausstreichen zu können. Auf diese Weise wurden die Firmen, die der SAT vertrat, einige Zeit vor den dramatischen Einschränkungen bewahrt, indem häufig der von den Unternehmen selbst gewünschte Verzicht auf Produktionsgüter als Verbot ausgesprochen wurde.[47]

Im Sonderausschuss Transporteinrichtungen arbeiteten zwei so genannte „Rationalisierungsausschüsse", in denen die Schaffung von einheitlichen Förderbändern und Kraftkarren für den innerbetrieblichen Transport erreicht werden sollte. Ein Vergleich der Behandlung beider Fabrikate ist für das Verhalten des SAT-Leiters Adolf Rubin deshalb aufschlussreich, da die *Bleichert Transportanlagen GmbH* beide Maschinen zwar herstellte, allerdings die unmittelbare Werkproduktion höchst unterschiedlich betroffen

45 Ebd., S. 296. Eine detaillierte Begründung vgl. ebd., S. 321ff.

46 Zitiert nach EICHHOLTZ / SCHUMANN (Hrsg.), Anatomie, S. 378.

47 Die vom Hauptausschuss Maschinen angeordneten Produktionsverbote für die Bleichert-Werke und die *A. W. Mackensen Maschinenfabrik Magdeburg* sind auf den 30.9. 1943 datiert. Bleichert wurde die Herstellung kleinerer Maschinen wie Handhängebahnen und Rangierwinden untersagt, die im Fabrikationsprogramm ohnehin keine Bedeutung hatten; vgl. StAL, BTG 295 (Hauptausschuss Maschinen an BTG, 30.9. 1943). Bei Mackensen war die Lage schwieriger: „Da wir Wagenumläufe, Schleppkettenförderer und Kreisförderer ohnehin nicht bauen, rührt uns das Verbot in dieser Hinsicht nicht", allerdings würde durch das Verbot von Rangieranlagen und Becherwerken „der schon sehr eingeengte Arbeitsplan auf dem Gebiete der Fördermittel noch weiter verringert". Die Chancen eines Einspruchs beurteilte man bei Mackensen skeptisch: „Nach der scharfen Fassung des Verbotes ... erscheint uns ein solcher Antrag ohne besondere Unterstützung durch Sie wenig erfolgversprechend"; StAL, BTG 294 (Firma Mackensen an Rubin, 8.10.1943).

war: Während Förderbänder den gesamten Krieg hindurch bei Bleichert nur montiert wurden – der Anteil der Fremdproduktion mithin durchgängig 99-100% betrug –, stellte Bleichert die Einzelteile seiner Elektrokarren zu über 90% selbst her.[48] Veränderungen in der Organisation der Elektrokarrenproduktion hatten für Bleichert also sehr viel stärkere Auswirkungen auf den Betriebsablauf. Im Folgenden wird deutlich, dass dieser Unterschied sehr wohl Einfluss auf das Verhalten Adolf Rubins als Sonderausschussleiter hatte.

1.5. Rationalisierung im Sonderausschuss Transporteinrichtungen (I): Förderbänder

Die Rationalisierung von transportablen Förder- oder Fahrbändern wurde bereits frühzeitig von Rubin in die Wege geleitet. Auf der Grundlage eines Rundschreibens der Fachgruppe Hebezeuge, Fördermittel und Aufzüge vom Juni 1941 wurde die Normung von Einzelteilen begonnen und im Februar 1942 ein Rationalisierungsausschuss Fahrbänder unter Rubins Leitung gebildet. Man kam rasch überein, anstelle der Einzelteilnormung von einer Konstrukteursgemeinschaft zwei Einheitsfahrbänder – eines für die Bauwirtschaft, eines für die Industrie – entwerfen zu lassen.[49] Der anschließende Austausch der jeweiligen Firmenzeichnungen ging dabei noch ohne Schwierigkeiten vonstatten.

Die Probleme begannen, als im März 1942 zwei an der Konstrukteursgemeinschaft beteiligte Firmen vorschlugen, das von der Offenbacher Firma *Wilhelm Stöhr* gebaute Fahrband anstelle eines noch langwierig zu entwickelnden Fördergerätes als Einheitsmodell zu nehmen. Rubin lehnte dies mit technischen Argumenten ab. Es sollten „nach Möglichkeit einzelne Teile, wie Tragrollensätze, Umkehrtrommeln usw. für beide Bandtypen gleich und austauschbar gemacht werden", so dass „sich eine Überarbeitung auch Ihres Bandes nicht vermeiden" ließe.[50]

Unabhängig von der Plausibilität technischer Argumente hatte Rubins Entscheidung auch zur Folge, dass die Bleichert-Werke zunächst ihr eigenes, bei der Vereinheitlichung nicht berücksichtigtes Fahrbandmodell weiter produzieren konnten und auf diese Weise die anlaufende Rationalisierung keinen Einfluss auf die jeweiligen Marktanteile hatte. Dass dieser Umstand von Rubin angestrebt wurde, lässt sich nicht direkt nachweisen. Aber

48 Vgl. StAL, BTG 285 (Übersicht über die Entwicklung der BTG 1936 bis 1945, 27.2. 1946).

49 Vgl. StAL, BTG 303 („Niederschrift über eine Sitzung des Rationalisierungsausschusses Fahrbänder am … 26.2.1942", 2.3.1942).

50 Ebd. (Rubin an die Firma *Wilhelm Stöhr*, 14.4.1942).

aus der im Januar 1941 formulierten Absicht Rubins, die Marktanteile von Bleichert auch im Krieg im Blick zu behalten, kann abgeleitet werden, dass diese Wirkungen einer anlaufenden Vereinheitlichung zumindest nicht unberücksichtigt blieben.

Eine Konstrukteursgemeinschaft traf sich nun etwa monatlich in Leipzig, um auf der Grundlage aller vorhandenen Zeichnungen Einheitsfahrbänder zu konzipieren. An der Arbeit dieses Gremiums wurde freilich schnell deutlich, dass man gemeinschaftlich Resultate aushandeln sollte, die bisher die Folge eines Marktwettbewerbs der einzelnen Fahrbandmodelle gewesen waren. So spielten Kundeninteressen – beispielsweise von Vertretern der Bauindustrie – keine Rolle, und Rubin verhinderte jegliche Einflussnahme von außen auf die Arbeit der Konstrukteursgemeinschaft. Protestierende Förderbandproduzenten, die an der Arbeit nicht beteiligt waren, wurden von Rubin hingehalten.[51] Ungeachtet solcher Differenzen meldete Rubin Anfang Juni 1942 an Karl Lange, dass die Konstrukteursgemeinschaft „nunmehr die grundlegenden Arbeiten fertiggestellt“ habe.[52]

Die Konflikte in der Konstrukteursgemeinschaft gingen aber weiter. Die anhaltenden Kontroversen über technische Details – bis hin zur Farbgestaltung der Fahrbänder – zeigten den beteiligten Firmen die Grenzen einer solchen Typenvereinheitlichung auf dem Verhandlungswege: Zunehmend geriet nun auch das Verfahren selbst in die Kritik, beispielsweise wenn die beteiligten *Mitteldeutschen Stahlwerke* Ende August 1942 bezweifelten, „ob mit der Firma Stöhr in nächster Zeit überhaupt eine Einigung erzielt werden“ könne, da sie immer wieder ausgehandelte technische Kompromisse in Frage stellte.[53] Gleichzeitig war die Freistellung der Konstrukteure für die Gemeinschaft aufgrund von Einberufungen und ersten schweren Bombenschäden zunehmend schwieriger.

Ein von Rubin im April 1943 vorbereiteter und für Karl Lange bestimmter Anordnungsentwurf, der den ausschließlichen Bau der neuen Einheitsbänder vorschreiben sollte, mochte trotz der inzwischen verstrichenen Zeit eher eine überstürzte Aktion gewesen sein, um die beteiligten Firmen unter Druck zu setzen, denn die *Mitteldeutschen Stahlwerke* kritisierten wenige Tage später die Weitergabe des Anordnungsentwurfes als „verfrüht“, da „die im Entwurf aufgeführten technischen Daten einer Überprüfung“ bedürften und zudem eine Erprobungszeit geplant gewesen sei.[54] Tatsächlich wurde der Entwurf daraufhin zurückgezogen, und im Verlauf des Jahres

51 Vgl. z.B. ebd. (*Maschinenfabrik Hermann Ulrich* an Rubin, 15.10.1942). In seiner Antwort bat Rubin um Verständnis und gab zu bedenken, „dass etwa 50 Unternehmen Fahrbänder herstellen“ die alle nach Abschluss der Rationalisierung informiert würden; ebd. (Rubin an *Maschinenfabrik Hermann Ulrich*, 22.10.1942).

52 Ebd. (Rubin an Karl Lange, 5.6.1942).

53 Ebd. (*Mitteldeutsche Stahlwerke* an Rubin, 31.8.1942).

54 Ebd. (*Mitteldeutsche Stahlwerke* an Rubin, 24.4.1943).

1943 wurden die Angleichung der Produktionszeiten, die Berücksichtigung der Einwände der Bau-Berufsgenossenschaft in Bezug auf Schutzvorrichtungen an den Einheitsbändern, die Hinzuziehung zusätzlicher Gutachter (aus der Wirtschaftsgruppe Maschinenbau) für die Beurteilung von im September fertiggestellten Probebändern und schließlich die Klärung der Preisgestaltung in Angriff genommen. All das erzeugte Papier, aber bis Herbst 1943 war noch kein einziges Einheitsfahrband in Serie gegangen.

Schließlich wurde die Planung der Fahrbandrationalisierung immer mehr vom allgemeinen Materialmangel berührt, der sich zuerst in einer dramatischen Verknappung von Kugellagern zeigte. Die Firmen der Konstruktionsgemeinschaft schlugen vor, für die Tragrollen der Fördergurte jeweils ihre eigenen Konstruktionen zu verwenden, sofern damit keine Wälzlagerverwendung verbunden wäre. Rubin lehnte dies in einem Schreiben an Stummelen Ende November 1943 ab, „da dann von einem Einheits-Band nicht gesprochen werden" könne, weil „eine Austauschbarkeit einzelner Rollensätze bei Bändern verschiedener Herkunft nicht mehr möglich" sei.[55] Tatsächlich schränkten nun die Folgen des „totalen Krieges", der bisher das beste Argument für Rationalisierung darstellt hatte, genau diese Rationalisierung ein.

Als Anfang Dezember 1943 endlich ein Anordnungsentwurf an Karl Lange gesandt wurde – diesmal vorsorglich ohne genaue technische Daten! – gaben Firmen reihenweise die Einheitsbandproduktion auf. So verzichtet ein wichtiger Produzent, die *Weserhütte* in Bad Oeynhausen, „für die Kriegsdauer [auf] die Herstellung von fahrbaren Förderbändern", u.a. weil man nicht verstehe, dass „für die fahrbaren Gurtförderer eine anormale Tragrolle geschaffen" worden sei.[56] Auch die *Mitteldeutschen Stahlwerke* weigerten sich, die ersten Einheitsbänder zu bauen, und beschwerten sich bei Rubin darüber, dass das neue Fahrband nun als „Bleichert-Einheitsfahrband" firmiere.[57]

Eine Umfrage des SAT-Büros im Mai 1944, welche Firmen wie viel Kapazität für die Herstellung der Einheitsfahrbänder freimachen könnten, brachte trotz der teilweise ernüchternden Antworten – so hätte eine Firma nicht vor April 1945 mit der Produktion beginnen können – immerhin noch ein Ergebnis von monatlich etwa 225 Bändern. Den Sommer über erreichten Rubin vor allem Schadensmeldungen der Firmen und Nachrichten über Lieferschwierigkeiten bei Gummigurten; eine Wiederholung der Kapazitätsumfrage im November 1944 brachte gerade noch monatlich 180 hypothetische Fahrbänder – freilich, wie es Bleichert-intern hieß, „unbeschadet

55 StAL, BTG 304 (Rubin an den Leiter des AA Stetige Förderer, Stummelen, 22.11.1943).

56 Ebd. (*Eisenwerk Weserhütte* an SAT, 10.12.1943).

57 Vgl. ebd. (*Mitteldeutsche Stahlwerke* an Rubin, 18.1.1944).

des vorhandenen Gummis".[58] Aber schon die kurzfristige Lieferung von zwei Fahrbändern für ein Münchner Bauunternehmen erwies sich im Januar 1945 als unmöglich.

In einem der letzten Schreiben in Rubins Unterlagen freute sich Ende Februar 1945 ein Fahrbandhersteller aus Westfalen, „dass nun bald die Möglichkeit besteht, das Einheitsfahrband zu bauen". Vor allen Dingen interessierte den Unternehmer aber, „ob die Möglichkeit besteht, einige Gummigurte monatlich zu bekommen".[59]

Die Fragmentierung und Zerrüttung der deutschen Wirtschaft in der Endphase des totalen Krieges kommt im Verlauf dieser „Rationalisierung" deutlich zum Ausdruck; Tatsache ist aber auch, dass die eigentliche Produktion von Fahrbändern zumindest bei den Bleichert-Werken vom Vereinheitlichungsbestreben im Grunde wenig berührt wurde.

1.6. Rationalisierung im Sonderausschuss Transporteinrichtungen (II): Kraftkarren

Anders lag die Sache bei der Anpassung von Elektro- bzw. Kraftkarren an die Kriegserfordernisse. Der Bedarf an Transportmitteln für geschlossene Räume, an so genannten Flurfördermitteln, erwies sich spätestens mit dem Ausbau der Flugzeugindustrie als kriegswichtig. Entsprechend groß war das Interesse des Rüstungsministeriums, den Bau von Flurfördermitteln zu rationalisieren.

Als Flurfördermittel erster Wahl galten Elektrokarren, eines der wichtigsten Fabrikate der *Bleichert Transportanlagen GmbH.* Allerdings fielen Elektrokarren nicht in Rubins Arbeitsbereich beim SAT, sondern wurden vom Arbeitsring Elektrofahrzeuge beim Hauptring für elektrotechnische Erzeugnisse bearbeitet, den ein Mitarbeiter der *AEG* leitete. Schwierigkeiten bereitete im Verlauf des Krieges vor allem der hohe Bleibedarf für die Akkumulatoren der Elektrokarren, so dass offenbar bereits 1942 im Rüstungsministerium Überlegungen angestellt wurden, eine abgasarme Alternative als Flurfördermittel zu finden.

Im Januar 1943 teilte das Technische Amt des Speer-Ministeriums Rubin mit, dass ein Diplom-Ingenieur Krippendorff von den Junkers-Werken in Bernburg/Saale zum „Sonderbeauftragten für das betriebliche Förderwesen" ernannt worden sei.[60] Krippendorff sei für die „Anwendung von Fördermitteln […] zum Zwecke der Leistungssteigerung in der Rüstungsindu-

58 StAL, BTG 305 (AN über eine BTG-interne Sitzung, 24.10.1944).

59 Ebd. (*Maschinenfabrik Beumer* an Rubin, 20.2.1945).

60 StAL, BTG 300 (Technisches Amt, Amtsgruppe Fertigung, an Rubin, 16.1.1943). Hier auch die folgenden Zitate.

strie“ zuständig, und Rubin sollte kurz mitteilen, was von seiner Seite „als Ausschussleiter auf dem Gebiet der Typung der [...] Fördermittel veranlasst worden ist“.

Bis zu diesem Zeitpunkt war von Rubin noch nichts veranlasst worden, und daher nahm Krippendorff die Dinge selbst in die Hand: Bereits am 1. Februar 1943 fand im Rüstungslieferungsamt eine Sitzung von Vertretern des Reichsluftfahrtministeriums und verschiedener Firmen statt (vom SAT war nur der Arbeitsausschussleiter Kurt Stummelen anwesend), auf der nachdrücklich festgestellt wurde, dass „die Regelung der Transportfrage bei dem Mangel an Elektrokarren besonders dringend“ sei. Der Leiter des SAT sollte daher gebeten werden, „ein Fahrzeug mit Generatorgasantrieb in zwei Größen von ca. 3 bis 8 t konstruktiv zu entwickeln“.[61] Da gasbetriebene Kraftkarren nicht in die Zuständigkeit des Arbeitsringes Elektrofahrzeuge fielen, konnte Rubin im SAT einen Arbeitsausschuss Kraftkarren gründen.

Den Anregungen Krippendorffs, bei der Konstruktion des neuen Kraftkarrens das Modell eines „für die Landwirtschaft entwickelten Generator-Gas-Traktoren“ als Vorbild zu nehmen und besonders auf die Erfahrungen der Firmen Opel und Vögele zurückzugreifen,[62] konnte Rubin erfolgreich entgegentreten: Bereits am 10. Februar 1943 wurde auf einer weiteren Sitzung im Rüstungslieferungsamt, an der neben Krippendorff und Stummelen nun auch Rubin und ein weiterer Vertreter der Bleichert-Werke teilnahmen, beschlossen – um, wie es hieß, „Konstruktionsarbeit zu vermeiden und dem immer größer werdenden Mangel an Elektrokarren zu begegnen“ –, dass „der 3t-Elektrokarren der Firma Bleichert dergestalt umkonstruiert“ werde, dass „anstelle der Batterie ein luftgekühlter Motor [...] eingebaut wird“.[63] Auch die Konstruktion eines größeren Einheitstreckers mit Gasantrieb sowie passender Anhänger oblag der Firma Bleichert und sollte vom Sonderausschuss Transporteinrichtungen gesteuert werden.

Damit lag die Anpassung eines für Bleichert wesentlichen Produkts an die Kriegserfordernisse sicher in Rubins Hand. Er war dadurch in der Lage, Bedenken des Leiters des Arbeitsringes Elektrofahrzeuge beim Hauptring elektrotechnische Erzeugnisse, Roesner, abzuweisen, der um die Weiterproduktion von Elektrokarren fürchtete.[64] Zugleich brachte die zuständige Abteilung der *Bleichert Transportanlagen GmbH* technische Details über Gasmotoren und Druckflaschen in Erfahrung.[65] Auf einer neuerlichen Sit-

---

61 Ebd. (AN zur „Besprechung zwecks Schaffung von Einheitstransportgeräten für die deutschen Fließstraßenfertigungen“, 1.2.1943).

62 Ebd. (Krippendorff an Rubin, 3.2.1943).

63 Ebd. (AN, 10.2.1943).

64 Vgl. ebd. (Roesner an Rubin, 16.2.1943, und Rubin an Roesner, 23.2.1943).

65 Vgl. ebd. (BTG-interner Bericht über die „Umstellung der Elektrokarren für Antrieb mit Verbrennungskraftmaschine“, 17.2.1943).

zung im Rüstungslieferungsamt am 15. März 1943 wurden die „von Fa. Bleichert vorgeschlagenen Fahrzeuge und Anhänger [...] genehmigt".[66]

Es war dem technischen Direktor der Bleichert-Werke mitten im kriegswirtschaftlich schwierigen Frühjahr 1943 innerhalb von zwei Monaten gelungen, seinem Unternehmen eine Auftragsgarantie für ein Fabrikat zu verschaffen, das mit diesem Antrieb bisher gar nicht produziert worden war. Dieser Erfolg wäre ohne Rubins SAT-Leitungstätigkeit sicher nicht möglich gewesen. Mit der Entscheidung, bei Bleichert gasbetriebene Kraftkarren zu bauen, wandte sich Rubin aber zugleich gegen den Arbeitsring Elektrofahrzeuge, der eigentlich auch die Interessen der *Bleichert Transportanlagen GmbH* als Anbieter von Elektrokarren vertreten hatte.

Sehr bald nach dieser Entscheidung traten erste Schwierigkeiten auf. Eine Berliner Firma lehnt den Bau der erforderlichen Gasarmaturen aus Kapazitätsgründen ab; gleichzeitig meldete sich das Mannheimer Fördermittelunternehmen *Joseph Vögele*, und zwar in geschickter Weise über einen Prokuristen, der in einem der Arbeitsausschüsse des SAT tätig war. Dieser war überrascht, dass zu der Besprechung am 15. März „weder meine Person noch meine Firma eingeladen" worden sei.[67] Mit der Firma *Joseph Vögele* vereinbarte Rubin daraufhin, dass als Modell für den Einheitskraftkarren bis 2t ein Vögele-Fabrikat, für den 3t-Einheitskraftkarren das umgerüstete Bleichert-Elektrofahrzeug verwendet werden sollte.[68]

Der Leiter des Arbeitsringes Elektrofahrzeuge, Roesner, betrieb offenkundig in voller Kenntnis der Umstellungen bei Bleichert weiterhin mit Nachdruck die Konstruktion eines Einheitselektrokarrens, ohne die auf diesem Gebiet führende *Bleichert Transportanlagen GmbH* auch nur darüber zu informieren. Als Rubin davon erfuhr, wandte er sich an den Beauftragten für die Versorgung der deutschen Rüstungsindustrie mit Werkzeugmaschinen, Heinz Kiekebusch, mit der Bitte, angesichts der Tatsache, dass verschiedene Ausschüsse bzw. Ringe sich denselben Kraftkarren, E-Karren oder entsprechenden Anhängern widmeten, künftig einen Vertreter des SAT vom Rüstungslieferungsamt zu allen wichtigen Sitzungen hinzuzuziehen.[69]

Rubins Ansinnen, die Kraftkarrenumstellung maßgeblich vom SAT bestimmen zu lassen und zugleich eventuelle Arbeiten an Elektrofahrzeu-

66 Ebd. (AN, 15.3.1943).

67 Ebd. (Eugen Maier an Rubin, 12.4.1943).

68 Vgl. ebd. (Rubin an Krippendorff, 10.5.1943).

69 In seinem Schreiben schlug Rubin vor, den SAT an der Arbeit Roesners „so maßgebend zu beteiligen, dass er [der SAT] einerseits über die beabsichtigten Arbeiten laufend im Bilde" sei und die Wünsche der einzelnen Ämter und Sonderbeauftragten „sowohl nach Änderung vorhandener als auch Schaffung etwaiger zusätzlicher Geräte oder Sicherstellung entsprechender Lieferungen bzw. Lieferzeiten vorbringen und gegebenenfalls durchdrücken" könne; ebd. (Rubin an Kiekebusch, 15.5.1943). Zur Person Heinz Kiekebusch vgl. GEHRIG, Rüstungspolitik, S. 200, Anm. 30.

gen zu kontrollieren, fand in Berlin keine hinreichende Unterstützung. Vielmehr erwies sich Roesner als ebenso umtriebig wie Rubin: Ein zur Einsparung von Blei immer wieder erwogenes generelles Bauverbot für Elektrokarren, das Rubin den Rücken für eine ungehinderte Kraftkarrenproduktion ohne Positionsverlust freigehalten hätte,[70] wurde trotz vordringlichem U-Bootprogramm nie ausgesprochen, und Roesner konnte die Bleichert-Werke bis Kriegsende aus der Entwicklung einheitlicher Elektrokarren heraushalten.[71]

Bei Bleichert hingegen sollte Mitte September 1943 „nach Rücksprache mit der Betriebsleitung [...] der Probewagen mit aller Energie fertiggestellt werden".[72] Ein Anordnungsentwurf mit dem Hinweis, die Herausgabe sei „eilig", wurde an Karl Lange gesandt,[73] und gleichzeitig wurde die drängende Anfrage einer Kraftkarren produzierenden Firma aus Oberschönweide, wie denn ihre Produktion in das neue Programm integriert werden könne, von Rubin mit dem Hinweis abgewiesen, dass „über die Absatzmöglichkeiten zur Zeit noch kein klares Bild" vorliege.[74]

Von der anlaufenden Kraftkarrenproduktion versprach sich die Leitung der *Bleichert Transportanlagen GmbH* Schutz vor dem Abzug deutscher Arbeitskräfte einerseits, zusätzliche Materialkontingente andererseits.[75] Beide Hoffnungen erfüllten sich zwar, doch nun stellte sich die Treibstoffversorgung als neues Problem heraus. Nachdem es den ganzen Winter 1943/44 unmöglich gewesen war, größere Kontingente Flüssiggas zu erhalten, wandte sich Rubin im Februar 1944 unterschwellig drohend an Kiekebusch, inzwischen Leiter des Sonderausschusses Verschiedene Fertigungseinrichtungen im Hauptausschuss Maschinen: Die „für die Belieferung der Rüstungsfirmen mit Flurfördermitteln zuständige Stelle" sollte sich entwe-

---

70 Vgl. StAL, BTG 300 (Rubin an Rüstungslieferungsamt, 30.10.1943).

71 Vgl. ebd. (*Bleichert-Fahrzeuge-Vertriebsgesellschaft* an die Elektrokarrenabteilung der BTG, 31.8.1943; Krippendorff an Rüstungslieferungsamt, 21.9.1943) und StAL, BTG 302 (AN über eine Besprechung der BTG mit Roesner, 10.11.1944; Rubin an Roesner, 13.11.1944; Krippendorff an Rubin betr. „Besprechung über den Stand der Elektrokarrenfertigung", 1.12.1944). An der im letzten Schreiben von Krippendorff geschilderten Besprechung hatte Rubin bezeichnenderweise nicht teilgenommen.

72 StAL, BTG 300 (BTG-interne Mitteilung, 14.9.1943).

73 Ebd. (Rubin an Lange, 15.9.1943, mit Anordnungsentwurf als Anlage).

74 Ebd. (Rubin an Firma *Gottwald Müller KG*, 18.10.1943).

75 Den Hauptausschuss Maschinen wies man darauf hin, dass „bei uns die Fertigung der Karrengestelle genauso weiterlaufen [werde] wie bisher", und bat darum, die „zuständigen Stellen davon zu verständigen, dass aus unserer diesbezüglichen Fertigung kein Personal abgezogen" werde; ebd. (BTG an Hauptausschuss Maschinen, 24.9.1943). Bei der Wirtschaftsgruppe Maschinenbau bat man, „uns im Hinblick auf die langen Werkstoffbeschaffungszeiten möglichst ein Halbjahreskontingent zur Verfügung zu stellen, und zwar als Vorschusskontingent"; ebd. (BTG an Wirtschaftsgruppe Maschinenbau, 20.10.1943).

der damit abfinden, „dass in Zukunft nicht genügend Elektro- und keine Kraftkarren für die Rüstungsfertigung zur Verfügung stehen, weil die Voraussetzungen dafür nicht gegeben" seien, oder es würde „von oben her umgehend eine Entscheidung erwirkt", dass „für Kraftkarren die entsprechenden – im Rahmen des Gesamtbedarfs sicherlich verschwindend kleinen – Mengen freigestellt werden".[76]

In der Zwischenzeit meldete die Firma Vögele eine Stockung der Gummireifenversorgung; Rubin versprach über das SAT-Büro Abhilfe zu schaffen.[77] Die Berliner Verbindungen zahlten sich noch immer aus: So wurde auch eine Lieferung von Probehochdruckgasreglern nur aufgrund des Drucks des Büros des Generalbevollmächtigten für Rüstungsaufgaben[78] möglich; gleichzeitig aber kündigte dieses Büro an, dass es der betreffenden Firma „infolge der [durch] Feindeinwirkung eingetretenen Schäden" nicht möglich sei, „auch die Lieferung der außerdem noch benötigten 300 Flüssiggasregler [zu] übernehmen".[79]

Da aber inzwischen nur noch die Lieferung von Flüssiggas in Aussicht stand, drohte das faktische Ende der Kraftkarrenproduktion. Rubin sandte dennoch im Mai 1944 den Entwurf eines Kriegsprogramms für Kraftkarren an Kiekebusch, allerdings mit dem Hinweis, dass infolge „des bei mehreren daran beteiligten Firmen, darunter auch Bleichert, eingetretenen erheblichen Bombenschadens [...] mit einem Ausstoß frühestens im Herbst ds. Js. gerechnet werden" könnte.[80] Wie ernst es Bleichert zu diesem Zeitpunkt noch immer mit der Kraftkarrenproduktion war, zeigt eine Werbebroschüre vom Mai 1944, in der potenziellen Kunden das bürokratische Bestellverfahren detailliert erläutert wird.[81]

Die Verschärfung der Kriegslage führte indes dazu, dass – so das Rüstungslieferungsamt an Rubin im Juli 1944 – „die Bereitstellung von Treibstoffen für Kraftkarren ernsthaft infrage" gestellt sei; man hielt es „daher für zweckmäßig, die Fertigung von Kraftkarren zunächst zurückzustellen".[82] Rubins Antwort, dass „das Abstoppen dieser Arbeiten in Wirklichkeit nichts anderes bedeuten würde, als dass eine Kraftkarrenfertigung in abseh-

76 StAL, BTG 301 (Rubin an Kiekebusch, 5.2.1944).

77 Vgl. ebd. (*Maschinenfabrik Joseph Vögele* an den Leiter des AA Stetige Förderer, Stummelen, 20.3.1944, und Rubin an den Leiter des AA Stetige Förderer, Stummelen, 21.4.1944).

78 Die Funktion des Generalbevollmächtigten für Rüstungsaufgaben in der Vierjahresplanbehörde übte Albert Speer aus.

79 Ebd. (Abt. Permanentgas-Umbau beim Generalbevollmächtigten für Rüstungsaufgaben an Rubin, 17.5.1944).

80 Ebd. (Rubin an Kiekebusch, 19.5.1944, mit Anlage).

81 Vgl. StAL, BTG 286 („Kraftkarren mit Verbrennungsmotor-Generator-Antrieb", 20.5.1944).

82 StAL, BTG 301 (Plagens an Rubin, 3.7.1944).

barer Zeit nicht mehr durchgeführt werden" könnte, mochte den zuständigen Sachbearbeiter im Rüstungslieferungsamt noch einmal umgestimmt haben, an der katastrophalen Versorgungslage änderte sich freilich nichts.[83]

Alle Versuche, noch gasförmigen Treibstoff zu erhalten, schlugen fehl, gleichzeitig aber – und darin lag ein verhängnisvoller Mechanismus – konnte Rubin überhaupt nur hoffen, an Material und Treibstoffe zu kommen, wenn er das Kraftkarrenprogramm weiter aufrecht erhielt. So meldete er Ende September 1944 an das SAT-Büro, dass Bleichert ab Januar 1945 Kraftkarren in Serie fertigen könne.

Für die ersten zehn Versuchskarren benötigte Rubin allerdings Gasreglerarmaturen, die ihm ohne Freigabe durch das Rüstungslieferungsamt nicht geliefert werden konnten. Und obwohl er inzwischen vom Büro des Generalbevollmächtigten für Rüstungsaufgaben definitiv wusste, „dass mit der Zuteilung von Perma-Gas und Flüssig-Gas für Kraftkarren nicht mehr gerechnet werden dürfte", weil für Lkws die entsprechende Versorgung gewährleistet sein müsste,[84] drängte die Firma Bleichert bis zuletzt auf die Lieferung der 10 Versuchsarmaturen.[85]

Ende März 1945 schließlich bat Rubin die zuständige Firma in Kassel, die Armaturen trotz noch immer fehlender Bestätigung zu liefern. Bestimmt sei anzunehmen, so das Schreiben weiter, „dass die Berliner Ereignisse an dieser Verzögerung Schuld haben. Wir selbst sind dadurch bedauerlicherweise daran gehindert, die inzwischen soweit vorbereiteten Fahrzeuge fertigzustellen und müssen die Arbeiten liegen lassen. Sollte es Ihnen trotzdem möglich sein, unter Hinweis auf die bestimmt zu erwartende Bestätigung die ersten Anlagen zur Anlieferung zu bringen, so wären wir Ihnen sehr dankbar. Schließlich muss trotz der Ereignisse die Arbeit weitergehen und kann nicht auf die Dauer von [den durch] Berlin gegebenen Möglichkeiten der Verständigung innerhalb und nach außen hin abhängig gemacht werden."[86] Die „Ereignisse" machten die Arbeit indes obsolet – am 4. April 1945 marschierte die amerikanische 1. Armee in Kassel ein.[87]

---

83 Ebd. (Rubin an Plagens, 6.7.1944).

84 StAL, BTG 302 (BTG-interne AN „betr. Bewirtschaftung für Kraftkarren", 3.11.1944). Noch zwei Wochen zuvor hatte Rubin nach einem Besuch in Berlin verlauten lassen, dort gehe man davon aus, „dass Flüssiggas in absehbarer Zeit wieder reichlicher zur Verfügung" stehe. Daher sei die „Kraftkarrenfertigung weiter zu führen, und zwar in der geplanten Höhe von 300 Stück"; StAL, BTG 287 (Bericht über den Besuch in Berlin, 20.10.1944). Im selben Bericht wird aber auch klar, weshalb die Bleichert-Werke mit so unrealistisch hohen Zahlen planten: Der zuständige Mitarbeiter der Wirtschaftsgruppe Maschinenbau sei, so Rubin, „bereit, ein neues Vorschuss-Kontingent [für die Kraftkarrenproduktion] zu erteilen"; ebd.

85 Vgl. StAL, BTG 302 (Rubin an Plagens, 13.10.1944).

86 Ebd. (Rubin an *Hessenwerk Rudolf Majert*, 22.3.1945).

87 Vgl. Wolfgang SCHUMANN u.a. (Hrsg.), Deutschland im Zweiten Weltkrieg, Bd. 6, Berlin (Ost) 1985, S. 565.

1.7. Die Umstellung der Kugellager

Die von den Firmenvertretern im SAT organisierten Selbstbeschränkungen standen zu keinem Zeitpunkt wirklich im Zeichen einer technischen Verbesserung; vielmehr musste durch technische Anpassungen – weitgehend unabhängig von der Frage der Fortschrittlichkeit – versucht werden, die vom totalen Krieg bedingte Mangelsituation immer wieder auszugleichen. An der vom SAT durchgeführten Umstellung von Wälz- auf Gleitlager wird dieser Zusammenhang besonders deutlich.

Neben den Flächenbombardierungen deutscher Städte gab es insbesondere von Seiten der US-Amerikaner immer wieder Versuche, deutsche Schlüsselindustrien durch Präzisionsangriffe gezielt zu zerstören, um so die Kriegswirtschaft nachhaltig zu lähmen. Zwei Angriffe auf die Kugellagerindustrie in Schweinfurt am 17. August und 14. Oktober 1943 durch US-Bomber führten zu vorübergehenden Engpässen, wurden aber wegen hoher Eigenverluste eingestellt.[88] Erneute Angriffe im Januar/Februar 1944 waren zwar weniger verlustreich, wurden aber deshalb nicht weitergeführt, weil die Alliierten irrtümlich annahmen, die Kugellagerproduktion sei inzwischen verlagert worden.

Obwohl die deutsche Kugellagerproduktion also nicht zusammenbrach,[89] lösten die alliierten Zielangriffe im Rüstungsministerium eine hektische Betriebsamkeit aus. Wälz- bzw. Kugellager sollten weitgehend gegen Gleitlager ausgetauscht werden – trotz aller Propaganda des Technischen Amtes ein eindeutiger Rückschritt in der technischen Entwicklung.[90]

Bei dem Angriff auf Schweinfurt am 14. Oktober 1943 war ein Teil der Auftragskarteien vernichtet worden, so dass der Hauptausschuss Maschinen noch im selben Monat alle „der Wälzlagerindustrie erteilten Aufträge [...] als gestrichen“ deklarierte.[91] Zeitgleich ordnete Rubin im Auftrag des Hauptausschusses die Untersuchung der Frage an, „bei welchen Förderern Wälzlager ausgetauscht werden können“.[92]

88 Vgl. JANSSEN, Ministerium, S. 145, sowie Lothar GRUCHMANN, Der Zweite Weltkrieg. Kriegführung und Politik, München [10]1995, S. 292.

89 Vgl. BLAICH, Wirtschaft, S. 130.

90 Einem Informationsblatt des Technischen Amtes vom November 1943 zufolge würde bisher „für die Güte einer Maschine ... sehr zu Unrecht vielfach die Zahl der eingebauten Wälzlager angeführt“. Zwar sei es „bequem, für irgendeine Belastung den Kugellagerkatalog aufzuschlagen, das entsprechende Lager auszuwählen und einbaufertig zu beziehen“, indes hätten Gleitlager „auch Vorteile: geräuschloser Gang, Vornahme von Reparaturen mit einfachen Betriebseinrichtungen, ... weitgehende Unempfindlichkeit gegen Stoßbeanspruchung und andere“; StAL, BTG 295 („Austausch von Wälzlagern durch Gleitlager“, 19.11.9143).

91 StAL, BTG 294 (Hauptausschuss Maschinen an BTG, 25.10.1943).

92 Ebd. (Rubin an die Leiter der AA, 26.10.1943).

Anfang 1944 wurden die Arbeitsausschussleiter aufgefordert, Erzeugnisse zu benennen, bei denen auf Wälzlager verzichtet werden könne.[93] Allerdings war es schwierig, zuverlässige Informationen über die Versorgungslage besonders bei Spezialkugellagern zu bekommen. Noch Ende März 1944 stellte der SAT fest, dass über „die derzeitigen Liefermöglichkeiten der dringend benötigten Wälzlager [...] zur Zeit unterschiedliche Auffassungen" bestünden.[94] Ein Arbeitsausschussleiter wurde beauftragt, sich in Schweinfurt zu erkundigen, „welches Volumen an Lieferungen für den SAT im Ganzen gesehen freigehalten werden" könne. Er müsse dort „auch die Fälle [...] vertreten, in denen die Kugellager unbedingt geliefert werden müssen, um keine Stockung in der Produktion eintreten zu lassen". Zugleich lud man Vertreter der Kugellagerindustrie in den SAT ein.

Die Ergebnisse der Besprechungen waren für die Ausschussmitglieder freilich enttäuschend. Die Vertreter der Kugellagerindustrie erklärten kategorisch, dass in erster Linie „der direkte Rüstungsbedarf beliefert werden" müsse: „In zweiter Linie kommen Ausrüstungsgeräte für die Kriegsproduktion, in dritter Linie die Waffenfertigung, viertens allgemeines Wehrmachtsgerät, und dann erst die Bedürfnisse des allgemeinen Maschinenbaues".[95] Ähnlich die Verhandlungen in Schweinfurt: Sie hätten gezeigt, dass „der Maschinenbau in Zukunft ganz auf Wälzlager verzichten muss, nur einigen Sonderfällen" würde „die Belieferung vorbehalten bleiben". Zudem könne schon die „Zusage an Wälzlagern für das 1. Halbjahr 1944 [...] voraussichtlich nicht eingehalten werden".[96]

Die Mitglieder des SAT stellten auf dieser Basis fest, dass die „augenblickliche, prekäre Lage in der Wälzlagerfertigung [...] die schnellste Umstellung im Transportanlagenbau auf Austauschlager in den Abmessungen der Wälzlager" erfordere. Zwar würde diese „Umstellung zuerst auf Schwierigkeiten stoßen und wesentliche Umkonstruktion erfordern", aber man sei zuversichtlich, dass „auch jene zu überbrücken" seien.

In Teilbereichen war eine rasche Umstellung auf Gleitlager schon rein technisch unmöglich, und so hoffte beispielsweise der Leiter des Arbeitsausschusses Gleisförderer in seltener Offenheit, dass aufgrund der langen Lieferzeiten seiner Erzeugnisse „eine gewisse Zeit zur Überprüfung der Umstellungsfrage und für die Durchführung eines eventuellen Verwendungsverbotes notwendig sein" werde.[97] Versuche einzelner Firmen des SAT, die benötigten Kugellager selbst herzustellen, scheiterten daran, dass

93 Vgl. StAL, BTG 313 (Protokoll der SAT-Sitzung am 13./14.1.1944, 18.1.1944).

94 Ebd. (Protokoll der SAT-Sitzung vom 29.-31.3.1944, 20.4.1944). Hier auch die folgenden Zitate.

95 StAL, BTG 297 („Bericht einer Besprechung über Wälzlager" beim SAT, 4.5.1944).

96 StAL, BTG 313 (Protokoll der SAT-Sitzung am 24./25.5.1944, 31.5.1944). Hier auch die folgenden Zitate.

97 StAL, BTG 297 (Leiter des AA Gleisförderer, Knüpfel, an Rubin, 3.7.1944).

auch im August 1944 noch unklar war, „in welchem Umfange die hierzu benötigten Kugeln und Käfige zur Verfügung“ stünden.[98]

Allerdings hatte sich die Kugellagerindustrie nach der Einstellung der alliierten Luftangriffe auf die Werke in Schweinfurt inzwischen wieder soweit erholt, dass nun aus deren Sicht die Gefahr bestand, durch die flächendeckende Umstellung des deutschen Maschinenbaus auf Gleitlager könne der Absatz an Kugellagern wegbrechen.[99] Auf der letzten SAT-Sitzung im Dezember 1944 stellte daher ein Vertreter des Rüstungslieferungsamtes fest, „dass von Seiten der Wälzlagerindustrie ein starker Ausbau der Gleitlagerindustrie für unzweckmäßig gehalten“ werde.[100] Tatsächlich sei inzwischen „im Großhebezeugbau die Anforderung an Wälzlagern nur gering“, da in dieser Branche „die Umstellung auf Gleitlager zum wesentlichen Teil schon durchgeführt“ worden sei.

Damit war Ende 1944 die groteske Situation eingetreten, dass ausgerechnet in einem der vordringlichsten Mangelbereiche der totalen Kriegswirtschaft – und die Versorgung mit verschleißarmen Lagern war für den gesamten Maschinenbau von zentraler Bedeutung – zwar kein Überangebot, aber doch ausreichende Bedarfsdeckung möglich schien. Das war freilich nicht durch eine Erhöhung der Produktion, sondern durch eine – rein technisch unsinnige – Umstellung der verwendeten Lager geschehen; die Kosten für diesen „Erfolg“ trugen mithin die Firmen, die auf solche Lager angewiesen waren. Dieser Zusammenhang verdeutlicht die zutiefst innovationsfeindliche Verknüpfung von technischer Anpassung und totalem Krieg: Trotz aller Rationalisierungsrhetorik und trotz aller realen Steigerungen der Rüstungsendfertigung stand die Phase des „totalen Krieges“ im Zentrum einer über zehn Jahre andauernden Innovationspause der deutschen Maschinenbauindustrie.

1.8. Motive der Unternehmer

Angesichts dieser Feststellung, aber auch schon bei der Betrachtung der zunehmenden Aufgaben und der verordneten Selbstbeschränkung der Unternehmer stellt sich die Frage, was die Wirtschaftsfunktionäre bewogen haben mag, Verantwortung in den Ausschüssen des Speer-Ministeriums zu über-

---

98 StAL, BTG 313 (Protokoll der SAT-Sitzung am 9./10.8.1944, 14.8.1944).

99 Die Informationspolitik des Speer-Ministeriums blieb indes widersprüchlich: Das Technische Amt hatte in einem geheimen Rundschreiben noch im August 1944 bekräftigt, dass „für die nächste Zeit … mit einem wesentlich höheren Einsatz von Gleitlagern an Stelle von Wälzlagern gerechnet werden [müsse], um Engpässe zu vermeiden“; StAL, BTG 299 (Rundschreiben „an alle Betriebsführer“, 10.8.1944).

100 StAL, BTG 313 (Protokoll der SAT-Sitzung am 5./6.12.1944, 11.12.1944). Hier auch die folgenden Zitate.

nehmen und sie kontinuierlich bis über den Dezember 1944 hinaus wahrzunehmen: Kein Ausschussleiter im Sonderausschuss Transporteinrichtungen ist zurückgetreten oder wurde seines Amtes enthoben.

Mehrere Anreize sind in der bisherigen Darstellung schon deutlich geworden. Erstens erhielt man Informationen über die beabsichtigten oder angeordneten Maßnahmen, von denen man außerhalb der Ausschüsse gar nicht oder erst zu einem Zeitpunkt erfahren konnte, wenn sie bereits beschlossene Sache waren. Die Möglichkeit einer Intervention schien, gerade aus der Sicht der versammelten Firmenvertreter, hier noch am ehesten gegeben. Mithin entsprang die Ausschusstätigkeit der Unternehmer auch der Einsicht in die neuen Machtverhältnisse der NS-Kriegswirtschaft ab 1942.[101]

Zweitens mochte es in den Ausschüssen noch möglich sein, bessere Bedingungen für das eigene Unternehmen zu erhalten, sei es über Kenntnisse der Produktion anderer Firmen, die Erlangung zusätzlicher Kontingente oder auch durch die Abwendung drohender Produktionseinschränkungen.

Drittens boten die Ausschusssitzungen die Möglichkeit direkter Interessenartikulation und sogar einer eingeschränkten Interessendurchsetzung. So wurden beispielsweise dem Leiter des Sonderrings für elektrische Maschinen, Enke, auf einer SAT-Sitzung im März 1944 sämtliche Lieferschwierigkeiten bei Elektromotoren vorgehalten, so dass dieser, nach einem ausführlichen Bericht über die Produktionsengpässe der einzelnen Motorenklassen, sich bereit erklärte, „in besonders vordringlichen Fällen" im Sinne der Transportanlagenindustrie zu intervenieren.[102] Auch wenn die praktische Konsequenz dieser Erklärung fraglich gewesen sein mag, vermittelten solche Perspektiven den Ausschussmitgliedern dennoch das Gefühl von Einflussmöglichkeit.

Mit der sich durchsetzenden Erkenntnis, dass der Krieg wohl nicht mehr zu gewinnen sei – eine solche Einsicht schlug sich freilich in den Unterlagen des SAT nicht direkt nieder – ging die Bereitschaft der industriellen Vertreter, die Ausschussarbeit mit ganzer Kraft zu unterstützen, in der zweiten Hälfte 1944 zurück, auch wenn niemand direkt die Arbeit aufgab. Aber Rubin überließ die Berliner Büroarbeit immer mehr seinem Büroleiter Busch, und der im Sommer 1944 ernannte Leiter eines neuen Arbeitsausschusses[103] erschien zu keiner der noch anberaumten Sonderausschusssitzungen. Freilich gab es auch hier noch Unterschiede: So nahm der in Duisburg sitzende Carl Hubert Anfang Dezember 1944 die nahende Front im Westen des Reiches und die Ausbombung des eigenen Unternehmens zum

---

101 Vgl. ERKER, Industrie-Eliten, S. 16f.

102 StAL, BTG 313 (Protokoll der SAT-Sitzung am 29.-31.3.1944, 20.4.1944).

103 Es handelte sich um den AA Deckshilfsmaschinen, der die Produktion reedereitypischer Krane und Schiffsaufbauten koordinieren sollte und einem Ingenieur der Bremer Atlas-Werke unterstand.

Anlass, seine Aufgaben komplett dem SAT-Büro in Berlin zu übertragen,[104] während Arthur Toppe in Düsseldorf noch am 28. Dezember 1944 angesichts der Ardennenoffensive „froh und zuversichtlich“ war, da „die Sorge um die Gefährdung unserer Westgebiete endgültig gebannt“ sei und auch „der Luftkrieg im Laufe des Januars eine Wendung zu unseren Gunsten bringen“ werde.[105]

1.9. Bleichert-Interessen in Berlin

Innerhalb der *Bleichert Transportanlagen GmbH* führte Adolf Rubins Tätigkeit dazu, dass er sich um immer mehr Aufgaben kümmerte, die ihm als technischem Direktor eigentlich nicht zufielen. So kamen die gesamten Unterlagen zu den Bombenschäden der Betriebsgebäude in seinen Aufgabenbereich: Er schilderte dem Hauptausschuss Maschinen im Dezember 1943 sowohl die Schäden als auch die sofortige Einbindung der freien Facharbeiter in andere Produktionsbereiche, um deren Abzug zu verhindern.[106] Zudem befinden sich die wenigen Aktenstücke zur Akquisition von Zwangsarbeitern in seinen Papieren. In seinen vielversprechenden Kontakten zu Berliner Stellen löste Rubin seit 1942/43 den kaufmännischen Direktor als Vermittler ab, der bis dahin besondere Verbindungen zu den für die Beschaffung von Arbeitskräften und Material sukzessive an Bedeutung verlierenden Wirtschaftsgruppen unterhalten hatte.[107]

Rubins Tätigkeit als Leiter des Sonderausschusses kam also der *Bleichert Transportanlagen GmbH* direkt zugute, wie bei der Übernahme der Kraftkarrenproduktion in aller Widersprüchlichkeit deutlich wurde. Darüber hinaus gelang es dem technischen Direktor von Bleichert aber auch, seine ganz besondere Vorstellung von den Interessen seines Unternehmens zu artikulieren – in einem weitgehend persönlich geführten Kampf gegen Ingenieurbüros und kleinere Unternehmen. Hier zeigte sich Rubin durchaus realistisch, indem er nur jene kleineren Firmen attackierte, die sich innerhalb der Kriegswirtschaft kaum schützen konnten, während er die großen Konkurrenten entweder aussparte oder mit ihnen im SAT zusammenarbeitete.

Ingenieurbüros eigneten sich hingegen für demonstrative Aktionen. So schilderte Rubin dem Hauptausschuss Maschinen im Februar 1943, also genau zur der Zeit, als massive Einschränkungen für die Unternehmen des SAT drohten, dass die Tätigkeit der Ingenieurbüros „in den meisten Fällen nichts anderes“ bedeute „als die Zwischenschaltung einer neuen Instanz

104 Vgl. StAL, BTG 299 (Hubert an Rubin, 9.12.1944).

105 Ebd. (Toppe an Rubin, 28.12.1944).

106 Vgl. StAL, BTG 294 (Rubin an Hauptausschuss Maschinen, 13.12.1943).

107 Vgl. WERNER, Produktionswunder, S. 211ff.

zwischen Lieferanten und Abnehmer".[108] Es entstünde „dadurch in den Fällen, wo das Ingenieurbüro selbst nicht eigene schöpferische Leistungen" hervorbringe, „eine Verschwendung von Arbeitskraft und Zeit für alle Beteiligten".

Offenkundig bestand im Hauptausschuss Maschinen eine andere Auffassung von der Bedeutung dieser Zwischenstellen, die wohl in vielen Fällen besser als große Unternehmen in der Lage waren, noch freie Kapazitäten und Ressourcen aufzuspüren und diese für – freilich kleinere – Produktionen zu verwenden. Ein Mitarbeiter des Hauptausschusses Maschinen bat Rubin um Mäßigung und verwies darauf, dass in einigen Branchen auf die Ingenieurbüros nicht verzichtet werden könne.[109]

Aber Rubin ließ nicht locker: Im Mai 1943 veranlasste er das SAT-Büro, es solle „an die von ihm betreuten Firmen herantreten und diese nach fremden Ingenieurbüros, die auf dem Sektor Transportanlagen tätig sind, befragen".[110] Diese Befragung blieb nicht ohne Folgen, und am 21.10.1943 konnte Rubin an den Hauptausschuss melden, dass man bei „der Firmenbereinigung [...] auch verschiedene Ingenieurbüros ausgeschaltet" habe. Da gerade von diesen Büros aber Widerspruch käme, wollte er ausdrücklich darauf hinweisen, dass seines Erachtens „viele Ingenieurbüros, auch wenn sie noch Aufträge abwickeln, heute keine richtige Existenzberechtigung mehr" hätten und deshalb stillzulegen seien.[111] Ein Beispiel für unrationelle Ingenieurbüros sei die Firma *Curt Rudolph* in Leipzig – ein Büro, das schon in Rubins Überlegungen vom Januar 1941 als nennenswerter Konkurrent genannt wird und bereits in den 1920er Jahren die damalige *Adolf Bleichert & Co AG* beschäftigt hatte.

Rubin wollte die Firma *Curt Rudolph* zumindest aus dem Kabelkrangeschäft herausdrängen, also aus jener Branche, in der Rubin einen Bleichert-Marktanteil von 80-100% schützen wollte.[112] Es gelang Rubin, für seine Absichten „Rationalisierungsargumente" zu finden. Gegenüber dem SAT-Büro legte er dar, dass er „den normalen Kabelkranbau nicht für so kriegswichtig" halte, dass „außer der Carlshütte und Bleichert [...] weitere Firmen zu beteiligen" wären. Je mehr Firmen sich „in einem nicht besonders kriegswichtigen Sektor" befänden, um so mehr Angebote würden gemacht, und um so mehr Kunden würden gereizt, „derartige Einrichtungen zu bauen, obwohl sie nicht unter allen Umständen notwendig" seien. Solche Projekte würden dann unnötig Ressourcen binden. Besser konnten die Interes-

108 StAL, BTG 291 (Rubin an Lange, 15.2.1943). Hier auch das folgende Zitat.

109 Vgl. ebd. (Hauptausschuss Maschinen an Rubin, 26.1.1943 und 5.2.1943).

110 StAL, BTG 313 (Protokoll der SAT-Sitzung am 25.5.1943, 31.5.1943).

111 StAL, BTG 294 (Rubin an Hauptausschuss Maschinen, 21.10.1943).

112 Vgl. StAL, BTG 286 („Betrifft: Künftige Fabrikleistung für Transportanlagen", 6.1.1941).

sen der Bleichert-Werke wahrlich nicht mit den Interessen der Kriegswirtschaft verknüpft werden.[113]

Von Seiten der Firma *Curt Rudolph* ließ Rubin solche Argumente allerdings nicht gelten: Einem Schreiben an den SAT, in dem Curt Rudolph darum bat, das angekündigte Verbot des Baus von Kabelkranen während des Krieges zurückzunehmen, da wegen des Fehlens eigener Werkstätten „der Hauptgrund für eine weitere Rationalisierung, nämlich die Ersparnis von Arbeitskräften in den Werkstätten" wegfalle,[114] entgegnete Rubin, es treffe nicht zu, dass „die Rationalisierung deshalb bei Ihnen entfallen könnte, weil Sie keine Werkstatt besitzen", denn es sei gleichgültig, „ob Arbeitskräfte im eigenen Betrieb oder in einem fremden gespart" würden. Es sei aber sicher, „dass die Sie beliefernden Betriebe nicht so rationell Kabelkranteile fertigen, wie ein größerer Betrieb, der laufend und vielfach gleichartige Teile herstellt".[115] Dieselbe Rücksichtslosigkeit gegenüber kleinen Firmen kommt auch in einem Schreiben Rubins an den Hauptausschuss vom Herbst 1943 zum Ausdruck. Darin macht er angesichts des drohenden Abzugs von Drehern bei der Firma Bleichert auf „eine Reihe kleinerer Unternehmungen" aufmerksam, „die noch lange nicht genügend ausgekämmt" seien.[116] Bleichert habe erst vor einigen Tagen versucht, mittels „einer Chiffre-Anzeige Dreharbeiten zu verlagern, da die Dreherei ein großer Engpass bei uns ist". Auf diese Anzeige hätten sich sechs Kleinbetriebe gemeldet, die alle Dreharbeiten aufnehmen wollten. Es müssten – so Rubin weiter – „bei diesen Firmen also auch Dreher freigemacht werden können. Deren Wegnahme würde zudem lange nicht so störend wirken, wie der Eingriff in eine Großfirma, wo die einzelnen Betriebsabteilungen durch ein sehr fein reagierendes Liefer- und Termin-System aufeinander abgestimmt sind und wo Störungen in einer Fertigungsabteilung sich sehr unangenehm in vielen anderen gleichzeitig bemerkbar machen."

Rubin legte dem Brief Abzüge der eingegangenen Angebote bei, nicht ohne scheinheilig hinzuzufügen, dass er es als einen Vertrauensbruch empfände, „wenn die im guten Glauben eingereichten Angebote von dritter Seite zu Auskämmzwecken benutzt würden. Wohl aber könnte man die Frage stellen, ob nicht [die zuständigen] Stellen noch Mittel und Wege suchen müssten, um gerade derartige Betriebe festzustellen."

Die enge Verknüpfung betrieblicher Interessen mit der Logik des totalen Krieges kommt am augenfälligsten in einem Schreiben Rubins an den

---

113 StAL, BTG 294 (Rubin an das SAT-Büro, 29.10.1943).

114 StAL, BTG 293 (*Curt Rudolph* an Rubin, 30.9.1943).

115 StAL, BTG 294 (Rubin an *Curt Rudolph*, 22.10.1943). In der Aufstellung vom Juni 1944 über die „Anzahl der Arbeitskräfte der vom SAT für die Fertigung zugelassenen Firmen" werden der Firma Rudolph keine Arbeitskräfte mehr zugeordnet; StAL, BTG 298 („Anzahl der Arbeitskräfte nach dem Stand v. 30.6.1944", 9.9.1944).

116 StAL, BTG 293 (Rubin an Lange, 30.9.1943). Hier auch die folgenden Zitate.

Leiter des Arbeitsausschusses Krane vom Sommer 1943 zum Ausdruck. Auf einer Besprechung im Rüstungslieferungsamt sei ihm dargelegt worden, dass „durch die eingetretenen Fliegerschäden einerseits und durch die laufenden großen Planungen für Rüstungsbetriebe andererseits plötzlich derartige Anforderungen an die zuständigen Rüstungsdienststellen bezüglich der Lieferung von Kranen, insbesondere von Laufkranen, gestellt würden, dass eine übergeordnete Planung und wahrscheinlich auch eine starke Ausweitung der Laufkrankapazität notwendig würde".[117] Die vom Rüstungslieferungsamt geplante Einschaltung des SAT wurde von Rubin begrüßt, denn nun sei „anscheinend der Augenblick gekommen, wo alle diese Gedanken unter dem Druck der Verhältnisse endlich raschmöglichst verwirklicht werden" könnten. Das Amt wolle sich allem Anschein nach für die „Erhaltung der Firmenkapazität [...], die Zusammenstreichung der Programme, die Sicherung einer gewissen Serienfertigung durch Bevorschussungskontingente, [und] die so wichtige Klarstellung der Lieferung der elektrischen Ausrüstung" einsetzen.

Die weitere Verschärfung der Kriegslage bedeutete für Rubin offenkundig die lang erhoffte Möglichkeit, die Interessen seiner Branche gegenüber dem Rüstungslieferungsamt doch noch durchsetzen zu können. Damit verkoppelte Rubin die Entwicklung seines Unternehmens mit der aussichtslosen Perspektive des Krieges, und faktisch bedeutete dies die Vernachlässigung der betrieblichen Sonderinteressen.

Auch dort, wo es Rubin auf den ersten Blick gelungen war, dass die *Bleichert Transportanlagen GmbH* als überwiegend ziviles Unternehmen keinen dramatischen Bedeutungsverlust erlitt, zusätzliche Kontingente erhielt und ihre Patente Berücksichtigung fanden, zeigt sich bei genauerer Betrachtung die Zwiespältigkeit der erreichten Vorteile. So schuf die übernommene Kraftkarrenproduktion eine partiell neue Interessenlage für die Bleichert-Werke, indem die traditionelle Position des Unternehmens bei der Herstellung von Elektrofahrzeugen schrumpfte und sich zugleich die neuen Wirtschaftsbeziehungen zur Gasmotorenindustrie unter den deformierenden Bedingungen der Kriegswirtschaft kaum produktiv entfalten konnten.

Diese schleichende Transformation der betrieblichen Interessen der *Bleichert Transportanlagen GmbH* im Prozess der Interessenvertretung ist von Adolf Rubin offenkundig während des Krieges nicht reflektiert worden und wirkte sich daher nur umso verhängnisvoller für das Unternehmen aus. Es gehörte dabei zum Mechanismus des Systems der „industriellen Selbstverwaltung" im Speer-Ministerium, dass sich die vermeintlich freiwillige Mitarbeit von Betriebsdirektoren in den Ausschüssen im Verlauf des Krieges immer stärker auf Zwangsläufigkeiten verengte, denen schließlich alle betrieblichen Besonderheiten geopfert werden mussten.

117 Ebd. (Rubin an den Leiter des AA Krane, Hubert, 10.7.1943). Hier auch die folgenden Zitate.

2. DIE DURCHSETZUNG NEUER SPIELREGELN – DAS AMT FÜR REPARATIONEN ALS INTERESSENKOORDINATOR 1952

Die in diesem Kapitel dargestellten Verhandlungen der *SAG Bleichert* im Sommer 1952 rücken aus zwei Gründen in den Mittelpunkt der Untersuchung. Erstens werden an detaillierten Abläufen der betrieblichen Wirtschaftspraxis nicht nur die konkreten Folgen zentraler Planvorgaben sichtbar, sondern auch die überwiegend auf der Mikroebene wirksamen Mechanismen, welche trotz aller Systemfehler der Planwirtschaft die Produktion gewährleistet haben – mit immensen zusätzlichen Kosten, die bei einer systemischen Perspektive leicht aus dem Blick geraten.[1]

Zweitens zeigen die Verhandlungen und Abstimmungen der *SAG Bleichert* mit Zulieferfirmen und staatlichen Wirtschaftsbehörden, in welchem Umfang im administrativen Wirtschaftsprozess die sozialen Sonderinteressen *aller* Beteiligten virulent blieben. Wenn die betrieblichen Handlungsspielräume in der DDR-Planwirtschaft nicht vom rechtlichen Status eines Betriebes bestimmt wurden, sondern durch „seine Stellung im Planungsprozess",[2] bedeutet dies im Umkehrschluss, dass die Ungereimtheiten des Planungsprozesses und die Machtverteilung der Produktionshierarchie auf die zwischenbetrieblichen Beziehungen durchschlagen mussten, ohne dass rechtliche Schutzmechanismen wirksam werden konnten.

Wie im Folgenden gezeigt wird, hatte die Dynamik der Interessenverschränkung fatale Folgen vor allem für schwächere Betriebe. Die Akzeptanz der administrativen Regulationsverfahren auf Kosten kleinerer Unterlieferanten durch die Leitung der *SAG Bleichert*, solange sie dem eigenen Unternehmen nutzten, entzog der Leitung die Abwehrmöglichkeiten in den Fällen, in denen sich solche Verfahren gegen die Bleichert-Werke selbst richteten.

---

1 Die betriebliche Wirtschaftspraxis in der Planwirtschaft der DDR, die nicht allein durch die Plandiskussion bestimmt war, sondern auch durch die konkreten zwischenbetrieblichen Beziehungen, ist kaum erforscht; vgl. grundsätzlich immer noch ROESLER, Herausbildung, der sich ausschließlich auf zentrale Akten der DDR-Wirtschaftsverwaltung stützt, sowie Wolfgang MÜHLFRIEDEL, / Klaus WIEßNER, Die Geschichte der Industrie der DDR bis 1965, Berlin (Ost) 1989.

2 ROESLER, Spielraum, S. 91.

2.1. Das Amt für Reparationen

Im Zentrum der Betrachtung steht das Verhältnis der *SAG Bleichert* zum Amt für Reparationen (AfR) im Sommer 1952.[3] Dieses aus der Hauptverwaltung Reparationen der Deutschen Wirtschaftskommission hervorgegangene Amt ist ein anschauliches Beispiel für die Dynamik von Sonderverwaltungen in den ersten Jahren der SBZ und neugegründeten DDR. Neben den allgemeinen Problemen neu installierter Verwaltungen, vor allem dem hohen Legitimationsbedarf und der nur sukzessiven Konkretisierung von Verwaltungs- und Entscheidungsabläufen, zeichnete sich das AfR vor allem dadurch aus, dass seine Existenz zeitlich begrenzt und die Kompetenzen gegenüber sowjetischen Stellen keineswegs in allen Details festgelegt waren. Zwar stand die grundsätzliche Verfügungsgewalt der sowjetischen Besatzungsmacht nicht zur Disposition, aber in Einzelfragen wie der Geltung von Sanktionen besaß das Amt geringe Spielräume, die nicht allein administrativ festgelegt, sondern auch im *trial-and-error*-Verfahren verändert wurden.

Die Dringlichkeit der Reparationslieferungen an die UdSSR bot für sich genommen noch keine Garantie einer ausreichenden Materialversorgung durch volkseigene Zulieferbetriebe. Das Amt für Reparationen hatte hier eine Gewährleistungsaufgabe, und die Verwaltung für Reparationen der Sowjetischen Kontrollkommission in Deutschland (SKKD) kontrollierte die Arbeit des AfR, um die eigenen Vorstellungen von Lieferterminen und ökonomischen Problemlagen durchzusetzen.

Als drängendste Probleme der Reparationsgüterproduktion kristallisierten sich zu Anfang der fünfziger Jahre die späte Auftragserteilung und die schlechte Materialversorgung heraus, wobei Vertreter der SKKD letzteres für wichtiger hielten und im Februar 1951 vermuteten, „dass der Materialversorgung der Reparationslieferungen seitens der Versorgungsorgane der

3 Die Entwicklung des Amtes für Reparationen wurde bisher nur in Ansätzen rekonstruiert, was auch mit der Aktenlage zusammenhängt. Im Bundesarchiv (Außenstelle Dahlwitz-Hoppegarten) sind die Verschlusssachen des Amtes zugänglich (Bestand DC 2), die vor allem statistisches Material enthalten; vgl. Rainer KARLSCH, Umfang und Struktur der Reparationsentnahmen aus der SBZ/DDR 1945–1953. Stand und Probleme der Forschung, in: BUCHHEIM (Hrsg.), Folgelasten, S. 45-78, hier: S. 60f. Vgl. grundsätzlich BAAR / KARLSCH / MATSCHKE (Hrsg.), Kriegsschäden, insbesondere S. 924ff., sowie zu den Vorgängerinstitutionen in der DWK Wolfgang ZANK, Wirtschaftliche Zentralverwaltungen und Deutsche Wirtschaftskommission (DWK), in: Martin BROSZAT / Hermann WEBER (Hrsg.), SBZ-Handbuch. Staatliche Verwaltungen, Parteien, gesellschaftliche Organisationen und ihre Führungskräfte in der Sowjetischen Besatzungszone Deutschlands 1945–1949, München ²1993, S. 253-276, hier: S. 266 und 288.

DDR in diesem Jahr nicht die erstrangige Bedeutung zugemessen wird, wie das im Jahre 1950 der Fall" gewesen sei.[4]

Hinweise der deutschen Ansprechpartner auf Probleme im Außenhandel „trotz reichlich vorhandener Dollardevisen" und mangelnde Zulieferung auch aus der Sowjetunion wurden von den SKKD-Mitarbeitern als Begründungen nicht akzeptiert. Statt dessen sollten eigenmächtige Materialumlenkungen deutscher Betriebe untersucht und die Schuldigen zur Verantwortung gezogen werden, „damit anderen in Zukunft die Lust vergeht, Materialien, die für Reparationslieferungen bestimmt sind, für andere Zwecke zu verwenden". Außerdem sei zukünftig „eine strenge Kontrolle über die Verwendung der für Reparationslieferungen bereitgestellten Materialien einzurichten".

Die knappen Termine der sowjetischen Besteller von Reparationsgütern wurden von der SKKD nicht geleugnet, aber im Gegenzug „der langsame Eingang von Bestätigungen für erteilte Reparationsaufträge" seitens deutscher Betriebe bemängelt. Als Lösung wurde vom AfR vorgeschlagen, „alle Aufträge ab sofort nicht mehr auf dem Postwege dem Betrieb zuzustellen, sondern [...] durch die Kollegen der Auftragsbearbeitung persönlich den Betrieben zu übergeben und dort auch gleich die Auftragsbestätigung in Empfang zu nehmen".

Bei einem solchen Verfahren blieb das Problem bei Betrieben wie der *SAG Bleichert* hängen, die den Eingang von Aufträgen zu quittieren hatten und dann sehen mussten, wie sie die Projektierung und Materialversorgung kurzfristig ins Programm genommener Großanlagen gewährleisten konnten. Nahezu alle von der Reparationsverwaltung administrierten Lösungen liefen auf eine Verlagerung der Probleme auf die einzelbetriebliche Ebene hinaus: Etwa, wenn durch eine streng kontrollierte, administrative Zweckbindung von Materialzuteilungen die Reparationsbetriebe gezwungen werden sollten, „den für die Durchführung von Reparationsaufträgen bestimmten Kontingentanteil getrennt von ihren allgemeinen Kontingenten zu verwalten".[5] Oder wenn Betrieben Zulieferungsaufträge vorgeschrieben wurden, die einerseits als dringend bezeichnet wurden, zum anderen von den betreffenden Betrieben aber so erfüllt werden sollten, „dass hierdurch kein nicht wieder gutzumachender Schaden durch Zurückstellung anderer wichtiger Invest-Aufträge für unsere Volkswirtschaft entsteht".[6] Hinzu kam die unmittelbare persönliche Verantwortung der jeweiligen Leiter im Rahmen der „Einzelleitung".

---

4 BA Dahlwitz, DC 2 – 146 („Protokoll über die am 21.2.51 im Amt für Reparationen stattgefundene Besprechung" zwischen Mitarbeitern des AfR und Vertretern der Verwaltung für Reparationen der SKKD, 2.3.1951). Hier auch die folgenden Zitate.

5 Ebd. (SPK, Staatsekr. für Materialversorgung, an den Leiter des AfR, 5.11.1951).

6 Ebd. (Leiter des AfR an SPK, Staatssekr. für Kohle und Energie, 9.11.1951).

Den Verantwortlichen des AfR und der Abteilungen für Reparationen in den Landesregierungen standen die Folgen solcher Art von Problemverlagerung durchaus vor Augen. Im Jahresbericht 1951 der Hauptabteilung Reparationen der Landesregierung Sachsen wurde u.a. das Reparationsprogramm der *SAG Bleichert* analysiert und festgestellt, dass der „Umfang der Reparationsaufträge [...] stahlbauseitig weit über die Kapazität des Betriebes" hinausging.[7] Deshalb sei es für eine termingerechte Durchführung des Reparationsprogramms erforderlich gewesen, den größten Teil der Stahlbauten von Zulieferbetrieben anfertigen zu lassen.

Das führte angesichts der knappen Kapazitäten in der gesamten DDR beinahe zwangsläufig dazu, dass die *SAG Bleichert* die Zahl ihrer Stahlbauunterlieferanten laufend erhöhte – von anfangs 10 auf Ende 1951 schließlich 43 Firmen. Die Mitarbeiter der Dresdner Hauptabteilung sahen die Schuld dafür bei der Bleichert-Betriebsleitung, die bei der Vergabe von Zulieferaufträgen „die Kapazität der einzelnen Betriebe oft nur ungenügend beachtet" habe – die Direktoren der *SAG Bleichert* wandten offenbar gegenüber den ihnen im Produktionsprozess untergeordneten Firmen das gleiche Verfahren an, dass seitens der sowjetischen Besteller im Umgang mit der *SAG Bleichert* dominierte.

Kritikwürdig schien für die Dresdner Hauptabteilung auch, dass die für Zulieferungen zuständige Kooperationsabteilung der *SAG Bleichert* ihrer Kontrollpflicht nicht ausreichend nachkam, was dazu geführt hätte, dass die Unterlieferanten „von der Hauptabteilung Reparationen der Landesregierung Sachsen ständig überwacht" werden mussten. Viele dieser Firmen hätten an der „zu späten Anlieferung der Zeichnungen, Skizzen [und] des Materials" sowie „unter erheblichen Stromabschaltungen zu leiden".[8]

Eine nachlässige Kontrolle durch die Bleichert-Werke bemängelte man auch bei der Zulieferung von Maschinenbauteilen, bei der sich die Kooperationsabteilung „auf die mündliche Zusage der Unterlieferanten verließ und wenig Kontrollen vornahm", weshalb „in den letzten Wochen des Jahres [1951] eine Katastrophe nach der anderen" passiert sei. „Die Auswirkungen waren dabei zum Teil so groß, dass die Betriebsbevollmächtigten und die Kollegen vom Amt für Reparationen in vielen Fällen operativ eingreifen mussten, um diese gefährlichen Situationen zu beseitigen."

Damit waren die Mitarbeiter des Berliner AfR und der Dresdner Hauptabteilung Reparationen mit zwischenbetrieblichen Regulationsaufgaben befasst, die eigentlich der Kooperationsabteilung der *SAG Bleichert* zufielen. Zugleich geriet das Amt in eine Mittlerrolle zwischen den SAG-Betrieben

---

7 BA Dahlwitz, DC 2 – 163, Bl. 29ff. („Analyse über das Reparationsprogramm 1951 der Fa. SAG-Bleichert, Leipzig", Januar 1952). Hier auch die folgenden Zitate.

8 Dass insbesondere die zu späte Anlieferung der technischen Unterlagen vor allem aus den knappen Lieferfristen der sowjetischen Besteller erwuchs, wurde in dem Jahresbericht nicht thematisiert.

und deren Zulieferfirmen. Die Herstellung von Reparationsgütern gab den SAG-Leitungen ein unschlagbares Argument in die Hand, um Zulieferer unter Druck zu setzen. Das AfR war angesichts seiner Aufgabe, die fristgerechte Lieferung der Reparationen an die UdSSR zu gewährleisten, angehalten, die SAG-Betriebe dabei zu unterstützen. Die mit dem Reparationsargument erpressten Zulieferfirmen wandten sich nun mangels anderer Möglichkeiten der Interessenartikulation ihrerseits an das AfR, um längere Lieferfristen bei den Großabnehmern durchsetzen zu können.

2.2. Interessenausgleich durch Agitation?

Das Amt für Reparationen versuchte im Frühjahr und Sommer 1952, die Konflikte auf gemeinsamen Besprechungen mit Großabnehmern und Zulieferfirmen zu klären, hatte allerdings kaum Einfluss auf die letztlich von den sowjetischen Bestellern vorgeschriebenen Lieferfristen und -bedingungen der so genannten Typenverträge.

Auf einer Arbeitsbesprechung Ende Mai 1952 wurde zwischen Vertretern der Reparationsverwaltung und verschiedenen Firmenvertretern das grundsätzliche Problem der Reparationsverpflichtungen erörtert. Ein Mitarbeiter der Dresdner Hauptabteilung „wies auf die Bedeutung und den Vorrang der Reparationsverpflichtungen hin und forderte, dass die eingeführten Typenverträge fristgemäß abgeschlossen und die darin enthaltenen Lieferfristen strikt eingehalten werden müssten“.[9]

Die Vertreter von Zulieferfirmen beschwerten sich, „dass ihnen mitunter Fristen in den Typenverträgen gestellt würden, deren Einhaltung von vornherein unmöglich sei“, und bestanden darauf, „dass ihnen nicht zugemutet werden könne, solche Verträge zu unterschreiben“. Der AfR-Mitarbeiter bestand kategorisch darauf, „dass auch solche Verträge abgeschlossen und gegebenenfalls die Konventionalstrafe bezahlt werden müsste“. Unterlieferanten könnten sich höchstens an eine Beschwerdekommission wenden, „die allerdings noch im Entstehen sei“. So wäre es in Zukunft möglich, Besteller zu bestrafen, die zu kurze Fristen vorgeben würden. Entsprechend appellierten die Zulieferbetriebe „an die Träger von Reparationsaufträgen, auch keine allzu großen Sicherungen hinsichtlich der Termine in die Verträge einzubauen“. Unter diesen Bedingungen könnten die erzwungenen Unterschriften „nicht mehr als Vertrag im Rechtssinne angesehen werden“.

Sowohl die Mitarbeiter des AfR als auch die Vertreter der großen SAG-Betriebe wussten um den beständigen Druck sowjetischer Stellen und um

9 StAL, SAG Bleichert 1/1, Bl. 215 („Bericht über die Arbeitsbesprechung mit Vertretern des AfR am 29.5.1952 10 Uhr bei VEM Galvanotechnik“, 3.6.1952). Hier auch die folgenden Zitate.

die Schwierigkeiten, diesen Druck zumindest abzumildern. Die daraus abgeleiteten Sonderregelungen und Vorbehalte höhlten die grundsätzliche Geltung zwischenbetrieblicher Verträge aber bedenklich aus.[10] So wurde die kurzfristige Hereinnahme von Reparationsaufträgen als „Planänderung“ geltend gemacht, und andere Verträge konnten von den Zulieferfirmen entsprechend geändert werden.[11] Auf den Vorrang von Reparationsaufträgen sollte zudem – auch unter Einschaltung des AfR – gegenüber Regierungsstellen der UdSSR verwiesen werden, wenn diese die Generaldirektoren der SAG drängten, Aufträge zu bevorzugen, die nicht als Reparationen galten.

Überhaupt schienen alle Beteiligten nach Lücken in den Restriktionen zu suchen. Die Rücksendung der bestätigten Zulieferverträge wurde oftmals von den Lieferanten verzögert – um Zeit zu gewinnen, argwöhnten die Abnehmerfirmen, und die Zulieferer rechtfertigten sich mit dem Hinweis, dass „die Prüfung der technischen Voraussetzungen oft längere Zeit in Anspruch“ nehme. Tatsächlich wurde beanstandet, „dass die technischen Dokumentationen oder späteren Abänderungen von Reparationsaufträgen häufig erst kurz vor Ablauf der Lieferfristen gegeben“ würden. Der Amtsvertreter konnte nur „auf die ständigen Bemühungen des AfR“ hinweisen, „diese Schwierigkeit abzustellen“. Um die Unterzeichnung der Verträge käme indes trotz all der aufgezählten Probleme niemand herum. Der AfR-Vertreter forderte die säumigen Zulieferfirmen auf, ihren Verpflichtungen umgehend nachzukommen, und stellte fest, dass „auch bei nicht unterschriebenen Typenverträgen, wonach Konventionalstrafe bereits fällig geworden sei, diese von den Bestellern eingezogen werden“ müsste: „Die Unterlieferanten seien verpflichtet, diese Verträge auch nachträglich noch zu unterschreiben.“ Über die Höhe der Konventionalstrafen gingen die Meinungen des AfR und der Betriebsvertreter verständlicherweise auseinander.[12] Auch die Frage zusätzlicher Kredite für die Realisierung kurzfristiger Reparationsaufträge

10 Wenn Wolfgang Mühlfriedel darauf verweist, dass sich um die SAG-Betriebe herum geschlossene und leistungsfähige Reproduktionsprozesse bildeten, die nach Übergabe der Betriebe der DDR-Volkswirtschaft zugute kamen (vgl. MÜHLFRIEDEL, SAG-Betriebe, S. 168), so wird diese Aussage dadurch relativiert, dass die faktische Normgeltung – eben der „Vertrag im Rechtssinne“ – gerade durch die Sonderstellung der SAG-Betriebe nachhaltig verringert wurde.

11 StAL, SAG Bleichert 1/1, Bl. 216 („Bericht über die Arbeitsbesprechung ... bei VEM Galvanotechnik“, 3.6.1952). Hier auch die folgenden Zitate.

12 Während das AfR die Ansicht vertrat, dass „es nur eine Konventionalstrafe gebe und diese auch nur einmal dem Unterlieferanten aufzubürden sei“, wiesen Firmenvertreter darauf hin, dass „schon der Vertragstext zwei Arten von Konventionalstrafen erkennen lasse, nämlich einmal gegenüber dem verspätet gelieferten Teil des Unterlieferanten, und zum anderen gegenüber dem dadurch nicht rechtzeitig gelieferten Teil des Gesamt-Reparationsauftrages“. Da auf der Besprechung keine Klärung dieser Frage erreicht werden konnte, sagte der AfR-Vertreter „eine abschließende Stellungnahme noch zu“; ebd. („Bericht über die Arbeitsbesprechung ... bei VEM Galvanotechnik“, 3.6.1952). Hier auch die folgenden Zitate.

konnte nicht geklärt werden: Der AfR-Vertreter hielt diese Frage für „eine interne Angelegenheit zwischen Besteller und Unterlieferanten", während die Zulieferfirmen „eine generelle Regelung dieser brennenden Frage im Verordnungswege" verlangten.

Die Besprechung von Ende Mai 1952, auf die hier so ausführlich Bezug genommen wurde, um die Konfliktlage zu verdeutlichen, brachte kaum Lösungen, zeigte aber, wie gering die Normgeltung der planwirtschaftlichen Instrumente im Bewährungsfall war, in welchem Maße die einzelnen Firmen ihre Sonderinteressen zur Geltung brachten und welch geringen Spielraum das AfR in Fragen der Gestaltung der zwischenbetrieblichen Beziehungen besaß. Zudem geriet das Amt für Reparationen in die schwierige Stellung zwischen einer von den Betrieben angemahnten Interessenvertretung, exekutiver Durchsetzung der geforderten Reparationspolitik und administrativer Koordination des Produktionsprozesses. Diese Konstellation blieb nicht ohne Folgen für die konkrete Wirtschaftspraxis.

2.3. Einzelverhandlungen der SAG Bleichert *mit dem Amt für Reparationen*

Die *SAG Bleichert* bemühte sich, die eigenen Belange beim AfR in Einzelgesprächen mit Referenten der Berliner Amtsstelle anzubringen. So wurde die Frage der Rechtsverbindlichkeit der Typenverträge Mitte Juni 1952 zur Zufriedenheit des Vertreters der *SAG Bleichert* geklärt. Der Leipziger Betrieb war dem Oberreferenten der AfR-Hauptabteilung Finanzen zufolge im Recht, wenn er von Zulieferfirmen die Unterzeichnung der Verträge auch in Fällen verlange, in denen die angedrohte Strafsumme „über dem Wert des gesamten Betriebsvermögens" liege.[13] Der Oberreferent betonte, dass die Vertragsunterzeichnung „notfalls durch Einschaltung des AfR" zustande kommen könnte, aber er deutete zugleich an, für die Zulieferfirmen seien als „nötige Sicherheit für die termingerechte Erfüllung ihrer Aufträge [...] realste Termine notwendig". In einem konkreten Fall machte er der Leitung der *SAG Bleichert* den Vorwurf, sie würde sich „bei den Terminstellungen teilweise allzu große Sicherheiten einräumen". Grundsätzlich jedoch könnte die *SAG Bleichert* in Fällen, in denen ein Unterlieferant „die Bestätigung des Vertrages absichtlich unterlässt oder verweigert", „ohne weiteres Konventionalstrafe erheben, da bei einem Einspruch die Unterstützung des AfR zugesichert wird".

Wie diese Unterstützung aussehen konnte, blieb allerdings unklar, zumal die bisherige Meldung von Unterlieferanten, „welche den Abschluss der Verträge verweigern", an die Dresdner Hauptabteilung Reparationen

13 Ebd., Bl. 176 („Reisebericht über die Fahrt zum Amt für Reparationen – Hauptabt. Finanzen", 17.6.1952). Hier auch die folgenden Zitate.

ohne sichtbare Wirkung geblieben war und „teilweise trotz Meldung an [das] AfR Dresden und Berlin keine Bestätigung der Verträge erzielt werden konnte". Der Oberreferent konnte darauf „keine ausreichende Antwort geben, versprach aber, sich zwecks Klärung mit Dresden in Verbindung zu setzen".

Das Gespräch lief auf eine allgemeine Erklärung hinaus, dass das AfR sich um die Durchsetzung der gesetzlichen Normen der Volkswirtschaft schon kümmere, während die Fragen des Firmenmitarbeiters verdeutlichten, dass die Realität der Normgeltung und der Wirtschaftspraxis durch andere Faktoren als die Vorstellungen der Administration gestaltet wurde. Die Möglichkeiten des AfR, Druck auf Unterlieferanten auszuüben, waren begrenzt, wenn diese plausibel machen konnten, dass ihre Kapazitäten völlig ausgelastet seien. Und eine Verschärfung des zwischenbetrieblichen Klimas durch die Initiative des AfR, um auch die letzten Ressourcen nutzen zu können, ließ sich nicht endlos steigern. Im konkreten Einzelfall konnte das AfR seine Zusagen daher nicht immer einhalten.

2.4. Wirkungen auf die konkrete Wirtschaftspraxis

Die zugesagte Unterstützung bezog sich auch auf die Beschaffung von Spezialgeräten und die Gewährleistung besonderer Fertigungskapazitäten wie etwa Horizontalbohrarbeiten.[14] Die Verhandlungen der Bleichert-Vertreter mit dem AfR und dem Ministerium für Maschinenbau (MfM) waren hier nur mäßig erfolgreich: Zwar wurde vom AfR der Tausch von Bohrwerken verschiedener Durchmesser in die Wege geleitet, so dass ein Teil der dringenden Bohrarbeiten bei der *SAG Bleichert* selbst durchgeführt werden konnte. Dagegen waren Bohrkapazitäten in anderen Maschinenbaufirmen nur schwer zu bekommen, und auch die Mitarbeiter der Berliner Behörden waren kaum in der Lage, daran etwas zu ändern.[15]

Die Vertreter der *SAG Bleichert* mussten wiederholt in Berlin vorstellig werden und Listen mit genauen Aufstellungen der noch fehlenden Kapazitäten vorlegen, bevor die Berliner Stellen reagierten. Bei den benötigten Zuarbeiten handelte es sich „um mittlere bis größere Bohrarbeiten, da Bleichert die schwersten Stücke selbst bohren wird und andererseits die kleineren Stücke bei Firmen untergebracht sind, mit denen entsprechende Verträ-

14 Die von den Bleichert-Werken benötigten Horizontalmetallbohrarbeiten betrafen Bohrlöcher mit bis zu 160 mm Durchmesser in Stahlgerüsten etwa von Kranen. Die für diese empfindlichen Arbeiten (Irrtümer von einem Millimeter konnten die Stahlgerüste bereits unbrauchbar machen) verwendeten Präzisionswerkzeugmaschinen waren Anfang der 1950er Jahre in der DDR äußerst knapp; vgl. INDUSTRIE, S. 250ff.

15 Vgl. StAL, SAG Bleichert 1/1, Bl. 203ff. („Reisebericht über den Besuch in Berlin am 4.6.1952", 5.6.1952).

ge abgeschlossen" worden seien.[16] Die *SAG Bleichert* bat „zur weiteren Entlastung der Horizontalbohr-Kapazität um die leihweise Überlassung eines dritten Bohrwerkes aus der Neuproduktion [...] bis zur Überwindung des Horizontalbohr-Engpasses, d. h. bis ca. 31. August 1952". Der Gesprächspartner vom MfM war einverstanden und wollte innerhalb einer Woche „die Möglichkeit der Unterbringung bei geeigneten Firmen prüfen und entsprechende Firmen benennen". Nach einer Woche wurde über den Stand dieser Prüfung wiederum in Berlin verhandelt. In der Frage „der leihweisen Überlassung eines dritten Horizontalbohrwerkes" hatte dem MfM-Mitarbeiter zufolge das zuständige Fachreferat die Meinung vertreten, „dass es genügen würde, wenn die Niles-Werke bis Ende August Arbeiten für Reparationsaufträge auf diesem neuen Bohrwerk übernehmen".[17] Man wollte diese Kapazität „für Bleichert freihalten".

Der Verweis auf die Niles-Werke, eine Berliner Werkzeugmaschinenfabrik, zeigte erneut, dass an Stelle der von Bleichert angestrebten innerbetrieblichen Lösung von staatlichen Stellen eine zwischenbetriebliche Aushandlung der Ressourcen in die Wege geleitet wurde. Dass dies einen erheblichen Akquiseaufwand für die Vertreter der *SAG Bleichert* bedeutete, zeigte sich auch an den übrigen „zu kooperierenden [...] Horizontalbohrstunden": Für die Erledigung dieser Arbeiten nannte der MfM-Mitarbeiter „15 Firmen, deren Kapazität nicht voll bzw. nicht mit dringenden Arbeiten ausgelastet" sei und die „von Bleichert bis zur nächsten Zusammenkunft, Mitte nächster Woche, besucht werden" sollten, „damit das Ministerium Anweisungen bzw. Entscheidungen über Belegung mit Aufträgen von Bleichert erteilen" könne.

Das Ministerium für Maschinenbau überließ es den Bleichert-Vertretern, die zu besuchenden Firmen davon zu überzeugen, dass ihre bisherigen Arbeiten nicht „dringend" seien. Das entsprach auch der grundsätzlichen Abwälzstrategie des AfR: Ein Mitarbeiter des Amtes bat den Bleichert-Vertreter im Falle einer abgelehnten Engpassfertigung, „um nochmalige direkte Verhandlungen" mit der zuständigen Hauptverwaltung des Ministeriums für Maschinenbau.[18] Im Zweifelsfall zuckten auch die Berliner Ansprechpartner mit den Schultern: In der Frage des Stahlbaus bat man seitens des AfR um Verständnis dafür, „dass die Lage in den Stahlgießereien und Schmiedewerken sehr angespannt sei und dass eine entscheidende Entlastung für die nächste Zeit nicht zu erwarten sei".

16 Ebd., Bl. 190 („Reisebericht der Kollegen Scheffler und Wieprecht über die Fahrt nach Berlin am 11.6.1952", 12.6.1952). Hier auch die folgenden Zitate.

17 StAL, SAG Bleichert 1, Bl. 158 („Reisebericht des Koll. Scheffler vom 18.6.1952", 20.6.1952). Hier auch die folgenden Zitate.

18 Ebd., Bl. 144f. („Reisebericht der Kollegen Scheffler und Krause in Berlin am 25.6. 1952", 26.6.1952). Hier auch die folgenden Zitate.

Auf wie viel Widerstand die Bleichert-Vertreter bei der konkreten Akquise der Horizontalbohrkapazitäten stießen, zeigen die Gespräche mit Verantwortlichen der Berliner Niles-Werke. Der für die Werke zuständige MfM-Fachreferent „sagte zunächst glatt ab, erklärte sich dann aber nach Hinweis auf die bestehende Situation bereit, einen Anteil an Horizontalbohrarbeiten für Reparationsaufträge zu übernehmen. Er bat jedoch dringend darum, nur die zugesagte Kapazität für Juli auszunutzen, da das Produktionsprogramm der Niles-Werke sonst stark gefährdet würde.“ Die folgenden Gespräche mit dem stellvertretenden technischen Direktor der Niles-Werke kamen erst nach „längeren Verhandlungen und unter Berufung auf die Verhandlungen im Ministerium für Maschinenbau“ zu einem Ergebnis: Die Niles-Werke übernahmen die Horizontalbohrarbeiten für acht Portalkrane, baten aber zugleich „dringend darum, von weiteren Belegungen ihrer Kapazität für Reparationsaufträge Abstand zu nehmen“.

Hier überschnitten sich mehrere Problemfelder, die sich aus der Mangelsituation und den Mechanismen der Planwirtschaft ergaben und zu einer völligen Verkehrung der Anreizschemata im Vergleich mit Marktmechanismen führten. Die Niles-Werke hatten weder die Möglichkeit, mit dem Hinweis auf die große Nachfrage mehr Material und Produktionskapazität zu erhalten, noch konnten sie sich den Forderungen von Firmen wie der *SAG Bleichert*, die mit dem Hinweis auf die Reparationsfertigung und mit Schützenhilfe Berliner Stellen auftraten, wirksam entziehen. Die Fähigkeit, ein nachgefragtes Produkt anzubieten, geriet dem Betrieb zum Nachteil.

Die Wirksamkeit der dirigistischen Mittel war sicher nie konstant, sondern wurde durch einen Lernprozess der betroffenen Firmen immer wieder eingeschränkt und staatlicherseits als Reaktion wieder neu gefasst und erweitert. So erklärt sich wenigstens zum Teil auch die permanente Umstellung der administrativen Kompetenzen innerhalb der DDR-Industrieverwaltung in den 1950er Jahren.[19]

2.5. Die Rückwirkung betrieblicher Anpassung

Mit ihrer Bereitschaft, auf Zulieferfirmen mittels des AfR Druck auszuüben, trug die Leitung der *SAG Bleichert* ihren Teil zur faktischen Legitimierung der dirigistischen Verfahren bei. Der kurzfristige Effekt, auf diesem Wege die Kosten mühsamer Informations- und Ressourcenbeschaffung zu sparen, war zu verlockend. Aber schon rasch sollte sich zeigen, dass die Leitung der *SAG Bleichert* durch die Akzeptanz der behördlichen Pressionen jedes Argument gegen einen ähnlichen Umgang mit den eigenen betrieblichen Ressourcen verloren hatte. Auf einer Besprechung der gesamten Betriebsleitung

19 Vgl. SCHENK, Magie, S. 48ff., und ROESLER, Herausbildung, S. 30ff.

der *SAG Bleichert* mit Vertretern des Amtes für Reparationen Ende Juni 1952 wurde dieser Zusammenhang augenfällig.[20]

Die Sitzung begann mit einer Standpauke des sowjetischen Bleichert-Generaldirektors Leontschenkow, der sich „entschieden gegen die Verteilung der Reparations-Aufträge vom grünen Tisch aus" wehrte: „Wenn dem Werk Bleichert Reparations-Aufträge über seine Kapazität hinaus gegeben werden, dann muss das Amt für Reparationen entweder die Termine so einsetzen, dass uns eine Termineinhaltung möglich ist, oder es muss dem Werk Bleichert jegliche Unterstützung in Bezug auf Zuweisung von Unterlieferanten, rechtzeitige Materialgestellung und vor allen Dingen Zustellung von Konstrukteuren und Montageleuten geben". Wenn dies nicht getan werden könne, dann müsse „das Werk Bleichert eine Verhängung von Konventionalstrafen ablehnen, oder das Amt für Reparationen muss uns Terminverlängerungsanträge genehmigen." Besser ließen sich die Probleme der Einzelbetriebe mit dem AfR nicht auf den Punkt bringen.

Auf den Appell an die Verantwortlichkeit des Amtes reagierte ein AfR-Mitarbeiter mit der gängigen, abwehrenden Argumentation. Die *SAG Bleichert* sei aufgrund der Verträge mit den Unterlieferanten jederzeit in der Lage, deren Mitschuld an Lieferverzögerungen zu ermitteln und die Konventionalstrafen entsprechend aufzuschlüsseln und an die Zulieferfirmen weiterzugeben. Auf diesem Wege könne „die Höhe der Strafe für das Werk Bleichert reduziert werden". Dass dies zusätzlichen Arbeitsaufwand für die Verwaltung der *SAG Bleichert* bedeutete, wurde nicht weiter erörtert.

Einen weiteren Kritikpunkt sahen die Mitarbeiter der *SAG Bleichert* im „zu späte[n] Eintreffen der Auftragsbestellungen für das jeweils kommende Jahr" und in der „nicht rechtzeitigen Zusendung der technischen Dokumentation". „All diese Verzögerungen liegen am Besteller bzw. am Amt für Reparationen" und führten zu beträchtlichen Zeitproblemen „bei der Ausarbeitung der Konstruktionszeichnungen". Der Bitte, „diese Sache zu beachten und dafür zu sorgen, dass diese Verzögerungen zumindest auf ein Mindestmaß herabgesetzt werden", entgegnete das AfR mit einer allgemeinen Zusage und dem beschwichtigenden Hinweis, „dass der Besteller für 1953 schon verschiedene Objekte bestellt" habe. Zudem müsse die *SAG Bleichert* „selbst versuchen", „durch Wettbewerbe in den Werkstätten als auch in den Konstruktionsbüros" ihre „Arbeitsproduktivität zu steigern".

Damit signalisierte das AfR nicht nur die Grenzen der eigenen Möglichkeiten, sondern wies zugleich die Bleichert-Leitung auf innerbetriebliche Mobilisierungspotenziale hin, die im Zweifelsfall von außen kontrolliert

20 Neben drei Vertretern des AfR und einem deutschen Mitarbeiter der Transmasch-Verwaltung nahm die sowjetische Spitze und die deutsche Direktion der *SAG Bleichert* nahezu vollzählig an der Sitzung teil; vgl. StAL, SAG Bleichert 1, Bl. 151ff. („Protokoll über die Besprechung am 24.6.52 mit Vertretern des Amtes für Reparationen im Werk Bleichert" , o. D.). Hier auch die folgenden Zitate.

und deren Vernachlässigung zum Gegenvorwurf erhoben werden konnten. Das Signal kam an, und der Kulturdirektor sowie die bei der Besprechung anwesende SED-Betriebsleitung „billigten den Vorschlag und gaben bekannt, dass wir schon verschiedene Wettbewerbe ins Leben gerufen haben, auch in unseren Konstruktionsbüros, und dass wir zur Zeit im Begriff sind, weitere Wettbewerbsvorschläge auszuarbeiten".

In der Folge konzentrierte man sich in den Bleichert-Werken selbstkritisch auf die „Schwächen unserer Arbeit", die für die anhaltenden Schwierigkeiten der Akquisition von Engpassfertigungen mit verantwortlich seien.[21] Tatsächlich bedeuteten die von der *SAG Bleichert* zu verantwortenden Versäumnisse in der angespannten wirtschaftlichen Situation einen empfindlichen Positionsverlust für das Unternehmen. So war man beispielweise gegenüber dem Berliner Bergmann-Borsig-Werk ursprünglich in einer günstigen Verhandlungsposition gewesen, da die Abwicklung „der Bleichert-Aufträge im Werk Bergmann-Borsig gar nicht ernst genommen" wurde und dieser Umstand mit zum „Wechsel in der Produktionsleitung" beigetragen habe. Nun musste aber vom Bleichert-Vertreter „bei der Rückkehr am 3.7.[1952] festgestellt werden, dass für diesen wichtigen, bereits im Mai ausgeschriebenen Auftrag bisher kein Typenvertrag ausgeschrieben wurde, so dass wir sowohl der Firma Bergmann-Borsig wie auch dem Ministerium gegenüber keine Handhabe haben". Das Fehlen eines Typenvertrages verschaffte Bergmann-Borsig die legale Möglichkeit, eine Bestellung abzulehnen, und dem zuständigen MfM-Fachreferenten die Gelegenheit, sich trotz der Versäumnisse bei Bleichert als „äußerst hilfsbereit" zu gerieren.

Die Versäumnisse wirkten sich sofort massiv auf die Produktionsabläufe der *SAG Bleichert* aus, und die Kooperationsabteilung geriet innerbetrieblich unter Druck. Der Bleichert-Vertreter schätzte ein, „dass die Bearbeitung und Betreuung der Unterlieferanten sowie die Abwicklung selbst der wichtigsten Aufträge durch unsere Kooperations-Abteilung nicht so erfolgt bzw. erfolgen kann, dass die Unterbringung von Engpassarbeiten beim jeweiligen Unterlieferanten gesichert ist".

Die knappe Kapazität für Horizontalbohrarbeiten beeinflusste direkt auch innerbetriebliche Abläufe. So wurde das in der *SAG Bleichert* offensichtlich übliche Verfahren, kleinere Reparaturen an Werkzeugmaschinen in den Abteilungen ohne Verständigung der Reparaturabteilung durchzuführen, nun an Horizontalbohrern als „Schwerpunktmaschinen" verboten.[22] Und Vorschläge zur Ausweitung der Serienfertigung, mit der die Anfälligkeit der Produktion hätte verringert werden können, gehören ebenfalls in den Zusammenhang, außerbetriebliche Engpässe und zwischenbetriebliche

21 Ebd., Bl. 115ff. („Reisebericht der Koll. Scheffler und Siegel über die Fahrt nach Berlin am 2.7.52", 3.7.1952). Hier auch die folgenden Zitate.

22 StAL, SAG Bleichert 1/1, Bl. 101 („Niederschrift über Besprechung am 2. Juli 1952, 11.00 Uhr im Zimmer des Kollegen Ermisch", 7.7.1952).

Schwierigkeiten wieder allein durch innerbetriebliche Anpassung zu kompensieren.[23]

Das ökonomische Faustrecht in der DDR der frühen 1950er Jahre kehrte sich damit endgültig gegen die *SAG Bleichert*, auch wenn sie davon bei der Zulieferung von Engpassmaterial unmittelbar profitiert hatte. Zugleich gefährdete die kurzfristige Anspannung auf längere Sicht die Materialversorgung, und einmal erpresste Zulieferfirmen reagierten auf das ihnen nun bekannte Verfahren mit Verweigerung. Langfristige Vertrauensbeziehungen zwischen den Betriebsleitungen konnten so nur schwer entstehen.

---

23 Vorschläge wie die Wiederaufnahme der Produktion von Lastanhängern und Bandförderern sollten einen Weg bieten, „mit den vorhandenen und geprüften Möglichkeiten sowie wenig konstruktiven Kräften, gewissermaßen unter Einsatz der inneren Reserven", das Bleichert-Serienprogramm auszubauen, dass im Sommer 1952 „40-55% der geplanten Geldsumme" umfasste; ebd., Bl. 16f. (betriebsinterne Mitteilung der Dispatcher-Abteilung an Näther, „Betr. Erweiterung unserer Serienartikel", 29.7. 1952).

3. UNGLEICHE AKTEURE – BETRIEBLICHE INTERESSEN IM PARTEIAPPARAT DER SED 1958 BIS 1962

Die wirtschaftliche Entwicklung der DDR zwischen dem V. und dem VI. Parteitag der SED mit dem Scheitern des Siebenjahrplans bildet den Rahmen des folgenden Kapitels.[1] Ein Verständnis der Entwicklung zwischen 1958 und 1962 allein als Vorfeld der späteren Wirtschaftsreformen verkürzt die Sachverhalte: Vielmehr waren die ökonomischen Weichenstellungen durch eine Parallelität von Optimismus und ernsten Gedanken über Veränderungen geprägt. Optimismus deshalb, weil der etablierte Parteieinfluss in vielen Betrieben trotz der faktisch scheiternden Jahrpläne eine Wirtschaftspolitik im Sinne der SED gewährleisten konnte – man war gewissermaßen endlich am Zug. Zugleich aber begannen, von Walter Ulbricht angeregt, in ausgewählten, vorerst hermetisch abgeschlossenen Gremien Diskussionen über den Gehalt sozialistischer Wirtschaftspolitik.

Einmal mehr verdeutlicht der Blick auf die betriebliche Ebene die Komplexität der Entwicklung. Die Schwierigkeiten der Zentralverwaltungswirtschaft gerade für zulieferabhängige Betriebe wie den *VEB VTA Leipzig* ließen die Werkleitungen nach Wegen suchen, im Rahmen der parteilich forcierten Konzentration auf ökonomische Fragen den vernachlässigten Interessen der ihnen anvertrauten Wirtschaftseinheiten Geltung zu verschaffen.

Die Artikulation betrieblicher Sonderinteressen in übergeordneten Parteigremien, wie sie im Folgendem für die Jahre 1958 bis 1962 rekonstruiert wird, und die fatalen Folgen der dauernden Kontrolle der Betriebsführung durch politische Sanktionsinstanzen belegen ein Machtungleichgewicht, das die erfolgreiche Kaderpolitik der SED inzwischen erzeugt hatte. Der Umstand, dass außerbetriebliche Instanzen nun in ganzer Breite die Entwick-

1 Das Scheitern des Siebenjahrplans Anfang der 1960er Jahre ist bereits frühzeitig erkannt und als wichtiger Impuls für die Wirtschaftsreformen der DDR ab 1963 gedeutet worden; vgl. für 1961 schon Bruno GLEITZE, Sowjetzonenwirtschaft in der Krise, in: Mitteilungen des Wirtschaftswissenschaftlichen Instituts der Gewerkschaften 14, 1961, S. 201-247; detaillierter auf der Basis umfangreicher Wirtschaftsdaten ders., Die Industrie der Sowjetzone unter dem gescheiterten Siebenjahrplan. Wirtschaft und Gesellschaft in Mitteldeutschland Bd. 2, hrsg. vom Forschungsbeirat für Fragen der Wiedervereinigung Deutschlands beim Bundesminister für gesamtdeutsche Fragen, Berlin (West) 1964. Zur neueren Forschung vgl. André STEINER, Politische Vorstellungen und ökonomische Probleme im Vorfeld der Errichtung der Berliner Mauer. Briefe Walter Ulbrichts an Nikita Chruschtschow, in: Hartmut MEHRINGER (Hrsg.), Von der SBZ zur DDR. Studien zum Herrschaftssystem in der Sowjetischen Besatzungszone und in der Deutschen Demokratischen Republik, München 1995, S. 233-268, und ders., Die DDR-Wirtschaftsreform der sechziger Jahre. Konflikt zwischen Effizienz- und Machtkalkül, Berlin 1999, S. 26ff.

lung des Betriebes bestimmen konnten, wird hier als Resultat der zugunsten der Partei entschiedenen innerbetrieblichen Konflikte der Jahre bis 1958 begriffen.

3.1. Problembewusstsein in der SED-Wirtschaftspolitik 1958 bis 1962

In der zweiten Hälfte der 1950er Jahre schien sich die lange Organisationsaufbauarbeit der SED endlich auszuzahlen. Die Bezirks- und Zentralgremien der Partei gewannen gegenüber den Einheiten der Parteibasis an Stärke. Das lag nicht nur an der relativen Konsolidierung der Parteistrukturen, sondern war auch – wie das Beispiel der Betriebsparteiorganisation des *VEB VTA Leipzig* Mitte der 1950er Jahre zeigt – Ausdruck der nun etablierten parteilichen Beurteilungsmaßstäbe, die zwar keine Lösungen für drängende gesellschaftliche Probleme boten, aber doch die Geltung der „politisch-ideologischen" Interpretation der Wirklichkeit garantierten. Diese Garantie hing eng mit der parteilichen Kaderarbeit zusammen, die erste Erfolge vorweisen konnte, insofern als viele nicht nur bereitwillig den Gestaltungsanspruch der SED in ihren Arbeitsgebieten zu verwirklichen suchten, sondern diese Bereitschaft auch mit fachlicher Kompetenz zu verbinden wussten. Zudem begannen sich die Parteiinstitutionen aufeinander einzuspielen und so eine effizientere Kontrolle gesellschaftlicher Bereiche möglich zu machen.

Die gewonnene Stärke des parteilichen Herrschaftsinstrumentariums hatte jedoch Nebenwirkungen. Die wirtschaftlichen Probleme der DDR verschärften sich mit Beginn des zweiten Fünfjahrplans 1956 nicht zuletzt gerade deshalb dramatisch, weil die SED ihre Problemsicht gegen konkurrierende „bürgerliche" Auffassungen durchzusetzen vermochte bzw. abweichende Mitglieder der SED als „Revisionisten" brandmarkte.[2] Wichtige Parameter erwuchsen aus dem spezifischen kommunistischen Vorgehen, gesellschaftliche Umwälzungen durchzusetzen und zu rechtfertigen. Für die DDR der 1950er Jahre erscheint nicht – wie von ostdeutschen Historikern lange betont[3] – die Bürgerkriegs- und Gründungsphase Sowjetrusslands,[4]

---

2 Zur Konzeption der „revisionistischen" DDR-Ökonomen Fritz Behrends und Arne Benary vgl. HAMEL, Herrschaftsprinzip, S. 168ff.

3 Insbesondere Lenins Überlegungen in seiner Schrift „Die nächsten Aufgaben der Sowjetmacht" vom Frühjahr 1918 und die darin enthaltene Rechtfertigung einer „Unterordnung des Willens von Tausenden unter den Willen eines einzelnen" (Wladimir I. LENIN, Die nächsten Aufgaben der Sowjetmacht, Berlin (Ost) 1985, S. 89) in der maschinellen Großindustrie wurden in den Arbeiten von DDR-Wirtschaftshistorikern als „Grundprinzipien für die Wirtschaftspolitik des proletarischen Staats in der Übergangsperiode vom Kapitalismus zum Sozialismus" hervorgehoben; ROESLER, Herausbildung, S. 14 und S. 24f. Am deutlichsten wird dieser Bezug auf Lenin wohl bei MÜLLER / REIßIG, Wirtschaftswunder an vielen Belegstellen, z.B. S. 99ff., S. 113ff.

sondern die forcierte Industrialisierung zu Beginn der 1930er Jahre unter Stalin als eigentlicher Referenzzeitraum. Die Betrachtung der Aufbauphasen von UdSSR und DDR zeigt, dass auch die politischen Lösungsstrategien für die durch eine „voluntaristische Industrialisierungspolitik"[5] implementierten Probleme und deren ideologische Reflexion Ähnlichkeiten aufweisen, die sowohl aus der Parteigeschichte als auch aus den ähnlichen Konstellationen erwuchsen, die durch den spezifischen Verlauf des „sozialistischen Aufbaus" erzeugt wurden. Die strukturellen Ähnlichkeiten der gesellschaftlichen Dynamik wurden sowohl ideologisch als auch durch ein ähnliches politisches Lösungsverhalten tradiert.

Mehrere Reden Stalins aus den frühen 1930er Jahren bildeten für Parteifunktionäre der SED einen wichtigen Bezugspunkt.[6] In diesen Texten wird die spezifische Mischung aus ideologischer Selbsttäuschung und unverhohlener Drohung deutlich, die es kommunistischen Funktionären trotz aller subjektiven Aufrichtigkeit und allen guten Willens unmöglich machte, den eigenen Anteil an den verschärften ökonomischen Problemen zu erkennen und adäquate Lösungen zu entwickeln, die langfristige Erfolge bedeuteten. Über die 1950er und frühen 1960er Jahre hinweg lassen sich auf allen Ebenen der SED Beispiele finden, in denen die von Stalin geprägte Argumentation mit „objektiven" und „subjektiven" Schwierigkeiten ihre praktische Anwendung in der Parteiarbeit fand.[7] Hier zeigt sich ein prinzipiell in-

4 Zur Charakterisierung der wirtschaftlichen Situation Russlands im Bürgerkrieg vgl. Manfred HILDERMEIER, Die Russische Revolution 1905–1921, Frankfurt am Main 1989, 278ff. Zu den fatalen Folgen der überstürzten und mehrfach revidierten Wirtschaftspolitik der Bolschewiki bis 1922 vgl. Peter SCHEIBERT, Lenin an der Macht. Das russische Volk in der Revolution 1918–1922, Weinheim 1984, S. 193-280.

5 Richard LORENZ, Sozialgeschichte der Sowjetunion 1. 1917–1945, Frankfurt am Main 1976, S. 221. Zur forcierten Industrialisierung in der Sowjetunion zwischen 1929 und 1933 grundsätzlich Manfred HILDERMEIER, Geschichte der Sowjetunion 1917–1991. Entstehung und Niedergang des ersten sozialistischen Staates, München 1998, S. 367ff.

6 Etwa die Rede auf einer Beratung von Wirtschaftsfunktionären des Obersten Volkswirtschaftsrates der UdSSR und des Volkskommissariats für Versorgung vom Juni 1931, „Neue Verhältnisse – neue Aufgaben des wirtschaftlichen Aufbaus", in: Josef W. STALIN, Fragen des Leninismus, Berlin (Ost) 1950, S. 402-424; vgl. auch „Über die Aufgaben der Wirtschaftler. Rede auf der ersten Unionskonferenz der Funktionäre der sozialistischen Industrie am 4. Februar 1931", in: Ebd., S. 391-401. Anfang der 1950er Jahre bezogen sich Funktionäre wie Bruno Leuschner noch direkt auf diese Reden; vgl. etwa Bruno LEUSCHNER, Ökonomie und Klassenkampf. Ausgewählte Reden und Aufsätze 1945–1965, Berlin (Ost) 1984, S. 91 und 424.

7 Hier seien nur einige Beispiele aufgeführt. In einem Schreiben vom September 1953 behauptet der Minister für Schwermaschinenbau, Gerhart Ziller, „dass die Fülle der so genannten objektiven Schwierigkeiten, die in den Arbeitsbesprechungen vorgebracht werden, wenn man sie aufmerksam untersucht und hartnäckig bis ins kleinste Detail verfolgt, zumeist zurückzuführen sind auf Fahrlässigkeit in der Kontrolle der eingeleiteten Arbeiten"; BA, DY 30 – IV 2/ 6.04/15 (Gerhart Ziller an Fritz Zeiler, 25.9.1953;

adäquates Problembewusstsein der verantwortlichen Parteifunktionäre, da sie letztlich alle Probleme auf individuelles Versagen zurückführten und so als Anlass für politisch-ideologische Erziehungsarbeit parteilich handhabbar machten.

Damit korrespondierte eine „permanente Reorganisation", die sich in administrativen Maßnahmen erschöpfte und dabei zwei Pfeiler der Planwirtschaft unangetastet ließ, welche die Möglichkeiten der Wirtschaftsfunktionäre stark einschränkten, ökonomisch rational zu handeln. Zum einen blieb das Prinzip der Einzelleitung erhalten, unabhängig davon, wie viel Freiraum oder Entscheidungskompetenz den Betriebsleitern gerade zugeschrieben oder entzogen worden war. Zum anderen standen die Grundprinzipien der Zentralverwaltungswirtschaft nicht zur Disposition, die viele Betriebsleitungen zwangen, „operativ" zu arbeiten und damit längerfristige Vorgaben der Volkswirtschaftspläne zu ignorieren. Dabei blieb eine widersprüchliche und verunsichernde Konstellation unverändert: Die „operative" Vorgehensweise der einzelnen Werkleitungen wurde von übergeordneten Instanzen der Wirtschaftsverwaltung geduldet, um durch außerplanmäßige Transaktionen den Plan wenigstens rudimentär erfüllen zu können, und bot dennoch jederzeit Anlass für Parteiinstanzen, gegen die jeweilige Werkleitung vorzugehen. Alle Versuche seitens der SED in den 1950er Jahren, „die Wirtschaftsabläufe effektiver zu gestalten, bewegten sich [...] im Rahmen des bestehenden Wirtschaftssystems" und konnten somit „die allgemeine Verschlechterung der Wirtschaftslage nicht verhindern".[8]

---

formalisiertes Schreiben). Im Sommer 1960 warf ein Mitarbeiter der SED-Bezirksleitung Leipzig den BPO-Sekretären des *VEB VTA Leipzig* vor, sie gäben „der Ideologie der objektiven Schwierigkeiten breiten Raum" und führten „politischen und ideologischen Auseinandersetzungen" nur „ungenügend"; StAL, BPA-Leipzig, IV/2/6/438, Bl. 155 („Betr. Erfüllung der Staatsplanpositionen im VEB VTA", AN von Hans Waldhelm, SED-BL Leipzig, 8.6.1960). Ebenfalls im Sommer 1960 lieferte Erich Apel auf der 9. ZK-Tagung ein Beispiel für eine vorbildliche BPO-Leitung, welche „die von einer Reihe von Wirtschaftsfunktionären vorgebrachten so genannten objektiven Gründe" zurückgewiesen habe und stattdessen aufgezeigt hätte, „dass vor allem Selbstzufriedenheit und Sorglosigkeit in der Leitung Schuld" an der festgestellten Planuntererfüllung gewesen seien; DURCH SOZIALISTISCHE GEMEINSCHAFTSARBEIT, S. 488. Die Reihe ließe sich fortsetzen.

8 Herbert WOLF / Friederike SATTLER, Entwicklung und Struktur der Planwirtschaft der DDR, in: BUNDESTAG, Aufarbeitung, Bd. II, S. 2889-2940, hier: S. 2910, sowie GUTMANN / KLEIN, Entwicklungsphasen, S. 1611.

3.2. Die Stellung der SED-Bezirksleitung Leipzig in der Industriepolitik der DDR

Insbesondere im Maschinenbau, volkswirtschaftlich und für die Exportbilanz der DDR von wesentlicher Bedeutung, wurde keine der relevanten Kennziffern erreicht.[9] Dieser Umstand war auch den verantwortlichen SED-Funktionären bewusst und konnte schon wegen der öffentlich wahrnehmbaren Versorgungslage nicht geleugnet werden, so dass die Frage einer effizienten Leitung der Volkswirtschaft die Parteispitze zu beschäftigen begann.

Der ersten Jahreshälfte 1958 kommt in dieser Hinsicht eine besondere Bedeutung zu. Auf der 35. ZK-Tagung Anfang Februar 1958 wurden nicht nur potenzielle und tatsächliche Kontrahenten Ulbrichts politisch ausgeschaltet und deren Funktionen im ZK-Sekretariat mit loyalen Parteigängern Ulbrichts besetzt, sondern zugleich wurde eine Wirtschaftskommission des Politbüros eingerichtet, „die unter der Leitung von Erich Apel eine Änderung der Leitung und Planung der gesamten Wirtschaft vorbereiten sollte".[10]

Männer wie Erich Honecker und der 1. Sekretär der SED-Bezirksleitung Leipzig, Paul Fröhlich, aber auch Erich Apel und Bruno Leuschner können durchaus als Garanten für Ulbrichts Herrschaft nach der 35. ZK-Tagung gelten. Tatsächlich reichte die einfache Eliminierung politischer Gegner nicht aus, um Ulbricht zum uneingeschränkten „Diktator" werden zu lassen.[11] Vielmehr war der Erste Sekretär des ZK auf ein eingespieltes personelles „System" von Unterstützern angewiesen, die ihm innerparteiliche Handlungsmöglichkeiten bereithielten, indem sie (wie Bruno Leuschner) ihre Kompetenz aller Bedenken zum Trotz in den Dienst kommunistischer Politik stellten, (wie Erich Apel) auf loyale Weise Innovationsimpulse aufgriffen, oder einfach nur (wie Paul Fröhlich) persönlich ergeben waren.[12]

---

9 Vgl. BA, NY 4113 – 22, Bl. 94ff. (Nachlass Fritz Selbmann; Bericht der ökonomischen Abteilungen des ZK der SED zur „Einschätzung des politischen Kampfes zur Erfüllung des Volkswirtschaftsplanes im 1. Halbjahr 1957", o. D., August 1957).

10 Enzyklopädie der DDR. Personen, Institutionen und Strukturen in Politik, Wirtschaft, Justiz, Wissenschaft und Kultur. *Elektronischer Datenträger (CD-ROM)*, Berlin 2000, S. 9612.

11 So allerdings der Tenor einer neuen Ulbricht-Biografie; vgl. Mario FRANK, Walter Ulbricht. Eine deutsche Biografie, Berlin 2001, S. 299.

12 Ansätze für eine solche differenzierte Sichtweise auf die Herrschaft Walter Ulbrichts nach 1958 finden sich z.B. bei Monika KAISER, Machtwechsel von Ulbricht zu Honecker. Funktionsmechanismen der SED-Diktatur in Konfliktsituationen 1962 bis 1972, Berlin 1997, S. 37ff. Zur Person Bruno Leuschners vgl. neben Fritz SCHENK, Im Vorzimmer der Diktatur. 12 Jahre Pankow, Köln 1962 auch die Kurzbiografie des selben Autors; ders., Bruno Leuschner (1910–1965), in: Torsten OPPELLAND (Hrsg.), Deut-

Fröhlichs Stellung mag ab 1958 noch dadurch gestärkt worden sein, dass der Bezirk Leipzig überwiegend durch Industrie geprägt war, wobei der anfällige und für die DDR-Wirtschaft dennoch so wichtige Maschinenbau eine besondere Bedeutung hatte: Allein im Stadtgebiet von Leipzig lagen zwei der bedeutendsten Schwermaschinenbaubetriebe der DDR, der *VEB S.M. Kirow* und der *VEB VTA Leipzig*.[13]

Dieser Wichtigkeit war sich Paul Fröhlich offenbar bewusst. Bereits im Sommer 1956 wurde in der SED-Bezirksleitung eine Parteikommission Maschinenbau gebildet, die aus Mitarbeitern der Abteilungen Wirtschaftspolitik und Maschinenbau zusammengesetzt war und anhand einzelner Maschinenbaubetriebe Ansätze für mobilisierende Kampagnen finden sollte.[14] Im unmittelbaren Zusammenhang mit den Vorbereitungen für den V. Parteitag der SED beschloss die SED-Bezirksleitung Leipzig Anfang Juli 1958 einen Plan „zur Führung des politisch-ideologischen Kampfes zur Steigerung der Arbeitsproduktivität" in Maschinenbaubetrieben.[15] Dieser Plan, der Ende Juli auf alle Leipziger Betriebe der metallverarbeitenden Industrie ausgeweitet wurde, sah vor, durch „die Erhöhung der Aktivität der Partei und Gewerkschaft" in den Betrieben die „Verpflichtungs- und Wettbewerbsbewegung zur Beseitigung der zum Teil vorhandenen Disproportionen zwischen Arbeitsproduktivität und Durchschnittslohn" zu erweitern. In die Betriebe entsandte Brigaden sollten „mit Hilfe der Parteiorganisationen durchsetzen, dass die Wirtschaftsfunktionäre gemeinsam mit den Arbeitern" über Fragen der Arbeitsproduktivität und der besseren Ausnutzung der Technik berieten.

Das war grundsätzlich nichts Neues, da die Bezirksleitung seit 1956 immer wieder Brigaden in Leipziger Industriebetriebe entsandt hatte, auch wenn nun andere Schwerpunkte gesetzt wurden. Die Sekretäre der SED-Bezirksleitung hoben jetzt den Aspekt der „Massenarbeit" hervor, und Paul

---

sche Politiker 1949–1969. Biografische Skizzen aus Ost und West, Darmstadt 1999, Bd. 2, S. 63-73. Zu Paul Fröhlich gibt es bisher keine Literatur; in seiner Kaderakte wird er als loyales Parteimitglied und (Anfang der fünfziger Jahre ein Kompliment!) als „echter Proletentyp" bezeichnet; BA DY 30 – IV 2/11/v. 5299 (Kaderakte Paul Fröhlich). Lebensdaten des am 21.3.1913 geborenen Fröhlich bei Helmut MÜLLER-ENBERGS u.a. (Hrsg.), Wer war wer in der DDR? Ein biographisches Lexikon, Bonn 2000, S. 229f.

13 Der *VEB VTA Leipzig* lag zudem im Wahlbezirk des Volkskammerabgeordneten Paul Fröhlich.

14 Vgl. StAL, BPA-Leipzig IV/2/6/443, Bl. 134ff. (Parteikommission der SED-BL Leipzig (Maschinenbau), „Um die Probleme im Maschinenbau zu untersuchen [...]", 30.8. 1956).

15 StAL, BPA-Leipzig, IV 2/3/236, Bl. 28ff. („Plan der Führung des politisch-ideologischen Kampfes zur Steigerung der Arbeitsproduktivität in den Betrieben der metallverarbeitenden Industrie (Beschluss des Büros der SED-BL Leipzig vom 3. Juli 1958)", 29.7.1958). Hier auch die folgenden Zitate.

Fröhlich betonte, es ginge „nicht ohne Ideologie".[16] Die Maßnahmen gewannen aber dadurch an zusätzlicher Bedeutung, dass sie nun angesichts der unveränderten wirtschaftlichen Probleme ein erhöhtes Interesse der zentralen Parteigremien fanden.

Im Sommer 1957 wurde im ZK-Apparat festgestellt, dass einige Bezirks- und Kreisleitungen „die mobilisierende Rolle des Planes bei der politisch-ideologischen Erziehungsarbeit mit den Massen" unterschätzten und der „Kampf um die Erhöhung der Rentabilität [...] in den Betrieben noch zu sehr einen kampagnemäßigen Charakter" trage.[17] Die ökonomische Lage ließ sich in *den* Branchen am schwersten durch politischen Druck verbessern, in denen die hochkomplexen zwischenbetrieblichen Verflechtungen bereits tief gestört und durch nichts zu ersetzen waren. Die verantwortlichen Stellen von Partei und Staatswirtschaft konzentrierten sich auf die Probleme des Maschinenbaus entsprechend ihrem eindimensionalen Lösungsverhalten: Im Mai 1958 beschloss die Staatliche Plankommission eine umfassende Untersuchung der wachsenden Materialbestände in den Betrieben der Branche,[18] und im Oktober 1958 stellte die zuständige ZK-Abteilung fest, dass auf „der Basis der jeweils gültigen Preise die Entwicklung der Rentabilität im Maschinenbau" zwischen 1955 und 1957 „keine Fortschritte" gemacht habe.[19]

3.3. Die Seifert-Methode auf dem V. Parteitag der SED

Während solche Einschätzungen vorerst im engsten Kreis der Parteispitze verblieben, zog die SED angesichts der schwierigen Lage in der Investitionsgüterindustrie alle Register ihres propagandistischen Könnens. Aus einer Fülle nachgeahmter sowjetischer oder eigenständiger DDR-Arbeiterinitiativen, die allesamt auf eine Mobilisierung der Beschäftigten volkseigener In-

16 Ebd., Bl. 36 (Zusammenstellung von Argumenten aus der Bürositzung der SED-BL Leipzig vom 3.7.58, o. D.).

17 BA, NY 4113 – 22, Bl. 76 und 94 (Nachlass Fritz Selbmann; Bericht der ökonomischen Abteilungen des ZK der SED zur „Einschätzung des politischen Kampfes zur Erfüllung des Volkswirtschaftsplanes im 1. Halbjahr 1957", o. D., August 1957). Dieser Bericht wurde Selbmann am 9.8.1957 von Gerhart Ziller, ZK-Sekretär für Wirtschaft, mit einem Begleitschreiben zugesandt.

18 Insgesamt wurden 18 Betriebe des Maschinenbaus und des Materialgroßhandels in Ost-Berlin und in den südlichen Bezirken untersucht; vgl. BA, DY 30 – IV/2/2.029/51 („Zusammengefasster Bericht über die Tätigkeit von Arbeitsgruppen zur Untersuchung der Fragen der Materialbestände [...], o. D., Oktober 1958). Laut Verteiler wurde dieser Bericht von der Wirtschaftskommission des Politbüros am 13.10.1958 an alle Wirtschaftsekretäre der SED-Bezirksleitungen geschickt.

19 Ebd. (Abt. Maschinenbau und Metallurgie des ZK, „Einschätzung der Entwicklung des Maschinenbaues in den Jahren 1954–1957", 22.10.1958).

dustriebetriebe zielten, kristallisierte sich Mitte der fünfziger Jahre die nach Erich Seifert benannte *Seifert-Methode* heraus.[20] Die Feststellung allerdings, anhand der Entwicklung der Seifert-Methode werde deutlich, „wie *kontinuierlich und weitsichtig* die Wirtschaftspolitik der SED und der Regierung der DDR [...] auf die Durchsetzung der ökonomischen Gesetzmäßigkeiten des Sozialismus gerichtet" sei, taugt heute nur noch als Verweis auf das exakte Gegenteil.[21] Denn die Seifert-Methode blieb trotz ihrer schlagartigen Wichtigkeit vage und unspezifisch definiert.[22]

In der betrieblichen Praxis lief die Seifert-Methode darauf hinaus, dass die Arbeiter ihre Normen selbst kontrollierten, selbständig Verlustzeiten notierten und versuchen sollten, durch Umstellungen im Arbeitsablauf und durch ein Herausrechnen der Verlustzeiten aus der Norm zu einem höheren Akkord zu kommen. Diese als „Kampf gegen den Minutendieb" popularisierte Selbstkontrolle lief damit faktisch auf eine „freiwillige Normenerhöhung" hinaus und wurde von Arbeitern entsprechend widerwillig und langsam umgesetzt. Einmal mehr also bot sich ein Ansatzpunkt für die Erziehungsarbeit der SED, denn nicht die Wirksamkeit der Seifert-Methode stand zur Diskussion, sondern die mangelnde Einsicht der Industriearbeiter als „falsche" Ideologie.

Ulbrichts Forderung auf dem V. Parteitag, „dass sich besonders die Arbeiter im Maschinenbau und in den metallverarbeitenden Industriezweigen mit der Seifert-Methode beschäftigen sollten",[23] unterstrich Erich Seifert in einem kurzen Redebeitrag auf dem V. Parteitag ausgerechnet am Beispiel des *VEB VTA Leipzig*, wo die Methode nicht angewandt werde und deshalb noch viele Verlustzeiten unentdeckt blieben.[24]

Nun kam die SED-Betriebsparteiorganisation von VTA in den Wochen und Monaten nach dem V. Parteitag nicht umhin, sich für die Popularisierung der Seifert-Methode einzusetzen. Bereits Ende Juli 1958 erörterte sie den Stand der Seifert-Methode und kam zu einem zwiespältigen Resümee:

---

20 Vgl. die hagiografische Darstellung bei Günter LEUCHT, Die Geschichte der Seifert-Methode, Berlin (Ost) 1967. Zur Bedeutung der Seifert-Methode im Kontext des V. Parteitages der SED vgl. ROESLER, Herausbildung, S. 267f. Eine Darstellung der realen ökonomischen Effekte der „Neuerermethoden" liegt bisher nicht vor.

21 LEUCHT, Geschichte, S. 6. Hervorhebung im Original.

22 Ulbricht bezeichnete in seinem Referat auf dem V. Parteitag im Juli 1958 die Seifert-Methode als „die bestmögliche Nutzung der gesellschaftlichen Arbeit", vergaß allerdings auch nicht darauf hinzuweisen, dass die Neuerermethode „selbstverständlich eine gründliche politisch-ideologische Aufklärungsarbeit" erfordere; Für den Aufschwung der sozialistischen Wirtschaft in der DDR. Aus dem Referat und dem Schlusswort des Genossen Walter Ulbricht, aus den Diskussionsreden und dem Beschluss des V. Parteitages der SED. Berlin (Ost) 1958, S. 41 und 39.

23 Ebd., S. 41.

24 Erich Seifert: „Verlustzeiten ausmerzen", in: Ebd., S. 168-172, das Beispiel aus dem *VEB VTA Leipzig* S. 169.

Längst nicht alle Genossen seien „sich über den politischen Inhalt der Seifert-Methode im Klaren", während es bei den parteilosen Arbeitern keine Schwierigkeiten gebe, denn diese ständen „auch fachlich besser da wie [sic!] die Genossen".[25] Der anwesende neue Werkdirektor Walter Schuckert musste „ebenfalls feststellen, dass keiner eine richtige Vorstellung über die Seifert-Methode" habe, und ein BPO-Sekretär berichtete, in „verschiedenen Produktionsabteilungen" werde geäußert, „dass bei der Ermittlung der Verlustzeiten doch nichts" herauskomme.

Die BPO beschloss, dass einzelne Sekretäre jeweils für eine Woche „in der Produktion arbeiten" sollten, um den „Kollegen bei der Einführung der Seifert-Methode zu helfen". Das machte immerhin soviel Eindruck, dass der 1. BPO-Sekretär Erich Kurth melden konnte, im September hätten „784 Kollegen, davon 95 mit ökonomischem Nutzen, diese Neuerermethode" angewandt.[26] Ob sich Kurth darüber im Klaren war, dass ein Nutzen in nur 12,1% aller Fälle wenig beeindruckend wirkte, geht aus dem Bericht nicht hervor. Mindestens aber wurde daran indirekt deutlich, dass die Probleme des *VEB VTA Leipzig* nicht mit Mobilisierungskampagnen für die Belegschaft zu lösen waren.

3.4. Der VEB VTA Leipzig nach dem Direktorenwechsel 1958/59

Keinen Monat nach der Absetzung Kurt Näthers als Werkdirektor des *VEB VTA Leipzig* schlug die ministerielle Hauptverwaltung Ende Februar 1958 Walter Schuckert als neuen Werkdirektor vor,[27] und auf einer außerordentlichen BPO-Leitungssitzung spürten die Betriebsparteisekretäre eine erste

25 StAL, BPA-Leipzig IV/7.144/6, Bl. 335ff. (BPO-Leitungssitzung am 30.7.1958). Hier auch die folgenden Zitate.

26 StAL, BPA-Leipzig IV/2/6/438, Bl. 145 (Bericht von Kurth, „Erfahrungen aus der Arbeit der Brigade im VEB Schwermaschinenbau VTA", o. D., nach Ende November 1958).

27 Zur Person Walter Schuckerts ließen sich nur spärliche Daten ermitteln, weder im Sächsischen Staatsarchiv Leipzig noch im Bundesarchiv Berlin-Lichterfelde gibt es eine SED-Kaderakte auf diesen Namen. Schuckert wurde 1909 geboren, über seine berufliche Laufbahn bis 1958 ist nichts bekannt. Von 1958 bis 1963 war er Mitglied des ZK der SED, und am 8.4.1958 trat er den Posten des Werkdirektors im *VEB VTA Leipzig* an. Diese Funktion konnte er aus Gesundheitsgründen ab November 1961 nicht mehr ausüben, und nach seiner Absetzung im März 1962 wurde er Leiter des ebenfalls in Leipzig ansässigen *VEB Transportanlagenprojekt*. Am 15.11.1973 ist Walter Schuckert gestorben; vgl. Andreas HERBST / Gerd-Rüdiger STEPHAN / Jürgen WINKLER (Hrsg.), Die SED. Geschichte – Organisation – Politik. Ein Handbuch. Berlin 1997, S. 1077, sowie StAL, VTA 8 (Direktorensitzung am 30.11.1961), und StAL, BPA-Leipzig IV/2/6/439, Bl. 214 (AN der SED-BL Leipzig, „betr. Kaderveränderungen im VEB VTA", 9.3.1962).

Nebenwirkung ihres Erfolgs: Walter Schuckert war ihnen weitgehend unbekannt. Entsprechend vorsichtig diskutierten die Mitglieder der Betriebsparteileitung. Über Schuckerts fachliche Qualifikation konnte sich kaum jemand äußern, und der Vorsitzende der Betriebsgewerkschaftsleitung (BGL) bemängelte, dass „viele den Gen. Schuckert gar nicht kennen“.[28] Schuckert benötige nicht nur die Unterstützung der Partei, so ein anderer Parteisekretär, sondern auch einen Genossen, „der das Werk gut kennt“. Erich Kurth drängte auf „eine einheitliche Meinung“, da die BPO-Leitung nur zu entscheiden habe, „welche politischen Dinge […] dem Einsatz im Wege stehen“ könnten. Der zustimmende Beschluss wurde gefasst und der Kreisleitung mitgeteilt.

Walter Schuckert trat seine Stellung am 8. April 1958 an. Es sollte sich in den ersten Monaten zeigen, dass die betrieblichen Probleme des *VEB VTA Leipzig* trotz der Vorschusslorbeeren der staatlichen Verwaltung für die neue Werkleitung unverändert blieben.[29] Insbesondere eine kontinuierliche Zulieferung konnte nicht gewährleistet werden, und auf derselben BPO-Leitungssitzung, auf der die Seifert-Methode im Betrieb eingeführt wurde, bat Schuckert die Parteisekretäre, an einer „Beratung mit allen Zulieferbetrieben“ teilzunehmen: Immerhin gehe es hier „hauptsächlich um die Erfüllung unserer Pläne“, und wenn es gelänge, „die Stahlbaukooperation unterzubringen, dann ist für uns der Jahresplan sicher“.[30]

Ende September 1958 wurden auf einen Schlag vier Leitungsposten neu besetzt. Nachdem Arbeitsdirektor Röder schon im Juni aus der SED ausgeschlossen worden war und seine Leitungsfunktion verlor,[31] wechselte nun Hans Frenzel von der Betriebspartei- in die Werkleitung und wurde neuer Arbeitsdirektor. Der bisherige Hauptbuchhalter Kurt Schönefeld wurde kaufmännischer Direktor, ihm folgte sein bisheriger Stellvertreter Hasso Uschmann auf den Posten des Hauptbuchhalters.[32] Schließlich wurde der Posten des Produktionsdirektors neu besetzt.

Obwohl es sich hierbei also eher um eine Neugruppierung bekannter Kader aus dem Betrieb handelte, strich BPO-Sekretär Erich Kurth in einem Bericht an die SED-Bezirksleitung Leipzig das Revirement als einen Erfolg parteilicher Kaderpolitik heraus, da die jeweiligen Leiter erst auf Vorschlag

---

28 StAL, BPA-Leipzig IV/7.144/6, Bl. 285f. (BPO-Leitungssitzung am 24.2.1958). Hier auch die folgenden Zitate.

29 U.a. wurden die Überplanbestände, die Schuckert von seinem Vorgänger „geerbt“ hatte, endlich kreditiert.

30 Ebd., Bl. 337 (BPO-Leitungssitzung am 30.7.1958).

31 Vgl. ebd., Bl. 310ff. (BPO-Leitungssitzung am 4.6.1958).

32 Vgl. ebd., Bl. 354 (BPO-Leitungssitzung am 25.9.1958).

der BPO „durch qualifiziertere, der Arbeiterklasse ergebene Genossen ersetzt worden" seien.[33]

Die Sitzungsprotokolle der Betriebsparteileitung des *VEB VTA Leipzig* vom Sommer 1958 belegen indes keine solche kaderpolitische Initiative, wohl aber – neben dem Rechtfertigungsdruck in Bezug auf die Seifert-Methode – konstante Probleme bei der Materialversorgung, denen die Werkleitung nun mit einem „Kampfplan" als „beschlussmäßige Festlegung der politisch-ideologischen Mobilisierung der Belegschaft" begegnen wollte.[34] Der Kampfplan lief auf einen permanenten Ausnahmezustand der Werkleitung hinaus: Von anderen Betrieben sollten Arbeitskräfte ausgeliehen und als „Rote Brigade" eingesetzt werden, zugleich wurden alle Möglichkeiten der Materialzulieferung überprüft, selbst die bisher bekämpfte „Privatindustrie" sollte wieder Kooperationsaufträge übernehmen. Vom „Werkleiter bis in jeden APO-Bereich" müsse „jedem Genossen die Kampfaufgabe klargemacht werden", und wo „wir Stockungen aufweisen können, müssen diejenigen zur Verantwortung gezogen werden", auf deren Verhalten solche Störungen zurückzuführen seien.

Gegen die beginnende Suche nach Schuldigen durch außerbetriebliche Parteiinstanzen half die Kampagne freilich nichts, denn nach Ansicht des Wirtschaftssekretärs der SED-Bezirksleitung Leipzig hätte man „die Anstrengungen, die man jetzt unternimmt, [...] vor Monaten tun können. Die Schuld liegt damit bei VTA". Die anlaufende Arbeit der Bezirksleitungsbrigaden hatte bei VTA eine vorzügliche Arbeitsgrundlage.

Der „Kampfplan" band allerdings die Betriebsparteileitung eng an das Schicksal der Werkdirektion. Das erwies sich als Vorteil, da die BPO-Sekretäre von VTA inzwischen das Vertrauen der Leipziger SED-Bezirksleitung genossen. So wurde die im Sommer 1958 angelaufene Kampagne der SED-Bezirksleitung zur Erhöhung der Arbeitsproduktivität, die im September 1958 in einem umfassenden Brigadeeinsatz in vier Leipziger Großbetrieben gipfelte,[35] im *VEB VTA Leipzig* vom 1. BPO-Sekretär Erich Kurth selbst geleitet. Dabei gelang ihm der schwierige Spagat zwischen der Bestätigung der parteilichen Kritik an der Werkleitung und der gleichzeitigen

33 StAL, BPA-Leipzig IV/2/6/438, Bl. 146 (Bericht von Kurth, „Erfahrungen aus der Arbeit der Brigade im VEB Schwermaschinenbau VTA", o. D., nach Ende November 1958). Zu Recht hat ein kritischer Leser in der SED-Bezirksleitung handschriftlich ein Fragezeichen an den entsprechenden Absatz gesetzt.

34 StAL, BPA-Leipzig IV/7.144/6, Bl. 351ff. (BPO-Leitungssitzung am 25.9.1958). Hier auch die folgenden Zitate.

35 Vgl. StAL, BPA-Leipzig IV/2/6/443, Bl. 201ff. („Rahmenplan zum Brigadeeinsatz in den Leipziger Großbetrieben VEB VTA, Kirow, Bubima und Brücken- und Stahlbau", 4.9.1958).

Abwehr von Vorwürfen gegenüber den eigentlich mitverantwortlichen Betriebsparteisekretären.[36]

In seinem Abschlussbericht über den Brigadeeinsatz konnte Kurth, der von der VTA-Werkleitung immer wieder zusätzliche Beratungen und Rentabilitätsbesprechungen gefordert hatte,[37] davon sprechen, dass ein „gründliches Durchdenken und Durcharbeiten der Parteibeschlüsse und ein lebensnaher Arbeitsstil der leitenden Funktionäre [...] oft noch stark durch das Sitzungsunwesen behindert“ werde.[38] Kurths Bericht über die Untersuchung der Arbeit der BPO des *VEB VTA Leipzig* unter der Leitung ihres eigenen 1. Sekretärs belegt, dass das Vertrauen, das Kurth von Seiten der SED-Bezirksleitung inzwischen entgegengebracht wurde, voll gerechtfertigt war. Er verwies nicht nur auf die Erfolge der „Erziehungsarbeit“ der Parteileitung, sondern führte die anhaltende Materialknappheit „fast ausschließlich auf subjektive, innerbetriebliche Ursachen“ zurück und stellte klar, „dass jede ökonomische Aufgabe nur dann richtig zu lösen ist, wenn die politische Zielstellung klar“ sei.[39] Der etablierten Deutungshoheit der Partei stand im *VEB VTA Leipzig* keine wie auch immer begründete Fachlichkeit mehr im Weg.

3.5. Walter Schuckerts Rede auf dem 6. Plenum des ZK im September 1959

Gelöst wurde durch die politischen Kampagnen um Seifert-Methode, Masseninitiative und Planerfüllung und durch den komplexen Brigadeeinsatz der Bezirksleitung keines der für den *VEB VTA Leipzig* immer brennende-

---

36 Die besondere Konstellation eines widerstrebenden Schulterschlusses von BPO-Leitung und Werkdirektion führte auch dazu, dass Kurth in der Auswertung der Brigadeeinsätze nicht umhin kam, die Werkleitung gegenüber dem Wirtschaftsekretär der SED-Bezirksleitung Leipzig in Schutz zu nehmen. Die Eigenleistung von Betrieben wie VTA, „die eine große Kooperation haben“, würde durch die hohen Überplanbestände „verwischt“, da diese Überplanbestände oft durch fehlende Zulieferung erzeugt würden; ebd. („Protokoll über die Brigadeauswertung in der Parteikommission Maschinenbau am 19.11.1958 in der SED Bezirksleitung“, 25.11.1958).

37 So beispielsweise in StAL, BPA-Leipzig IV/7.144/6, Bl. 216 (BPO-Leitungssitzung am 31.7.1957).

38 StAL, BPA-Leipzig IV/2/6/438, Bl. 143ff. (Bericht von Kurth, „Erfahrungen aus der Arbeit der Brigade im VEB Schwermaschinenbau VTA“, o. D., nach Ende November 1958). Tatsächlich war die VTA-Leitung inzwischen öffentlich für ihre „Manager-Methoden“ und für das „Sitzungsunwesen“ gescholten worden; LVZ vom 21.10.1958, S. 5 („Vom Kampf einer Parteiorganisation um die Steigerung der Arbeitsproduktivität“).

39 StAL, BPA-Leipzig IV/2/6/438, Bl. 149 und 146 (Bericht von Kurth, „Erfahrungen aus der Arbeit der Brigade im VEB Schwermaschinenbau VTA“, o. D., nach Ende November 1958).

ren Probleme. Wenn Pläne erfüllt wurden, dann jedes Mal nur unter enormen Anstrengungen. Zugleich signalisierte der Verlauf solcher Kampagnen gerade den einzelnen Werkleitungen, dass eine Berücksichtigung ihrer jeweiligen Problemlagen nicht auf der Tagesordnung der übergeordneten Parteiinstanzen stand. Beides mochte Werkdirektor Walter Schuckert bewogen haben, als Mitglied des Zentralkomitees der SED auf einer ZK-Tagung die Schwierigkeiten seines Betriebes zur Sprache zu bringen. Die 6. ZK-Tagung am 18. und 19. September 1959 bot sich für eine solche Artikulation betrieblicher Interessen vor dem formal höchsten Parteigremium an, da sie einen industriewirtschaftlichen Schwerpunkt hatte. Anknüpfend an die bereits auf dem V. Parteitag formulierte „ökonomische Hauptaufgabe", im Pro-Kopf-Verbrauch wichtiger Lebensmittel und Konsumgüter die Bundesrepublik Deutschland zu übertreffen, sollte der Abbruch des 2. Fünfjahrplans mit der Absegnung eines neuen, von der sowjetischen Wirtschaftspolitik inspirierten Siebenjahrplans kaschiert werden.[40]

In seinem Referat auf der 6. ZK-Tagung verweilte Ulbricht lange bei den Aufgaben der Parteiorganisation im Rahmen des Siebenjahrplans. Die von der SED-Bezirksleitung Leipzig eingesetzten Arbeitsgruppen seien „zeitweise nützlich" gewesen, aber nun müssten „die Kreisleitungen die Erziehungsarbeit in den Grundorganisationen verstärken und diese zur stärkeren Kontrolle der Arbeit der Wirtschaftsorgane anleiten".[41] Auch seien die Parteiorganisationen dafür verantwortlich, dass über den „Charakter" neuzubildender „sozialistischen Arbeitsgemeinschaften" zwischen Arbeitern und Ingenieuren „überall ideologische Klarheit" herrsche. Das waren freilich keine neuen Impulse, sondern die gängige Ideologisierung neuer Kampagnen.

Es spricht daher nicht für das politische Gespür von VTA-Werkdirektor Walter Schuckert, dass er die Stunde für eine ungeschminkte Darstellung der Verhältnisse seines Betriebes gekommen sah. In seinem Diskussionsbeitrag am zweiten Tag des Plenums hob Schuckert einleitend die hohe Motivation der Belegschaft von VTA hervor, um dann zu einer Beschreibung der Probleme zu gelangen, die nach seiner Auffassung die Planerfüllung hemmten, deren Lösung aber außerhalb der betrieblichen Möglichkeiten lag. Als zentrales Problem bezeichnete Schuckert die knappen Bestellzeiten bei sowjetischen Aufträgen. Innerhalb des „gesamten Schwermaschinen-

---

40 Vgl. FÜR DEN AUFSCHWUNG, S. 4ff., sowie Karl C. THALHEIM, Die Wirtschaft der Sowjetzone in Krise und Umbau. Wirtschaft und Gesellschaft in Mitteldeutschland, Bd. 1, hrsg. vom Forschungsbeirat für Fragen der Wiedervereinigung Deutschlands beim Bundesminister für gesamtdeutsche Fragen, Berlin (West) 1964, S. 45ff., und GLEITZE, Industrie, S. 6ff.

41 Walter ULBRICHT, Das Gesetz über den Siebenjahrplan und die Aufgaben der Partei bei der Durchführung des Planes in der Industrie. Referat auf der 6. Tagung des ZK der SED 18. und 19. September 1959, Berlin (Ost) 1959, S. 41. Das folgende Zitat ebd., S. 8.

baus mit langfristiger Einzelfertigung" träten „laufend dadurch größere Schwierigkeiten auf", dass sowjetische Aufträge für Exportlieferungen „trotz bestehender langfristiger Handelsabkommen relativ spät für die kommenden Planjahre erteilt" würden.[42] Obwohl Verhandlungen mit der sowjetischen Handelsvertretung und dem staatlichen Außenhandelsunternehmen *Maschinoexport* bisher „zu keinen sichtbaren Erfolgen geführt" hätten, sei die Werkdirektion von VTA der Auffassung, dass eine langfristigere Bestellung geboten sei, „da es sich in der Regel um Großanlagen handelt, deren Projektierung eine geraume Zeit vor Baubeginn abgeschlossen sein" müsste. Die langfristigere Auftragserteilung sei weiter auch deshalb notwendig, weil „zwischen den Produktionsmöglichkeiten und Produktionsauflagen des Schwermaschinenbaus und einiger wichtiger Zulieferbetriebe zur Zeit noch Disproportionen" bestånden und die Bestellzeiten etwa im Elektroanlagenbau und in den Getriebewerken zum Teil zwei Jahre betrugen. Für den *VEB VTA Leipzig* bedeuteten solche Zulieferverzögerungen „eine Konzentration des Exportanteils im dritten und vierten Quartal" des jeweiligen Jahresplans. Häufiger würden auch „ordnungsgemäß abgeschlossene Verträge über Lieferungen [...] nicht realisiert".

Schuckert erläuterte dies am Beispiel des *VEB Elektroprojekt Berlin*, einem wichtigen Zulieferbetrieb für elektrische Ausrüstungen, und kritisierte, dass „in der Vergangenheit von den zuständigen staatlichen Organen nichts Entscheidendes eingeleitet" worden sei, um „innerhalb der Republik einen Betrieb zu schaffen, der den Anforderungen des Maschinenbaues" entspräche. Die mangelhafte Zulieferung solcher Betriebe habe „nicht unerhebliche politische Auswirkungen", da „wir als größter Schwermaschinenbau[betrieb] des Bezirkes Leipzig ständig im Blickpunkt der Öffentlichkeit stehen".

Schuckert vergaß schließlich nicht zu erwähnen, dass es im *VEB VTA Leipzig* „natürlich auch noch eine Reihe eigener Mängel" gebe, wie „die schlechte Organisation, die Nichtdurchsetzung sozialistischer Leitungs- und Lenkungsprinzipien bis in die unterste Ebene sowie Unzulänglichkeiten der verschiedensten Art". Die „primäre Frage" bleibe aber die „Auftragserteilung durch unsere sowjetischen Freunde".

Schon die Dokumentation der 6. ZK-Tagung belegt, dass man in Berlin eine etwas andere Vorstellung von der Rangfolge der betrieblichen Probleme hatte: Alle Bemerkungen Walter Schuckerts über das Verhalten sowjetischer Besteller, die im stenografischen Protokoll vermerkt worden waren, verschwanden aus der parteiinternen Druckfassung der Tagungsbeiträge.[43]

---

42 BA, DY 30 – IV/2/1/123, Bl. 37ff. (Protokoll der 6. Tagung des ZK der SED, 18./19.9.1959, Bd. 2). Hier auch die folgenden Zitate.

43 Vgl. ebd., Bl. 202f. (Protokoll der 6. Tagung des ZK der SED, 18./19.9.1959, Druckfassung). Stattdessen wurden Ausführungen über Zulieferprobleme bei Wälzlagern eingefügt, die Schuckert aus Zeitgründen nicht hatte präsentieren können.

In der weiteren Entwicklung sollte die Dominanz der übergeordneten Parteiinstanzen bei der Problembestimmung offenkundig werden. Die Hinweise auf die schleppende Zulieferung wurden zum Gegenstand einer umfassenden Kampagne der SED, galt damit als gelöstes Problem, und übrig blieben die „Unzulänglichkeiten der verschiedensten Art" im *VEB VTA Leipzig* selbst, die Ende 1960 von einer Kontrollbrigade des ZK der SED unter die Lupe genommen wurden.

3.6. Eine komplexe Kampagne im Sommer 1960

Die Funktionäre, die im Parteiapparat für die Wirtschaftspolitik der SED verantwortlich waren, erkannten die Notwendigkeit, volkswirtschaftliche Zusammenhänge in ihrer Komplexität erfassen zu müssen, früher als andere Mitglieder der Parteiführung. Insbesondere die Wirtschaftskommission des Politbüros unter der Leitung von Erich Apel hatte sich rasch zu einem Expertengremium entwickelt, in dem die bisherige Planungspraxis zumindest parteiintern einer kritischen Betrachtung unterzogen wurde.[44]

Die Feststellungen Walter Schuckerts auf dem 6. Plenum über unzureichende Elektrozulieferungen entsprachen durchaus der Problemsicht der Mitarbeiter der Wirtschaftskommission. Der Mangel an spezialisierter Zulieferung war in der Vergangenheit durch republikweite Schwerpunktkampagnen verschärft worden, da neue Prioritäten die schwer zu organisierenden zwischenbetrieblichen Tauschbeziehungen immer wieder durcheinander warfen.[45] Die Wirtschaftskommission analysierte diese Zusammenhän-

44 Die Unterlagen der Wirtschaftskommission des Politbüros belegen die überraschende Bandbreite der bis 1962 parteiintern diskutierten Neuansätze wirtschaftlicher Planung. Hier liefen nicht nur wichtige Einschätzungen anderer Planungsinstitutionen zusammen, wie etwa der Staatlichen Plankommission; vgl. beispielweise BA, DY 30 – IV 2/2.029/138 (Bericht der Abt. Maschinenbau der SPK „über die Entwicklung des Maschinenbaues von 1945–1965", 24.12.1958). Später wurden auch frühere SAG-Direktoren nach den Leitungsmethoden in den Sowjetischen Aktiengesellschaften befragt, und der Tenor dieser Gespräche war eindeutig: Die gegenwärtige Kritik der Werkleiter ehemaliger SAG-Betriebe an der Planungspraxis richte sich „weniger gegen einzelne Maßnahmen und Methoden", sondern vielmehr „gegen einige grundsätzliche Erscheinungen in den Leitungsmethoden und im Verhalten der leitenden Funktionäre"; BA, DY 30 – IV 2/2.029/125 („Bericht über Aussprachen mit Werkleitern ehemaliger SAG-Betriebe über die Leitungstätigkeit der übergeordneten Organe", o. D., Ende September 1961). Dass diese Offenheit allerdings nicht in die „Öffentlichkeit" der DDR hineinreichte und gerade Erich Apel Anfang der 1960er Jahre traditioneller Parteipropaganda verhaftet blieb, wird im Folgenden deutlich werden.

45 Vgl. BA, NY 4113 – 22, Bl. 95 (Nachlass Fritz Selbmann; Bericht der ökonomischen Abteilungen des ZK der SED „Einschätzung des politischen Kampfes zur Erfüllung des Volkswirtschaftsplanes im 1. Halbjahr 1957", o. D., August 1957).

ge und suchte in enger Zusammenarbeit mit der Staatlichen Plankommission nach längerfristigen Lösungsmöglichkeiten.

Gleichsam in Entsprechung zur „komplexen Planung“[46] sollte der Maschinenbau als Schlüsselindustrie durch eine Reihe von mobilisierenden Maßnahmen zu höherer Produktivität angespornt werden.[47] Eine für Anfang April 1960 anberaumte Konferenz der Wirtschaftskommission konzentrierte sich auf die Zulieferungen der Elektrobetriebe, und die 9. ZK-Tagung im Juli 1960 hatte die Lage der Metallurgie und metallverarbeitenden Industrie zum alleinigen Thema.

Bei allem ökonomischen Sachverstand blieb der politische Zweck dieser Maschinenbaukampagne immer vorherrschend. Schon bei der Eröffnung der vorbereitenden Sitzung der Wirtschaftskommission im Februar 1960 ließ Apel daran keinen Zweifel. Er wies auf die Wichtigkeit hin, dass „die ganze Partei [...] für den Maschinenbau und die Metallurgie auf diesen ‚Schwerpunkt Nr. 1‘ orientiert“ werde; bisher hätten nur „der zentrale Parteiapparat und einige Bezirksleitungen“ eine „klare Vorstellung ausgearbeitet [...], die bereits mit dem Genossen Ulbricht abgestimmt“ sei. Es gebe „bei einigen leitenden Genossen des Maschinenbaues und der Metallurgie [...] Angst vor diesem Plenum“.[48] Daher müsse „dieses Plenum von der politisch-ideologischen Seite her qualifiziert vorbereitet werden“.

Die vorbereitende „Elektrokonferenz“ von Wirtschaftskommission und Staatlicher Plankommission am 6. und 7. April 1960, auf der Apel in einem Schlusswort unterschwellig drohte, es seien „keine objektiven Gründe vorhanden, mit denen man das Zurückbleiben von Betrieben oder gar ganzen Industriezweigen rechtfertigen könnte“,[49] wurde in der Presse von einem offenen Brief der Jugendmeisterei „1. Mai“ des *VEB VTA Leipzig* an die „Kollegen des VEB Elektroprojekt“ flankiert.[50] Diesem Betrieb hatte Schuckert in seiner Rede auf der ZK-Tagung die unzureichende Zulieferung wichtiger Ausrüstungen vorgehalten, und nun erklärte die VTA-Jugendmeisterei in der Berliner Zeitung, da das „Werk VTA [...] kein Planschuldner werden“ wolle, sollten die „Kollegen der Elektroindustrie“ ihre Fertigungsmöglichkeiten überprüfen und „noch vorhandene Reserven“ erschließen. Über die vertraglich gebundenen Großanlagen hinaus baue man „für die Inbetriebnahme einer wichtigen Bleierzgrube in der Sowjetunion“ Verladebrücken und benötige bei VTA die entsprechende elektrische Ausrü-

46 ROESLER, Herausbildung, S. 259f.

47 Vgl. MÜLLER / REIẞIG, Wirtschaftswunder, S. 327f.

48 BA, DY 30 – IV 2/2.029/15, Bl. 6ff. (Stenografisches Protokoll der Sitzung der Wirtschaftskommission am 19.2.1960, o. D.). Hier auch das folgende Zitat.

49 BERLINER ZEITUNG (BZ) vom 14.4.1960, S. 4 („Geheimnis des Zeitgewinns. Aus dem Schlusswort Erich Apels auf der Elektrokonferenz“).

50 BZ vom 8.4.1960, S. 4 („Offener Brief an die Kollegen des VEB Elektroprojekt“). Hier auch die folgenden Zitate.

stung. Durch „unsere gemeinsamen Anstrengungen" würden „wir die ökonomische Hauptaufgabe erfüllen und die Voraussetzungen für einen noch schnelleren Aufbau des Sozialismus schaffen".

In einer Antwort, die am 14. April 1960 ebenfalls als offener Brief in der Berliner Zeitung erschien, wunderten sich die Kollegen des *VEB Elektroprojekt* über die Aufnahme zusätzlicher Produktion für sowjetische Erzgruben und sahen sich nicht in der Lage, dazu bereits eine Stellungnahme abzugeben. Es genüge „nicht allein die Bereitschaft der Kollegen unseres Werkes, sondern die Auslieferung der elektrischen Ausrüstung für die genannten Projekte" sei „abhängig von zahlreichen Elektrobetrieben der DDR".[51] Man habe zur Verbesserung der Zulieferung im Januar 1960 eine „Arbeitsgemeinschaft" mit dem *VEB VTA Leipzig* gebildet, „um gemeinsam die auftretenden Schwierigkeiten zu lösen".

Eine Zusammenkunft dieser „überbetrieblichen sozialistischen Arbeitsgemeinschaft" zeigte allerdings, dass sich die Berliner Kollegen intern sehr gut herauszureden verstanden.[52] Sie ignorierten nicht nur die außervertraglichen Projekte, sondern drängten zudem bei vertragsgebundenen Anlagen auf neue Liefertermine, die alle Lieferverpflichtungen des *VEB VTA Leipzig* sprengten. Die Vertreter von VTA hätten daraufhin den Mitarbeitern des *VEB Elektroprojekt* zwar „die Notwendigkeit einer Auslieferung der E-Ausrüstungen zu den VTA-Ausstoßterminen eingehend aufgezeigt". Letztlich ließen sich die Verzögerungen aber nicht verhindern und brachten VTA hohe Vertragsstrafen, deren Aufschlüsselung auf die einzelnen Zulieferfirmen sich schwierig gestaltete, da die säumigen Unterlieferanten gelassen die langwierigen Verhandlungen vor den Vertragsgerichten abwarten konnten.

Die Berliner Betriebsvertreter waren geschickter als die Vertreter des *VEB VTA Leipzig*.[53] Alle öffentlichen Versprechungen, die ausreichten, um

---

51 BZ vom 14.4.1960, S. 4 („VEB Elektroprojekt antwortet"). Hier auch das folgende Zitat.

52 BA, DE 1 – 14766 („Komplette elektrische Ausrüstungen [...] für VEB VTA Leipzig", o. D., Ende April 1960). Hier auch das folgende Zitat. Die Zusammenkunft fand am 25.4.1960 statt.

53 Zudem mussten Werk- und Parteileitung des *VEB VTA Leipzig* feststellen, dass Zeitungskampagnen sich auch direkt gegen sie selbst richten konnten. Im NEUES DEUTSCHLAND wurde den VTA-Leitungen vorgeworfen, sie hätten keinen Plan „zur Überholung des führenden gleichartigen Betriebs in der Westzone". Ein solcher Plan sei aber notwendig, denn wenn jeder „ein Stück von Westdeutschland" überhole, käme „in der Summe auch das große Überholen heraus"; ND vom 29.6.1960, S. 3 („Wohin geht der Stoß, VTA? Hat der Brief des ZK an die Maschinenbauer etwas mit dem Deutschlandplan des Volkes zu tun?"). Die BPO-Sekretäre waren gezwungen, diese banale Argumentation ernst zu nehmen und einmal mehr einzugestehen, sie hätten sich in ihrer Arbeit „zu sehr auf die ökonomischen Probleme orientiert und zu wenig auf die ideologischen Probleme"; StAL, BPA-Leipzig 7.144/7 (BPO-Leitungssitzung am 1.7.1960).

das Interesse der zentralen Parteiinstanzen zu dämpfen, wurden in internen Verhandlungen mit dem Hinweis auf die ökonomische Lage und eigene Zulieferprobleme wieder zurückgenommen. Darüber hinaus war der Vorteil parteilicher Aufmerksamkeit für VTA nicht mehr gegeben, denn nun fungierte wieder die Staatliche Plankommission als Anlaufpunkt neuerlicher Beschwerden, während sich die zentralen Gremien der SED, allen voran die Wirtschaftskommission des Politbüros, längst den neuen Aufgaben der Partei zuwandten.

Die Propaganda zur Vorbereitung der 9. ZK-Tagung, auf der die Probleme der metallurgischen Industrie und des Maschinenbaus im Mittelpunkt stehen sollten, lief inzwischen auf Hochtouren. In offenen Briefen von Walter Ulbricht „an die Maschinenbauer und Metallurgen" und vom ZK der SED „zur ökonomischen Verwendung von Rohstoffen" wurde die Parteibasis auf den großen wirtschaftspolitischen Stellenwert der ZK-Tagung eingestimmt.[54]

Nach den Vorstellungen der SED-Führung hatten von der Tagung zwei Signale auszugehen: Zum einen sollte deutlich werden, dass die SED als führende politische Kraft sich der Probleme des Maschinenbaus ausreichend und differenziert annahm. Zum zweiten aber, und dieser Wink war unmissverständlich, waren weitere Diskussionen über die Wirtschaftspolitik der DDR nicht erwünscht.

Die 9. Tagung des ZK verlief in diesem Sinne durchaus erfolgreich. Die ideologischen „Ursachen" der wirtschaftlichen Probleme wurden im Sinne der SED-Spitze politisch markiert, indem viele Diskussionsbeiträge den Stellenwert „beharrlicher ideologischer Kleinarbeit" betonten, Klarheit in „politischen Grundfragen" verlangten und auf den Nutzen „ideologischer Offensiven" für gute ökonomische Ergebnisse hinwiesen.[55] Mehrere Vertreter von Betriebsparteiorganisationen verdeutlichten ihre politische Bereitschaft, um die Planerfüllung zu kämpfen.

Erich Apel griff solche Stellungnahmen in seinem Schlusswort mit bemerkenswerter Schärfe auf. Die Parteiorganisationen müssten „über die politischen Grundfragen unseres Kampfes um den Sieg des Sozialismus überall volle ideologische Klarheit" schaffen, denn nur wenn „die Arbeiter und Angehörigen der Intelligenz" das Ziel des Kampfes „zutiefst begriffen" hätten, seien „sie in der Lage, unter Führung der Partei jedes noch so schwierige Problem zu meistern".[56] Am Beispiel des Mähdrescherwerkes Weimar illustrierte Apel, wie die dortige Parteileitung „die von einer Reihe von Wirtschaftsfunktionären vorgebrachten so genannten objektiven Gründe" für aufgetretene Planrückstände zurückgewiesen hätte und belegt habe,

54 Beide Schreiben sind abgedruckt in DURCH SOZIALISTISCHE GEMEINSCHAFTSARBEIT, S. 5ff. und 11ff.

55 Vgl. ebd., S. 203ff., 217ff., 234ff. und 255ff.

56 Ebd., S. 484.

„dass vor allem Selbstzufriedenheit und Sorglosigkeit in der Leitung Schuld an den Rückständen“ gewesen seien.[57]

Der Beschluss der 9. ZK-Tagung, an dessen Endredaktion Walter Schuckert beteiligt war,[58] schrieb dem *VEB VTA Leipzig* vor, „die Produktion von Gabelstaplern mit elektrischem und Dieselantrieb und sonstiger Flurförderer maximal [zu] steigern“.[59] Diese Forderung stieß bei der Betriebsparteileitung auf Unverständnis: „Wahrscheinlich wurden die Genossen beim ZK nicht ganz richtig beraten“, denn VTA sei „nicht in der Lage, unter diesen Umständen Flurfördergeräte herzustellen“.[60] Zumindest müsse die Materialversorgung geklärt werden.

Tatsächlich stand der *VEB VTA Leipzig* seit Juli 1960 erneut unter Planerfüllungsdruck,[61] und die BPO legte im September fest, „dass die Ursachen der Nichterfüllung im Betrieb“ lägen und „keine objektiven Schwierigkeiten“ seien.[62] Zudem herrsche bei VTA die „Ideologie der Planüberschreibung“, und der eingeladene VVB-Direktor Springer rechtfertigte sich für dieses von der *VVB Bergbauausrüstung und Förderanlagen* (VVB BFA) genehmigte Verfahren, das ausdrücklich nicht umfasse, „dass ein Überhang zum nächsten Jahr“ entstehe.[63] Dieser drohende Überhang wurde ebenfalls der Werkdirektion angelastet, und deren Hinweise auf mangelnde Zulieferung und fehlende betriebliche Kapazität nützten nichts mehr. Der *VEB VTA Leipzig* entging von nun an nicht mehr der Aufmerksamkeit zentraler Stellen, und die anhaltenden Probleme riefen das ZK der SED auf den Plan.

---

57 Ebd., S. 488.

58 Vgl. BA, DY 30 – IV 2/2.029/6 („Niederschrift über die Sitzung der Redaktionskommission zur Ausarbeitung der Entschließung des 9. Plenums“, 30.7.1960).

59 DURCH SOZIALISTISCHE GEMEINSCHAFTSARBEIT, S. 563.

60 StAL, BPA-Leipzig IV/7.144/7 (BPO-Leitungssitzung am 9.9.1960).

61 Vgl. StAL, VTA 7 („Protokoll über die Direktorensitzungen am 16. und 21.7.1960“, 23.7.1960).

62 StAL, BPA-Leipzig IV/7.144/7 (BPO-Leitungssitzung am 9.9.1960). In ihrem Informationsbericht an die SED-KL Leipzig-Nord über die Auswertung des 9. Plenums hoben die BPO-Sekretäre einen bei Aussprachen sichtbar gewordenen „Pessimismus“ der Werkdirektion hervor, welcher den *VEB VTA Leipzig* „in eine miserable Lage in der Planerfüllung gebracht“ habe. Demgegenüber habe die Parteileitung in ihrem Kampf gegen „Arbeitsausschuss, schlechte Leitungstätigkeit, Schlamperei und ungenügende Arbeitsdisziplin“ eine Figur, den „Teufel Bösewicht“, angefertigt und an „die Genossen und Kollegen des Gütekontrollpunktes“ verliehen; StAL, BPA-Leipzig IV/7.144/10 (BPO an SED-KL Leipzig-Nord, „Informationsbericht ab 1. August 1960“, 22.8.1960).

63 Die Planüberschreibung war ein seit Mitte der 1950er Jahre praktizierter Planerfüllungskompromiss, der es jeweils zur Jahresmitte erlaubte, eine Planuntererfüllung im 1. Halbjahr ohne Sanktionen für den Betrieb in die 2. Jahreshälfte mit der Auflage zu übertragen, in der Jahresbilanz die Gesamterfüllung zu gewährleisten.

3.7. Eine Kontrollbrigade des ZK im VEB VTA Leipzig

Der Arbeitsplan des Sekretariats des ZK für das zweite Halbjahr 1960 sah vor, dass die Abteilungen Maschinenbau und Metallurgie, Leitende Parteiorgane sowie Planung und Finanzen eine Brigade in den *VEB VTA Leipzig* entsenden sollten, die den Betrieb zu untersuchen und „Schlussfolgerungen für die Verbesserung der politischen Führungstätigkeit zur Erzielung hoher ökonomischer Ergebnisse in den Betrieben des Maschinenbaues zu ziehen" habe.[64]

Der *VEB VTA Leipzig* bot sich als Exempel für einen solchen Brigadeeinsatz schon deshalb an, weil er als wichtiger Exportbetrieb mit kontinuierlichen Planschulden immer wieder aufgefallen war und seine Disziplinierung große Ausstrahlungskraft auf andere wichtige Schwermaschinenbaubetriebe des Bezirks haben konnte. Ausschlaggebend war der „Wunsch des Genossen Paul Fröhlich", da „es in diesem Betrieb außerordentlich große Schwierigkeiten in der Planung, Leitung und Organisation sowie der politischen Führungstätigkeit durch die Parteiorganisation" gebe.[65] Auf sein Anraten hin war Anfang 1960 bereits eine Brigade der *VVB Bergbauausrüstung und Förderanlagen* in den zweiten großen Leipziger Schwermaschinenbaubetrieb *VEB S.M. Kirow* entsandt worden.[66] Und diese Maßnahme hatte offenbar in den Augen der SED-Bezirksleitung den erhofften Mobilisierungseffekt gehabt.

Schuckerts Bemühen um eine besondere Berücksichtigung seines Betriebes schlug nun auf ihn selbst zurück. Zumindest in der SED-Bezirksleitung wollte man Walter Schuckert wegen „seine[r] schlechte[n] Arbeit und Überheblichkeit der Parteileitung gegenüber" kritisiert sehen, was „um so notwendiger" sei, „da der Gen. Schuckert Mitglied unseres ZK ist".[67]

Dieses zitierte Papier eines Mitarbeiters der Abteilung Maschinenbau der SED-Bezirksleitung[68] vom Juni 1960 verweist auf die widersprüchliche und ganz auf parteiliche Belange zugeschnittene Problemsicht der Kontrolleure. Dort, wo die BPO-Sekretäre des *VEB VTA Leipzig* für ökonomische Probleme mitverantwortlich gemacht wurden, warf man ihnen vor, sie hät-

---

64 BA, DY 30 – IV 2/6.04/122, Bl. 1 („Einsatzdisposition für die Tätigkeit einer Brigade des Zentralkomitees im VEB Verlade- und Transportanlagen Leipzig und in der Stadtleitung Leipzig" vom 19.9.1960).

65 Ebd., Bl. 48 (SED-Hausmitteilung von Friedrich Zeiler, ZK-Abt. Maschinenbau und Metallurgie, an Alfred Neumann, 13.12.1960).

66 Vgl. ebd., Bl. 99 („Bericht des Hauptdirektors der *VVB Bergbauausrüstung und Förderanlagen* zur 3. Sitzung der SED-Bezirksleitung Leipzig am 12.10.1960").

67 StAL, BPA-Leipzig, IV/2/6/438, Bl. 157 („Betr. Erfüllung der Staatsplanpositionen im VEB VTA", Papier der Abt. Maschinenbau der SED-BL Leipzig, 8.6.1960). Hier auch die folgenden Zitate.

68 Es handelt sich um Hans Waldhelm, der auch Mitglied der ZK-Brigade wurde.

ten „zwar auf die Planaufschlüsselung und Plankontrolle orientiert“, dabei allerdings eine „mangelhafte Beachtung der Beschlüsse der Parteileitung durch die Werkleitung“ zugelassen und auf diesem Wege einer „Ideologie der objektiven Schwierigkeiten breiten Raum“ gegeben. Weder sei die Belegschaft „auf die im Betrieb vorhandenen Mängel orientiert“ worden, „um ihnen den Kampf ansagen zu können“, noch habe die BPO „die politischen und ideologischen Auseinandersetzungen“ in ausreichendem Maße geführt.

Alles unerwünschte Verhalten von Partei- und Wirtschaftsfunktionären gerann zu „Ideologien“. Vor der „Ideologie der Planüberschreibungen“, auf die sich die BPO von VTA eingeschossen hatte,[69] wurde schon im Beschluss der 9. ZK-Tagung die „Tonnenideologie“ gegeißelt, die „zur Störung der planmäßig festgelegten Beziehungen zwischen den Zweigen und Betrieben“ führe und eine „Atmosphäre der Selbstzufriedenheit und Gleichgültigkeit der Wirtschaftsfunktionäre gegenüber ihren staatlichen Verpflichtungen“ schaffe.[70] Diese „Ideologien“ boten Ansatzpunkte für die Brigade, die vom ZK der SED im September 1960 in den *VEB VTA Leipzig* geschickt wurde, um die Arbeit von Betriebsparteileitung und Werkdirektion zu überprüfen.

Die von Adolf Wunderlich, Mitarbeiter der ZK-Abteilung Maschinenbau und Metallurgie, geleitete Brigade setzte sich aus insgesamt 20 Mitgliedern zusammen.[71] Ihre Tätigkeit sollte sich auf die „Verbesserung der politischen Führungstätigkeit“ und der „Planung und Leitung im Betrieb“ sowie auf die „Förderung und Vertiefung der sozialistischen Gemeinschaftsarbeit“ und der „sozialistischen Kooperationsbeziehungen“ konzentrieren, war also im Grunde eine umfassende Überprüfung der gesamten Betriebsführungspraxis.[72] Aber während des Einsatzes sei die Einschätzung bestätigt worden, der *VEB VTA Leipzig* habe „außerordentlich große Schwierigkeiten“,

69 Ebd., Bl. 202 („Zusammengefasste Einschätzung über die gegenwärtige Arbeit der Parteileitung“ der BPO VTA, Papier der Abt. Maschinenbau der SED-BL Leipzig, 19.9.1960). Der Verweis auf die „Ideologie der Planüberschreibung“ verschaffte der BPO-Leitung die Möglichkeit, ihre Kontrolltätigkeit unter Beweis zu stellen und zugleich einen Teil des auf ihr lastenden Drucks an Werkdirektion und VVB-Leitung weiterzugeben.

70 DURCH SOZIALISTISCHE GEMEINSCHAFTSARBEIT, S. 542.

71 Vgl. StAL, BPA-Leipzig, IV/2/6/438, Bl. 356 („Zusammensetzung der ZK-Brigade im VEB VTA“, o. D.). Neben drei weiteren Genossen der ZK-Abteilung, zwei Mitarbeitern der SED-Bezirksleitung Leipzig, jeweils einem Vertreter von SED-Stadt- und Stadtbezirksleitung Leipzig (Nord) waren weitere Vertreter des FDGB, der zuständigen VVB und ökonomischer Forschungsstellen Teilnehmer der Brigade.

72 BA, DY 30 – IV 2/6.04/122, Bl. 1 („Einsatzdisposition für die Tätigkeit einer Brigade des Zentralkomitees im VEB Verlade- und Transportanlagen Leipzig und in der Stadtleitung Leipzig“, 19.9.1960). Aus der Untersuchung des *VEB VTA Leipzig* sollte die Brigade dann grundsätzlichere Schlussfolgerungen für die „Verbesserung der politischen Führungstätigkeit“ auch in anderen Maschinenbaubetrieben ziehen; ebd.

und die Genossen seien gezwungen gewesen, „eine Reihe grundsätzlicher Fragen der Planung, Leitung und Organisation sowie auch der Parteiarbeit vom politisch-ideologischen Standpunkt aus erst einmal zu klären".[73] Die ursprüngliche Aufgabenstellung wurde dahingehend korrigiert, dass sich die Brigade nun „ausschließlich auf die Änderung und Beseitigung der vorhandenen Mängel und Schwächen, gemeinsam mit den Genossen der Bezirks- und Kreisleitung, zu konzentrieren" hatte.

Die Bezirksleitung war inzwischen auch aktiv geworden und hatte beschlossen, dass die Betriebsparteileitungen von sieben Leipziger Großbetrieben – darunter die Kirow-Werke und der *VEB VTA Leipzig* – unter Umgehung von Stadtbezirks- und Stadtleitung der SED-Bezirksleitung direkt unterstellt werden sollten.[74] Diese Vorgabe wurde von den Vertretern der einzelnen Parteiinstanzen auf einer Besprechung Anfang November 1960, an der auch Genossen der bei VTA tätigen ZK-Brigade teilnahmen, durchaus unterschiedlich bewertet. So plädierten die 1. Sekretäre der Betriebsparteiorganisationen für eine direkte Unterstellung, da sie sich davon eine breitere Unterstützung ihrer Betriebe versprach, deren Kooperation „weit über den Rahmen des Stadtbezirkes" hinausginge.[75] Demgegenüber sprachen sich gerade der Wirtschaftssekretär der SED-Bezirksleitung Leipzig, Herbert Zschunke, und der Leiter der Abteilung Wirtschaftspolitik gegen diese Unterstellung aus, da sie befürchteten, der Apparat der Bezirksleitung habe dann die „erzieherische Arbeit" allein zu bewältigen. Der ZK-Brigadeleiter Wunderlich erklärte, „dass die Sorge der gesamten Partei [...] in der Verbesserung der Qualität der Führungsarbeit" liege, wobei nicht rein organisatorische Fragen im Vordergrund ständen, sondern, ob die Politik „in ökonomische Erfolge" umschlage.[76]

---

73 Ebd., Bl. 48 (SED-Hausmitteilung von Friedrich Zeiler, ZK-Abt. Maschinenbau und Metallurgie, an Alfred Neumann, 13.12.1960). Hier auch das folgende Zitat.

74 Dieser Beschluss ging auf Äußerungen Walter Ulbrichts auf der 5. Bezirksdelegiertenkonferenz in Leipzig zurück. Die von Ulbricht angedachte direkte Unterstellung wurde von der SED-Bezirksleitung Leipzig „praktisch erprobt"; ebd., Bl. 82 (Vorlage für das Sekretariat des ZK, „Schlussfolgerungen für die Verbesserung der politischen Führungstätigkeit zur Erzielung hoher ökonomischer Ergebnisse in den Betrieben des Maschinenbaues unter Zugrundelegung von Erkenntnissen aus der Arbeit der Parteiorganisation des VEB Schwermaschinenbau Verlade- und Transportanlagen Leipzig", 1.12.1960).

75 StAL, BPA-Leipzig, IV/2/6/438, Bl. 298ff. („Erfahrungsaustausch betr. Verbesserung der Führungstätigkeit", 2.11.1960). Hier auch die folgenden Zitate.

76 Hier drängt sich die Frage auf, in welchem Umfang diese Maßnahme eine ernstgemeinte Umstrukturierung war oder nur die betroffenen unteren Parteiinstanzen mobilisieren sollte. In der schon zitierten ZK-Sekretariatsvorlage wurde Anfang Dezember 1960 festgelegt, dass die Parteiorganisationen der Betriebe zwar „unmittelbar durch die Bezirksleitungen anzuleiten und zu kontrollieren" seien, allerdings zugleich „in ihrer propagandistischen, agitatorischen und parteiorganisatorischen Tätigkeit im Verantwortungsbereich der Stadtbezirks- bzw. Kreisleitungen" verblieben; BA, DY 30 –

So sehr die Maschinenbau-Kampagne im Bezirk Leipzig immer neue Wellen schlug und immer neue Verantwortlichkeiten für ökonomische Defizite entdeckte, zeigte sich doch, dass immer mehr Beteiligte und Beschuldigte die Bedingungen begriffen, unter denen sie das Blickfeld der zentralen und Bezirksinstanzen der SED ohne allzu großen Schaden wieder verlassen konnten.

Als erstem gelang dies dem VVB-Hauptdirektor Springer, der bereits Mitte Oktober 1960 auf die dauernden Vorwürfe mangelhafter Leitungstätigkeit offensiv reagierte und eine Mischung aus Selbstkritik, Weitergabe der Verantwortung an die Werkdirektoren und Benennung „objektiver Schwierigkeiten" fand, die von der SED-Bezirksleitung Leipzig offenbar akzeptiert wurde. Der SED-Bezirksleitung legte VVB-Direktor Springer einen Bericht „über die Erfüllung der Staatsplanpositionen und die Erfahrungen bei der Durchführung der Beschlüsse des 9. Plenums" vor und rechtfertigte seine Leitungsarbeit in einer ausführlichen Rede.[77] Ihm war es dabei immerhin noch möglich, darauf zu verweisen, dass trotz „der Durchführung der Elektrokonferenz, trotz direkter Verhandlungen mit den Hauptdirektoren der für uns zuliefernden Industriezweige [...] die Belieferung mit Erzeugnissen der Elektroindustrie derart ungenügend" sei, „dass eine planmäßige Produktion unmöglich ist".[78] Das mochte die VVB BFA aus der Schusslinie holen, nützte dem *VEB VTA Leipzig* allerdings nichts mehr. Hier übten die anwesenden ZK-Kontrolleure bereits einen politisierenden Druck aus.

Am 21. Oktober 1960 beschloss die BPO-Leitung von VTA einen umfassenden Plan zur „Verbesserung der politischen Massenarbeit", der bis Ende 1960 eine Vielzahl von propagandistischen Veranstaltungen in den einzelnen Abteilungsparteiorganisationen (APO) vorsah, die von den Mitgliedern der ZK-Brigade misstrauisch überwacht wurden.[79] Auf der einlei-

---

IV 2/6.04/122, Bl. 82 (Vorlage für das Sekretariat des ZK, „Schlussfolgerungen für die Verbesserung der politischen Führungstätigkeit [...]", 1.12.1960). Angesichts der unlösbaren Trennung von politischer und ökonomischer Tätigkeit der BPO war damit keine wirkliche Veränderung erreicht, allerdings blieb die Aufmerksamkeit der SED-Bezirksleitung für die einzelnen Betriebe geboten. Zu entscheiden, ob die SED mit einer solchen „Veränderung" auf ihre eigene Logik hereinfiel und der Parteiapparat ökonomische Handlungsunfähigkeit durch organisatorische Schattengefechte kompensierte, bleibt einer künftigen „Geschichte der SED" vorbehalten.

77 Beide Schriftstücke wurden von der SED-Bezirksleitung Leipzig an die ZK-Abteilung Maschinenbau und Metallurgie weitergeleitet; vgl. ebd., Bl. 95ff. (Redemanuskript) und 108ff. (Bericht).

78 Ebd., Bl. 99 (Rede des VVB-Hauptdirektors Springer vor der SED-BL Leipzig, 12.10.1960).

79 Ebd., Bl. 181ff. („Beschluss der Leitung der Grundorganisation vom 21.10.60 zur Verbesserung der politischen Massenarbeit auf der Grundlage des Maßnahmeplanes der Stadtleitung vom 12.10.60 und der Stadtbezirksleitung vom 19.10.60", 4.11.1960).

tenden Parteiaktivkonferenz der VTA-Betriebsparteiorganisation Ende Oktober 1960 hielt dann der neue 1. Sekretär der BPO, Heinz Neustadt, eine kämpferische Rede. Hier musste er zwar die Anteile von Selbstkritik und „objektiven Schwierigkeiten“ anders gewichten als der VVB-Hauptdirektor, aber es gelang ihm, die dem Betrieb zugeschriebene Verantwortung durch politische Parolen, allgemeine Selbstkritik und weitergereichte Vorwürfe zu zerstäuben.

Neben Ausführungen zu einer Rede Chruschtschows vor der UN-Vollversammlung und über die sozialistische Weltgemeinschaft, von denen der Redner zur konkreten „politisch-ideologischen Lage“ im *VEB VTA Leipzig* gelangte, schilderte Neustadt seine gefällige Auffassung von betrieblichen Problemen, den Stand der Planerfüllung des Betriebes und den aus seiner Sicht unangemessenen Bezug auf „objektive Schwierigkeiten“ bei der Erklärung von Verzögerungen. Zweifellos gebe es „einige objektive Schwierigkeiten im Betrieb“, aber man solle sich „hüten, allgemein von objektiven Schwierigkeiten zu sprechen, ohne untersucht zu haben, ob diese objektiven Schwierigkeiten nicht subjektive Ursachen haben“.[80] Subjektive Mängel würden im Betrieb überwiegen, konstatierte Neustadt, freilich ohne diese Behauptung einer ähnlichen Prüfung unterziehen zu wollen, und unterstellte der Werkleitung, dass sie „zeitweilige Materialschwierigkeiten“ dazu benutze, „alle ihre Mängel und Schwächen in der Lenkungs- und Leitungstätigkeit dahinter zu verstecken“.[81]

Damit hatte der neue 1. BPO-Sekretär zwar den anwesenden ZK-Kontrolleuren seine Referenz erwiesen, aber nach Ansicht der SED-Stadtleitung doch etwas überzogen. In seinen Darlegungen sei „die Tendenz des etwas einseitigen Abschiebens der Schuld für den ungenügenden Stand der Planerfüllung auf die Wirtschaftsfunktionäre spürbar“ gewesen.[82] Zudem hätte er zwar „richtig die mangelhafte Arbeit der Werkleitung kritisiert“, aber die „Verantwortung der gesamten Partei und der im Betrieb Beschäftigten“ sei zu kurz gekommen.

Die SED-Stadtleitung Leipzig hatte freilich gute Gründe, die Arbeit der BPO-Leitung zu kritisieren und darauf zu verweisen, dass die vom Leiter der ZK-Brigade Wunderlich „dargelegten Probleme“ mit der SED-Stadtlei-

---

80 Ebd., Bl. 157f. (Redemanuskript des 1. Sekretärs der SED-BPO des *VEB VTA Leipzig*, Heinz Neustadt, 25.10.1960). Hier auch die folgenden Zitate.

81 Eine Entschließung der Parteiaktivkonferenz forderte im ähnlichen Tonfall einen „unversöhnliche[n] Kampf gegen Schwächen und Mängel in der Führungsarbeit“. Die Parteiorganisation müsse „die Klassenerziehung mit Hilfe aller Massenorganisation verstärken, [...] den individuellen Gesprächen mit den Menschen mehr Aufmerksamkeit schenken und in der politischen Arbeit an jeden Kollegen unseres Betriebes herantreten“; ebd., Bl. 176ff. („Entschließung des Parteiaktivs der SED-Betriebsparteiorganisation VTA am 26.10.1960“).

82 Ebd., Bl. 191f. (Einschätzung der Aktivtagung durch die SED-Stadtleitung Leipzig, 28.10.1960). Hier auch die folgenden Zitate.

tung „durchgesprochen“ worden seien und „unserer Auffassung“ entsprächen. Denn mit der Präsenz von ZK-Vertretern stellte sich – wie zu sehen war – auch erneut die Frage, ob die parteiliche Zuständigkeit für die zentral geleiteten Maschinenbaubetriebe von der SED-Bezirksleitung Leipzig direkt, unter Umgehung von SED-Stadt- und Stadtbezirksleitungen, wahrgenommen werden sollte.

Zugleich hatte Bezirkssekretär Paul Fröhlich die Sorge, er könne die ihm gerade zugefallene industriepolitische Kompetenz wieder an das ZK-Sekretariat verlieren. Offenbar auf seine Initiative hin wandte sich Friedrich Zeiler, Leiter der ZK-Abteilung Maschinenbau und Metallurgie, Mitte Dezember 1960 an ZK-Sekretär Alfred Neumann mit der Bitte, „von einer Berichterstattung lediglich über die Fragen VTA Leipzig im Sekretariat“ abzusehen, da bereits „eine gründliche Auswertung im Büro der Bezirksleitung Leipzig unter Vorsitz des Genossen Fröhlich“ stattgefunden habe.[83] Die „verallgemeinerungswürdigen Schlussfolgerungen“ der ZK-Brigade, „besonders hinsichtlich der Bemerkungen des Genossen Walter Ulbricht über die direkte Anleitung von Großbetrieben durch die Bezirksleitung“, würden hingegen im Sekretariat des ZK behandelt werden.[84] Zudem sei für diese Frage „eine gründliche Auswertung der bisher gesammelten Erfahrungen“ im Frühjahr 1961 vorgesehen.[85]

Tatsächlich wurden die Verhältnisse im *VEB VTA Leipzig* nicht im Sekretariat des ZK erörtert. Der Schlussbericht der ZK-Brigade verwies in inzwischen gewohnter Manier darauf, dass es in der Arbeit der BPO „große Mängel und ein ernsthaftes Zurückbleiben bei der Lösung der politischen und ökonomischen Aufgaben“ gebe und vielfach „die Beschlüsse der Partei und der Regierung missachtet“ worden seien.[86] Die Schlussfolgerungen

---

83 Ebd., Bl. 49 (SED-Hausmitteilung von Friedrich Zeiler, Leiter der ZK-Abt. Maschinenbau und Metallurgie, an Alfred Neumann, 13.12.1960). Hier auch die folgenden Zitate.

84 Vgl. ebd., Bl. 73ff. (Vorlage für das Sekretariat des ZK, „Schlussfolgerungen für die Verbesserung der politischen Führungstätigkeit [...]“, 1.12.1960).

85 Der stellv. Leiter der ZK-Abt. Planung und Finanzen, Gerhard Schürer, stimmte dem Verfahren zu, allerdings unter der Bedingung, bei „der Ausbildung leitender Parteikader [...] die Vermittlung konkreter Kenntnisse auf wirtschaftspolitischem Gebiet“ zu verstärken und in den Maschinenbaubetrieben die „periodische Plankontrolle sofort [...] auf die Betriebsabteilungen auszudehnen, in denen die Produktion vorbereitet wird“; ebd., Bl. 84f. (Schürer an Zeiler, „Betr. Schlussfolgerungen aus dem Einsatz im VEB Schwermaschinenbau Verlade- und Transportanlagen Leipzig“, 20.12.1960).

86 StAL, BPA-Leipzig IV/2/6/438, Bl. 362 („Bericht einer Brigade des Zentralkomitees über die Lage im VEB Schwermaschinenbau Verlade- und Transportanlagen Leipzig [...]“, 1.12.1960). Die Brigademitglieder betonten allerdings auch die heilsame Wirkung ihrer Anwesenheit: „Mehrere Wochen waren klärende Diskussionen erforderlich, um den entstandenen Pessimismus aus den Köpfen selbst der leitenden Wirtschaftsfunktionäre zu vertreiben und eine Kampfstimmung für die Erfüllung des Planes 1960 zu erreichen“; ebd.

wurden verallgemeinerbar formuliert und bezogen sich überwiegend auf Fragen der Qualifikation der Partei- und Wirtschaftsfunktionäre.

Die ökonomischen Schwierigkeiten warteten unterdessen auf ihre Lösung und verschwanden aller parteilichen Erziehung zum Trotz nicht von der Agenda.

3.8. Die Bilanzkrise im VEB VTA Leipzig *1961/62*

Die betrieblichen Probleme des *VEB VTA Leipzig* erwuchsen zu einem Teil aus dem wachsenden Ungleichgewicht im Verhältnis zwischen der übergeordneten VVB und dem Einzelbetrieb. Dieses Verhältnis wies trotz einer starken Institutionalisierung immer wieder Willkür auf – beispielsweise in Form von eigenmächtigen Umstellungen der Produktion durch die VVB-Leitung, deren Folgen, wie Vertragsstrafen, dennoch auf den Betrieb abgewälzt wurden.

In einem anschaulichen Fall vom Sommer 1960 forderte der VVB-Hauptdirektor der VVB BFA von der VTA-Werkleitung die vorfristige Fertigung und Montage eines Großkrans für das Kraftwerk Vetschau, dessen Ausbau im Rahmen des Energie- und Kohleprogramms Priorität hatte. In Auswirkung dieser Anweisung sei die Herstellung eines für den Export bestimmten Brückenkabelkrans zurückzustellen, obwohl dafür die dem VVB-Direktor „zugesagte Zustimmung des Leiters der Abteilung Außen- und Innerdeutscher Handel der Staatlichen Plankommission [...] noch nicht" vorliege.[87]

Diese Zustimmung blieb in der Folge aus. Der *VEB VTA Leipzig* stellte dennoch den Kraftwerkskran wie gefordert her und konnte – freilich „nur unter größten Anstrengungen", wie Walter Schuckert mitteilte – auch den Brückenkabelkran mit nur dreimonatiger Fristüberschreitung fertigstellen.[88] Der Brückenkranabnehmer, der seinerseits mit ausländischen Abnehmern Lieferverträge hatte, berechnete nun dem *VEB VTA Leipzig* eine Lieferverzugsstrafe von über 124.000 Mark, gegen die von VTA Einspruch erhoben wurde mit dem Hinweis, dass die Nichteinhaltung des Vertragstermins allein durch die Weisung des übergeordneten Organs bedingt gewesen sei.

In einem Verfahren vor dem Bezirksvertragsgericht Leipzig im Februar 1961 wurde die Lieferverzugsstrafe bestätigt.[89] Die VVB habe versäumt, so

---

87 StAL, VTA 61 (Schreiben des VVB-Hauptdirektors an Schuckert, 4.7.1960).

88 Ebd. (Schreiben Schuckerts an VVB-Hauptdirektor, 30.3.1961). Mit diesem Schreiben beantragte Schuckert erfolglos den Erlass der Vertragsstrafen und legte dem Antrag verschiedene Abschriften bei. Daraus ergeben sich die folgenden Datumsunterschiede.

89 Ebd. (Schreiben Schuckerts an VVB-Hauptdirektor, 30.3.1961, Anlage: auszugsweise Abschrift der Entscheidungsgründe des Bezirksvertragsgerichts Leipzig (2-I-1515/60), o. D.). Hier auch die folgenden Zitate.

das Gericht, „rechtzeitig eine Abstimmung mit den übergeordneten Organen“ des Außenhandels vorzunehmen und eine klare Entscheidung herbeizuführen“. Die Handelsbehörde „hätte daraufhin seine Außenhandelsverträge entweder ändern müssen oder aber die Fertigung des Kranes hätte unter weitestgehender Kooperation doch noch erfolgen müssen.“ Daher bleibe es „dem VEB überlassen, einen entsprechenden finanziellen Ausgleich über die VVB herbeizuführen“.

Das Problem blieb beim Einzelbetrieb hängen, und die Vertragsstrafen summierten sich mit anderen Verzugsstrafen und Planschulden zu einer katastrophal negativen Planbilanz des *VEB VTA Leipzig*, der – wie es später ein Mitarbeiter der SED-Bezirksleitung ausdrückte – „bis 1961 der größte Schuldner unseres Staates“ war.[90]

Schuckert konnte zwar den Erlass der Vertragsstrafen beantragen, aber innerbetrieblich schwanden die Handlungsmöglichkeiten. In der aufgeheizten Atmosphäre nach dem 13. August 1961 entschied sich der Werkdirektor kurzfristig für einen „Produktionsbefehl“, der unter den gegebenen Umständen nur die konsequenteste Form der praktizierten Betriebsführung darstellte. Ursprünglich wurde er von der BPO-Leitung dabei unterstützt. Als aber deutlich wurde, dass diese Maßnahme mit dem Auftakt des propagandistischen „Produktionsaufgebots“ der SED kollidierte,[91] erklärte die BPO-Leitung, dass die Parteiorganisation mit ihrer Zustimmung zum Produktionsbefehl „aus unserer Politik der Schwankung in die Politik des Sektierertums und der politischen Blindheit gekommen“ sei.[92] Allerdings war die Selbstkritik noch halbherzig, da im selben Schreiben aufgeführt wurde, durch den Produktionsbefehl seien „Produktionsaufgaben [...] schnell in Ordnung gebracht“ worden, was aber „zu sehr administrativ“ geschehen sei.[93]

---

90 StAL, BPA-Leipzig IV A-2/6/256 (handschr. AN der Abt. Wirtschaftspolitik der SED-BL Leipzig, o. D., Mai 1963).

91 Das „Produktionsaufgebot“ begann am 7.9.1961 mit einem im ND veröffentlichten Aufruf der „Arbeiter der Elektrodendreherei des VEB Elektrokohle Berlin-Lichtenberg“, der unter der Losung „In der gleichen Zeit für das gleiche Geld – mehr produzieren!“ zur Anwendung der Neuerermethoden aufrief; MÜLLER / REIßIG, Wirtschaftswunder, S. 349. Vgl. auch ROESLER, Herausbildung, S. 270f.

92 StAL, BPA-Leipzig IV/7.144/10 (BPO an SED-KL Leipzig-Nord, „Informationsbericht“, 14.9.1961). Hier auch das folgende Zitat.

93 Solche unsicheren Einschätzungen an der Parteibasis, die erst in den nächsten Wochen „korrigiert“ wurden, belegen die tiefe Irritation in den Wochen nach dem 13. August 1961. Tatsächlich musste der Produktionsbefehl der Werkleitung des *VEB VTA Leipzig* nicht zwangsläufig dem Produktionsaufgebot widersprechen, sondern lief – trotz der Kritik durch die SED, ein gegebener Befehl ließe „keine Diskussion zu“ – auf exakt die gleiche Mobilisierung der Belegschaft hinaus, allerdings ohne Kontrolle durch die übergeordneten Parteiinstanzen; ebd. (BPO an SED-KL Leipzig-Nord, „Informationsbericht“, 14.9.1961).

Der eigenwillige Produktionsbefehl und dessen Ablehnung durch die BPO-Leitung lenkte die Aufmerksamkeit der SED-Bezirksleitung ein weiteres Mal auf den *VEB VTA Leipzig*. Schon zwischen Februar bis Juni 1961 hatte eine Brigade der VVB BFA die Verwirklichung der „Empfehlungen der ZK-Brigade" untersucht,[94] und aus Sicht der SED-Bezirksleitung bot das Bild eines überschuldeten Betriebes mit unsicher agierender Werkleitung neuerlichen Anlass für eine ausführliche Untersuchung.

Als Walter Schuckert im November 1961 erkrankte, an seiner Stelle der parteilose technische Direktor Herbert Großmann kommissarisch die Werkleitung übernahm und auch die Nichterfüllung des VTA-Betriebsplans für 1961 absehbar wurde, richtete die SED-Bezirksleitung ihr Augenmerk ein weiteres Mal auf die „Hebung der führenden Rolle der Partei und der Kampfkraft der Parteiorganisation des VEB VTA durch die Verbesserung der politisch-ideologischen und kulturellen Erziehung aller Parteimitglieder zur Lösung der ökonomischen Aufgaben".[95]

Mitte Januar 1962 nahm eine 21-köpfige Arbeitsgruppe ihre Tätigkeit im *VEB VTA Leipzig* und bei der VVB BFA auf. Ausgehend von der Feststellung, dass 1961 keine der wichtigsten Kennziffern des Plans erfüllt worden waren, gerieten Parteileitung und Werkdirektion gleichermaßen in die Kritik.[96] Während sich die Leitung der BPO Ende Februar 1962 in einer umfassenden Selbstkritik vor der SED-Bezirksleitung Leipzig neuen Spielraum verschaffte, gingen der Werkleitung in den ökonomischen Problemen die politischen Handlungsmöglichkeiten aus.[97] In einem Zwischenbericht stellte die Arbeitsgruppe denn auch eine „Kapitulantenstimmung" in der Werkdirektion fest, ohne freilich den eigenen Anteil an der Demoralisierung der Wirtschaftsfunktionäre zu reflektieren.[98] Vielmehr war es für die Mitglieder der Arbeitsgruppe zur Gewissheit geworden, „dass eine Reihe Kader verändert werden" müsste, um endlich „eine sozialistische Lenkung und Leitung des Werkes" zu erreichen.

Die prekäre ökonomische Lage des Betriebes wurde in diesem Zwischenbericht von Anfang März 1962 damit erklärt, dass sich die Parteilei-

---

94 StAL, BPA-Leipzig IV/2/6/439, Bl. 274 („Bericht über die Tätigkeit der VVB-Brigade im VEB VTA Leipzig in der Zeit vom 1.2.-30.6.1961", 29.6.1961).

95 Ebd., Bl. 1 (Vorlage der Abt. Wirtschaftspolitik der SED-BL Leipzig „für den Einsatz der Arbeitsgruppe bei VEB VTA und der VVB Bergbauausrüstung und Förderanlagen […]", 30.12.1961).

96 Vgl. ebd., Bl. 32ff. („Bericht der von der Bezirksleitung eingesetzten Brigade im VEB VTA", o. D., ca. Februar 1962).

97 Vgl. ebd., Bl. 66ff. (Berichterstattung des 1. BPO-Sekretärs von VTA, Heinz Neustadt, „vor dem Büro der SED-Bezirksleitung Leipzig zum Stand des Produktionsaufgebotes im VEB VTA", 27.2.1962).

98 Ebd., Bl. 80 („Zwischenbericht der Arbeitsgruppe der Bezirksleitung im VEB VTA", 9.3.1962). Die folgenden Zitate ebd., Bl. 85 und 76.

tung „zum Teil mit der Meinung der Wirtschaftsfunktionäre solidarisierte, welche die Ursachen der ungenügenden Planerfüllung außerhalb des Betriebes“ suchten. Erst „auf Drängen der Arbeitsgruppe“ sei „die Auseinandersetzung mit den Wirtschaftsfunktionären vor der Parteileitung“ Anfang Februar 1962 geführt worden, wobei sich „mit aller Deutlichkeit“ gezeigt habe, dass die Untererfüllung „ausschließlich auf subjektive Mängel im Betrieb selbst zurückzuführen“ sei.

Das war eine eigenwillige Interpretation der BPO-Leitungssitzung vom 2. Februar 1962, zu deren Auftakt vor allem die katastrophale Versorgung mit Kugellagern und Getrieben ins Blickfeld der Diskussion rückte. Die Erfüllung des Quartalsplans im Bereich „gleisloser Flurförderer“ war akut gefährdet, da der *VEB VTA Leipzig* nur 50% der benötigten Spezialkugellager für Gabelstapler der 0,6-Tonnenklasse erhielt. Diese Kugellager konnten nicht selbst gefertigt werden und wurden nur „kleckerweise“ geliefert.[99] Die Werkleitung entschloss sich daraufhin kurzfristig, größere 1-Tonner-Gabelstapler zu bauen, deren Kugellager in der betriebseigenen Schmiede hergestellt werden konnten. Die Bemühungen der Mitarbeiter, „die Kugellager unserer Produktion zur Verfügung zu stellen“, schätzte der kaufmännische Direktor als „gut“ ein, nur sei eben die Beschaffung der wichtigen Zulieferungen „nicht restlos gelungen“. Ein Vertreter der SED-Bezirksleitung führte einen „Verbesserungsvorschlag“ aus der Belegschaft an, der vorsah, „anstelle dieser Kugellager ein Gleitlager einzusetzen“. Deutlicher ließ sich nicht belegen, dass technologische Fragen angesichts der Versorgungsmisere völlig aus dem Blick geraten waren.

Zu guter Letzt erhöhte die VVB den Monatsplan des *VEB VTA Leipzig* für Januar 1962 Mitte des gleichen Monats ohne Rücksprache mit der Betriebsleitung um 25%. Der parteilose technische Direktor und gleichzeitige kommissarische Werkleiter Großmann erklärte dies auf der gleichen BPO-Sitzung für „eine sporadische Angelegenheit der VVB“, die „wir nicht beherrschen“ könnten. Während also zwei Direktoren die Probleme des Unternehmens vor allem auf außerbetriebliche Ursachen zurückführten, nannte der schon zitierte Genosse der SED-Bezirksleitung „eine ganze Reihe Misswirtschaft innerhalb von VTA“ als Grund. Er forderte eine Bestrafung von Schuldigen, und wenn diese im Einzelfall nicht benannt werden könnten, seien eben die Leiter der entsprechenden Abteilung zu bestrafen.

Auch die VVB forderte von Großmann Ende Februar die Benennung von Schuldigen. Als er sich weigerte, der VVB die Personen zu nennen, „die das Planergebnis im Monat Januar verschuldet haben“,[100] entband ihn der VVB-Hauptdirektor kurzerhand von seiner Direktoren- und Vertretungsfunktion. Damit verließ der letzte parteilose Direktor die Leitung des

99 StAL, BPA-Leipzig IV/7.144/8 (Protokoll der BPO-Leitungssitzung am 2.2.1962). Hier auch die folgenden Zitate.

100 Ebd. (Protokoll der BPO-Leitungssitzung am 2.3.1962). Hier auch das folgende Zitat.

VEB VTA Leipzig, und BPO-Sekretär Neustadt vergaß nicht festzustellen, „dass die Nichtplanerfüllung im Monat Januar ausschließlich auf subjektiven Schwierigkeiten“ beruhe.

Damit stellte sich die Frage personeller Umbesetzungen um so stärker, denn die SED-Arbeitsgruppe kam mit ihrer Strategie der Personalisierung von Sachproblemen schnell zu der Überzeugung, dass – so die Formulierung im Abschlussbericht vom Juni 1962 – „ohne personelle Umbesetzung eine Änderung der Leitungstätigkeit nicht möglich“ sei und deshalb „einige leitende Funktionäre durch junge, der Partei treu ergebene Genossen, die im Arbeiter- und Bauernstaat ihre Ausbildung erhielten, ersetzt“ werden müssten.[101] Die Leitung der BPO habe erkannt, „dass die Ursachen für die Lage in erster Linie im Betrieb und nicht außerhalb zu suchen“ seien. Diese Erkenntnis sei „der Ausgangspunkt für die Verbesserung der Leitungstätigkeit und der täglichen Erziehungsarbeit mit den Menschen“ gewesen.

Die Arbeitsgruppe der SED-Bezirksleitung, die für alle Schwierigkeiten im *VEB VTA Leipzig* einzelne Leitungsmitglieder konkret verantwortlich machte, schlug bereits Anfang März 1962 einen neuen Genossen als Werkleiter vor. Hans Frenzel, bis zu diesem Zeitpunkt Abteilungsleiter für Wirtschaftspolitik der Leipziger SED-Stadtleitung, war Diplom-Ökonom und hatte bereits in mehreren Betrieben als Leitungsmitglied oder hauptamtlicher Parteisekretär gearbeitet. Die Arbeitsgruppe attestierte Frenzel, er sei „politisch und fachlich in der Lage, den VEB VTA sozialistisch zu leiten“.[102]

3.9. Hans Frenzel

Hans Frenzel wurde am 11. Dezember 1921 in Leipzig geboren.[103] Nach einer Schlosserlehre und dem Wehrdienst lebte Frenzel nach dem Krieg kurzzeitig in Lübeck, um bereits 1946 wieder in seine Geburtsstadt zurückzukehren und hier als Schlosser zu arbeiten. Hans Frenzel trat in die SED ein und studierte ab 1947 an der Arbeiter- und Bauernfakultät Leipzig sowie anschließend an der Technischen Universität Dresden bis 1953 Ökonomie. Seine weitere berufliche Entwicklung weist ihn als einen jener neuen Kader aus, die gleichermaßen politische und planökonomische Kompetenz erwarben und sich damit markant von der mit Kurt Näther abgetretenen Generation von Wirtschaftsfunktionären unterschieden. Nach einer zweijährigen Tä-

101 StAL, BPA-Leipzig IV/2/6/439, Bl. 172f. („Abschlussbericht der Arbeitsgruppe der SED-Bezirksleitung im VEB VTA, 21.6.1962). Hier auch die folgende Zitate.

102 Ebd., Bl. 214 (Schreiben der Arbeitsgruppe der SED-Bezirksleitung im VEB VTA, „betr. Kaderveränderungen im VEB VTA“, 9.3.1962).

103 Die Lebensdaten Hans Frenzels nach StAL, BPA-Leipzig, IV 5/07/V/686 (Kaderakte Hans Frenzel).

tigkeit als Abteilungsleiter im *VEB Maxhütte* in Unterwellenborn und einer kurzen Zeit als Arbeitsdirektor im Leipziger *VEB Montan* wurde Hans Frenzel 1956 Sekretär für Wirtschaft in der BPO des *VEB VTA Leipzig*. In der Arbeit der BPO agierte Frenzel weder besonders scharf noch ausgesprochen moderat. Vielmehr gehörte er zu jenen Parteisekretären, die sich den oft jähen Wendungen der Konfliktlagen gleichsam intuitiv anzupassen vermochten. Von September 1958 bis März 1960 war Frenzel Arbeitsdirektor bei VTA, ohne seinen guten Kontakt zur Betriebsparteileitung zu verlieren. Anschließend war er für zwei Jahre 1. BPO-Sekretär im *VEB Drehmaschinenwerk Leipzig*, in einer Zeit, in der diesem Betrieb auf Bezirksebene eine besondere Bedeutung für die Mobilisierung im Maschinenbau zukam.[104] Nicht zuletzt hier schien sich Frenzel jene Lorbeeren verdient zu haben, die ihn auch aus Sicht der SED-Bezirksleitung als Kandidaten für den Posten des Werkdirektors des Problembetriebes VTA geeignet erscheinen ließen.

Mehrfach wurde Frenzel für gehobene Parteifunktionen ins Auge gefasst, u.a. als Sekretär der Bezirksleitung und als ZK-Mitglied. Indes ließ seine anfällige Gesundheit die übergeordneten Stellen davon Abstand nehmen. Im Frühjahr 1968 wechselte Hans Frenzel als Staatssekretär ins Ministerium für Schwermaschinen- und Anlagenbau. Als sich sein Gesundheitszustand rapide verschlechterte, kam er 1971 nach Leipzig zurück und wurde Werkdirektor des *VEB Bodenbearbeitungsgeräte Leipzig*. Am 3. Mai 1983 starb er in Leipzig.

3.10. Neue Kader, alte Lösungen

Hans Frenzel erwies sich gerade angesichts der weiter im Betrieb verweilenden Arbeitsgruppe der SED-Bezirksleitung als außerordentlich geschickt im Umgang mit parteilichen Anforderungen. In einer Rede auf einer Delegiertenkonferenz Ende April 1962 resümierte er die Arbeit seiner Vorgänger und stellte seine neue Leitungsstrategie vor. Dabei bestand für Frenzel keinerlei Anlass, die Praxis des früheren Werkdirektors milde zu beurteilen. Die kurzfristige Umstellung der Gabelstaplerproduktion bezeichnete er als „Ausdruck […] unökonomischen Denkens" und als „Blödsinn", um dann im nächsten Moment dieselbe Umstellung von 0,6-Tonnern auf die ausschließliche Fabrikation von 1-Tonnern als seine Strategie der Problembewältigung zu präsentieren – nun freilich als Ausdruck ökonomischer Einsicht: Er ließe sich, so Frenzel, „von volkswirtschaftlichen Gesichtspunk-

104 In seinem Schlusswort auf der 9. ZK-Tagung lobte Erich Apel die SED-Bezirksleitung Leipzig, die „mit dem konkreten Kampfprogramm des VEB Drehmaschinenwerk ein hervorragendes Beispiel" gebe, das unter der Losung stehe: „VEB Drehmaschinenwerk Leipzig überholt die kapitalistische Firma Gildemeister in Bielefeld"; DURCH SOZIALISTISCHE GEMEINSCHAFTSARBEIT, S. 510.

ten" leiten, und „weil wir sehr genau wissen, dass z.B. die Getriebekapazität in der gesamten Republik sehr angespannt" sei, „haben wir als Werkleitung entschieden, im Jahre 1963 1700 E-Gabelstapler 1 to zu produzieren". Diese Produktion mache VTA „getriebe-unabhängig" – „weil wir diese Fahrwerksgetriebe selbst produzieren, weil wir dadurch Kapazitäten freimachen, im besonderen für die Großgeräte auch unserer VVB".[105]

Diese vollständig widersprüchliche Aussage scheint in der gegebenen Situation tatsächlich die vernünftigste Verhaltensweise gewesen zu sein: Die alte Werkleitung war entlassen, auf sie konnte man alle erdenklichen Fehler abwälzen, ohne jemandem zu schaden. Gleichzeitig nutzte Frenzel seine Stellung als neu eingesetzter Kader, um von der alten Strategie das zu retten, was ihm aus seiner Erfahrung als Wirtschaftsfunktionär als rettenswert erschien.

Diese demonstrativ vorgeführte Einsicht in die großen Zusammenhänge schien zu beeindrucken, zumal Frenzel die von den übergeordneten Instanzen schon seit geraumer Zeit angemahnte Typisierung durch größere Serienproduktion als Ausweg aus der zulieferabhängigen Spezialisierung aufgriff. Aber Frenzel schlug auch mahnende Töne im Hinblick auf eine verlässliche Perspektivplanung an: Er stellte fest, dass die an den Betrieb von der VVB herangetragene Forderung, „in kürzester Zeit eine klare Aussagekraft über die Produktion der nächsten Jahre" zu gewinnen, geboren sei „aus einer ernsten Sorge, von vornherein richtig zu disponieren". Das sei für die Planung der Volkswirtschaft wichtig, aber auch das einzelne Unternehmen brauche „eine solche klare Orientierung".

Frenzels „Strategie" wurde im Betrieb mit einer Mobilisierung der Belegschaft – parallel zum DDR-weiten „Produktionsaufgebot" – verbunden, und tatsächlich gelang es mit dieser Kampagne, eine Perspektive zur Erfüllung der Halbjahreskennziffern zu entwickeln. Diese Perspektive blieb allerdings selbst Teilen der Betriebsparteileitung unverständlich. Auf einer Leitungssitzung Mitte April 1962 fragte denn auch ein Genosse: „Vor 6 Wochen wurde noch [...] dargelegt, dass keine Möglichkeit besteht, den Plan zu erfüllen. Was sind die Ursachen, dass schon jetzt eine solch gute Erfüllung zu verzeichnen ist?"[106]

In seiner Antwort verwies Frenzel auf den in der Belegschaft vorhandenen „große[n] Optimismus" und forderte, gleichsam als Pendant zur Strategie des Eigenbaus von Getrieben, dass „die Vertragsstätten einen Teil der Ersatzteile selbst herstellen". Auch sollten durch den innerbetrieblich flexiblen Einsatz von Arbeitskräften im Rahmen einer „Mehrmaschinenbedienung", was praktisch auf springende Brigaden hinauslief, und durch einen

---

105 StAL, VTA 683 (Redebeitrag Hans Frenzels auf einer Delegiertenkonferenz, ca. Ende April 1962). Hier auch die folgenden Zitate.

106 StAL, BPA-Leipzig IV/7.144/8 (Protokoll der BPO-Leitungssitzung am 10.4.1962). Hier auch die folgenden Zitate.

Wettbewerb zur Senkung der Produktionszeiten innerbetriebliche Leerläufe verringert werden.

Diese betriebsinterne Mobilisierung behob freilich nicht die Probleme mit den Zulieferbetrieben. Man sei, so der Tenor auf einer Sitzung der Betriebsparteileitung Ende Mai 1962, „[t]rotz Einschaltung der VVB nicht klargekommen" und mache sich „[e]rnste Sorgen wegen [der] Planerfüllung".[107] Werkleiter Frenzel stellte fest, dass man im Betrieb nur „mit Hängen und Würgen unter abnormaler Intensität und mit Einschaltung eines nicht geringen Anteils von Überstunden in der Lage" sei, „das gesamte ursprünglich vorgesehene Programm zu realisieren".

Anfang Juli konnte dann tatsächlich die Erfüllung des 1. Halbjahrplans von der Betriebsparteileitung festgestellt werden. Durch „die politische Klarheit bei unseren Belegschaftsmitgliedern" sei es möglich gewesen, „die gesteckten ökonomischen Ziele im 1. Halbjahr 1962 zu erfüllen".[108] Die Mitglieder der BPO müssten aber weiterhin „die Politik von Partei und Regierung richtig durchdenken, damit sie den Kollegen auch die Probleme richtig erläutern" könnten. Zudem seien „noch nicht alle Genossen in den Kampf einbezogen": Es sei von zentraler Bedeutung, „dass jeder richtig an der Stelle, wo er steht, als Kommunist auftritt".

Eine Woche später wies Frenzel allerdings darauf hin, dass die Werkleitung im 3. Quartal 1962 versuchen müsse, „vom Standpunkt der Durchsetzung der neuen Technik etwas weiter zu kommen, damit wir die Planerfüllung nicht mehr mit solch einem Galopp durchbringen wie bisher".[109] In einer betrieblichen Arbeitsgruppe sollten die Möglichkeit der Einführung der so genannten „Fließfertigung" für verschiedene Produkte untersucht werden. Schnell zeigte sich aber, dass Fragen der technischen Innovation an anderer Stelle beschlossen wurden. Auf der Sitzung der Betriebsparteileitung Anfang August 1962 stand die Entwicklung eines Perspektivplans bis 1970 im Mittelpunkt. Vor einigen Tagen, so Hans Frenzel, „kehrten einige Genossen aus Moskau zurück, und da gibt es wieder neue Festlegungen. Diese sind für uns weniger erfreulich".[110] So sollte 1964 die Kranfertigung gegenüber dem – ebenfalls noch geplanten – Vorjahr um die Hälfte gesenkt werden, während der Bau von Kohlegroßgeräten im selben Zeitraum annähernd verdreifacht werden sollte. Zudem sollte VTA die Neukonstruktion von Seilbahnen vollständig an tschechische Firmen abgeben.

Gravierender noch als diese tiefen Einschnitte in das betriebliche Produktionsprofil, die ohne jede Konsultierung der Werkleitung beschlossen

107 Ebd. (Protokoll der BPO-Leitungssitzung am 29.5.1962). Hier auch das folgende Zitat.

108 Ebd. (Protokoll der BPO-Leitungssitzung am 6.7.1962). Hier auch die folgenden Zitate.

109 Ebd. (Protokoll der BPO-Leitungssitzung am 13.7.1962).

110 Ebd. (Protokoll der BPO-Leitungssitzung am 4.8.1962).

worden waren,[111] war aber für Frenzel die unklare Entscheidungslage. So sei zwar der Hauptdirektor der VVB, Helmut Fritzsche, dafür, die alte Produktion bei VTA 1963 vollständig auslaufen zu lassen; dagegen schien aber die Abteilung Planung und Finanzen der VVB Bedenken zu haben und für eine stufenweise Umstellung über einen längeren Zeitraum zu plädieren.

Damit wurden die betrieblichen Konzeptionen für technische Innovation und die breite Einführung der „Fließfertigung" – kaum angedacht – schon wieder hinfällig. Da nun „wieder eine neue Konzeption" vorliege, sagte Frenzel resignierend, müsse „man es an den Knöpfen abzählen, welche Konzeption wir nun nehmen".[112] Bemerkenswert ist hier die Haltung des 1. BPO-Sekretärs Neustadt, der der offenkundigen Willkür trotz aller sonst angemahnten Berücksichtigung volkswirtschaftlicher Aspekte ebenfalls nicht folgen mochte. Es sei, so Neustadt, „notwendig, den Genossen Werkdirektor zu unterstützen, auch in der Diskussion, einen wissenschaftlichen Plan zu haben". Die Leitung der BPO habe „keine andere Meinung zu diesen Fragen".

Dieser innerbetriebliche Schulterschluss von Werkdirektion und Parteileitung bedeutete keine Solidarisierung, aber doch eine Art Geltungsbalance politisch-ideologischer und ökonomischer Gesichtspunkte. Damit führten administrativer Druck und parteiliche Verpflichtung, in der sich Frenzel und Neustadt sicher zu bewegen begannen, endlich zu einem Gleichgewicht, in dem politischer Auftrag und betriebliche Anforderungen offenkundig nicht mehr als Gegensatz empfunden wurden. Werkdirektion und Parteisekretäre schufen so zwar keine wirklichen Freiräume auf der betrieblichen Ebene, aber es gelang ihnen, den so lange im Visier übergeordneter Kontrollgremien befindlichen *VEB VTA Leipzig* endlich aus der Schusslinie zu bringen.

Anfang August 1962 empfahl das ZK der SED allen Parteisekretären in einem offenen Brief, „sich gründlich mit den ökonomischen Aufgaben für das Jahr 1963 zu beschäftigen und eine klare Konzeption für die politische Führungstätigkeit bei der Plandiskussion zu erarbeiten".[113] Es kann durch-

---

111 Auf die Umstellungen der Maschinenbauproduktion innerhalb des RGW hatten die Wirtschaftsbehörden der DDR allerdings selbst kaum Einflussmöglichkeiten. In einer Information für Walter Ulbricht schildert ein Mitarbeiter der ZK-Abt. Maschinenbau und Metallurgie schwierige Verhandlungen mit sowjetischen Stellen, die kurzfristig „keine Serienkrane mehr importieren" wollten und damit die bisherige Konzentrierung des DDR-Schwermaschinenbaus auf „die größtmögliche Entwicklung von Serienkranen" hinfällig werden ließen; BA, DY 30 – IV 2/6.04/23 (ZK-Abt. Maschinenbau und Metallurgie an Ulbricht, „Spezialisierungsverhandlungen DDR-UdSSR bezüglich des Maschinenbaus", 20.9.1962). Vgl. auch ebd., DE 1 – VA 49138 („Abschlussbericht über die Konsultationen des Maschinenbaus für den Zeitraum bis 1970", 12.10.1962).

112 StAL, BPA-Leipzig IV/7.144/8 (Protokoll der BPO-Leitungssitzung am 4.8.1962). Hier auch die folgenden Zitate.

113 Walter ULBRICHT, Zum neuen ökonomischen System der Planung und Leitung, Berlin (Ost) 1966, S. 98.

aus als Ausdruck parteilichen Wohlwollens gegenüber der neuen Leitung des *VEB VTA Leipzig* gelten, dass die gemeinsame Antwort von VTA-Werkdirektion und Parteileitung im zentralen Parteiorgan NEUES DEUTSCHLAND abgedruckt wurde.[114] Sie verwiesen auf die „neue Qualität der Führungstätigkeit der Partei- und Gewerkschaftsleitung und des Werkleiters", begrüßten die „Profiländerung" des Betriebs, die noch im Frühjahr Anlass zur Sorge gewesen war, und versprachen, „die Planaufgaben des Jahres 1962 und der kommenden Jahre in Ehren zu erfüllen".[115]

Dieses Versprechen wurde gehalten, indem neuerliche Kraftanstrengungen des gesamten Betriebes die Belegschaft zur Höchstform auflaufen ließen. Immerhin hatte der *VEB VTA Leipzig* diesmal ein Ziel, um das es sich zu kämpfen lohnte – nämlich der konzentrierten Aufmerksamkeit der Partei zu entkommen. Zudem erließ die Deutsche Notenbank in der Folge Werkdirektor Hans Frenzel jene aufgetürmten Vertragsstrafen von über 14,5 Millionen DM, deren Aufhebung seinem Vorgänger Walter Schuckert noch verweigert worden war.[116] Damit wird eine Verhaltensregelmäßigkeit der Wirtschaftsadministration sichtbar, durch die Gewährung bzw. die Verweigerung von „Erleichterungen" das Schicksal einzelner Werkleitungen entscheidend mitzubestimmen.

Auch dies hatten Werkdirektion und Parteileitung des *VEB VTA Leipzig* mühsam lernen müssen. Sowohl der Versuch Schuckerts, die Schwierigkeiten vor dem ZK der SED zur Sprache bringen, als auch die Bewältigung intensivster Kontrolle durch ZK und SED-Bezirksleitung können in der Gesamtschau als Lerneffekte in einem *trial-and-error*-Verfahren gedeutet werden. Dass es sich dabei weniger um ökonomische als vielmehr um *politische* Lerneffekte handelte, charakterisiert die Situation des *VEB VTA Leipzig* in der Wirtschaftskrise des Siebenjahrplans und prägte das Verhalten von Werkdirektion und BPO-Sekretären ausgerechnet in dem Augenblick, in dem sich die SED-Spitze durchgerungen hatte, die prekäre ökonomische Situation der DDR durch Wirtschaftsreformen zu verbessern.[117]

---

114 Die Antwort von Partei- und Werkleitung des *VEB VTA Leipzig* als Fernschreiben (im Gegensatz zu allen anderen Schreiben von Partei- und Betriebsleitungen) in BA, NY 4182 – 1028, Bl. 121ff. (Nachlass Walter Ulbricht; Fernschreiben VTA an Ulbricht, 23.8.1962). Veröffentlicht im ND vom 1.9.1962, S. 4 („Möglichkeiten genutzt, 145.000 Stunden gewonnen").

115 Ebd.

116 Vgl. StAL, DN-Leipzig 1041 (Frenzel an den Generaldirektor der VVB BFA Fritzsche, 6.3.1963). Zum gesamten Komplex vgl. ebd., VTA 61 (Korrespondenz zwischen Frenzel und dem Leipziger Filialdirektor der DN Bockwitz, Juli/August 1962). So sehr dieser Erlass die Leitung des *VEB VTA Leipzig* entlastete, ist sie doch ein Beispiel für die verhängnisvolle Wirkung „weicher Budgets", welche die Geltung planwirtschaftlicher Normen unterminierte; vgl. KORNAI, System, S. 548ff.

117 Vgl. STEINER, DDR-Wirtschaftsreform, S. 49ff.

4. DER VEB VTA LEIPZIG IM NEUEN ÖKONOMISCHEN SYSTEM 1963

Anfang 1963 zeichnete sich ab, dass der *VEB VTA Leipzig* zum ersten Mal seit Jahren den Betriebsplan in allen Teilen erfüllen würde. Damit hatte sich die von Werkdirektor Hans Frenzel verlangte „Planerfüllung um jeden Preis" insofern ausgezahlt, als dass sich die Position des Betriebes gegenüber außerbetrieblichen Institutionen verbesserte. Nicht zuletzt deshalb führte die Kaderkonzeption der SED in diesem Jahr zum ersten Mal zu einer stabilen Leitungslage bei VTA; vor allem die eingespielte Balance zwischen der Werkdirektion und der Betriebsparteileitung erwies sich nun als beständig. Salopp könnte man formulieren, dass der *VEB VTA Leipzig* 1963 endlich in den fünfziger Jahren angekommen war. Auch wenn dieser Umstand erst im Rückblick erkennbar ist, wurde doch im Laufe des Jahres 1963 insbesondere der Leipziger SED-Bezirksleitung klar, dass mit Hans Frenzel ein kooperationswilliger Kader an die Spitze des Problembetriebes VTA gelangt war.[1]

Beides – Planerfüllung und erfolgreiche Kaderpolitik – bestärkte die SED-Bezirksleitung Leipzig in der Richtigkeit und Wirksamkeit ihres politisch-ideologischen Umgangs mit ökonomischen Problemen. Tatsächlich, und auch dies wurde im Verlauf des Jahres 1963 deutlich, gab es für den 1. Sekretär Paul Fröhlich und seine Mitarbeiter keinen Grund, an ihrer Strategie, ökonomische Schwierigkeiten mit politischem Druck zu beantworten, irgendetwas zu ändern.

Dieser Punkt ist deshalb bemerkenswert, weil die Jahreswende 1962/63 auch den Beginn der Wirtschaftsreformen in der DDR markiert, die unter dem Begriff des „Neuen Ökonomischen Systems der Planung und Leitung der Volkswirtschaft" (NÖS) zusammengefasst wurden. Für einen kurzen Moment im Sommer 1963 sah es für die Werkdirektion des *VEB VTA Leipzig* so aus, als könnten die besonderen Interessen ihres Betriebes im NÖS stärker berücksichtigt werden als in den Konflikten der letzten Jahre. Von dieser Illusion handelt das folgende Kapitel.

Es sollte sich rasch zeigen, dass in der politischen Konzeption der SED die ernsthafte Inangriffnahme einer Wirtschaftsreform durchaus parallel gehen konnte mit der Beibehaltung parteilicher Disziplinierungsgewohnheiten, da die Parteiführung meinte, sie könne die „Gewährung von Entscheidungsrechten an die Branchen- und Betriebsleitungen sowie die ohnehin

1 Hans Frenzel blieb vom 20.3.1962 bis zum 29.2.1968 Werkdirektor des *VEB VTA Leipzig* und war so mit knapp sechs Jahren der bis dahin am längsten in seiner Funktion verbleibende VTA-Werkdirektor (Kurt Näther kam in seinen Funktionen als SAG-Hauptdirektor und VTA-Werkdirektor auf fünf Jahre und sieben Monate).

unentschlossenen Versuche stärkerer Partizipation und Öffentlichkeit [...] auf den wirtschaftlichen Bereich beschränken".[2]

4.1. Das Neue Ökonomische System der Planung und Leitung der Volkswirtschaft

Aus systemischer Perspektive ist das NÖS schon früh treffend charakterisiert worden. Bereits 1964 legte Karl Thalheim eine Studie vor, in der er die Wirtschaftsreform als politisch initiierte Reaktion auf die zunehmend hervorstechenden Funktionsschwächen des DDR-Wirtschaftssystems interpretierte. Das NÖS sah er als umfassendsten Reformversuch der SED-Führung, nachdem die Ende der 1950er Jahre versuchte „administrative Dekonzentration dem System nicht die gewünschte Effizienz zu geben" vermocht hatte.[3] Die im Rahmen des NÖS praktizierte stärkere Anbindung der betrieblichen Fonds an die Rentabilität und den Gewinn eines Betriebes barg nach Thalheim das Problem, dass „selbst wenn die Produktionsfondsabgabe wirklich Kostenbestandteil würde, [...] eine exakte Wirtschaftlichkeitsrechnung infolge der Mängel des bestehenden Preissystems unmöglich" wäre.[4] Damit hat Thalheim bereits 1964 das Dilemma des NÖS zutreffend beschrieben. Tatsächlich konnte die in Etappen durchgeführte Industriepreisreform erst ab 1966/67 ihre begrenzte ökonomische Wirksamkeit entfalten, zu einem Zeitpunkt also, als die politische Basis der Reformen innerhalb der SED schon dramatisch geschrumpft war.

Diese frühe Einschätzung ist auch durch die neueste wirtschaftshistorische Analyse der DDR-Wirtschaftsreformen nicht grundsätzlich revidiert, aber wesentlich vertieft worden. Ausgehend von einer „insgesamt hochgradig zentralisiert[en]" Wirtschaftslenkung Ende der fünfziger Jahren, in der die „den nachgeordneten Ebenen bewilligten Rechte [...] unvollständig und zweckgebunden" blieben, zeichnet André Steiner die sich zuspitzenden bürokratischen und wirtschaftlichen Probleme nach, deren Perzeption durch die SED-Führung freilich nur schrittweise erfolgte.[5] Zwar gab es seit 1959/60 Anregungen, „untersuchen zu lassen, wie die VVB und die Bezirkswirtschaftsräte durch die Möglichkeit, selbst finanzielle Mittel und Ressourcen anzusammeln, zu einer effizienten Tätigkeit angeregt werden könnten".[6] Jedoch stießen solche Gedanken innerhalb der SED anfangs auf wenig Verständnis, da solchen Überlegungen eine tief verwurzelte Ableh-

2 STEINER, DDR-Wirtschaftsreform, S. 73.

3 THALHEIM, Wirtschaft, S. 13.

4 Ebd., S. 21.

5 STEINER, DDR-Wirtschaftsreform, S. 28 und 32.

6 Ebd., S. 49.

nung marktwirtschaftlicher Steuerung entgegenstand, die hinter jeder Modifizierung zentralistisch-hierarchischer Planmethoden sogleich vermutet wurde.[7] Steiner stützt seine Studie überwiegend auf die Aktenbestände zentraler Parteiinstanzen und Institutionen der Wirtschaftsverwaltung; entsprechend kursorisch wird die wichtige Frage der Wirkung des NÖS auf die betriebliche Ebene behandelt.[8] Das ist dann problematisch, wenn dennoch qualitative Aussagen zum Stellenwert der Betriebsleitungen im NÖS gemacht werden: So behauptet Steiner, Ulbricht habe in der Anfangsphase der Wirtschaftsreformen „größten Wert […] auf die Interessen der Werkleiter" gelegt und leitet diese Annahme allein aus dem stenographischen Protokoll einer Ulbricht-Rede ab.[9]

Steiners Einschätzung, im NÖS sei die höhere Eigenverantwortlichkeit „in der Praxis eher den VVB als den Betrieben" zugestanden worden,[10] bleibt mangels Bezug auf die Akten der mittleren und unteren Wirtschaftseinheiten unscharf, zumal in seiner Untersuchung die Vereinigungen Volkseigener Betriebe und die VEB bei der Erläuterung von zugeschriebener Eigenverantwortlichkeit oft in einem Atemzug genannt werden und die naheliegende Interessendifferenzierung zwischen beiden Ebenen der Wirtschaftsverwaltung nur allgemein erörtert wird.

Es soll aber nicht übersehen werden, dass Steiner die wohl treffendste Charakterisierung des inneren Widerspruchs des NÖS gefunden hat[11] und

7 Vgl. KAISER, Machtwechsel, S. 38ff. und 63.

8 Neben den Unterlagen der SED und des Ministerrates der DDR wertet Steiner vor allem die Akten der Staatlichen Plankommission, des Volkswirtschaftsrates, des Ministeriums der Finanzen und der Staatsbank aus. Seine Behauptung, eine Hinzuziehung der Archive untergeordneter Wirtschaftseinheiten habe „sich infolge des Zustands und der Strukturierung der Überlieferung als unproduktiv" erwiesen (STEINER, DDR-Wirtschaftsreform, S. 21), überzeugt nicht angesichts des vorhandenen Archivbestandes beispielsweise der VVB Bergbauausrüstung und Förderanlagen in Leipzig (der späteren VVB TAKRAF), der aussagekräftige Unterlagen über die frühe Phase der Wirtschaftsreformen in der DDR enthält.

9 Ebd., S. 55. Steiner bezieht sich dabei auf eine Beratung mit leitenden Vertretern der zentralen Wirtschaftsinstanzen am 17.11.1962, auf der Ulbricht Fragen des Perspektivplans bis 1970 erörterte; vgl. ebd.

10 Ebd., S. 551.

11 „Letztlich war die von der SED nach ihrem VI. Parteitag verfolgte Gesellschaftspolitik von einem unlösbaren Widerspruch geprägt. Einerseits sollte in dem neuen Wirtschaftsmechanismus die Eigenständigkeiten der Wirtschaftseinheiten – in erster Linie der VVB – anerkannt und gestärkt und damit deren Interessen formalisiert und instrumentalisiert werden, um schließlich eine auf der Basis neuester wissenschaftlicher und technischer Entwicklungen modernisierte Wirtschaft hervorzubringen. Andererseits fehlte aber sowohl der ökonomische als auch der politische Gesamtrahmen zur Artikulation neuartiger Interessen und zum Austragen auftretender Gegensätze, weil die Veränderungen im wirtschaftlichen Bereich in erster Linie dazu dienten, die Macht der SED zu sichern. Deshalb sollten die politischen und ideologischen Grundlagen

zudem den Zeitverzug herausarbeitet, der vor allem dadurch entstand, dass die Erfolge der Wirtschaftsreform von einer sich immer weiter in die Zukunft verlagernden Anpassung der Industriepreise abhingen, während in den ökonomischen Experimenten des Jahres 1963 bereits die neuen Koordinaten des Verhältnisses zwischen den Instanzen der Wirtschaftsverwaltung festgelegt wurden.

Die folgende Darstellung versteht sich daher vor allem als Ergänzung der auf zentrale Aktenbestände gestützten Forschungsarbeiten. Am Einzelbeispiel des *VEB VTA Leipzig* und der übergeordneten *VVB Bergbauausrüstung und Förderanlagen* wird die sozialökonomische Feinmotorik der Einführung des NÖS deutlich: Nicht nur die betrieblichen Entscheidungsspielräume, sondern vor allem das Verhältnis zwischen der VVB und dem VEB wurde bereits 1963, in der Implementierungsphase der Wirtschaftsreform, auf eine neue Grundlage gestellt.

4.2. Die VVB als „sozialistische Konzerne" – der Auftakt zur Wirtschaftsreform 1962/63

Die im Februar 1958 gebildeten Vereinigungen Volkseigener Betriebe waren als Verwaltungsorgane faktisch Mittlerinstanzen zwischen der Staatlichen Plankommission und den unterstellten Einzelbetrieben.[12] Dem Hauptdirektor einer VVB waren bis 1963 keine weiteren Direktoren zur Seite gestellt, sondern Abteilungen und Sachgebiete nachgeordnet.[13] Damit war der Raum für eine diskursive Erörterung von Wirtschaftsfragen innerhalb der VVB von vornherein beschränkt. Die Mitarbeiter der VVB gewannen jedoch detaillierten Einblick in die Funktionsmechanismen der Planwirtschaft und entwickelten idealerweise politisches Geschick in den ökonomischen Krisen des Siebenjahrplans.[14] Auf diese Weise repräsentierten die VVB als

---

dieser Gesellschaft, die zentralisierte Einparteienherrschaft und der Marxismus-Leninismus, nicht revidiert werden."; ebd., S. 72f.

12 Vgl. BRESS / HENSEL (Hrsg.), Wirtschaftssysteme, S. 122. Kornai wählt für diese in allen Zentralverwaltungswirtschaften anzutreffende Mittlerinstanz den Begriff „Branchendirektorium" (im englischen Original *branch directorate*), mit dem gemeinhin mehr Entscheidungsbefugnis verbunden wird, als dieser Verwaltungsinstanz zustand, und das keineswegs immer nach Branchen gegliedert war; vgl. KORNAI, System, S. 134f.

13 Eine VVB hatte in der Regel vier Abteilungen (Planökonomie, Produktion und Technik, Beschaffung und Absatz, Betriebswirtschaft und Finanzkontrolle) und drei Sachgebiete (Kader, Arbeit und Löhne, Forschung); vgl. THAMM, Leitung, S. 181.

14 So konnte die VVB BFA zwischen 1960 und 1962 die Krise des *VEB VTA Leipzig* als eines ihrer wichtigsten Betriebe relativ glimpflich überstehen: Zwar musste die VVB-Leitung vermehrt Rechenschaft ablegen, aber der massive Druck zur Planerfüllung lastete ausschließlich auf den Einzelbetrieben.

administrative Zwischeninstanz mit eingeschränkter Entscheidungsbefugnis gleichsam planökonomisches Fachwissen im Wartestand. Damit wurden sie zum ersten Ansprechpartner bei der Implementierung des NÖS und standen auch in der Folgezeit im Zentrum der Reformüberlegungen.

Den Auftakt bildeten ökonomische Experimente in vier VVB, zu denen die VVB BFA zählte, und zehn Einzelbetrieben.[15] Auf einer Tagung des Forschungsrates der DDR Mitte November 1962, an der auch der Hauptdirektor der VVB BFA, Helmut Fritzsche, teilnahm, forderte Walter Ulbricht eine engere Zusammenarbeit von Industrieforschung und Produktionsbetrieben und meinte, „die VVB und die Kombinate der bezirksgeleiteten Industrie sollen komplexer entsprechend den ökonomischen Gesetzen des Sozialismus leiten".[16] Ulbricht kündigte an, „auf dem Weg des ökonomischen Experiments auszuprobieren, den Hauptdirektor einer VVB und seine Stellvertreter verantwortlich zu machen für den wissenschaftlich-technischen Fortschritt, die Planerfüllung nach Menge, Qualität und Sortiment, für die Materialversorgung, für die Erfüllung des Finanzplans, für den Absatz der Waren und die Ausbildung und Heranziehung des Nachwuchses an Fachkräften".

Das kam in seiner Neuartigkeit bei den Zuhörern an: Helmut Fritzsche erläuterte auf einer Werkleiterkonsultation einen Monat später den versammelten Werkdirektoren seiner VVB, auf der Tagung des Forschungsrates sei „erstmalig in der Öffentlichkeit davon gesprochen worden, dass die Industriezweige nach der sozialistischen Art eines Konzerns zu leiten sind".[17] Hauptgesichtspunkt sei, so Fritzsche weiter, „dass die VVB nicht Haushaltsorganisation ist, sondern auf wirtschaftliche Rechnungsführung umgestellt wird". Die Vorstellungen gingen dahin, „dass jede VVB ihre eigene Bank hat und der operative Einfluss und das Hineinreden der örtlichen Organe weitgehendst eingeschränkt wird". Darüber hinaus sollte die Leistung der Einzelbetriebe zukünftig nicht mehr nach der reinen Bruttoproduktion beurteilt, sondern an qualitativen Kennziffern ausgerichtet werden: „Die Kategorie ‚Gewinn' wird die entscheidende Kategorie im Endergebnis." Zudem sei „jeder Finalproduzent […] verantwortlich für Export, Import und Deckung des Bedarfs im eigenen Land".

In das eigentliche Protokoll der Werkleiterkonsultation flossen diese Überlegungen indes nicht ein.[18] Auch die anschließende Aussprache unter

15 Vgl. STEINER, DDR-Wirtschaftsreform, S. 55ff.

16 ULBRICHT, System, S. 77. Hier auch das folgende Zitat.

17 StAL, TAKRAF 116 (Unterlagen zur Werkleiterkonsultation am 14.12.1962, 28.12.1962). Hier auch die folgenden Zitate.

18 Vgl. ebd. (Protokoll 11/62 der Werkleiterkonsultation am 14.12.1962, 28.12.1962), wo es nur lapidar heißt: „Im Nachgang unterbreitete der Hauptdirektor, Gen. Fritzsche, den anwesenden Werkleitern einige Vorstellungen betr. des ‚ökonomischen Experimentes'."

den Werkleitern ist nur fragmentarisch dokumentiert; doch an diesen Fragmenten wird die Unruhe der anwesenden Werkleiter mehr als deutlich. So äußerte beispielsweise der Direktor der Leipziger Kirow-Werke, ihm sei „zu Ohren gekommen, dass Intelligenzler von einer Krise in unserer Wirtschaft sprechen" und Ulbricht gesagt habe, es gelte „etwas Überholtes zu verändern".[19]

Solche Fragen mochten VVB-Hauptdirektor Fritzsche darin bestärkt haben, von einer Einbeziehung der Werkdirektoren in die weitere Diskussion der ökonomischen Experimente abzusehen. Vorerst galt es, gegenüber den Ansprechpartnern in den Arbeitsgruppen der zentralen Wirtschaftsbehörden die Position der VVB herauszustellen.[20] Und so überrascht es nicht, dass die Zusage Fritzsches, am ökonomischen Experiment seien „selbstverständlich [...] alle Betriebe beteiligt", sich in der Folge auf die Entgegennahme verbindlicher Direktiven der VVB BFA durch die Betriebsleitungen beschränkte.

Gleichwohl gewannen die Diskussionen zwischen der Leitung der VVB BFA und den zentralen Wirtschaftsbehörden in der ersten Jahreshälfte 1963 an Offenheit, auch wenn die Argumente nur selten Eingang in die offiziellen Protokolle fanden und sich zumeist nur in VVB-internen Rededispositionen und Überlegungen wiederfinden. So kritisierte die Leitung der VVB BFA im Frühjahr 1963 die Unvollkommenheit des Experiments. Es erweise sich aus ihrer Sicht als wichtiges Problem, „dass es noch kein in sich geschlossenes System gibt, das zumindest theoretisch klar durchdacht ist, in allen seinen verschiedenen Teilen und Wechselwirkungen aufeinander abgestimmt wurde und nun probeweise eingeführt wird".[21] In Wirklichkeit würden „die einzelnen Maßnahmen erst im Zuge ihrer Umsetzung erarbeitet" und seien „deshalb nicht in jedem einzelnen Fall (da sie isoliert voneinander erarbeitet wurden) aufeinander abgestimmt". Mitunter widersprächen sie sich sogar, „so dass eine andere als die beabsichtigte Wirkung herauskommt".

In solchen Formulierungen wird die Ernsthaftigkeit der Reformdiskussion augenfällig, und durch die kommunikative Anbindung der VVB BFA an die Zentrale über die für das ökonomische Experiment zuständigen Arbeitsgruppen, also gleichsam über einen besonders reformmotivierten Strang, wurde die Diskussion in der Folge von den beginnenden Differenzen in der SED-Zentrale abgeschottet.[22]

19 Ebd. (Unterlagen zur Werkleiterkonsultation am 14.12.1962, 28.12.1962).

20 Vgl. STEINER, DDR-Wirtschaftsreform, S. 60f.

21 StAL, TAKRAF 233 („Einige Erfahrungen aus den ökonomischen Experimenten bei der Ausnutzung des Prinzips der materiellen Interessiertheit", Ausarbeitung von UND Reichenberg, o. D. / Frühjahr 1963). Hier auch die folgenden Zitate.

22 Vgl. STEINER, DDR-Wirtschaftreform, S. 57f.

Auf dem VI. Parteitag der SED, der vom 15. bis 21. Januar 1963 stattfand, war von solchen Differenzen vorerst aber nur wenig zu spüren. In seinem Referat unterstrich Ulbricht, dass „der umfassende Aufbau des Sozialismus eine qualitativ neue Stufe der Planung und Leitung der Volkswirtschaft erforderlich" mache, und er bestand darauf, dass die Überlegungen zur „Vervollkommnung" der ökonomischen Planung „durchaus keine neuen Erkenntnisse" darstellten.[23]

4.3. Ein offener Brief und seine begrenzbaren Folgen

Am VI. Parteitag hatte auch VTA-Werkdirektor Hans Frenzel als Delegierter teilgenommen. Er konnte zum Jahresbeginn auf ein anstrengendes, aber letztlich erfolgreiches Jahr 1962 zurückblicken: Der *VEB VTA Leipzig* hatte den Betriebsplan zum ersten Mal seit Jahren in allen Positionen erfüllt, Werkdirektion und Betriebsparteileitung waren dadurch vorerst aus der Schußlinie der übergeordneten Parteifunktionäre geraten.[24] Indes erwies sich der Winter 1962/63 als außergewöhnlich kalt, wodurch wichtige Montagearbeiten im Freien gefährdet wurden, und die Materialprobleme im *VEB VTA Leipzig* verschärften sich erneut, da die problematischen Beziehungen zu den Zulieferbetrieben bisher nur ausgeblendet und nicht substanziell verändert worden waren. In einem Überblick über die Folgen der langen Frostperiode stellte Frenzel Anfang April 1963 fest, dass im Januar „allein durch nicht erbrachte Kooperation auf dem Sektor Getriebe eine Warenproduktion von 4 Mi[llionen DM] nicht gebracht" worden sei und auf dem Montageplatz die Kollegen „25% ihrer Arbeitszeit [...] am Ofen" gestanden hätten.[25] Die Kälte verstärkte auch den Effekt des chronischen Arbeitskräfte-

---

23 ULBRICHT, System, S. 102 und 104.

24 Auf dem VI. Parteitag hatte der 1. Sekretär der SED-Bezirksleitung Leipzig, Paul Fröhlich, die ökonomische Rückständigkeit im Maschinenbau des Bezirks an Beispielen aus dem Druckmaschinenbau illustriert, und der 1. Sekretär der SED-Stadtleitung Leipzig, Karl Bauer, hob in seinem Diskussionsbeitrag hervor, „dass in Großbetrieben wie im VEB Verlade- und Transportanlagenbau und im Kirowwerk der Mensch im Mittelpunkt der Parteiarbeit" stehe und die Art und Weise, wie die Partei in diesen beiden Betrieben vorgegangen sei, „auch tauglich ist für die Veränderung der politisch-ideologischen und ökonomischen Situation in den Betrieben des polygraphischen Maschinenbaus"; vgl. Protokoll der Verhandlungen des VI. Parteitages der sozialistischen Einheitspartei Deutschlands. 15. bis 21. Januar 1963 in der Werner-Seelenbinder-Halle zu Berlin, Berlin (Ost) 1963, Bd. 1, S. 272ff., und Bd. 3, S. 41f.

25 StAL, BPA-Leipzig IV A-7/144/004 (Protokoll der BPO-Leitungssitzung am 3.4. 1963). Bei einer im Januar und Februar 1963 zu erfüllenden Warenproduktion von insgesamt 25,3 Millionen DM entsprachen vier Millionen DM immerhin knapp 16% der Planvorgabe.

mangels, da die Arbeiter kaum für die notwendigen Nachtschichten gewonnen werden konnten, mit denen der Mangel ausgeglichen werden sollte.

Allein im Januar 1963 fehlten im *VEB VTA Leipzig* 50 Facharbeiter. Frenzel verlangte daher von der gerade erst in die Gestaltung der ökonomischen Experimente eingespannten VVB BFA, „Maßnahmen einzuleiten, dass durch die örtlichen Organe Arbeitskräfte zur Verfügung gestellt werden, [...] um die zusätzliche Kooperation abzusichern".[26] Dabei war sich die Werkleitung der Gefahr, die in der Nichterfüllung des Plans bestand, durchaus bewusst: „Wir können auf keinen Fall zulassen, dass wir den Plan nicht erfüllen, damit es nicht heißt, ja, da seht mal, das war ein Strohfeuer im letzten Jahr. Für uns ist die Hauptaufgabe, dass wir unseren Plan erfüllen."

Die VVB BFA aber stellte sich stur und empfahl der VTA-Leitung, dennoch „mit diesen Planzahlen zu fahren und zu versuchen, im Laufe des Jahres die Fonds aufzufüllen mit irgendwelchen Arbeitskräften". Durch erzwungene Nachtschichten und eine Reduzierung der Bruttoproduktion des Januarplans um etwa 25% – eben weit entfernt von den im Monat zuvor angekündigten qualitativen Kennziffern für alle Betriebe – konnte eine annähernde Erfüllung des Monatsplans schließlich doch noch erreicht werden.

Die Situation der fehlenden Zulieferung aber verbesserte sich nicht, obwohl – so Frenzel Mitte Februar 1963 auf einer Leitungssitzung der BPO – „wir für die Getriebewerke das Gas und die Energie besorgen, damit sie unsere Dinge erledigen".[27] Es gehe schon soweit, dass, „um die Termine vorzuziehen, eine Art Bestechung durchgeführt" würde. Auch die Hinzuziehung von Parteistellen bleibe erfolglos: „Selbst die Bezirksleitung der Partei wurde mit eingeschalten, aber der Werkleiter des Getriebewerkes zieht den Kopf zwischen die Schultern und sagt: ‚Ich kann nicht.'" In der Produktion des Getriebewerkes herrsche „eine ‚Leck mich am Arsch'-Stimmung". Ein Mitglied der BPO „warf die Frage auf, ob es nicht möglich sei, einen offenen Brief ans Getriebewerk zu richten, und diesen Brief in der Presse zu veröffentlichen". Direktor Frenzel befürchtete allerdings, „dass wir dann gar nichts mehr bekommen würden". Zum Abschluss der Sitzung bekräftigte der 1. BPO-Sekretär Heinz Neustadt allgemein, „dass alles daranzusetzen ist, um das höchstmöglichste aus den Kooperationsbetrieben zu bekommen". Eine andere Diskussionsgrundlage gebe es nicht.

Aber die Handlungsmöglichkeiten der Werkdirektion waren erschöpft, und inzwischen gab es im Betrieb durch die verordneten Nachtschichten und Überstunden ernste Probleme mit der Belegschaft. Mitte März schilderte Neustadt, „dass gegenwärtig eine Unzufriedenheit in der Belegschaft exi-

---

26 Ebd. (Protokoll der BPO-Leitungssitzung am 11.1.1963). Hier auch die folgenden Zitate.

27 Ebd. (Protokoll der BPO-Leitungssitzung am 12.2.1963). Hier auch die folgenden Zitate.

stiert".[28] Eine von Arbeitern organisierte Unterschriftensammlung gegen die Nachtschichten wurde Anlass für eine umfassende Selbstkritik (ein Genosse hatte die Unterschriftensammlung gesehen und für eine „Hochzeitsliste" gehalten), die jedoch nichts daran ändern konnte, dass der Kampagnenstil von Werkdirektion und Parteileitung einmal mehr an seine Grenzen geraten war, so sehr sich Direktor Frenzel auch „einen großen Optimismus" zur Bewältigung der Quartalsplanerfüllung wünschte.

Probleme mit der Belegschaft waren aber per definitionem politisch-ideologische Probleme und riefen erneut die übergeordneten Parteistellen auf den Plan. Dabei griff die SED-Bezirksleitung zu einem erprobten Mittel, dass auch in der Betriebsparteileitung von VTA keine zwei Monate zuvor gegenüber Zulieferbetrieben in Erwägung gezogen worden war: Der 1. Sekretär der SED-Bezirksleitung Leipzig, Paul Fröhlich, schrieb am 29. März 1963 einen offenen Brief an die Betriebsparteileitung des *VEB VTA Leipzig*.

Fröhlichs Schreiben strotzt vor ideologischen Versatzstücken, etwa wenn er der Betriebsparteileitung vorhält, sie habe einen offenen Brief des *VEB Fräs- und Schleifmaschinenwerks Leipzig*, „der in vielen Betrieben eine breite Initiative bei der Verwirklichung der Planaufgaben 1963" ausgelöst habe, nicht „zur Schaffung einer breiten Kampfatmosphäre durch Einbeziehung aller Werktätigen zur Organisierung der Planerfüllung" genutzt.[29] Die BPO habe „ihre politisch-ideologische Erziehungsarbeit" gegenüber den staatlichen Leitern vernachlässigt, so dass „von den bewährten Leitungsmethoden so gut wie nichts mehr übrig" sei.

Von der Werkleitung verlangte Fröhlich, „dass die Planung und Leitung des Betriebes [...] auf einer wissenschaftlichen Grundlage" und „auf der Grundlage der Beschlüsse des VI. Parteitages" zu erfolgen habe. Nach Fröhlich konnte das nur bedeuten, „Fehler zuerst im eigenen Betrieb [zu] suchen und sie mit der Kraft des ganzen Kollektivs [zu] beseitigen". Es sei daher falsch, wenn Funktionäre „alle Fehler und Mängel, ihr eigenes Unvermögen den Kooperationsbetrieben wie den ‚Schwarzen Peter' zuschieben" wollten.

Konkrete Anweisungen enthielt der Brief indessen nicht. Der Bezug auf eine „wissenschaftliche Grundlage" blieb eigenwillig, aber der politisch zulässige Argumentationsrahmen war wieder zurechtgerückt. Doch erwies es sich als unschätzbarer Vorteil, dass Werkdirektion und Parteileitung, die beide sehr genau wussten, dass sie in der Frostperiode keine Handlungsoptionen mehr gehabt hatten, solidarisch und mit politischem Gespür agierten.

---

28 Ebd. (Protokoll der BPO-Leitungssitzung am 12.3.1963). Hier auch das folgende Zitat.

29 StAL, BPA-Leipzig IV/A/2/6/270, Bl. 21-24 (Fröhlich an „Leitung und Mitglieder der Parteiorganisation des VEB VTA", 29.3.1963). Hier auch die folgenden Zitate.

Oder wie Direktor Frenzel es ausdrückte: „Uns war doch bekannt, was auf uns zukommt."[30]

Auf der ersten Sitzung der SED-Betriebsparteileitung nach der Veröffentlichung des Fröhlich-Briefes demonstrierte man Einstimmigkeit in der Bewertung, dass der Brief „den Nagel auf den Kopf" getroffen habe und „für das gesamte Kollektiv eine große Hilfe gewesen" sei. Eine Woche später entschied man sich, ein schriftliches Schuldeingeständnis abzugeben – allerdings nicht ohne die Feststellung, dass im Brief auch hervorgehoben worden sei, „dass wir trotz der eingerissenen Missstände zumindest von uns aus die Lage ergriffen haben und sie verändern".[31]

Neben der Verpflichtung der Betriebsparteileitung, künftig die Arbeit der Genossen in den Parteigruppen gründlicher einzuschätzen, um sich nicht „von Überraschungen überrumpeln [zu] lassen", entschloss man sich auf der BPO-Leitungssitzung Mitte April 1963, Fröhlich zu antworten und „darzulegen, welche Schlussfolgerungen aus dem Brief gezogen wurden, und dass es im Monat Mai große Schwierigkeiten gibt bei der Anlieferung der Getriebe für unsere Erzeugnisse." Denn, so resümierte Hans Frenzel die Getriebeversorgung: „Die innerbetrieblichen Maßnahmen reichen nicht aus, um bestimmte Geräte komplettieren zu können."

Von der Bezirksleitung wurden die Reaktionen bei VTA aufmerksam registriert, und schon deshalb war die Lage nur „politisch-ideologisch" wieder zu beruhigen.[32] Die Werkleitung verstärkte den „sozialistischen Wettbewerb", was gegenüber der Belegschaft mit dem Hinweis auf den Fröhlich-Brief begründet wurde,[33] und zur Verbesserung der Parteiarbeit spitzte die BPO die innerbetriebliche Lage im klassischen Kampagnenstil gezielt zu. So wurde im Juni 1963 die „politisch-ideologische Lage im Konstruktionsbüro" bei VTA erörtert.[34] Auch innerhalb der Betriebsparteiorganisation

30 StAL, BPA-Leipzig IV A-7/144/004 (Protokoll der BPO-Leitungssitzung am 3.4.1963). Hier auch die folgenden Zitate.

31 Ebd. (Protokoll der BPO-Leitungssitzung am 9.4.1963). Hier auch die folgenden Zitate.

32 In Übersichten stellte die Abteilung Wirtschaftspolitik der SED-Bezirksleitung Leipzig die Äußerungen führender Partei- und Wirtschaftsfunktionäre des *VEB VTA Leipzig* und die Lageeinschätzungen der einzelnen APO zusammen; vgl. StAL, BPA-Leipzig IV/A/2/6/270, Bl. 25 ff. („Betr. Argumente zum Brief des Gen. Paul Fröhlich an die BPO des VEB VTA", 4.4.1963 und 7.4.1963).

33 Es muss dabei berücksichtigt werden, dass diese neue Kampagne sich aus Sicht der Belegschaft auf jeden Fall positiv vom Ausnahmewinter abhob; auch dadurch mochte die Bereitschaft gewachsen sein, sich auf den „sozialistischen Wettbewerb" einzulassen. Tatsächlich gelang es ab Juli, die einzelnen Pläne und schließlich auch den Jahresplan 1963 im *VEB VTA Leipzig* zu erfüllen; vgl. StAL, VTA 10 (Protokolle der VTA-Direktorensitzungen am 8.8.1963 und 19.12.1963).

34 StAL, BPA-Leipzig IV A-7/144/004 (Protokoll der BPO-Leitungssitzung am 11.6. 1963). Hier auch die folgenden Zitate.

kehrte man zur Personalisierung von Sachproblemen zurück, diesmal allerdings nur mit mäßigem Erfolg, da es der Sekretär der Abteilungsparteiorganisation (APO) des Konstruktionsbüros verstand, die Probleme seines Büros mit dem Hinweis auf die im Zuge des ökonomischen Experiments befohlenen Produktionsumstellungen durch die VVB zu begründen.

Obwohl gesagt worden sei, so der APO-Sekretär, „dass beim Übergang von der alten zur neuen Produktion die VVB-Leiter voll verantwortlich" seien, wolle nun, da man sehe, „dass der Übergang nicht reibungslos verläuft", niemand etwas davon hören – die VVB-Leiter wüssten selber nicht, „wie es weitergehen soll". Nach einer ursprünglichen Ankündigung, bei VTA würden keine Schwimmkrane mehr gebaut, seien nun doch wieder solche Geräte angefordert worden. Die Mängel bei der Konstruktion leugnete der APO-Sekretär nicht, führte sie aber darauf zurück, dass weder „ein Musterbau [noch] eine Nullserie gemacht" wurde. Er könne „jetzt nicht dem betreffenden Konstrukteur Vorwürfe machen, dass die Zusammenfassung der Serie laufend geändert wird". Damit beschrieb der zuständige APO-Sekretär das den Mitgliedern der Werk- und Parteileitung wohlbekannte Dilemma, dass sich VTA aufgrund der angespannten Materiallage und drängender Planauflagen den „Luxus" von Mustern und Nullserien schlechterdings nicht leisten konnte. Unter den Bedingungen der von der VVB BFA neu konzipierten Produktpalette bedeutete das Fehlen jeglichen Erprobungsspielraums wiederum, dass alle Schwierigkeiten bei der Einführung neuer Fabrikate in erster Linie der Werkdirektion des VEB VTA angelastet werden konnten.

Zwar konnten Werkdirektion und Parteileitung mit der Eindämmung der Folgen des Fröhlich-Briefes – immerhin gab es keine personellen Konsequenzen – ihre politische Handlungskompetenz unter Beweis stellen. Doch die ökonomische Lage des Betriebes hatte sich nicht entspannt, im Gegenteil, keines der drängenden Probleme war gelöst worden, und die Frage der Zulieferung von Getrieben stand für den *VEB VTA Leipzig* unvermindert. So wird verständlich, dass dort, wo sich die Werkdirektion im Rahmen der ökonomischen Experimente zu Veränderungen äußerte, die Lösung von Materialproblemen und die Frage der Handlungskompetenz des Werkdirektors rasch in den Mittelpunkt rückte. Hier dürfte ein wesentlicher Grund für die wachsende Interessendifferenz zwischen dem *VEB VTA Leipzig* und der VVB BFA in der Implementierungsphase des NÖS liegen.

Die Feststellung Walter Ulbrichts auf dem VI. Parteitag der SED, dass die anvisierte neue Stellung der VVB ermögliche, „die Eigenverantwortlichkeit der Betriebe und der Werkdirektoren zu stärken", traf nicht den Kern der Veränderungen, denen das Verhältnis zwischen der VVB BFA und dem *VEB VTA Leipzig* in der ersten Jahreshälfte 1963 unterworfen war.[35]

35 ULBRICHT, System, S. 116.

4.4. Die Bildung von Erzeugnisgruppen

Weder in den Unterlagen der *VVB Bergbauausrüstung und Förderanlagen* noch im Betriebsarchiv des *VEB VTA Leipzig* finden sich Hinweise auf eine Diskussion der im ökonomischen Experiment entwickelten Maßnahmen. Schon die Bildung von Erzeugnisgruppen, die zur „größtmöglichen Steigerung der Arbeitsproduktivität" beitragen sollte, wurde Mitte Januar 1963 ohne Konsultation der Betriebe per Rundschreiben mitgeteilt.[36] Zwar wurden die VEB-Direktoren um die „Ausarbeitung von Vorschlägen zur optimalen Auslastung der vorhandenen Produktionskapazitäten" und zur „Durchsetzung der Spezialisierung, Konzentration und Standardisierung der Produktion" gebeten, aber dafür blieb den Werkleitungen nicht viel Zeit, denn bereits elf Tage später erreichte die VEB-Direktoren eine Direktive mit detaillierten Vorgaben über die betrieblichen Konsequenzen des ökonomischen Experiments.[37]

Nach dem obligatorischen Hinweis auf die neue Rolle der VVB, die seit dem 1. Januar 1963 nicht mehr als „Haushaltsorganisation, sondern nach dem Prinzip der wirtschaftlichen Rechnungsführung" arbeite, „wozu die VVB das Verfügungsrecht über finanzielle Fonds sowie über eine Kreditreserve als Bestandteil des Jahreskreditplanes" erhalten habe, wurden eine Reihe von Festlegungen mitgeteilt, die allerdings deutlich machten, dass die VVB-Leitung die Betriebe eher als untergeordnete Organe denn als selbständig handelnde Wirtschaftseinheiten begriff. So entschied künftig „der Generaldirektor eigenverantwortlich über die Höhe der für die Betriebe festzulegenden Finanzschuld, die am Jahresende Mindergewinne bzw. außerplanmäßige Verluste ausweisen, sofern der geplante Gewinn der Vereinigung insgesamt erfüllt ist". Die VVB hatte zwar das Interesse der Betriebe an ausreichender Materialversorgung mit im Blick, wollte diese aber in erster Linie durch die „Bildung sozialistischer Arbeitsgemeinschaften" gewährleisten, die erforderlich seien, „um den Materialeinsatz zu vermindern". Ingesamt wurde gefordert, „im Jahre 1963 das Materialsortiment um 20% einzuschränken".[38]

---

36 StAL, TAKRAF 40 (VVB-Hauptdirektor an alle Werkleiter der Betriebe der VVB, 17.1.1963). Hier auch das folgende Zitat.

37 StAL, VTA 168 („Direktive für die der VVB Bergbauausrüstung und Förderanlagen, Leipzig, unterstellten Betriebe zur Durchführung ökonomischer Experimente", 28.1. 1963). Hier auch die folgenden Zitate.

38 Die von der VVB BFA im Rahmen der „Standardisierung" und „Rationalisierung" verfügten Veränderungen der Produktpalette des *VEB VTA Leipzig* erwiesen sich als die drastischsten Eingriffe in der gesamten Geschichte des Unternehmens. Die im Rahmen des Kohleprogramms bereits eingeführte Produktion von Schaufelradbaggern und Tagebauförderanlagen sollte in fünf „Baggerklassen" standardisiert werden, zugleich sollte die Herstellung von Krananlagen und Seilbahnen sukzessive bis 1965

Damit zeigte sich bereits zu diesem frühen Zeitpunkt, dass – bei allem ernsthaften Bezug auf die technische Verbesserung der Produktion – die Anwendung der „wissenschaftlich-technischen Revolution" z.B. über die Einsparung von Material und die Rationalisierung von Produktionsabläufen in den Dienst des Ausgleichs struktureller Defekte der Wirtschaftspraxis gestellt werden sollte. Ein solches Ansinnen musste scheitern, wenn zugleich versäumt wurde, die zwischenbetrieblichen Beziehungen auf eine neue Grundlage zu stellen. Davon war freilich nicht die Rede.

Auch wenn die ersten Maßnahmen der VVB-Leitung im Rahmen des ökonomischen Experiments auf eine Dominanz gegenüber den VEB hinausliefen, enthielt die Direktive von Ende Januar 1963 auch einige für die einzelnen Betriebe interessante Punkte – so die Feststellung, der „Grundsatz, dass der Bedarf die Produktion bestimmt, [sei] in allen Betrieben anzuwenden".[39] Außerdem wurde den Exportbetrieben in Aussicht gestellt, „ab sofort stärkeren Einfluss auf die Exporttätigkeit zu nehmen".

Im *VEB VTA Leipzig* wurde dieser Aspekt umgehend aufgegriffen und bis zum April 1963 ein Maßnahmeplan für die Abteilung Absatz ausgearbeitet, der auf die „schrittweise Übernahme der Exporttätigkeit durch Betrieb und VVB" ausgerichtet war.[40] Die Maßnahmen beinhalteten – neben der zukünftigen Verwendung von „Spezialbriefbogen auf Spezialpapier" und „repräsentativen Angebotsmappen" – die Bildung einer „handelsökonomischen Gruppe [...], welche alle mit dem Export zusammenhängenden Finanzprobleme" zu klären habe. Auch sei man bei VTA bestrebt, die Kundenkartei des Deutschen Innen- und Außenhandels (DIA) Maschinen-Export – des bisherigen Inhabers des Außenhandelmonopols – zu übernehmen.

Mit solchen Überlegungen war der *VEB VTA Leipzig* allerdings etwas zu voreilig. Gerade die Frage der Außenhandelspolitik im Rahmen der DDR-Wirtschaftsreform erwies sich nämlich als außerordentlich diffizil, zumal nicht allein die wirtschaftlichen Entscheidungsträger davon betroffen waren.[41] Der „Maßnahmeplan Absatz" wurde vorerst auf Eis gelegt, und die Werkleitung wartete auf weitere Anregungen und Signale der VVB BFA.

---

eingestellt werden; StAL, VTA 10 (Protokoll der VTA-Direktorensitzung am 8.2. 1963).

39 StAL, VTA 168 („Direktive für die der VVB Bergbauausrüstung und Förderanlagen, Leipzig, unterstellten Betriebe zur Durchführung ökonomischer Experimente", 28.1. 1963). Hier auch das folgende Zitat.

40 Ebd. (Maßnahmeplan der Werkleitung des VEB VTA „zur Durchführung des ökonomischen Experimentes in der Hauptabteilung Absatz", 16.4.1963). Hier auch die folgenden Zitate.

41 Vgl. zu den Bedingungen der DDR-Außenwirtschaft zwischen 1958 und 1963 Michael LEMKE, Die Berlinkrise 1958 bis 1963. Interessen und Handlungsspielräume der SED im Ost-West-Konflikt, Berlin 1995, S. 50ff., und STEINER, Wirtschaftsreform, S. 103ff.

4.5. Die wachsende Interessendivergenz zwischen VVB und VEB in der Wirtschaftsreform

Diese Impulse kamen in Form eines Berichts der VVB-Leitung über den bisherigen Verlauf des ökonomischen Experiments,[42] aber schon der Ablauf verweist auf die untergeordnete Stellung der VTA-Werkdirektion in der Diskussion. Der Bericht ist zwar auf den 18. Mai 1963 datiert, aber erst einen Monat später erhielt die Werkleitung des *VEB VTA Leipzig* ein Exemplar,[43] so dass Hans Frenzel endlich Anfang Juli die übrigen Direktoren bitten konnte, innerhalb von drei Tagen „das Material durchzuarbeiten und für ihre eigene Arbeit die entsprechenden Schlussfolgerungen zu ziehen".[44] Das Hauptaugenmerk sollte dabei auf Anregungen gerichtet sein, die es wert seien, „in ähnlicher oder angewandter Form für den Betrieb zum Tragen zu kommen", sowie auf „Fragen der Führungsarbeit, die gegebenenfalls bestimmte strukturelle Korrekturen notwendig machen". Der Bericht der VVB BFA spiegelte allerdings eher deren Selbstwahrnehmung als „Industriezweigleitung" wider, als dass er brauchbare Anregungen für die strukturelle Gestaltung der betrieblichen Ebene enthielt. Bemerkenswert ist an der Adaption dieses Berichts durch die VTA-Werkleitung denn auch, dass sie eher ihre betriebsspezifischen Anforderungen zum Ausgangspunkt der eigenen Pläne nahm, ohne dem VVB-Bericht wirkliche Anregungen zu entnehmen.

Die Aufwertung der bisherigen VVB-Abteilungen zu vier Direktionsbereichen Technik, Produktion, Beschaffung und Absatz sowie Ökonomie erklärte der VVB-Bericht kurzerhand zum „neuen Strukturplan", mit dem „die organisatorische Voraussetzung für ein geschlossenes ökonomisches System der Leitung geschaffen" worden sei.[45] Dabei wurde dem VVB-Direktor für Ökonomie ein besonders umfangreicher Aufgabenkatalog zugeschrieben, damit die „gesamte ökonomische Leitungstätigkeit koordiniert" werden könne. Deren Verbesserung käme schon darin zum Ausdruck, dass trotz „der extremen Witterungsbedingungen Anfang dieses Jahres" gegenüber dem Vorjahr „hohe Zuwachsraten" erzielt worden seien. Offenbar

---

42 Vgl. BA, DE 1 – VA 46460, Bl. 279-314 (Bericht der VVB BFA „über die bisherigen Ergebnisse aus der Durchführung der ökonomischen Experimente sowie über Vorschläge zur Verallgemeinerung der Erkenntnisse aus den ökonomischen Experimenten", 18.5.1963).

43 Vgl. das Exemplar des VVB-Berichts in StAL, VTA 168, dessen Eingangsstempel auf den 24.6.1963 datiert.

44 StAL, VTA 168 (VTA-interne Abteilungsbekanntmachung des Werkleiters, 8.7. 1963). Hier auch die folgenden Zitate.

45 BA, DE 1 – VA 46460, Bl. 281ff. (Bericht der VVB BFA „über die bisherigen Ergebnisse ... aus den ökonomischen Experimenten", 18.5.1963). Hier auch die folgenden Zitate.

war der VVB-Leitung während des ökonomischen Experiments der Sinn für den auf den Einzelbetrieben lastenden Druck verloren gegangen.

Die VVB-Leitung hielt es weiter für erforderlich, in einigen Großbetrieben „sofort Hauptökonomen einzusetzen, um auch auf dieser Ebene die Koordinierung der ökonomischen Leitungstätigkeit sowie die Beziehungen zur VVB erproben zu können". Man vergaß indessen nicht, darauf hinzuweisen, dass diese Erprobung „auf der Grundlage einer straffen Leitungstätigkeit" stattfinden müsse.

Dieser Zwischenbericht kann als Beleg der besonderen Interessen der VVB innerhalb der Wirtschaftsadministration angesehen werden, die sich eben in wesentlichen Punkten nicht mit den einzelbetrieblichen Interessen deckten, sondern mit diesen in Konflikt gerieten – so, wenn die VVB unverhohlen ihr Recht auf tiefe Eingriffe in die Produktionsprofile der Einzelbetriebe durch eine „Spezialisierung und Konzentration der Produktion in Verbindung mit der Standardisierung" beanspruchte.

Gegen die willkürlich erscheinenden Eingriffe in die Produktpalette hagelte es von Seiten der einzelnen VEB Proteste, die von der VVB-Leitung allerdings rückblickend als „mangelndes Verständnis für die volkswirtschaftliche Notwendigkeit" gedeutet wurden.[46] So habe „Gen. Frenzel die Notwendigkeit der Übernahme der Leitbetriebstätigkeit durch VTA für Bandanlagen zuerst nicht" eingesehen, „da er nur die Verhältnisse des Betriebes und nicht den gesamten Industriezweig" im Blick gehabt habe. Auch hätten sich „bei VTA Erscheinungen des Betriebsegoismus" gezeigt: „Statt davon auszugehen, welche Baugruppe in welchem Betrieb am billigsten gefertigt werden kann, drängten sich einige Werkleiter nach den lukrativsten Baugruppen (Raupenfahrwerke)."

Dieses einem ökonomischen, wenn auch betriebsorientierten Denken schon recht nahe kommende Verhalten Frenzels passte der VVB BFA nicht in das Konzept ihrer Kompetenzerweiterung. Der VVB-Bericht charakterisierte die „Erweiterung der Selbständigkeit und Eigenverantwortlichkeit der Betriebe" dann auch allein damit, dass die VVB den Einzelbetrieben „bereits im Februar 1963 höhere Produktionsziele für 1964 stellte" und diese nun die tatsächlich gewachsene Verantwortung hatten, die höheren Vorgaben auch zu erfüllen.[47] Ein solches Verhalten wollte die VVB-Leitung durch „eine größere Beweglichkeit in der Planung" abstützen, die vor allem

46 StAL, TAKRAF 233 („Erfahrungen bei der Durchsetzung des neuen ökonomischen Systems der Planung und Leitung der Volkswirtschaft in der VVB Bergbauausrüstung und Förderanlagen", o. D., Ende 1963). Hier auch die folgenden Zitate. Bei diesen Ausarbeitungen handelt es sich offenbar um Vorarbeiten für einen weiteren Bericht der VVB BFA über die ökonomischen Experimente, der Anfang Dezember 1963 vorgelegt wurde.

47 BA, DE 1 – VA 46460, Bl. 289 (Bericht der VVB BFA „über die bisherigen Ergebnisse ... aus den ökonomischen Experimenten", 18.5.1963). Hier auch die folgenden Zitate; Bl. 293.

durch „die Bildung einer VVB-Reserve in den materiellen und finanziellen Plänen“ gewährleistet werden sollte.

Noch deutlicher wurde Helmut Fritzsche, der inzwischen als „Generaldirektor“ der VVB BFA auftrat, auf einer Wirtschaftskonferenz der SED am 24./25. Juni 1963. Die in den Arbeitsgruppen der zentralen Wirtschaftsbehörden entstandenen grundsätzlichen Überlegungen für eine Wirtschaftsreform waren inzwischen derart ausgereift, dass sie auf der Wirtschaftskonferenz beraten und als „Richtlinie für das neue ökonomische System der Planung und Leitung der Volkswirtschaft“ veröffentlicht wurden.[48] Auf der Konferenz kündigte Fritzsche in einem Diskussionsbeitrag die „radikale Standardisierung und Typisierung“ der Produktion an, die von seiner VVB als „einem politischen, technischen und ökonomischen Führungszentrum des Industriezweiges“ durchzuführen sei.[49] Das klang zwar vermessen, fügte sich aber in das Konzept der Wirtschaftsreform, die auf eine massive Durchsetzung wissenschaftlich-technischer Erkenntnisse abzielte. In der Rede Fritzsches wird freilich auch deutlich, dass die einzelbetriebliche Entscheidungsebene von solchen Diskussionen weiterhin ausgespart werden sollte; die Betriebe sollten in Baugruppen zusammengefasst werden, woraus sich – so Fritzsche – für die VVB „Möglichkeiten für eine weitere Spezialisierung der Betriebe“ ergeben würden.

Im Mittelpunkt der Diskussion im *VEB VTA Leipzig* standen ganz andere Fragen, die eher den operativen Bedürfnissen als konzeptionellen Überlegungen entsprangen. So suchte man im Frühjahr 1963 nach Möglichkeiten, wie über eine innerbetriebliche Kompetenzbündelung die Materialversorgung besser koordiniert werden könnte. Außerdem hatte Frenzel eine Entlastung seiner Funktion im Blick, da die bisherige Verteilung der innerbetrieblichen Entscheidungskompetenz den Werkdirektor „von seiner ursächlichen Aufgabe, der Lösung von Grundsatzfragen, abgehalten“ habe.[50]

Zu diesem frühen Zeitpunkt wollte die VTA-Direktion die Bereiche Kooperation (also die Zulieferbeziehungen) und Materialwirtschaft dem Produktionsdirektor unterstellen; auf diese Weise sollten „in Zukunft Doppelarbeiten und Überschneidungen“ vermieden werden. Da „die material-

48 Zur Entwicklung bis zur Wirtschaftskonferenz vgl. STEINER, DDR-Wirtschaftsreform, S. 60ff. Einen prägnanten Überblick über die ökonomische Konzeption der „Richtlinie“ vgl. ebd., S. 65ff. Aus DDR-Sicht vgl. Heinz BEYER / Helga KANZIG, Die Genesis des neuen ökonomischen Systems in der Zeit vom VI. Parteitag der SED bis zur Wirtschaftskonferenz, in: Wirtschaftswissenschaft 17, 1969, S. 1761-1784.

49 Der Redebeitrag von Helmut Fritzsche in: Walter ULBRICHT, Das neue ökonomische System der Planung und Leitung der Volkswirtschaft in der Praxis. Wirtschaftskonferenz des ZK der SED und des Ministerrats der DDR, 24. und 25. Juni 1963, Berlin (Ost) 1963, S. 129-136; zitiert wird hier und im Folgenden nach den S. 130, 129 und 132.

50 StAL, VTA 168 („Struktur“, Ausarbeitung der VTA-Werkleitung, o. D. / Frühjahr 1963). Hier auch die folgenden Zitate.

technische Versorgung unmittelbar Bestandteil der Vorbereitung der Produktion ist", sei „eine solche Zuordnung [auch] jederzeit zu vertreten". Auch bestehe so keine Möglichkeit mehr, dass sich einzelne Abteilungen bei Problemen wechselseitig die Schuld gäben, da nun der Produktionsdirektor hauptverantwortlich sei.

Aber bereits in den Diskussionen, die nach der Wirtschaftskonferenz Ende Juni 1963 und infolge der Veröffentlichung der „Richtlinie für das Neue Ökonomische System" Mitte Juli im *VEB VTA Leipzig* geführt wurden, ließ sich eine solche, von den Vorgaben der VVB BFA abweichende Position nicht mehr durchsetzen: Die Kooperation sollte nun beim Produktionsdirektor verbleiben, während die Materialwirtschaft dem neu geschaffenen Direktorat für Beschaffung und Absatz zugeordnet wurde.[51]

Offenbar verengten Wirtschaftskonferenz und Richtlinie den Rahmen für die bei VTA gerade erst begonnene Diskussion wieder. Die offiziellen Dokumente, die eine Dominanz der VVB gegenüber den einzelnen Betrieben im Rahmen des NÖS politisch sanktionierten, konnten in der Folge auch von der VTA-Direktion nicht ignoriert werden. Hatte Hans Frenzel eine gemeinsame Beratung der Partei-, Gewerkschafts-, Werk- und FDJ-Leitung am 16. Juli 1963 noch mit den Worten eingeleitet, man habe „leider nicht die Möglichkeit [gehabt], in Vorbereitung der heutigen Beratung das im ND erschienene Material" – eben die „Richtlinie" – „gründlich durchzuarbeiten",[52] verband er bereits zwei Tage später die Aufforderung an die übrigen VTA-Fachdirektoren, konkrete Vorschläge für Strukturveränderungen zu machen, mit dem Hinweis auf die veröffentlichten Unterlagen der Wirtschaftskonferenz und die „Richtlinie".[53]

Die propagandistische Begleitmusik signalisierte indes eine vermeintliche Kontinuität der Entwicklung. Auf der gemeinsamen Leitungsberatung am 16. Juli 1963 beschwor Frenzel „die Einheit von politischer und ökonomischer Leitung" und erklärte das NÖS zur konsequenten Umsetzung von Produktionsprinzip und Einzelleitung. Die Reform dürfte nicht zur Verteufelung der bisherigen Leitungsstruktur führen, denn die „gegenwärtig gefahrene Struktur entsprach den bisherigen Bedingungen, ist jedoch durch die Entwicklung der Produktivkräfte überholt, und wir wären doch schlechte Marxisten, wenn wir uns nicht die modernsten Formen schaffen würden,

51 Vgl. StAL, VTA 21 (Organigramm, Direktionsvorlage / 2. Entwurf, 11.7.1963).

52 StAL, BPA-Leipzig IV A-7/144/004 (Protokoll der gemeinsamen Beratung der Partei-, Gewerkschafts-, Werk- und FDJ-Leitung am 16.7.1963, 17.7.1963).

53 Vgl. StAL, VTA 168 („Betr. Stellungnahme zum Entwurf der geplanten Strukturveränderungen im Rahmen der Durchsetzung des ökonomischen Experimentes", 18.7. 1963).

auch für unseren Betrieb".[54] Die Partei dürfte zudem die Erziehungsarbeit nicht vernachlässigen: „Wir müssen Einfluss auf die gesamte Belegschaft nehmen und auf den Funktionärkörper aller Leitungen, um in der Denkweise etwas zu verändern, damit alle begreifen, welche Pflichten sie haben." Das sei um so wichtiger, ergänzte ein Mitglied der Betriebsparteileitung, da bei VTA „noch viel auf Zuruf gefertigt" werde und „das Ergebnis der Planerfüllung [...] mitunter noch auf eine unerhörte Kraftanstrengung zurückzuführen" sei.

Durch den monatelangen Vorlauf gewannen die VTA-internen Planungen für eine neue Betriebsleitungsstruktur an Substanz. Die bereits erwähnte Stellungnahme vom 18. Juli 1963 sah als inzwischen dritter Entwurf der Strukturveränderungen eine interessante Veränderung der Kompetenzverteilung der VTA-Leitung gegenüber früheren Entwürfen vor: Die Kooperation und Materialwirtschaft sollte einem eigenen Direktor für Beschaffung und Absatz zugeordnet werden, der – da ihm auch die Kompetenzen des bisherigen kaufmännischen Direktors zufallen sollten – zum wichtigsten Direktor avancierte. Die „ursprünglich geplante Unterstellung der Aufgabengebiete der Materialbeschaffung unter die Prod.-Direktion wurde in der bisherigen Diskussion [...] unseres Betriebes [...] abgelehnt".[55] Außerdem war vorgesehen, dass der „Aufgabenbereich des bisherigen Hauptbuchhalters [...] in vollem Umfang in den neuen Bereich des ökonomischen Direktors" einging, was auf die Ausschaltung eines wichtigen Kontrollinstruments der staatlichen Wirtschaftsverwaltung hinauslief.

Es ist nicht ersichtlich, worin der von der VTA-Werkdirektion behauptete Bezug ihrer Stellungnahme auf die „Richtlinie" und die „Forderungen der Wirtschaftskonferenz, insbesondere im Hinblick auf die Durchsetzung des produktionsterritorialen Prinzips", begründet lag. Offensichtlich standen eher die ebenfalls angeführten „betriebsindividuellen Bedingungen des VEB VTA" als Quelle im Vordergrund.

Die Stellungnahme war neben klaren Zuordnungen[56] allerdings auch durch Unentschiedenheit in wichtigen Strukturfragen gekennzeichnet. So blieb vorerst offen, ob die Abteilung Betriebsorganisation – immerhin für die Ausgestaltung der Beziehungen der Direktoren untereinander zuständig – dem Werkleiter oder dem ökonomischen Direktor unterstellt werden sollte. Zwar entspräche eine Unterstellung unter den Werkleiter der „konsequente[n] Einhaltung sozialistischer Leitungs- und Lenkungsprinzipien",

54 StAL, BPA-Leipzig IV A-7/144/004 (Protokoll der gemeinsamen Beratung der Partei-, Gewerkschafts-, Werk- und FDJ-Leitung am 16.7.1963, 17.7.1963). Hier auch das folgende Zitat.

55 StAL, VTA 168 („Betr. Stellungnahme ... des ökonomischen Experimentes", 18.7. 1963). Hier auch die folgenden Zitate.

56 Vor allem sollten alle betrieblichen Befugnisse der Materialbeschaffung im Sinne einer wirksameren Akquise dem Sektor Beschaffung und Absatz zugeordnet werden.

aber insbesondere auf der Wirtschaftskonferenz sei gefordert worden, „den Werkdirektor von allen Funktionalorganen weitestgehend zu entlasten". Zudem brauche „der ökonomische Direktor [...] zur Durchsetzung seiner ökonomischen Aufgaben ein entsprechendes Instrument. Ökonomie und Organisation müssten eine Einheit darstellen".

Über die Ausgestaltung dieser „Einheit" sollten die Fachdirektoren des *VEB VTA Leipzig* nun innerhalb weniger Tage entscheiden.

4.6. Eine eigene „Richtlinie" für den VEB VTA Leipzig

Auf der Grundlage der Stellungnahme verfasste die VTA-Leitung in großer Eile eigene „Richtlinien zur Ausarbeitung von Plänen zur Verwirklichung des neuen ökonomischen Systems der Planung und Leitung im VEB VTA Leipzig", die bereits am 24. Juli 1963 von Werkdirektor Frenzel, Betriebspartei- und Betriebsgewerkschaftsleitung „nur für den Dienstgebrauch" verteilt wurden. Neben Allgemeinplätzen[57] enthielt diese „kleine Richtlinie" vor allem einen Maßnahmenkatalog für die einzelnen Abteilungen der Werkleitung. Dabei verlagerten sich die inhaltlichen Schwerpunkte – neben der Schulung der Kader – wieder hin zur strukturellen Bewältigung der spezifischen Versorgungs- und Absatzprobleme des Betriebes.[58]

So sollte, um „alle langfristig gebundenen Kooperations- und Lieferverpflichtungen unter exakte Kontrolle zu bekommen", in den Operativbesprechungen mit der VVB-Leitung künftig auch der jeweilige Stand der Beziehungen zu Unterlieferanten auf die Tagesordnung kommen, denn „eine der Ursachen der bisherigen diskontinuierlichen Produktion" sei „die z. T. schleppende Materialzuführung". Das NÖS erfordere „auch von der Zulieferer-Industrie solche Anstrengungen, dass das gegenwärtige Volumen an Material- und Halbfertigerzeugnissen erhöht werden" könne.

Neben solchen Appellen – die bezeichnenderweise auch betonten, dass „Wirtschaftsverträge und Plan [...] eine Einheit" zu bilden hätten und „nur vertragsgebunden gefertigt werden" dürfe – bezog sich die „kleine Richtlinie" weiter auf zwei Aspekte des NÖS, deren Realisierung sich in der Folge als zentrale Crux der gesamten Wirtschaftsreform erwies: Der auszuarbeitende Perspektivplan für den Zeitraum bis 1970, von dem die VTA-Werkleitung sich „aussagefähige Kennziffern mit Normativcharakter" ver-

---

57 So wurde das Kapitel über Ökonomie mit folgenden Worten eingeleitet: „Die Wirtschaft muss in ökonomischer Art und Weise geführt und mit ökonomischen Mitteln und Methoden organisiert werden."; ebd. („Richtlinien zur Ausarbeitung von Plänen zur Verwirklichung des neuen ökonomischen Systems der Planung und Leitung im VEB VTA Leipzig", 24.7.1963). Hier auch die folgenden Zitate.

58 Unter anderem wurde auch der „Maßnahmeplan Absatz" vom April 1963 wieder aufgegriffen und in die „kleine Richtlinie" integriert.

sprach, und die zu diesem Zeitpunkt offensichtlich noch als unproblematisch gedachte Industriepreisreform, von der sich VTA die „tendenzielle Annäherung der Preise an den Wert“ erhoffte.

Gerade der Perspektivplan und eine umfassende Industriepreisreform, von denen sich die VTA-Werkleitung wichtige volkwirtschaftliche Impulse erhoffte, waren in den Monaten und Jahren nach der Einführung des NÖS aber nur schwierig und unvollständig zu realisieren.[59] Ohne diese verlässlichen Eckpunkte und ohne substanzielle Vorteile für die Einzelbetriebe verringerte sich der im Sommer 1963 entfachte Planungselan auf betrieblicher Ebene rasch wieder, und die Unsicherheit über die nun eigentlich geltenden Verfahren der Wirtschaftsadministration gewann in der Werkleitung des *VEB VTA Leipzig* von neuem die Oberhand.

4.7. Flucht in die Kaderarbeit?

Die klassische Strategie der Partei zur Behebung von Unklarheiten, die Betonung von „politisch-ideologischer“ Erziehungs- und Kaderarbeit, rückte angesichts der nur noch gedämpften ökonomischen Diskussion spätestens im Herbst 1963 auf betrieblicher Ebene wieder in den Vordergrund: Auf der Sitzung der Betriebsparteileitung Mitte Oktober konstatierte Frenzel, „mit der Diskussion über Personalfragen – besonders im Bereich Beschaffung und Absatz – wurde teilweise eine schlechte Kaderarbeit geleistet“. Daher mussten hier „notwendigerweise in Verbindung mit den APO weitere Aussprachen und Korrekturen gemacht werden“.[60] Zudem sei mit „der Einführung des neuen ökonomischen Systems der Planung und Leitung [...] die Sicherung unserer Planaufgaben Schwerpunkt geblieben“.

Die Erfüllung der Monats- und Quartalspläne war weitgehend im Kampagnenstil erreicht worden, so dass sich in der Belegschaft des *VEB VTA Leipzig* die Fragen häuften, welche positiven Effekte den ökonomischen Experimenten (als solche firmierte das NÖS noch bis in den Winter hinein in den Sitzungsprotokollen von VTA-Direktion und Betriebsparteileitung) eigentlich zugeschrieben werden könnten, zumal sich die konkreten Folgen der „kleinen Richtlinie“ für die Leitungsstruktur der VTA-Direktion in Grenzen hielten. Die Umgestaltung wurde mehrfach verschoben, so erneut Anfang Oktober 1963 mit dem Hinweis, dass „mit der VVB noch einige Planstellen und Kaderfragen zu klären“ seien.[61]

---

59 Vgl. STEINER, Wirtschaftsreform, S. 93ff.

60 StAL, BPA-Leipzig IV A-7/144/004 (Protokoll der BPO-Leitungssitzung am 16.10. 1963). Hier auch das folgende Zitat.

61 StAL, VTA 10 (Protokoll der VTA-Direktorensitzung am 2.10.1963). Erst Mitte Oktober gab Hans Frenzel die neue Leitungsstruktur und die Besetzung der Direktorenposten rückwirkend zum 1.10.1963 bekannt; vgl. StAL, VTA 1349 (Betriebschronik

Dass das Unverständnis über den Sinn der Wirtschaftsreform im *VEB VTA Leipzig* wuchs, musste auch die Bildungsstätte der SED-Betriebsparteiorganisation bei VTA feststellen, konnte andererseits aber die Erfolge ihrer „Erziehungsarbeit" hervorheben. Einem Bericht von Ende November 1963 zufolge traten „natürlich [...] auch bei einzelnen Genossen Unklarheiten auf, die jedoch in allen Fällen entweder von den Teilnehmern selbst oder dem Propagandisten richtiggestellt werden konnten".[62] So seien Genossen der Meinung gewesen, „das neue ökonomische System wurde bzw. wird eingeführt, weil man aus den Fehlern der Vergangenheit gelernt" habe – das Eingeständnis solcher Fehler war aber keineswegs vorgesehen. Andere Genossen hätten „Mängel aufgezeigt, die ihrer Meinung nach nicht im Sinne des neuen ökonomischen Systems" seien, beispielsweise unsinnige Kooperationsverträge oder zu niedrige Prämien. Auch sei „manche unnötige Verärgerung" dadurch entstanden, dass „zur Einführung der ersten Maßnahmen kaum mit den jeweils Betroffenen gesprochen wurde".

Im Parteilehrjahr wurden schließlich „Zweifel darüber geäußert, dass sich vor allem auf der unteren und mittleren Ebene in absehbarer Zeit spürbare Veränderungen zeigen in der Richtung, dass die in einer Zeiteinheit zu erledigenden Arbeiten endlich einmal genügend gründlich und ordentlich ausgeführt werden können, ohne notgedrungenes Obenhinarbeiten, das am Ende schadet und noch mehr Arbeit macht." Die Propagandisten stellten daraufhin fest, dass die von der Werkdirektion erarbeitete „kleine Richtlinie" noch nicht ausreichend bekannt sei. Das beweise „nochmals die Richtigkeit der Festlegung [..], noch eine bestimmte Zahl dieser Richtlinie der Belegschaft zur Verfügung zu stellen". Die „kleine Richtlinie" war mittlerweile vier Monate alt, und offenbar war in der Zwischenzeit bei VTA nicht viel weiter über sie hinausgearbeitet worden.

Der Elan, sich auf betrieblicher Ebene an der Ausgestaltung des NÖS zu beteiligen, erlahmte in der zweiten Jahreshälfte 1963 bereits merklich, da die Interessen der Werkdirektion des *VEB VTA Leipzig* sich nicht mit denen der gerade erst gestärkten VVB deckten. Diese erhielt mit der Fülle neuer Bilanzierungsmethoden eben auch genaueren Einblick in die betrieblichen Abläufe, was die Einzelbetriebe wiederum in neue Rechtfertigungszwänge brachte. Mithin konnte über das NÖS ein wesentliches Konfliktfeld betrieblicher Planung gar nicht erfasst und reguliert werden, da das die Betriebsleitung entmutigende Ungleichgewicht zwischen VVB und VEB durch die neuen Planungsinstrumentarien nicht etwa aufgeweicht, sondern neu legiti-

---

des *VEB VTA Leipzig* 1945 bis 1971, Übersicht über die Besetzung der Direktorenposten).

62 StAL, BPA-Leipzig IV A-7/144/004 (Bericht der Bildungsstätte der SED-Betriebsparteiorganisation des VEB VTA „vor der Leitung der Grundorganisation am 27.11.1963 über die Durchführung des Parteilehrjahres in den Monaten Oktober und November 1963", 16.12.1963). Hier auch die folgenden Zitate.

miert und verstärkt wurde. Was an Eigeninitiative der VTA-Werkleitung vorhanden war, wurde von niemandem wirklich nachgefragt und folgerichtig auch von niemandem beachtet. Das NÖS versah „die Betriebe (die ‚eigentlichen' Wirtschaftssubjekte)" gerade nicht „mit mehr Entscheidungsbefugnissen".[63] Vielmehr wurden die Interessendivergenzen zwischen der VVB BFA und dem *VEB VTA Leipzig* weiter verstärkt und durch die Fokussierung auf die VVB als Schaltstellen des NÖS das administrative Machtungleichgewicht zementiert.

Ob der vorübergehende Bedeutungszuwachs administrativer Strukturfragen gegenüber rein politischen Fragen auf eine gewisse Arbeitsteilung zwischen SED-Gremien und Wirtschaftsadministration wenigstens hindeutet, ist fraglich: Über die Zuständigkeit der Partei für alle Kaderfragen, insbesondere auch die Schulung mit den neuen Materialien, blieb die SED präsent, auch wenn die Vermittlung und Erörterung wirtschaftlicher Strukturfragen sich in den Instanzen der Wirtschaftsadministration konzentrierte. Offenkundig war die Politisierung betrieblicher Kompetenzen, die Personalisierung von Sachkonflikten und die institutionalisierte Missachtung sozialer Einzelinteressen Anfang der sechziger Jahre in der DDR politisch und sozialökonomisch in einem solchen Maße etabliert, dass gerade das Funktionieren dieses neuen sozialen Zusammenspiels dem „Neuen Ökonomischen System der Planung und Leitung der Volkswirtschaft" frühzeitig den Boden entzog.

63 So etwa Thilo VOGELSANG, Das geteilte Deutschland, München [10]1980, S. 326.

IV. RESULTATE

Die Anordnung der sieben Detailstudien unter den Oberbegriffen *Politisierung* und *Interessenartikulation* bildet eine wichtige Voraussetzung für den Vergleich ausgewählter Aspekte der betrieblichen Entwicklung von Bleichert/VTA im Dritten Reich und in der SBZ/DDR. Auf diese Weise werden die einzelnen Teiluntersuchungen, ohne die Vielfältigkeit der Darstellung vernachlässigen zu müssen, bereits auf jene Ebenen gestellt, auf denen eine vergleichende Betrachtung fruchtbar ist. Die Ergebnisse dieses Vergleichs werden im Folgenden in vier Abschnitte gegliedert.

Im ersten Kapitel werden die Besonderheiten herausgearbeitet, die in den Detailstudien bezüglich der Delegierung von Entscheidungskompetenzen und den daraus erwachsenden Kontrollaufgaben sichtbar geworden sind. Mit Hilfe des Prinzipal-Agent-Modells wird ein Weg vorgeschlagen, den fundamentalen Unterschied der Eigentumsordnungen beider Diktaturen sinnvoll in eine vergleichende Perspektive zu integrieren. Das zweite Vergleichskapitel untersucht die Bedingungen, unter denen in beiden Diktaturen Tendenzen der Politisierung gehemmt oder gefördert worden sind. Als Gradmesser gilt hier das Ausmaß, in dem betriebliche Sach- und Personalfragen nach politischen Gesichtspunkten entschieden wurden. Im dritten Kapitel werden jene Veränderungen registriert, denen die besonderen Interessen der *Bleichert Transportanlagen GmbH* bzw. des *VEB VTA Leipzig* im Augenblick ihrer Artikulation in den politischen Herrschaftssystemen des Nationalsozialismus und der SBZ/DDR unterworfen waren. Das vierte Kapitel fragt resümierend nach dem Stellenwert des sektoralen Diktaturvergleichs in der Zeitgeschichtsforschung.

Die Position, von der aus der Vergleich vorgenommen wird, gewinnt durch die grundsätzliche Annahme, dass alle handelnden Personen ihre Entscheidungen rational abwägen, eine *Äquidistanz* zu beiden Diktaturen. Zugleich wird den Akteuren eine Lernfähigkeit zugestanden, und es wird sichtbar, welchen Stellenwert Lernprozesse in den wirtschaftlichen Umbrüchen Deutschlands im 20. Jahrhundert unter diktatorischen Bedingungen einnahmen.

1. DIE ÜBERTRAGUNG VON VERFÜGUNGSRECHTEN

Wenn ein Prinzipal einem Agenten das Recht zuschreibt, über eine dem Prinzipal gehörende Ressource – etwa eine Fabrik – zu verfügen, so stellt sich zwangsläufig eine Reihe von Aufgaben und Problemen. Der Prinzipal muss in den Augen des Agenten ausreichend *legitimiert* sein, um die Übertragung vornehmen zu können. Der Umgang des Agenten mit der Ressource muss festgelegt werden, im günstigsten Falle durch einen alle Handlungsoptionen abdeckenden *Vertrag*. Und die Tätigkeit des Agenten, der zumeist in Abwesenheit des Prinzipals handelt, muss *kontrollierbar* sein, damit der Prinzipal sehen kann, ob seine Ressource im festgelegten Sinne verwendet wird. Während der Prinzipal – rationale Abwägung unterstellt – an der Erzielung eines höchstmöglichen Ertrags interessiert ist, hat der Agent ein Interesse daran, seinen Aufwand möglichst gering zu halten.[1]

Die Kontrolle der Tätigkeit des Agenten erweist sich als das zentrale Problem dieser Konstellation. Meist kann der Prinzipal nur die *Ergebnisse* der Handlungen des Agenten sehen, während der Agent vielfältige Wege (auch der Täuschung) gehen kann, um das sichtbare Ergebnis zu beeinflussen. Diese im Modell anschaulich werdenden Anreize führen in der sozialen Welt zu einer Fülle von Regelungen und Handlungsweisen. Während Ökonomen und Soziologen an der Vorhersagbarkeit sozialer Handlungen interessiert sind und das Prinzipal-Agent-Modell ignorieren, sobald es für eine konkrete Untersuchung seinen prognostischen Stellenwert eingebüßt hat,[2] können in der Geschichtswissenschaft seine Qualitäten als *erklärendes Ordnungsschema* zur Geltung kommen. Dabei ist die Beschreibung zu erwartender Probleme ebenso wichtig wie die feststellbaren Abweichungen von der Prinzipal-Agent-Konstellation.

Die Untersuchung der Legitimität des Prinzipals führt an die Form des Eigentums als ein zentraler Ordnungsfaktor der Gesellschaft. Seine konkrete soziale Ausgestaltung als Privat- oder Kollektiveigentum bestimmt nicht nur die ökonomischen Spielräume, sondern auch das Verhältnis der Akteure in der Entscheidungshierarchie zueinander. Der Unterschied der Eigentumsordnungen im Nationalsozialismus und in der SBZ/DDR ist evident. Im Nationalsozialismus blieb das Privateigentum an den Produktionsmitteln prinzipiell gewahrt, in der Zentralverwaltungswirtschaft sowjetischen Typs hingegen wurde dieses Eigentum prinzipiell abgeschafft.

Daraus lässt sich zuerst der sichtbare Unterschied des Stellenwerts politischer Institutionen für betriebliche Abläufe in beiden Diktaturen ableiten. Während die NSDAP eine nicht geringe *informelle* Bedeutung besaß, diese aber im Falle der Bleichert-Werke weder intentional noch bei individueller Initiative überschritt, zielte die SED entsprechend ihrer gesellschaftspolitischen Umgestaltungspläne früh auf einen umfassenden und direkten Einfluss auf die Personal- und Sachentscheidungen in Industriebetrieben.

1 Vgl. RICHTER, Institutionen, S. 11f.

2 „Sobald wir annehmen, dass wir nicht in der Lage sind, vorherzusagen was die Zukunft bringen kann, d. h. welche Ereignisse als Ergebnisse von Aktionen der Agenten eintreten können, ist die Prinzipal-Agent-Theorie nicht mehr anwendbar"; ebd., S. 18.

Die mit der Abschaffung des Privateigentums an Produktionsmitteln ebenfalls beseitigte soziale Ordnungsfunktion des Eigentums erwies sich allerdings in der Folge für die komplexen Planungs- und Entscheidungsprozesse von Industriegesellschaften als unverzichtbar. Daraus ergab sich für die SED wie für alle kommunistischen Parteien ein praktischer Kompensationszwang.[3] Die Eigentumszuschreibung in der NS-Zeit stellte nämlich ungeachtet organisatorischer Verschachtelungen bis in die Phase des totalen Krieges hinein eine ausreichende Legitimation der betrieblichen Entscheidungshierarchien dar. Demgegenüber blieben die administrativen Äquivalente der Eigentumsbindung in der DDR letztlich auf willkürlichen Entscheidungen begründet, und jede den unteren Ebenen der Planwirtschaft unverständliche Entscheidung bot Anlass für grundsätzliche Zweifel, dem die Inhaber der Macht mit politischem Druck begegnen mussten. Diese deutlichen Unterschiede in der Legitimität ökonomischer Entscheidungen hatten spürbaren Einfluss auf den Grad der Politisierung der betrieblichen Sphäre.

Der Begriff *Verfügungsrechte* wird nicht nur in seinem ursprünglichen, auf materielles Eigentum bezogenen Sinne verwendet. Tatsächlich kann im weitesten Sinne auch über alle sozialen Ressourcen verfügt werden bzw. deren Verfügung delegiert werden.[4] Auch politische Verwaltungs- und Hoheitsrechte sind in diesem Sinne übertragbare soziale Ressourcen. Das scheint für sich genommen wenig originell. Aber auf die wirtschaftspolitischen Entscheidungsstränge in der DDR der späten 1950er und frühen 1960er Jahre bezogen bedeutet es, dass man hier von einer *doppelten Delegierung* ausgehen kann. Neben der Übertragung der materiellen Verfügungsrechte an die Werkdirektion des *VEB VTA Leipzig* über den Strang der staatlichen Eigentumsverwaltung stand die Übertragung der politischen Hoheit der SED im Rahmen des demokratischen Zentralismus auf die jeweils untergeordnete Parteiinstanz. Daraus ergaben sich Besonderheiten, die vom Modell einer einfachen Übertragung von Verfügungsrechten abweichen.

Wie das vereinfachte Schema in Abbildung 3 verdeutlicht, standen auf betrieblicher Ebene zwei Agenten nebeneinander, die zwar letztlich von einem Prinzipal, der zentralen Parteileitung der SED, Aufgaben und Rechte zugewiesen erhielten, aber doch über ganz unterschiedliche Wege instruiert worden sind. Beide Akteursgruppen, sowohl die Werkdirektion des *VEB VTA Leipzig* als auch die SED-Betriebsparteileitung, erhielten Vorgaben, und wie in den Detailstudien zu sehen war, waren diese uneindeutig und wurden nur sukzessive aufeinander abgestimmt. Dennoch hatten sie eine hohe Verbindlichkeit, die letztlich nur über politischen Druck vermittelt werden konnte.

---

3 Vgl. KORNAI, System, S. 67ff.

4 Vgl. COLEMAN, Grundlagen.

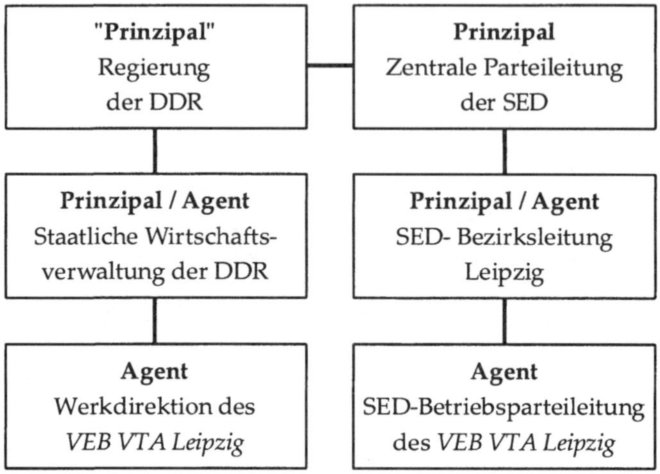

***Abbildung** 3: Prinzipal-Agent-Schema der DDR-Wirtschaftshierarchie für den Zeitraum 1954 bis 1963*

Die Widersprüchlichkeit der ökonomischen und politischen Vorgaben erhöhten die Anreize für Werkdirektion und Parteileitung, sich miteinander zu arrangieren und in besonderen Fällen auch zu solidarisieren. Sowohl die wiederkehrende Kritik übergeordneter Parteigremien an der Vermengung parteilicher und ökonomischer Aufgabenfelder im Betrieb als auch das gemeinsame Unverständnis von Werk- und Parteileitung des *VEB VTA Leipzig* angesichts der tiefen Einschnitte in das betriebliche Produktionsprofil 1962 zeugen von solchen Arrangements.

Politische Kampagnen übergeordneter Instanzen der SED zielten offenkundig auf die Erschwerung solcher innerbetrieblichen Solidarisierung. Am Beispiel des *VEB VTA Leipzig* wird allerdings auch deutlich, dass die Funktionäre im Betrieb sich an die wellenartigen Mobilisierungen gewöhnen konnten und ihre Berichterstattung auf die Bedürfnisse der Adressaten einstellten. Dem BPO-Sekretär Erich Kurth gelang diese Anpassung am überzeugendsten, indem er stereotyp Selbstkritik übte und zugleich die ökonomischen Probleme des Betriebes dem Versagen der Wirtschaftsfunktionäre zuschrieb.

Eine weitere Abweichung vom einfachen Prinzipal-Agent-Modell bestand für die 1950er und frühen 1960er Jahre in der starken Zwischeninstanz der SED-Bezirksleitung Leipzig, die innerhalb des demokratischen Zentralismus durchaus Gestaltungsbefugnisse besaß und die zentralen wirtschaftspolitischen Impulse modifizieren konnte. Demgegenüber war die Übertragung von Verfügungsrechten in den 1930er Jahren innerhalb der *Felten & Guilleaume Carlswerke AG* von geradezu vorbildlicher Überschaubarkeit. So wurde die Legitimität der Kölner Generaldirektion durch die Eigentumsordnung fest begründet. Zudem hatte sich in der jahrzehntelangen Zusammenarbeit zwischen dem Konzern und den Bleichert-Werken eine Lösung des Kontrollproblems entwickelt, bei der die Geschäftsführer in den einzelnen Konzernbetrieben vor allem durch persönliche Loyalität und zugestandene Freiräume an die Zentrale gebunden wurden. Selbst ein Querulant wie Carl Zörner konnte auf diese Weise eingebunden werden, so dass er Konkurrenzunternehmen als Informationsquelle nicht zur Verfügung stand.

Die Aufrechterhaltung der sozialen Ordnungsfunktion des Eigentums stabilisierte die Hierarchien innerhalb der *Carlswerke* und bot kaum Anknüpfungspunkte, tradierte Entscheidungsverfahren zu unterminieren. Erst mit der Etablierung des Systems der „industriellen Selbstverantwortung" ab 1942 unter Albert Speer verschoben sich die Kompetenzen. Den Dauerüberlastungen des totalen Krieges waren die zwischenbetrieblichen Beziehungen der *Carlswerke* nicht gewachsen, und mit der sich verschärfenden Kriegslage gewannen die ausschließlich rüstungswirtschaftlichen Ressourcenentscheidungen gegenüber dem Konzernkalkül die Oberhand. In dem Maße, in dem die Aussicht auf einen siegreich beendeten Krieg schwand, wuchs die Macht der Rüstungsadministration, die schließlich jenseits der weiter bestehenden Eigentumsordnung wesentliche Handlungsimpulse für die betriebliche Ebene gaben. Allerdings beschränkte sich diese Unterminierung auf die zweite Kriegshälfte. So bleiben die Eigentumsordnungen und die daraus erwachsenden Kontrollprobleme als wesentliche Unterschiede zwischen dem Dritten Reich und der SBZ/DDR festzuhalten.

2. DIE BEDINGUNGEN ERFOLGREICHER POLITISIERUNG

Der Unterschied in den Eigentumsordnungen bestimmte den Grad der Politisierung ökonomischer Prozesse durch den für die SED entstehenden Zwang, die fehlende Ordnungsfunktion klarer Eigentumszuordnungen durch politische Maßnahmen zu kompensieren. Damit ist freilich deren konkrete Ausprägung in der betrieblichen Sphäre nicht beschrieben. Die drei unter dem Begriff der Politisierung zusammengefassten Detailstudien weisen denn auch auf den besonderen Stellenwert betriebseigener Bedingungen bei der Durchsetzung politischer Argumente.

Die erste Detailstudie zeigt, wie der Betriebsdirektor Carl Zörner Ende der 1930er Jahre versuchte, seine schwache Position in einem Konflikt mit anderen Wirtschaftsfunktionären durch die politische Diskreditierung eines Opponenten zu verbessern. Allerdings verschätzte er sich dabei gründlich: Die von ihm angerufenen Parteistellen zogen sich mit dem Hinweis auf ihre begrenzte Zuständigkeit aus dem Konflikt zurück, und seine Kontrahenten erwiesen sich als geschickter im Umgang mit NS-Institutionen, indem sie die DAF für kurze Zeit auf den Plan riefen und Zörner innerbetrieblich ausbooteten. Zudem war Zörners Annahme irrig, mit politischen Argumenten gegen tradierte personalpolitische Kriterien vorgehen zu können. So sehr dieser Konflikt auch individuelle Züge trägt, wird doch sichtbar, in welchem Umfang personelle Netzwerke und wirksame ökonomische Beurteilungskriterien in den Kölner *Carlswerken* noch intakt waren.

Die zweite Detailstudie stellte die Entnazifizierung der Bleichert-Werke dar, die der kaufmännische Direktor Theodor Schmidt in der unmittelbaren Nachkriegszeit in Abstimmung mit Leipziger Stellen durchführte und mit der er der neuen politischen Lage gerecht zu werden versuchte. Dabei erwies er sich über die Zäsur 1945 hinweg als außerordentlich lernfähig: Selbst kein NSDAP-Mitglied, gelang es ihm, innerbetriebliche Säuberungstendenzen des Betriebsrates und die politischen Forderungen Leipziger Kommunalpolitiker aufzugreifen und in einer Weise umzusetzen, die ihm sogar das Wohlwollen der erst spät in den Prozess eingeschalteten Konzerndirektion erhielt.

Die dritte Detailstudie schließlich untersucht die Umstände, unter denen der kompetente Werkdirektor Kurt Näther Mitte der 1950er Jahre in direkte Konfrontation zur erstarkenden SED-Betriebsparteileitung geriet. Die Sekretäre der BPO erblickten in der Bekämpfung des „operativen" Arbeitsstils die Möglichkeit, den übergeordneten SED-Instanzen eine erfolgreiche Parteiarbeit vorzuweisen. Die Parteisekretäre erreichten die Absetzung Näthers, allerdings ohne eine alternative ökonomische Konzeption entwickeln zu können. Vielmehr profitierten sie von den grundsätzlichen Schwierigkeiten betrieblicher Planung, die sie aufgriffen und politisch zuspitzten.

Aus diesen drei Detailstudien sind Faktoren ableitbar, die Politisierungsbestrebungen hemmten oder begünstigten. Allein die Bereitschaft einzelner Direktoren, politische Argumente zu akzeptieren, reichte offenkundig nicht aus. Vielmehr mussten außerbetriebliche politische Instanzen dieser Bereitschaft Nachdruck verleihen. Weder das von Carl Zörner angerufene SA-Ehrengericht bzw. das Parteigericht der NSDAP noch die von seinen innerbetrieblichen Kontrahenten ins Feld geführte DAF waren gewillt, längerfristig in die konzerninterne Auseinandersetzung einzugreifen.

In den ersten Nachkriegsmonaten, als sich politische Institutionen erst langsam formierten, bot die allgemeine Atmosphäre des Zusammenbruchs und der beginnenden politischen Säuberung genügend Anreize, um die betrieblichen Personalentscheidungen in der *Bleichert Transportanlagen GmbH* überwiegend nach politischen Gesichtspunkten zu gestalten. Allerdings erscheint dieses Vorgehen als ein Ausnahmeverhalten, das durch Rückversicherungen bei vertrauten Honoratioren flankiert wurde. Zudem waren die Neubesetzungen der Leitungsposten weitgehend fachlich begründet.

In den 1930er Jahren waren die Beziehungen zwischen den Direktoren der *Carlswerke* noch in hohem Maße durch Vertrauen und persönliche

Kenntnis geprägt. Auch dadurch konnten politische Kriterien in der betrieblichen Personalplanung nicht dominieren. Alle Direktoren der *Bleichert Transportanlagen GmbH* – Carl Zörner bestätigt als Ausnahme die Regel – hatten langjährige Karrieren in Konzernunternehmen hinter sich oder waren dem Generaldirektor des Kölner Konzerns persönlich bekannt. Personalentscheidungen in den *Carlswerken* wurden von deren Generaldirektor Friedrich Lehmann bis 1945 immer auf der Basis persönlicher Einschätzung getroffen. Dieses „Netzwerk" war mit dem Kriegsende abrupt zerrissen worden und konnte unter den veränderten Bedingungen eines sowjetischen Reparationsbetriebes nicht wieder neu entstehen. Mit der Verhaftung von Theodor Schmidt im Frühjahr 1948 zogen in die *SAG Bleichert* neue Maßstäbe der Personalpolitik ein. Willkürliche Entlassungen zerstörten zudem jeden Ansatz für längerfristige informelle Vertrauensbeziehungen. Parallel schwand der Geltungsgrad ökonomischer Kriterien. Noch in den 1930er Jahren waren betriebswirtschaftliche Maßstäbe zur Beurteilung betrieblicher Entscheidungen – wie „Rentabilität", „Umsatz" und „Gewinn" – trotz aller Markteinschränkungen noch immer von zentraler Bedeutung. Selbst im Krieg blieben diese Maßstäbe prinzipiell in Kraft, auch wenn politische Kriterien – mit dem Hinweis auf „kriegswirtschaftliche Notwendigkeit" – ein stärkeres Gewicht erhielten.

Eine erste Zäsur bildete 1946 die Umgestaltung der Bleichert-Werke in einen sowjetischen Reparationsbetrieb. Zwar wurde nicht sofort ein streng planwirtschaftliches Regiment eingeführt, die Reparationslieferungen an die UdSSR waren zu wichtig, um mit ihnen experimentieren zu können. Aber diese Vorgabe der unbedingten Erfüllung der Reparationen hatte schon eher politischen als betriebswirtschaftlichen Charakter. Ab dem Ende der vierziger Jahre wurde der Betrieb zudem nach und nach auf planwirtschaftliche Betriebsführung umgestellt. Kategorien wie „Gewinn" und „Rentabilität" wurden mit neuem, an der Planerfüllung orientiertem Sinn gefüllt. Diese neue, als „wissenschaftliche Rechnungsführung" apostrophierte sozialistische Betriebswirtschaft konnte aber an die Stelle der tradierten Rechnungsführung keine aussagekräftigen Beurteilungsmaßstäbe für den Erfolg von Betriebsführung liefern.

Mitte der 1950er Jahre war damit insofern eine qualitativ neue Situation eingetreten, in der eine willkürliche Personalpolitik und der Geltungsverlust tradierter betriebswirtschaftlicher Normen den politischen Ambitionen der SED-Funktionäre größere innerbetriebliche Spielräume verschafften. Erstmals wurde die betriebliche Entwicklung des *VEB VTA Leipzig* durch eine Institution mit weitreichenden politischen Absichten geprägt. Allerdings reichten die Ambitionen der Betriebsparteiorganisation alleine nicht aus, um die Arbeit der Werkleitung zu kontrollieren und zugleich die Belegschaft politisch zu mobilisieren. Vielmehr brauchte es Zeit, um fachliche Kenntnisse und politisches Gespür zu entwickeln.

Die aufgeführten Faktoren zusammenfassend lässt sich feststellen, dass der Grad, in dem gewachsene soziale Beziehungen funktionstüchtig blieben, in signifikanter Weise Zeitpunkt, Verlauf und Nachhaltigkeit der Politisierung betrieblicher Entscheidungen mitbestimmte. Die hohe personelle Fluktuation in der Werkdirektion des *VEB VTA Leipzig* zwischen 1958 und 1962 gefährdete nicht nur informelle Beziehungen, sondern setzte auch der Möglichkeit enge Grenzen, dass Wirtschaftsfunktionäre Lerneffekte erzielen konnten. Damit gerieten sie im Laufe der Zeit gegenüber den im Betrieb agierenden Parteifunktionären ins Hintertreffen.

3. DIE TRANSFORMATION BETRIEBLICHER INTERESSEN

Die nivellierenden Tendenzen kriegs- oder planwirtschaftlicher Maßnahmen zwangen die Direktoren der *Bleichert Transportanlagen GmbH*, der *SAG Bleichert* und des *VEB VTA Leipzig* immer wieder, die aus dem Produktionsprofil ihres Betriebes ableitbaren besonderen Interessen gegenüber außerbetrieblichen Institutionen zu artikulieren.

Während diese Artikulation innerhalb der *Felten & Guilleaume Carlswerke AG* in den ökonomisch fundierten Bahnen zwischenbetrieblicher Kommunikation stattfand, bedeutete das Fehlen von eigenständigen Interessenverbänden in beiden Diktaturen,[5] dass als Adressaten außerhalb des Konzerns und nach 1945 nur staatliche bzw. politische Institutionen in Frage kamen.

Die Bereitschaft der Direktoren, den Belangen ihres Betriebes Geltung zu verschaffen, erwächst aus einer spezifischen Verantwortlichkeit, die im Folgenden als *Betriebsbindung* gefasst wird. Unter Betriebsbindung soll die Tatsache verstanden werden, dass die Realität der betrieblichen Anforderungen den Betriebsdirektoren grundsätzlich näher blieb als die Handlungsvorgaben außerbetrieblicher Institutionen. Das betriebliche Führungspersonal besaß zwar die Möglichkeit, in einem gewissen Umfang die harten Folgen dirigistischer Maßnahmen innerbetrieblich abzumildern, indem es beispielsweise übergeordneten Stellen Ressourcen oder Informationen vorenthielt. Die in den Detailstudien beschriebenen Versuche der Interessenartikulation waren allerdings mit der Offenlegung betriebsinterner Informationen verbunden, deren Kenntnis die angesprochenen Institutionen mindestens nutzen konnten, um Anpassungsforderungen gezielter zu formulieren. Hier war von den Betriebsdirektoren weniger ökonomische Kompetenz als vielmehr politisches Geschick gefordert.

---

5 Vgl. Hans-Peter ULLMANN, Interessenverbände in Deutschland, Frankfurt am Main 1988, S. 192ff.

Das wird an der Studie über die Tätigkeit des technischen Direktors Adolf Rubin in einem Sonderausschuss des Speer-Ministeriums deutlich. Zwar zahlte sich sein Engagement für die *Bleichert Transportanlagen GmbH* in Kontingenten, wichtigen Informationen und Planungsspielräumen aus. Aber im selben Moment verknüpfte Rubin das Schicksal des Unternehmens mit der Dynamik des totalen Krieges. Um den Abzug von Arbeitskräften und Material aus den Bleichert-Werken zu verhindern, wurde das Produktionsprofil immer stärker auf die Kriegsbedürfnisse abgestimmt, und der Blick für zivile Kunden und die Nachkriegszukunft ging sukzessive verloren. Die Möglichkeit einer Interessenartikulation im totalen Krieg wurde letztlich mit der Deformierung betrieblicher Interessen bezahlt.

Bemerkenswert bleibt, dass das Speer-Ministerium gerade durch das Versprechen, politische Faktoren zurückzustellen und betrieblichen Interessen mehr Geltungsraum zu verschaffen, Einfluss auf die Wirtschaftspraxis der Bleichert-Betriebsführung gewann. Durch die Verquickung von Regime-Interessen (die zudem von der militärischen Lage immer schwieriger zu trennen waren) mit dem Bedürfnis der Betriebsleitungen nach Bestandsgarantien, Material und Informationen, gelang es, die in den Ausschüssen der „industriellen Selbstverwaltung“ tätigen Betriebsdirektoren zur Vernachlässigung elementarer Interessen ihrer eigenen Unternehmen zu bewegen.

Das zweite Beispiel verweist ebenfalls auf den komplexen Zusammenhang zwischen Artikulation und Transformation betrieblicher Interessen. Die anhaltend schwierige Versorgung der *SAG Bleichert* mit Material und Engpasskapazitäten veranlasste zu Beginn der 1950er Jahre die Werkdirektion, durch Unterstützung des Amtes für Reparationen die eigenen Sonderinteressen gegenüber Zulieferbetrieben ungemindert zur Geltung zu bringen. Auch dieses Verhalten zeitigte kurzfristig einige Erfolge, allerdings wiederum um den Preis der Vernachlässigung langfristiger Faktoren. Denn die kurzfristige Anspannung gefährdete die langfristige Versorgung, einmal erpresste Zulieferfirmen reagierten auf das ihnen nun bekannte Verfahren mit Verweigerung, und langfristige Vertrauensbeziehungen konnten nur schwer entstehen. Dass die Direktion der *SAG Bleichert* gegen das von ihr für die Zulieferbetriebe akzeptierte Verhalten ohne Erfolg intervenierte, als es sich gegen sie selbst richtete, kann als direkte Folge der Akzeptanz gewertet werden.

Das letzte Beispiel zur Interessenartikulation in Diktaturen führt in die ausdifferenzierte Parteistruktur der SED und die planwirtschaftlichen Probleme der späten 1950er und frühen 1960er Jahre. Der Versuch von Werkdirektor Walter Schuckert im Herbst 1959, dem ZK der SED seine Auffassung von den Ursachen der Planuntererfüllung des *VEB VTA Leipzig* zu unterbreiten, erwies sich letztlich als verhängnisvoll. Zu den bereits von der SED-Bezirksleitung Leipzig in den Betrieb entsandten Kontrollgruppen kam eine Brigade des ZK hinzu, wodurch der wichtige Exportbetrieb dauerhaft in das Visier übergeordneter Parteiinstanzen geriet. Die Deutungsmacht der SED in Fragen der Planwirtschaft war zu diesem Zeitpunkt bereits derart etabliert, dass die Diskussion verbotener Argumente unmöglich wurde. Ein Austarieren dieser diffizilen Lage aus ökonomischen und politischen Anforderungen gelang erst 1962: Der neue Werkdirektor Hans Frenzel war durch jahrelange Erfahrungen in Wirtschafts- *und* Parteifunktionen sowohl mit den betrieblichen Verhältnissen als auch mit den politischen Zwängen bestens vertraut. Er fand einen gangbaren Weg der Planerfüllung, der den *VEB VTA Leipzig* vor dem allzu aufmerksamen Blick parteilicher Kontrolle schützte.

So wurde schließlich die von der SED angestrebte Lockerung der Betriebsbindung zwar erreicht, aber die Kosten waren immens. Das daraus erwachsende neue Ethos des parteilich verpflichteten und fachlich versierten Funktionärs ermöglichte es mittelfristig, den *VEB VTA Leipzig* in der Planwirtschaft erfolgreich zu führen, längerfristig indes wurden funktionale Parameter der Betriebsführung systematisch vernachlässigt.

Obwohl die Betriebsbindung in allen drei Beispielen substanziell angegriffen wurde, zeigt sich, dass sich die politischen und sozialen Ursachen dieses Effekts wesentlich unterscheiden: Im Fall des Speer-Ministeriums wurde an die betrieblichen Interessen selbst appelliert, um diese zu verformen; die SAG-Direktion wurde durch die Verlockungen begehrter Engpassmaterialien zu neuen Verhaltensweisen angeregt; und schließlich wurden im letzten Fall gezielt betriebliche Beurteilungskriterien und Entscheidungslagen unterminiert, um neues Leitungspersonal mit grundsätzlich anderem Anpassungsverhalten zu etablieren.

Insbesondere die ersten beiden Formen waren auf eine gleichsam „tätige Mithilfe“, mindestens aber auf eine Bereitschaft der verantwortlichen Akteure angewiesen, um die beschriebenen Erosionseffekte zu erzielen. Und die Vernachlässigung betrieblicher Eigenheiten zeitigte nicht automatisch negative Folgen, sondern konnte innerhalb des jeweiligen Kontextes kurz- und mittelfristig sogar durchaus rational sein. Hier zeigt sich eine gemeinsame soziale Dynamik beider Diktaturen: Wenn der technische Direktor der Bleichert-Werke die Gremien des Speer-Ministeriums nutzte, um die Interessen seiner Firma durchzusetzen, so akzeptierte er faktisch jene Institutionen, die zugleich seinem eigenen Betrieb die Existenzgrundlage entzogen. Wenn sich die Direktion des SAG-Betriebes in den fünfziger Jahren dirigistischer Eingriffe der Planbehörden bei Zulieferern bediente, um Engpassprodukte geliefert zu bekommen, duldete und nutzte sie Maßnahmen, die sie für ihr eigenes Unternehmen nicht gut hieß, nun aber nicht mehr abwenden konnte. Letztlich wurden die Institutionen beider Diktaturen nicht durch lautstarke politische Akklamation, sondern durch ihre Nutzung für partikulare Interessen stabilisiert und legitimiert.

4. METHODISCHE SCHLUSSÜBERLEGUNGEN

Ein Anliegen dieser Studie besteht darin, den Nachweis zu führen, dass dem sektoralen Diktaturvergleich als neuem, zeitgeschichtlichen Forschungsansatz eine eigenständige Bedeutung zukommt. Auf den ersten Blick umfasst dieser Ansatz lediglich einen doppelt *eingeschränkten* Vergleich: Er bezieht sich nur auf eine Sonderform politischer Herrschaft und gewinnt zudem Erkenntnisse allein für gesellschaftliche Ausschnitte. Durch beide Beschränkungen scheint der sektorale Diktaturvergleich enger gefasst zu sein als beispielsweise ein Vergleich beider deutscher Staaten mit ihren Vorläufergesellschaften der Weimarer Republik und des Nationalsozialismus.[6]

Diese Wahrnehmung entspricht der von M. Rainer Lepsius geäußerten Hoffnung, dass beide deutsche Diktaturen – eine weitere Entwicklung Deutschlands nach dem Muster westlicher Demokratien vorausgesetzt – „in die deutsche Geschichte inkapsuliert" würden: Der Nationalsozialismus erscheine aus der Sicht zukünftiger Historiker „als eine grausame und verbrecherische Episode, ein ‚Ausnahmezustand' unter singulären Bedingungen", während die DDR „zur SBZ zurückschrumpfen" werde, „zu einer verlängerten Nachkriegsperiode unter sowjetischer Vormundschaft".[7] Beide Diktaturen würden dann, so Lepsius weiter, „Sonderformationen repräsentieren, die sich durch die Eigenart ihrer Ideologien und Herrschaftssysteme einer Einbeziehung in die deutsche Geschichte weitgehend entzogen" hätten.

Die Vorstellung von in der Zeit isoliert stehenden Gesellschaftsabschnitten ist allerdings für eine diktaturvergleichende Perspektive wenig hilfreich. Vielmehr stehen diffizile Kontinuitäten und Brüche im Zentrum der wissenschaftlichen Betrachtung, und selbst die extremen Gewaltverbrechen werden heute als Teil der Moderne begriffen, deren Widersprüchlichkeit und Gefährdungspotenziale mit dem Ende der großen Diktaturen keineswegs verschwunden sind.[8]

Der sektorale Diktaturvergleich als eine besondere Form des historischen Vergleichs unterscheidet sich vom allgemeinen Gesellschaftsvergleich durch seinen partiell anderen Fokus. Insbesondere treten vor allem Herrschaftsmechanismen und mit ihnen verknüpfte Destruktionspotenziale in das Blickfeld der zeitgeschichtlichen Forschung. Das bedeutet natürlich

---

6 So untersuchen etwa die Autoren in einem von Hans Günther Hockerts herausgegebenen Sammelband sozialstaatliche Entwicklungstendenzen in Deutschland von der Weimarer Republik bis in die Zeit nach dem Zweiten Weltkrieg; vgl. Hans Günther HOCKERTS (Hrsg.), Drei Wege deutscher Sozialstaatlichkeit. NS-Diktatur, Bundesrepublik und DDR im Vergleich, München 1998.

7 LEPSIUS, Plädoyer, S. 610. Hier auch das folgende Zitat.

8 Am deutlichsten führt diesen Gedankengang Zygmunt Bauman in seiner Studie über die Stellung des Holocaust in der Moderne aus; vgl. Zygmunt BAUMAN, Dialektik der Ordnung. Die Moderne und der Holocaust, Hamburg 1992.

auch eine Herausforderung an die wissenschaftliche Darstellung, die nicht in eine Wirklichkeit verzerrende „Untergangsgeschichte" abdriften darf. Aber vor allem schließt eine Fokussierung auf Gefährdungen die wichtige Frage nach den schwachen Stellen in der Gesellschaft ein, die Ansatzpunkte für die Etablierung diktatorischer Herrschaft geboten haben und – allem berechtigten Optimismus zum Trotz – weiterhin bieten können. Die Kenntnisse der Entwicklung gesellschaftlicher Teilbereiche unter den Formen extremer Herrschaftsformen ist also nie allein eine historische Kenntnis, sondern kann – bei aller gebotenen Vorsicht – das Wissen um die sozialen Bedingungen der menschlichen Existenz vertiefen.

Die Ermittlung der Gefährdungspotenziale, wie sie in dieser Studie am Beispiel eines modernen Industriebetriebs durchgeführt wurde, erweist sich als ein anspruchsvolles Unterfangen. Neben den offenkundigen, auch aus systemischer Perspektive sichtbaren Zumutungen und Zerstörungen diktatorischer Herrschaft bringen diktaturvergleichende Mikrostudien auch Gefährdungen zum Vorschein, die in der gesellschaftlichen Dynamik verankert sind. An mehreren Beispielen der Geschichte von Bleichert/VTA wurde deutlich, dass gerade die Verknüpfung politischer Absichten mit persönlichen Ambitionen die Geltung der Maßstäbe nationalsozialistischer oder kommunistischer Politik in der Praxis erhöhen konnte. Individuell bestimmte Motive wie das Bedürfnis nach sozialem Aufstieg, persönlicher Sicherheit oder nach weltanschaulicher Übereinstimmung rücken bei der Untersuchung der Etablierung und Stabilisierung diktatorischer Herrschaft stärker in den Blick.

Damit kann das Verständnis moderner Diktaturen nicht nur vertieft, sondern in Erweiterung klassischer Formen der Totalitarismustheorie entscheidend modifiziert werden. Neben die Herrschaft allein als Umsetzung ideologischer Ansprüche und deren Brechung durch die soziale Realität tritt der Aspekt der „Diktaturanfälligkeit" und der Bereitschaft von Individuen in gesellschaftlichen Teilbereichen, ihr Arbeitsfeld politisch-ideologischen Argumenten zugänglich zu machen.

Auf diese Weise werden in der Untersuchung von Diktaturen auch solche Zerstörungen berücksichtigt, die sonst angesichts großer Entwicklungslinien unbeachtet blieben. So werden erst bei genauer Betrachtung die enormen Kosten sichtbar, die der *Bleichert Transportanlagen GmbH* im Rahmen des „Rüstungswunders" oder dem *VEB VTA Leipzig* während des sozialistischen Aufbaus in den 1950er Jahren aufgebürdet wurden.

Neben den überdeutlichen materiellen Kosten waren es manchmal gerade die feinen Haarrisse in den tradierten Vorstellungen und die leisen Verschüttungen in den gewohnten Handlungsmöglichkeiten, die sich verhängnisvoll auf die betriebliche Entwicklung ausgewirkt haben. Das wird beispielsweise sichtbar, wenn ein auf kurzfristige Vorteile orientiertes Verhalten der Direktoren sich schon mittelfristig zu Ungunsten des Betriebes auswirkt. Oder wenn mühsam erreichte innerbetriebliche Balancen zwischen der Werkdirektion und der Betriebsparteileitung, die sich für eine rudimentäre Gewährleistung von Produktionsabläufen als unverzichtbar erwiesen, durch politische Kampagnen immer wieder erschüttert und nur mit hohem personellem Aufwand neu austariert werden konnten.

Bei der Untersuchung schwer aufzuspürender Zerstörungen geraten aber auch Menschen in den Blick, die sich – ohne dass hier der Begriff des Widerstands bemüht werden muss – von klaren, fachlich kompetenten Vorstellungen leiten ließen und ihre persönliche Integrität in die Waagschale warfen, um wenigstens schlimmste Auswüchse willkürlicher Ressourcenverschwendung zu verhindern. Männer wie Theodor Schmidt oder Kurt Näther haben durch ihr Verhalten zeitweise dazu beitragen können, dass trotz aller politischen und ökonomischen Widrigkeiten der ihnen anvertraute Betrieb funktionsfähig und das mit ihm verbundene technische Potenzial und das Wissenspotenzial der Mitarbeiter erhalten blieb.

Auch Hans Frenzel gehört zu diesen verantwortungsbewussten Menschen: Durch seine Fähigkeit, das parteiliche Kontrollbegehren sowohl ökonomisch als auch politisch aufzufangen, verschaffte er dem *VEB VTA Leipzig* nach harten Jahren eine ruhigere Perspektive in der DDR-Planwirtschaft. Dass damit im selben Augenblick Innovationspotenziale unwiederbringlich verloren gingen, deren Fehlen die ökonomische Entwicklung des Betriebes nachhaltig prägten, gehört zu den verhängnisvollen Widersprüchlichkeiten moderner Diktaturen.

V. ANHANG

1. ARCHIVVERZEICHNIS

In Klammern sind die im Text verwendeten Kürzel bzw. die archivarischen Bestandssiglen aufgeführt.

Sächsisches Staatsarchiv Leipzig (StAL)

- *Bleichert Transportanlagen GmbH* (BTG)
- *Sowjetische Aktiengesellschaft Bleichert* (SAG Bleichert)
- *VEB Verlade- und Transportanlagen „Paul Fröhlich"* (VTA)
- *VVB Transportausrüstungen, Förderanlagen und Krane* (TAKRAF)
- *SED-Bezirksparteiarchiv Leipzig* (BPA-Leipzig)
- *Deutsche Notenbank, Filiale Leipzig* (DN-Leipzig)

Rheinisch-Westfälisches Wirtschaftsarchiv zu Köln (RWWA)

- *Felten & Guilleaume Carlswerke AG* (11- ...)

Bundesarchiv Berlin-Lichterfelde (BA)

- *Reichswirtschaftsministerium* (31.01)
- *Ministerium für Rüstung und Kriegsproduktion* (R 3)
- *Wirtschaftsgruppe Maschinenbau* (R 13 III)
- *Staatliche Plankommission* (DE 1)
- *Hauptverwaltung 2 des Ministeriums für Maschinenbau* (DG 3 II / Stahlbau)
- *Zentrales Parteiarchiv der SED* (DY 30)
- *Nachlässe* (NY)
- *ehemaliges Berlin Document Center* (BDC)
- *personenbezogene Unterlagen des Ministeriums für Staatssicherheit* (Z)

Bundesarchiv Außenstelle Dahlwitz-Hoppegarten (BA Dahlwitz)

- *Amt für Reparationen / Verschlusssachenstelle* (DC 2)
- *Ministerium für Maschinenbau* (DG 3)
- *Volkswirtschaftsrat der DDR* (DE 4)

Landeshauptarchiv Magdeburg (LHAM)

- *A. W. Mackensen, Maschinenfabrik und Eisengießerei GmbH, Magdeburg* (Rep. I 32)

Grundsätzlich wird bei Quellenbelegen die Paginierung angegeben (Bl.). Wenn in den Fußnoten eine Blattnummerierung fehlt, handelt es sich in der Regel um unpaginierte Akteneinheiten.

2. BIBLIOGRAFIE

2.1. Zeitungen

BERLINER ZEITUNG (BZ), Jg. 1960.

LEIPZIGER VOLKSZEITUNG (LVZ), Jg. 1956, 1957, 1958 und 1960.

MITTEILUNGSBLATT DER BETRIEBSSPORTGEMEINSCHAFT BLEICHERT, Jg. 1938.

NEUES DEUTSCHLAND (ND), Jg. 1957.

2.2. Publikationen (Monografien und Aufsätze)

AMBROSIUS, Gerold: Staat und Wirtschaft im 20. Jahrhundert. Enzyklopädie deutscher Geschichte, Bd. 7, München 1990.

— / PETZINA, Dietmar / PLUMPE, Werner (Hrsg.): Moderne Wirtschaftsgeschichte. Eine Einführung für Historiker und Ökonomen, München 1996.

ARBOGAST, Christine: Herrschaftsinstanzen der württembergischen NSDAP. Funktion, Sozialprofil und Lebenswege einer regionalen NS-Elite 1920-1960, München 1998.

AUGUSTINE, Dolores L.: Frustrierte Technokraten. Zur Sozialgeschichte des Ingenieurberufs in der Ulbricht-Ära, in: Richard BESSEL / Ralph JESSEN (Hrsg.), Die Grenzen der Diktatur. Staat und Gesellschaft in der DDR, Göttingen 1996, S. 49-75.

BAAR, Lothar: Zur ökonomischen Strategie und Investitionsentwicklung in der Industrie der DDR in den fünfziger und sechziger Jahren, in: Jahrbuch für Wirtschaftsgeschichte 1983, Bd. II, S. 9-31.

— / KARLSCH, Rainer / MATSCHKE, Werner: Kriegsschäden, Demontagen und Reparationen [der SBZ/DDR], in: Deutscher Bundestag (Hrsg.), Materialien der Enquete-Kommission „Aufarbeitung von Geschichte und Folgen der SED-Diktatur in Deutschland" (12. Wahlperiode des Deutschen Bundestages), Bd. II, Baden-Baden 1995, S. 868-988.

BARTH, Ernst: Entwicklungslinien der deutschen Maschinenbauindustrie von 1870 bis 1914. Berlin (Ost) 1973.

BARTHEL, Horst: Die wirtschaftlichen Ausgangsbedingungen der DDR. Zur Wirtschaftsentwicklung auf dem Gebiet der DDR 1945-1949/50, Berlin (Ost) 1979.

BAUERKÄMPER, Arnd: Kaderdiktatur und Kadergesellschaft. Politische Herrschaft, Milieubindungen und Wertetraditionalismus im Elitenwechsel in der SBZ/DDR von 1945 bis zu den sechziger Jahren, in: Peter HÜBNER (Hrsg.), Eliten im Sozialismus. Beiträge zur Sozialgeschichte der DDR, Köln u.a. 1999, S. 37-65.

BAUMAN, Zygmunt: Dialektik der Ordnung. Die Moderne und der Holocaust, Hamburg 1992.

BERGHAHN, Volker: Unternehmer und Politik in der Bundesrepublik. Frankfurt am Main 1985.

BERGHOFF, Hartmut / RAUH-KÜHNE, Cornelia: Fritz K. Ein deutsches Leben im zwanzigsten Jahrhundert, Stuttgart u.a. 2000.

BESSEL, Richard / JESSEN, Ralph (Hrsg.): Die Grenzen der Diktatur. Staat und Gesellschaft in der DDR, Göttingen 1996.

BEYER, Heinz / KANZIG, Helga: Die Genesis des neuen ökonomischen Systems in der Zeit vom VI. Parteitag der SED bis zur Wirtschaftskonferenz, in: Wirtschaftswissenschaft 17, 1969, S. 1761-1784.

BLAICH, Fritz: Die bayerische Industrie 1933-1939. Elemente von Gleichschaltung, Konformismus und Selbstbehauptung, in: Martin BROSZAT / Elke FRÖHLICH (Hrsg.), Bayern in der NS-Zeit. Bd. II, München / Wien 1979, S. 237-280.

—: Wirtschaft und Rüstung im „Dritten Reich". Düsseldorf 1987.

—: Der Schwarze Freitag. Inflation und Weltwirtschaftskrise, München ^{2}1994.

BOELCKE, Willi A.: Die deutsche Wirtschaft 1930-1945. Interna des Reichswirtschaftsministeriums, Düsseldorf 1983.

BORUSIAK, Lieselotte / HÖHNEL, Gertrud: Chronik der Stadt Leipzig. 1945-1946 (Teil 1). Leipzig ^{2}1971.

BOYER, Christoph: „Die Kader entscheiden alles ...". Kaderpolitik und Kaderentwicklung der SBZ und der frühen DDR (1945-1952), Dresden 1996.

BRAMKE, Werner / HEß, Ulrich (Hrsg.): Sachsen und Mitteldeutschland. Politische, wirtschaftliche und soziale Wandlungen im 20. Jahrhundert, Köln / Weimar 1995.

—: Wirtschaft und Gesellschaft in Sachsen im 20. Jahrhundert. Leipzig 1998.

BRÄUTIGAM, Petra: Mittelständische Unternehmer im Nationalsozialismus. Wirtschaftliche Entwicklungen und soziale Verhaltensweisen in der Schuh- und Lederindustrie Badens und Württembergs, München 1997.

BRESS, Ludwig / HENSEL, Karl Paul (Hrsg.): Wirtschaftssysteme des Sozialismus – Plan oder Markt? Frankfurt am Main 1972.

BROCKHAUS der Naturwissenschaften und der Technik (ohne Autorenangabe). Wiesbaden 1958.

BROSZAT, Martin / FRÖHLICH, Elke (Hrsg.): Bayern in der NS-Zeit. VI Bde., München / Wien 1979.

BROSZAT, Martin: Plädoyer für Alltagsgeschichte: Eine Replik auf Jürgen Kocka, in: Martin BROSZAT, Nach Hitler. Der schwierige Umgang mit unserer Geschichte, München 1988, S. 194-200.

— / HENKE, Klaus-Dietmar / WOLLER, Hans (Hrsg.): Von Stalingrad zur Währungsreform. Zur Sozialgeschichte des Umbruchs in Deutschland, München 1988.

— / WEBER, Hermann (Hrsg.): SBZ-Handbuch. Staatliche Verwaltungen, Parteien, gesellschaftliche Organisationen und ihre Führungskräfte in der Sowjetischen Besatzungszone Deutschlands 1945-1949, München ²1993.

BRUS, Włodzimierz: Funktionsprobleme der sozialistischen Wirtschaft. Frankfurt am Main 1971.

BUCHHEIM, Christoph (Hrsg.): Wirtschaftliche Folgelasten des Krieges in der SBZ/DDR. Baden-Baden 1995.

—: Die Wirtschaftsordnung als Barriere des gesamtwirtschaftlichen Wachstums in der DDR, in: Vierteljahrschrift für Sozial- und Wirtschaftsgeschichte 82. Bd., 1995, S. 194-210.

—: Kriegsschäden, Demontagen und Reparationen. Deutschland nach dem Zweiten Weltkrieg, in: Deutscher Bundestag (Hrsg.), Materialien der Enquete-Kommission „Aufarbeitung von Geschichte und Folgen der SED-Diktatur in Deutschland" (12. Wahlperiode des Deutschen Bundestages), Bd. II, Baden-Baden 1995, S. 1030-1069.

—: Die Wirtschaftsentwicklung im Dritten Reich – mehr Desaster als Wunder, in: Vierteljahrshefte für Zeitgeschichte 49 (2001), S. 653-664.

BUCHTERKIRCHEN, Sonja: Zur Entwicklung der Aktivisten- und Wettbewerbsbewegung in Leipziger SAG-Betrieben (1946-1950), in: Klaus SOHL (Hrsg.): Leipzig. Aus Vergangenheit und Gegenwart, Leipzig 1986, S. 55-69.

BUCK, Hannsjörg F.: Formen, Instrumente und Methoden zur Verdrängung, Einbeziehung und Liquidierung der Privatwirtschaft in der SBZ/DDR, in: Deutscher Bundestag (Hrsg.), Materialien der Enquete-Kommission „Aufarbeitung von Geschichte und Folgen der SED-Diktatur in Deutschland" (12. Wahlperiode des Deutschen Bundestages), Bd. II, Baden-Baden 1995, S. 1070-1213.

BUDRAß, Lutz: Flugzeugindustrie und Luftrüstung in Deutschland 1918-1945. Düsseldorf 1998.

BÜHRER, Werner: Neuere Forschungen zur deutschen Wirtschafts- und Unternehmensgeschichte der ersten Hälfte des 20. Jahrhunderts, in: Neue Politische Literatur 44, 1999, S. 25-39.

COLEMAN, James S.: Grundlagen der Sozialtheorie. 3 Bde. München / Wien 1995.

CZOK, Karl (Hrsg.): Geschichte Sachsens. Weimar 1989.

DAMUS, Renate: Entscheidungsstrukturen und Funktionsprobleme in der DDR-Wirtschaft. Frankfurt am Main 1973.

DASCHER, Ottfried: Probleme der Konzernorganisation, in: MOMMSEN, Hans / PETZINA, Dietmar / WEISBROD, Bernd (Hrsg.): Industrielles System und politische Entwicklung in der Weimarer Republik. Düsseldorf / Kronberg ²1977, Bd. 1, S. 127-135.

DEIST, Wilhelm u.a.: Ursachen und Voraussetzungen des Zweiten Weltkrieges. Frankfurt am Main 1995.

Der Vierjahresplan. Zeitschrift für nationalsozialistische Wirtschaftspolitik, Berlin 1937ff.

Deutscher Bundestag (Hrsg.): Materialien der Enquete-Kommission „Aufarbeitung von Geschichte und Folgen der SED-Diktatur in Deutschland“ (12. Wahlperiode des Deutschen Bundestages). IX Bde., Baden-Baden 1995.

DIETERICH, Gustav: Die Erfindung der Drahtseilbahnen. Eine Studie aus der Entwicklungsgeschichte des Ingenieurwesens, Leipzig 1908.

DURCH SOZIALISTISCHE GEMEINSCHAFTSARBEIT zum wissenschaftlich-technischen Höchststand im Maschinenbau und in der Metallurgie. 9. Tagung des ZK der SED, 20. bis 23. Juli 1960, Berlin (Ost) 1960.

EICHHOLTZ, Dietrich / SCHUMANN, Wolfgang (Hrsg.): Anatomie des Krieges. Neue Dokumente über die Rolle des deutschen Monopolkapitals bei der Vorbereitung und Durchführung des zweiten Weltkrieges, Berlin (Ost) 1969.

EICHHOLTZ, Dietrich: Geschichte der deutschen Kriegswirtschaft. Bd. 1, 1939-1941, Berlin (Ost) 1969.

—: Geschichte der deutschen Kriegswirtschaft. Bd. 2, 1941-1943, Berlin (Ost) 1985.

EICHHORN, Silvia: Gesellschaftliche Widersprüche in der Schwerindustrie im Raum Leipzig 1924-1928. Unveröffentlichte Diplomarbeit, Leipzig 1982.

ENZYKLOPÄDIE der DDR. Personen, Institutionen und Strukturen in Politik, Wirtschaft, Justiz Wissenschaft und Kultur, elektronischer Datenträger (CD-ROM), Berlin 2000.

ERKER, Paul: Industrie-Eliten in der NS-Zeit. Anpassungsbereitschaft und Eigeninteresse von Unternehmern in der Rüstungs- und Kriegswirtschaft 1936-1945, Passau 1993.

— / PIERENKEMPER, Toni (Hrsg.): Deutsche Unternehmer zwischen Kriegswirtschaft und Wiederaufbau. Studien zur Erfahrungsbildung von Industrie-Eliten, München 1999.

ERLEI, Mathias / LESCHKE, Martin / SAUERLAND, Dirk: Neue Institutionenökonomik. Stuttgart 1999.

FELDENKIRCHEN, Wilfried: Fernostgeschäfte der Felten & Guilleaume Carlswerk AG bis zum Beginn des Zweiten Weltkrieges, in: Zeitschrift für Unternehmensgeschichte 22, 1977, S. 91-108 u. 161-182.

—: Die deutsche Wirtschaft im 20. Jahrhundert. Enzyklopädie deutscher Geschichte Bd. 47. München 1998.

FISCHER, Karl: Betriebsanalyse in der volkseigenen Industrie. Berlin (Ost) ^{6}1972.

FOITZIK, Jan: Sowjetische Militäradministration in Deutschland (SMAD) 1945-1949. Berlin 1999.

FÖRSTER, Wolfgang: Rechnungswesen und Wirtschaftsordnung. Ein Beitrag zur Diagnose der Zentralverwaltungswirtschaft sowjetischen Typs und ihrer Reformen aus betriebswirtschaftlicher Sicht, Berlin (West) 1967.

—: Betriebswirtschaftliche Aspekte der Wirtschaftsentwicklung in Mitteldeutschland, in: Friedrich LENZ (Hrsg.): Beiträge zur Wirtschafts- und Gesellschaftsgestaltung. Festschrift für Bruno Gleitze, Berlin (West) 1968, S. 491-501.

FRANK, Mario: Walter Ulbricht. Eine deutsche Biografie, Berlin 2001.

FRESE, Matthias: Betriebspolitik im „Dritten Reich“. Deutsche Arbeitsfront, Unternehmer und Staatsbürokratie in der westdeutschen Großindustrie 1933-1939, Paderborn 1991.

FRIEDRICH, Wolfgang-Uwe: Kaderpolitik als totalitäres Herrschaftsinstrument. Das Nomenklatursystem in der DDR, in: Günther HEYDEMANN / Eckhard JESSE (Hrsg.), Diktaturvergleich als Herausforderung. Theorie und Praxis, Berlin 1998, S. 169-185.

FÜR DEN AUFSCHWUNG der sozialistischen Wirtschaft in der DDR. Aus dem Referat und dem Schlusswort des Genossen Walter Ulbricht, aus den Diskussionsreden und dem Beschluss des V. Parteitages der SED, Berlin (Ost) 1958.

GEHRIG, Astrid: Nationalsozialistische Rüstungspolitik und unternehmerischer Entscheidungsspielraum. Vergleichende Fallstudien zur württembergischen Maschinenbauindustrie, München 1996.

GEISS, Imanuel: Die Totalitarismen unseres Jahrhunderts. Kommunismus und Nationalsozialismus im historisch-politischen Vergleich, in: Eckhard JESSE (Hrsg.), Totalitarismus im 20. Jahrhundert. Eine Bilanz der internationalen Forschung, Bonn 1996, S. 160-175.

GERLACH, Siegfried: Sachsen. Eine politische Landeskunde, Stuttgart u.a. 1994.

GESCHICHTE der Sozialistischen Einheitspartei Deutschlands. Abriss, Berlin (Ost) 1978.

GLEITZE, Bruno: Sowjetzonenwirtschaft in der Krise, in: Mitteilungen des Wirtschaftswissenschaftlichen Instituts der Gewerkschaften 14, 1961, S. 201-247.

—: Die Industrie der Sowjetzone unter dem gescheiterten Siebenjahrplan. Wirtschaft und Gesellschaft in Mitteldeutschland Bd. 2, hrsg. vom Forschungsbeirat für Fragen der Wiedervereinigung Deutschlands beim Bundesminister für gesamtdeutsche Fragen, Berlin (West) 1964.

GRAUL, Andreas: Zur Entwicklung des Bankwesens in Sachsen im Stadium des monopolistischen Kapitalismus (1914-1933). Dissertation A, Leipzig 1984.

GREGOR, Neil: Stern und Hakenkreuz. Daimler-Benz im Dritten Reich, Berlin 1997.

GRUCHMANN, Lothar: Der Zweite Weltkrieg. Kriegführung und Politik, München [10]1995.

GUTMANN, Gernot / MAMPEL, Siegfried (Hrsg.): Probleme systemvergleichender Betrachtung. Berlin (West) 1986.

— / KLEIN, Werner: Herausbildungs- und Entwicklungsphasen der Planungs-, Lenkungs- und Kontrollmechanismen im Wirtschaftssystem [der SBZ/DDR], in: Deutscher Bundestag (Hrsg.), Materialien der Enquete-Kommission „Aufarbeitung von Geschichte und Folgen der SED-Diktatur in Deutschland“ (12. Wahlperiode des Deutschen Bundestages), Bd. II, Baden-Baden 1995, S. 1579-1647.

— / BUCK, Hannsjörg F.: Die Zentralplanwirtschaft der DDR – Funktionsweise, Funktionsschwächen und Konkursbilanz, in: Eberhard KUHRT (Hrsg.): Die wirtschaftliche und ökologische Situation der DDR in den achtziger Jahren. Opladen 1996, S. 7-51.

HAACK, Hanna: Aufsteiger in der Neptunwerft: Mobilität im Industriesystem der SBZ/DDR bis 1960, in: Geschichte und Gesellschaft 27, 2001, S. 424-443.

HACKENBERG, Gerd R.: Wirtschaftlicher Wiederaufbau in Sachsen 1945-1949/50. Köln / Weimar 2000.

HALDER, Winfrid: „Modell für Deutschland“. Wirtschaftspolitik in Sachsen 1945-1948, Paderborn 2001.

HAMEL, Hannelore: Das sowjetische Herrschaftsprinzip des demokratischen Sozialismus in der Wirtschaftsordnung Mitteldeutschlands. Wirtschaft und Gesellschaft in Mitteldeutschland Bd. 5, hrsg. vom Forschungsbeirat für Fragen der Wiedervereinigung Deutschlands beim Bundesminister für gesamtdeutsche Fragen, Berlin (West) 1966.

— (Hrsg.): Bundesrepublik Deutschland – DDR. Die Wirtschaftssysteme. Soziale Marktwirtschaft und Sozialistische Planwirtschaft im Systemvergleich. München [4]1983.

HANDBUCH der deutschen Aktiengesellschaften (Hoppenstedt). Berlin / Leipzig 1941ff.

HARDACH, Karl: Wirtschaftsgeschichte Deutschlands im 20. Jahrhundert. Göttingen [2]1979.

HARRISON, Mark: Resource mobilization for World War II: the U.S.A., U.K., U.S.S.R. and Germany, 1938-1945, in: Economic History Review XLI, 1988, S. 171-192.

HEIDENREICH, Martin: Zur Doppelstruktur planwirtschaftlichen Handelns in der DDR, in: Zeitschrift für Soziologie 20, 1991, S. 411-429.

HEIMANN, Christian: Systembedingte Ursachen des Niedergangs der DDR-Wirtschaft. Das Beispiel der Textil- und Bekleidungsindustrie 1945-1989, Frankfurt am Main u.a. 1997.

HERBST, Andreas / STEPHAN, Gerd-Rüdiger / WINKLER, Jürgen (Hrsg.): Die SED. Geschichte – Organisation – Politik. Ein Handbuch, Berlin 1997.

HERBST, Ludolf: Das nationalsozialistische Deutschland 1933-1945. Die Entfesselung der Gewalt: Rassismus und Krieg, Frankfurt am Main 1996.

—: Der Krieg und die Unternehmensstrategie deutscher Industrie-Konzerne in der Zwischenkriegszeit, in: Martin BROSZAT / Klaus SCHWABE (Hrsg.): Die deutschen Eliten und der Weg in den Zweiten Weltkrieg. München 1989, S. 72-134.

—: Der Totale Krieg und die Ordnung der Wirtschaft. Die Kriegswirtschaft im Spannungsfeld von Politik, Ideologie und Propaganda 1939-1945, Stuttgart 1982.

HEß, Ulrich: Rüstungs- und Kriegswirtschaft in Sachsen (1935-1945), in: Werner BRAMKE / Ulrich HEß (Hrsg.), Sachsen und Mitteldeutschland. Politische, wirtschaftliche und soziale Wandlungen im 20. Jahrhundert, Köln / Weimar 1995, S. 73-91.

— u.a. (Hrsg.): Unternehmer in Sachsen. Aufstieg – Krise – Untergang – Neubeginn. Leipzig 1998.

—: Sachsens Industrie in der Zeit des Nationalsozialismus. Ausgangspunkte, struktureller Wandel, Bilanz, in: Werner BRAMKE / Ulrich HEß (Hrsg.), Wirtschaft und Gesellschaft in Sachsen im 20. Jahrhundert, Leipzig 1998, S. 53-88.

HETZER, Gerhard: Unternehmer und leitende Angestellte zwischen Rüstungseinsatz und politischer Säuberung, in: Martin BROSZAT / Klaus-Dietmar HENKE / Hans WOLLER (Hrsg.), Von Stalingrad zur Währungsreform. Zur Sozialgeschichte des Umbruchs in Deutschland, München 1988, S. 551-591.

HEYDEMANN, Günther / BECKMANN, Christopher: Zwei Diktaturen in Deutschland. Möglichkeiten und Grenzen des historischen Diktaturvergleichs, in: Deutschland-Archiv 30, 1997, S. 12-40.

— / JESSE, Eckhard (Hrsg.): Diktaturvergleich als Herausforderung. Theorie und Praxis. Berlin 1998.

HEYDEMANN, Günther: Integraler und sektoraler Vergleich. Zur Methodologie der empirischen Diktaturvergleich, in: Günther HEYDEMANN / Eckhard JESSE (Hrsg.), Diktaturvergleich als Herausforderung. Theorie und Praxis, Berlin 1998, S. 227-233.

— / OBERREUTER, Heinrich (Hrsg.): Diktaturen in Deutschland – Vergleichsaspekte. Bonn 2003.

HEYDICK, Lutz: Leipzig. Historischer Führer zu Stadt und Land, Leipzig u.a. 1990.

HILDERMEIER, Manfred: Die Russische Revolution 1905-1921. Frankfurt am Main 1989.

—: Geschichte der Sowjetunion 1917-1991. Entstehung und Niedergang des ersten sozialistischen Staates. München 1998.

HOCKERTS, Hans Günther (Hrsg.): Drei Wege deutscher Sozialstaatlichkeit. NS-Diktatur, Bundesrepublik und DDR im Vergleich, München 1998.

HOFFMANN, Dierk / SCHWARTZ, Michael / WENTKER, Hermann (Hrsg.): Vor dem Mauerbau. Politik und Gesellschaft in der DDR der fünfziger Jahre, München 2003.

HÖTZEL, Manfred / KRIEG, Stefan W. (Hrsg.): Adolf Bleichert und sein Werk. Unternehmerbiografie, Industriearchitektur, Firmengeschichte, Beucha 2002.

HÖTZEL, Manfred: Biographisches zu Adolf Bleichert, in: Manfred HÖTZEL / Stefan W. KRIEG (Hrsg.), Adolf Bleichert und sein Werk. Unternehmerbiografie, Industriearchitektur, Firmengeschichte, Beucha 2002, S. 17-52.

HÜBNER, Peter: Industrielle Manager in der SBZ/DDR. Sozial- und mentalitätengeschichtliche Aspekte, in: Geschichte und Gesellschaft 24, 1998, S. 55-80.

— (Hrsg.): Eliten im Sozialismus. Beiträge zur Sozialgeschichte der DDR, Köln u.a. 1999.

— / TENFELDE, Klaus (Hrsg.): Arbeiter in der SBZ-DDR. Essen 1999.

HÜBNER, Peter: Diktatur und Betrieb in der frühen DDR (1949-1961), in: Dierk HOFFMANN / Michael SCHWARTZ / Hermann WENTKER (Hrsg.), Vor dem Mauerbau. Politik und Gesellschaft in der DDR der fünfziger Jahre. München 2003, S. 119-135.

HÜRTGEN, Renate / REICHEL, Thomas (Hrsg.): Der Schein der Stabilität. DDR-Betriebsalltag in der Ära Honecker, Berlin 2001.

INDUSTRIE und Technik in der Deutschen Demokratischen Republik 1945 bis 1955. Berlin (Ost) 1960.

JAEGER, Hans: Geschichte der Wirtschaftsordnung in Deutschland. Frankfurt am Main 1988.

JAMES, Harold: Deutschland in der Weltwirtschaftskrise 1924-1936. Stuttgart 1988.

JANSSEN, Gregor: Das Ministerium Speer. Deutschlands Rüstung im Krieg, Berlin u.a. 1968.

JESSE, Eckhard (Hrsg.): Totalitarismus im 20. Jahrhundert. Eine Bilanz der internationalen Forschung, Bonn 1996.

JESSEN, Ralph: Die Gesellschaft im Staatssozialismus. Probleme einer Sozialgeschichte der DDR, in: Geschichte und Gesellschaft 21, 1995, S. 96-110.

KAELBLE, Hartmut / KOCKA, Jürgen / ZWAHR, Hartmut (Hrsg.): Sozialgeschichte der DDR. Stuttgart 1994.

KAELBLE, Hartmut: Der historische Vergleich. Eine Einführung zum 19. und 20. Jahrhundert. Frankfurt am Main 1999.

KAISER, Monika: Machtwechsel von Ulbricht zu Honecker. Funktionsmechanismen der SED-Diktatur in Konfliktsituationen 1962 bis 1972, Berlin 1997.

KARLSCH, Rainer: Die Garantie- und Kreditbank AG – Hausbank der Besatzungsmacht in der SBZ/DDR von 1946 bis 1956, in: Bankhistorisches Archiv 18, 1992, S. 69-82.

—: Allein bezahlt? Die Reparationsleistungen der SBZ/DDR 1945-1953. Berlin 1993.

— / BÄHR, Johannes: Die Sowjetischen Aktiengesellschaften (SAG) in der SBZ/DDR, in: LAUSCHKE, Mikropolitik, S. 214-255.

KARLSCH, Rainer: Kriegszerstörungen und Reparationslasten, in: VOLKMANN, Hans-Erich (Hrsg.): Ende des Dritten Reiches – Ende des Zweiten Weltkriegs. Eine perspektivische Rückschau. München 1995, S. 525-556.

—: Umfang und Struktur der Reparationsentnahmen aus der SBZ/DDR 1945-1953. Stand und Probleme der Forschung, in: BUCHHEIM, Folgelasten, S. 45-78.

—: Rekonstruktion und Strukturwandel in der sächsischen Industrie von 1945 bis Anfang der sechziger Jahre, in: BRAMKE, Wirtschaft, S. 89-132.

KIELMANSEGG, Peter Graf: Krise des Totalitarismus? In: Eckhard JESSE (Hrsg.), Totalitarismus im 20. Jahrhundert. Eine Bilanz der internationalen Forschung, Bonn 1996, S. 286-304.

KIRCHGÄSSNER, Gebhard: Homo Oeconomicus. Das ökonomische Modell individuellen Verhaltens und seine Anwendung in den Wirtschafts- und Sozialwissenschaften, Tübingen 1991.

KLANK, Gina / GRIEBSCH, Gernot: Lexikon Leipziger Straßennamen. Hrsg. vom Stadtarchiv Leipzig, Leipzig 1995.

KOCKA, Jürgen: Unternehmer in der deutschen Industrialisierung. Göttingen 1975.

KOEHLER, C.W.: Adolf Bleichert & Co. Leipzig. Rückblick und Umschau aus Anlass des 50-jährigen Bestehens am 1. Juli 1924, Leipzig 1924.

KOPPELMANN, Günter: Zur Bedeutung der SAG-Betriebe für die Formierung und das Wachstum der Arbeiterklasse in der DDR in den ersten Jahren der antifaschistisch-demokratischen Umwälzung, in: Ernstgert KALBE (Hrsg.): Der rote Oktober und der Übergang vom Kapitalismus zum Sozialismus. Leipzig 1977, S. 362-376.

KORNAI, János: Das sozialistische System. Die politische Ökonomie des Kommunismus, Baden-Baden 1995.

KRATZSCH, Gerhard: Der Gauwirtschaftsapparat der NSDAP. Menschenführung, „Arisierung", Wehrwirtschaft im Gau Westfalen-Süd, Münster 1989.

KÜHNE, Lutz: Die Wirtschaftspolitik der SED zur Vorbereitung der zentralen Wirtschaftsplanung (Anfang bis Mitte 1948), in: Jahrbuch für Wirtschaftsgeschichte 1978, Bd. III, S. 9-30.

KUNSEMÜLLER, Johannes (Hrsg.): Meyers Handbuch über die Technik. Mannheim 1964.

KÜPPER, Willi / ORTMANN, Günther (Hrsg.): Mikropolitik. Rationalität, Macht und Spiele in Organisationen, Opladen [2]1992.

LAUSCHKE, Karl / WELSKOPP, Thomas (Hrsg.): Mikropolitik im Unternehmen. Arbeitsbeziehungen und Machtstrukturen in industriellen Großbetrieben des 20. Jahrhunderts, Essen 1994.

LEIPOLD, Helmut: Wirtschafts- und Gesellschaftssysteme im Vergleich. Stuttgart ³1981.

Leipziger Wirtschaftshandbuch. Hrsg. von der Industrie- und Handelskammer Leipzig, 3 Bde., Leipzig 1930.

LEMKE, Michael: Die Berlinkrise 1958 bis 1963. Interessen und Handlungsspielräume der SED im Ost-West-Konflikt, Berlin 1995.

LENIN, Wladimir I.: Die nächsten Aufgaben der Sowjetmacht. Berlin (Ost) 1985.

LEPSIUS, M. Rainer: Die Institutionenordnung als Rahmenbedingung der Sozialgeschichte der DDR, in: Hartmut KAELBLE / Jürgen KOCKA / Hartmut ZWAHR (Hrsg.), Sozialgeschichte der DDR, Stuttgart 1994, S. 17-30.

LEPSIUS, M. Rainer: Plädoyer für eine Soziologisierung der beiden deutschen Diktaturen, in: Christian JANSEN / Lutz NIETHAMMER / Bernd WEISBROD (Hrsg.): Von der Aufgabe der Freiheit. Politische Verantwortung und bürgerliche Gesellschaft im 19. und 20. Jahrhundert. Festschrift für Hans Mommsen. Berlin 1995, S. 609-615.

LEPTIN, Gert: Deutsche Wirtschaft nach 1945. Opladen 1980.

LEUCHT, Günter: Die Geschichte der Seifert-Methode. Berlin (Ost) 1967.

LEUSCHNER, Bruno: Ökonomie und Klassenkampf. Ausgewählte Reden und Aufsätze 1945-1965, Berlin (Ost) 1984.

LORENTZ, Bernhard: Industrieelite und Wirtschaftspolitik 1928-1950. Heinrich Dräger und das Drägerwerk, Paderborn 2001.

LORENZ, Richard: Sozialgeschichte der Sowjetunion 1. 1917-1945, Frankfurt am Main 1976.

MALYCHA, Andreas: Die SED. Geschichte ihrer Stalinisierung 1946-1953, Paderborn 2000.

MERCER, Helen: Constructing a competitive order. The hidden history of British antitrust policies, Cambridge 1995.

MEUSCHEL, Sigrid: Überlegungen zu einer Herrschafts- und Gesellschaftsgeschichte der DDR, in: Geschichte und Gesellschaft 19, 1993, S. 5-14.

MEYER, August: Hitlers Holding. Die Reichswerke „Hermann Göring", München u.a. ²1999.

Militärgeschichtliches Forschungsamt (Hrsg.): Das Deutsche Reich und der Zweite Weltkrieg. 10 Bde. Stuttgart 1979ff.

MILWARD, Alan S.: Die deutsche Kriegswirtschaft 1939-1945. Stuttgart 1966.

—: Der Zweite Weltkrieg. Krieg, Wirtschaft und Gesellschaft 1939-1945, Geschichte der Weltwirtschaft im 20. Jahrhundert Bd. 5, München 1977.

MINSSEN, Heiner: Der soziale Prozess betrieblichen Wandels, in: Karl LAUSCHKE / Thomas WELSKOPP (Hrsg.), Mikropolitik im Unternehmen. Arbeitsbeziehungen und Machtstrukturen in industriellen Großbetrieben des 20. Jahrhunderts, Essen 1994, S. 16-47.

MÖLLER, Horst / WENGST, Udo (Hrsg.), Einführung in die Zeitgeschichte. München 2003.

MOLLIN, Gerhard Th.: Montankonzerne und „Drittes Reich". Der Gegensatz zwischen Monopolindustrie und Befehlswirtschaft in der deutschen Rüstung und Expansion 1936-1944, Göttingen 1988.

MÜHLFRIEDEL, Wolfgang / WIEGAND, Klaus: Die SMAD und die industrielle Entwicklung in den Jahren der antifaschistisch-demokratischen Umwälzung, in: Jahrbuch für Geschichte 20, Berlin (Ost) 1979, S. 79-110.

MÜHLFRIEDEL, Wolfgang: SAG-Betriebe – Schulen des Sozialismus. Eine Skizze der historischen Entwicklung des staatlichen sowjetischen Eigentums an industriellen Produktionsmitteln in der sowjetischen Besatzungszone und in der Deutschen Demokratischen Republik, in: Jahrbuch für Wirtschaftsgeschichte 1980, Bd. IV, S. 159-186.

—: Die Wirtschaftsplanung in der sowjetischen Besatzungszone von den Anfängen bis zur Bildung der Deutschen Wirtschaftskommission, in: Jahrbuch für Wirtschaftsgeschichte 1985, Bd. II, S. 9-30.

—: Der Wirtschaftsplan 1948. Der erste Versuch eines einheitlichen Planes der Deutschen Wirtschaftskommission zur ökonomischen Entwicklung der sowjetischen Besatzungszone, in: Jahrbuch für Wirtschaftsgeschichte 1985, Bd. III, S. 9-26.

—: Der Produktionsplan der Deutschen Wirtschaftskommission für das zweite Halbjahr 1948, in: Jahrbuch für Wirtschaftsgeschichte 1987, Bd. I, S. 31-59.

— / WIEßNER, Klaus: Die Geschichte der Industrie der DDR bis 1965. Berlin (Ost) 1989.

MÜHLFRIEDEL, Wolfgang: Herausbildung und Entwicklungsphasen des „Volkseigentums", in: Deutscher Bundestag (Hrsg.), Materialien der Enquete-Kommission „Aufarbeitung von Geschichte und Folgen der SED-Diktatur in Deutschland" (12. Wahlperiode des Deutschen Bundestages), Bd. III, Baden-Baden 1995, S. 2218-2286.

MÜLLER, Hans / REIßIG, Karl: Wirtschaftswunder DDR. Ein Beitrag zur Geschichte der ökonomischen Politik der SED, Berlin (Ost) 1968.

MÜLLER, Rolf-Dieter: Die Mobilisierung der deutschen Wirtschaft für Hitlers Kriegsführung, in: Militärgeschichtliches Forschungsamt (Hrsg.), Das Deutsche Reich und der Zweite Weltkrieg, Bd. 5/1, Organisation und Mobilisierung des deutschen Machtbereichs 1939-1941, Stuttgart 1988, S. 347-689.

—: Albert Speer und die Rüstungspolitik im totalen Krieg, in: Militärgeschichtliches Forschungsamt (Hrsg.), Das Deutsche Reich und der Zweite Weltkrieg, Bd. 5/2, Organisation und Mobilisierung des deutschen Machtbereichs 1942-1944/45, Stuttgart 1999, S. 273-773.

—: Der Manager der Kriegswirtschaft. Hans Kehrl – ein Unternehmer in der Politik des Dritten Reiches, Essen 1999.

MÜLLER-ENBERGS, Helmut u.a. (Hrsg.): Wer war wer in der DDR? Ein biographisches Lexikon, Bonn 2000.

MÜNCH, Hans: Zur Entwicklung der internationalen sozialistischen Arbeitsteilung zwischen den RGW-Ländern im Werkzeugmaschinenbau (1956-1962), in: Jahrbuch für Geschichte 20, Berlin (Ost) 1979, S. 245-268.

NAIMARK, Norman M.: Die Russen in Deutschland. Die sowjetische Besatzungszone 1945 bis 1949, Berlin 1997.

NUSSBAUM, Manfred: Wirtschaft und Staat in Deutschland während der Weimarer Republik. Wirtschaft und Staat in Deutschland Bd. 2, Berlin (Ost) 1978.

OEHME, Ursula (Hrsg.): Alltag in Ruinen. Leipzig 1945-1949, Begleitbuch zur Ausstellung des Stadtgeschichtlichen Museums Leipzig, Leipzig 1995.

OPP, Karl-Dieter: Methodologie der Sozialwissenschaften. Einführung in Probleme ihrer Theorienbildung und praktischen Anwendung, Opladen ^{3}1995.

OVERY, Richard J.: War and Economy in the Third Reich. Oxford 1995.

PETZINA, Dietmar: Autarkiepolitik im Dritten Reich. Der nationalsozialistische Vierjahresplan, Stuttgart 1968.

PETZINA, Dietmar: Die deutsche Wirtschaft in der Zwischenkriegszeit. Wiesbaden 1977.

PIERENKEMPER, Toni: Unternehmensgeschichte. Ein Einführung in ihre Methoden und Ergebnisse, Stuttgart 2000.

PLUMPE, Werner / KLEINSCHMIDT, Christian (Hrsg.): Unternehmen zwischen Markt und Macht. Aspekte deutscher Unternehmens- und Industriegeschichte im 20. Jahrhundert. Essen 1992.

PLUMPE, Werner: Statt einer Einleitung – Stichworte zur Unternehmensgeschichtsschreibung, in: Werner PLUMPE / Christian KLEINSCHMIDT (Hrsg.), Unternehmen zwischen Markt und Macht. Aspekte deutscher Unternehmens- und Industriegeschichte im 20. Jahrhundert, Essen 1992, S. 9-13.

—: Unternehmen, in: Gerold AMBROSIUS / Dietmar PETZINA / Werner PLUMPE (Hrsg.), Moderne Wirtschaftsgeschichte. Eine Einführung für Historiker und Ökonomen, München 1996, S. 47-66.

PRITZKOLEIT, Kurt: Männer, Mächte, Monopole. Hinter den Türen der westdeutschen Wirtschaft. Düsseldorf 1953.

PROTOKOLL der Verhandlungen des VI. Parteitages der sozialistischen Einheitspartei Deutschlands. 15. bis 21. Januar 1963 in der Werner-Seelenbinder-Halle zu Berlin. 4 Bde. Berlin (Ost) 1963.

RADKAU, Joachim: Entscheidungsprozesse und Entscheidungsdefizite in der deutschen Außenwirtschaftspolitik 1933-1940, in: Geschichte und Gesellschaft 2, 1976, S. 33-65.

RAUH-KÜHNE, Cornelia / RUCK, Michael: Regionale Eliten zwischen Diktatur und Demokratie. Baden und Württemberg 1930-1952, München 1993.

REICHEL, Thomas: „Feste Burgen der Partei"? Aufbau und Rolle der SED-Betriebsgruppen in der Sowjetischen Besatzungszone (SBZ) 1946-1949, in: Internationale wissenschaftliche Korrespondenz zur Geschichte der deutschen Arbeiterbewegung Heft 1/2000, S. 62-99.

—: Die „durchherrschte Arbeitsgesellschaft". Zu den Herrschaftsstrukturen und Machtverhältnissen in DDR-Betrieben, in: Renate HÜRTGEN / Thomas REICHEL (Hrsg.), Der

Schein der Stabilität. DDR-Betriebsalltag in der Ära Honecker, Berlin 2001, S. 85-110.

REICHSHANDBUCH der deutschen Gesellschaft. 2 Bde. Berlin 1930.

RICHTER, Rudolf: Institutionen ökonomisch analysiert. Tübingen 1994.

ROESLER, Jörg: Die Verteilung der Entscheidungsbefugnisse zwischen den wirtschaftsleitenden Organen und Betrieben des zentralgeleiteten Maschinenbaus bei der Aufstellung des Jahresproduktionsplanes 1948-1958. Maschinenschriftliche Dissertation, Berlin (Ost) 1968.

—: Der Beitrag der Betriebe sowjetischen bzw. gemischten Eigentums bei der Herausbildung und Festigung der sozialistischen Planwirtschaft in der volksdemokratischen Revolution, in: Die Große Sozialistische Oktoberrevolution und der revolutionäre Weltprozess. Bd. 2, Berlin (Ost) 1978, S. 522-546.

—: Die Herausbildung der sozialistischen Planwirtschaft in der DDR. Aufgaben, Methoden und Ergebnisse der Wirtschaftsplanung in der zentralgeleiteten volkseigenen Industrie während der Übergangsperiode vom Kapitalismus zum Sozialismus, Berlin (Ost) 1978.

—: Lösungswege bei der Inangriffnahme der Wirtschaftsreformen in den sechziger Jahren, in: Jahrbuch für Wirtschaftsgeschichte 1978, Bd. III, S. 107-115.

—: Die Lenkung des betrieblichen Akkumulationsprozesses durch den sozialistischen Staat in der DDR (1956 bis 1962), in: Jahrbuch für Wirtschaftsgeschichte 1979, Bd. III, S. 11-26.

—: Kombinate in der Geschichte der DDR. Von den ersten VVB bis zur durchgängigen Kombinatsbildung, in: Jahrbuch für Geschichte 31, Berlin (Ost) 1984, S. 221-271.

—: Investitionsrhythmus und materielle Interessiertheit in der Volkswirtschaft der DDR von 1950 bis 1970, in: Jahrbuch für Wirtschaftsgeschichte 1985, Bd. II, S. 139-166.

—: Spielraum für betriebliche Entscheidungen volkseigener Industriebetriebe während des Zweijahrplanes 1949/50 und Schlussfolgerungen für die betriebsgeschichtliche Forschung, in: Werner PLUMPE / Christian KLEINSCHMIDT (Hrsg.), Unternehmen zwischen Markt und Macht. Aspekte deutscher Unternehmens- und Industriegeschichte im 20. Jahrhundert, Essen 1992, S. 90-104.

ROTH, Heidi: Der 17. Juni 1953 in Sachsen. Köln 1999.

RÜDIGER, Bernd: Freistaat in der Weimarer Republik (1918-1933), in: Karl CZOK (Hrsg.), Geschichte Sachsens, Weimar 1989, S. 429-479.

SATTLER, Friederike: Mitwirkung im SAG-Betrieb. Zur Geschichte der Bleichert Transportanlagenfabrik Leipzig, unveröffentlichte Diplomarbeit, Freiburg im Breisgau 1991.

SCHATZ, Mario: Seilbahnen der DDR. Geschichte, Technik, Betrieb, Berlin (Ost) 1987.

SCHEIBERT, Peter: Lenin an der Macht. Das russische Volk in der Revolution 1918-1922, Weinheim 1984.

SCHENK, Fritz: Magie der Planwirtschaft. Köln 1960.

—: Im Vorzimmer der Diktatur. 12 Jahre Pankow. Köln 1962.

—: Das rote Wirtschaftswunder. Die zentrale Planwirtschaft als Machtmittel der SED-Politik. Stuttgart 1969.

—: Bruno Leuschner (1910-1965), in: OPPELLAND, Torsten (Hrsg.): Deutsche Politiker 1949-1969. Biografische Skizzen aus Ost und West. Darmstadt 1999, Bd. 2, S. 63-73.

SCHENK, Karl-Ernst: Systemvergleich mit einer ökonomischen Theorie der Institutionen, in: Gernot GUTMANN / Siegfried MAMPEL (Hrsg.), Probleme systemvergleichender Betrachtung, Berlin (West) 1986, S. 111-130.

SCHMIDTCHEN, Heinz (Hrsg.): Ausrüstungen für Bergbau und Förderanlagen. Hrsg. im Auftrag des Ministeriums für Schwermaschinenbau, Hauptverwaltung Ausrüstung für Schwerindustrie, 5 Bde., Leipzig 1955f.

SCHMIECHEN-ACKERMANN, Detlef: Die Parteiapparate von NSDAP und SED als Vermittlungsinstanzen der modernen Diktatur. Eine Zwischenbilanz des Forschungsprojektes „Funktionsweise, soziale Basis und Rezeption diktatorischer Herrschaft auf lokaler Ebene“, POLHIST (Arbeitshefte der Forschungsstelle Diktatur und Demokratie am Otto-Suhr-Institut für Politikwissenschaft) Nr. 13, Berlin 2000.

—: Diktaturen im Vergleich. Darmstadt 2002.

SCHNEIDER, Jürgen / HARBRECHT, Wolfgang (Hrsg.): Wirtschaftsordnung und Wirtschaftspolitik in Deutschland (1933-1993). Stuttgart 1996.

SCHNEIDER, Jürgen: Von der nationalsozialistischen Kriegswirtschaftsordnung zur sozialistischen Zentralplanung in der SBZ/DDR, in: Ebd., S. 1-90.

— / Wolfgang HARBRECHT: Einführung: Wirtschaftspolitische Experimente im Laboratorium Kriegswirtschaft/Weimar/Drittes Reich (1914–48) und in Sowjetrußland (ab 1917), in: Ebd., S. VII-XLIII.

SCHNEIDER, Michael C.: Die Wirtschaftsentwicklung von der Wirtschaftskrise bis zum Kriegsende, in: Clemens VOLLNHALS (Hrsg.): Sachsen in der NS-Zeit. Leipzig 2002, S. 72-84.

SCHROEDER, Klaus: Der SED-Staat. Geschichte und Strukturen der DDR, München 1998.

SCHULZ, Frank: Elitenwechsel in Betriebsleitungen der Leipziger Industrieregion 1945 bis Anfang der fünfziger Jahre, in: Werner BRAMKE / Ulrich HEß (Hrsg.), Wirtschaft und Gesellschaft in Sachsen im 20. Jahrhundert, Leipzig 1998, S. 185-225.

SCHULZ, Günther: Die Arbeiter und Angestellten bei Felten & Guilleaume. Sozialgeschichtliche Untersuchung eines Kölner Unternehmens im 19. und beginnenden 20. Jahrhundert, Wiesbaden 1979.

SCHUMANN, Wolfgang u.a. (Hrsg.): Deutschland im Zweiten Weltkrieg. 6 Bde., Berlin (Ost) 1974ff.

SIEDT, Veronika: Die Entwicklung des Außenhandels der DDR und sein Einfluss auf das Wachstumstempo der Industrie 1953 bis 1955/57, in: Jahrbuch für Wirtschaftsgeschichte 1988, Bd. IV, S. 27-63.

SIEGEL, Tilla / FREYBERG, Thomas von: Industrielle Rationalisierung unter dem Nationalsozialismus. Frankfurt am Main / New York 1991.

SIEGENTHALER, Hansjörg: Regelvertrauen, Prosperität und Krisen. Die Ungleichmäßigkeit wirtschaftlicher und sozialer Entwicklung als Ergebnis individuellen Handelns und sozialen Lernens, Tübingen 1993.

SIODLACZEK, Eduard: Die Entwicklung der Leipziger Maschinenbauindustrie. Halle/Saale 1930.

SÖRGEL, Werner: Metallindustrie und Nationalsozialismus. Eine Untersuchung über Struktur und Funktion industrieller Organisationen in Deutschland 1929 bis 1939, Frankfurt am Main 1965.

SPEER, Albert: Erinnerungen. Berlin 1969.

STALIN, Josef W.: Fragen des Leninismus. Berlin (Ost) 1950.

STARITZ, Dietrich: Die Gründung der DDR. Von der sowjetischen Besatzungsherrschaft zum sozialistischen Staat, München [3]1995.

STARITZ, Dietrich: Geschichte der DDR. Erweiterte Neuausgabe, Frankfurt am Main 1996.

STEINER, André: Zwischen Länderpartikularismus und Zentralismus. Zur Wirtschaftslenkung in der SBZ bis zur Bildung der Deutschen Wirtschaftskommission im Juni 1947, in: Aus Politik und Zeitgeschichte. Beilage zur Wochenzeitung DAS PARLAMENT, B49-50/93, 1993, S. 32-39.

—: Politische Vorstellungen und ökonomische Probleme im Vorfeld der Errichtung der Berliner Mauer. Briefe Walter Ulbrichts an Nikita Chruschtschow, in: Hartmut MEHRINGER (Hrsg.), Von der SBZ zur DDR. Studien zum Herrschaftssystem in der Sowjetischen Besatzungszone und in der Deutschen Demokratischen Republik, München 1995, S. 233-268.

—: Wirtschaftliche Lenkungsverfahren in der Industrie der DDR Mitte der fünfziger Jahre. Resultate und Alternativen, in: Christoph BUCHHEIM (Hrsg.), Wirtschaftliche Folgelasten des Krieges in der SBZ/DDR, Baden-Baden 1995, S. 271-293.

—: Die DDR-Wirtschaftsreform der sechziger Jahre. Konflikt zwischen Effizienz- und Machtkalkül, Berlin 1999.

—: Betriebe im DDR-Wirtschaftssystem, in: Renate HÜRTGEN / Thomas REICHEL (Hrsg.), Der Schein der Stabilität. DDR-Betriebsalltag in der Ära Honecker, Berlin 2001, S. 53-67.

—: Von Plan zu Plan. Eine Wirtschaftsgeschichte der DDR, München 2004.

STEPHAN, P.: Die Drahtseilbahnen. Ihr Aufbau und ihre Verwendung, Berlin 1914.

STRAUß, Carl-Jürgen: Die Materialwirtschaft der Deutschen Demokratischen Republik. Berlin (Ost) [2]1969.

TEMIN, Peter: Soviet and Nazi economic planning in the 1930s, in: Economic History Review XLIV, 1991, S. 573-593.

THALHEIM, Karl C.: Die Wirtschaft der Sowjetzone in Krise und Umbau. Wirtschaft und Gesellschaft in Mitteldeutschland Bd. 1, hrsg. vom Forschungsbeirat für Fragen der Wiedervereinigung Deutschlands beim Bundesminister für gesamtdeutsche Fragen, Berlin (West) 1964.

THAMM, Johannes: Die sozialistische Leitung der Industrie. Berlin (Ost) 1961.

THIELEKE, Karl-Heinz (Hrsg.): Fall 5. Anklageplädoyer, ausgewählte Dokumente, Urteil des Flick-Prozesses, Berlin (Ost) 1965.

THÜSING, Andreas: Landesverwaltung und Landesregierung in Sachsen 1945-1952. Dargestellt am Beispiel ausgewählter Ressorts, Bern u.a. 2000.

TILLY, Richard: Vom Zollverein zum Industriestaat. Die wirtschaftliche Entwicklung Deutschlands 1834 bis 1914, München 1990.

ULBRICHT, Walter: Das Gesetz über den Siebenjahrplan und die Aufgaben der Partei bei der Durchführung des Planes in der Industrie. Referat auf der 6. Tagung des ZK der SED 18. und 19. September 1959, Berlin (Ost) 1959.

—: Zur sozialistischen Entwicklung der Volkswirtschaft seit 1945. Berlin (Ost) 1959.

—: Das neue ökonomische System der Planung und Leitung der Volkswirtschaft in der Praxis. Wirtschaftskonferenz des ZK der SED und des Ministerrats der DDR, 24. und 25. Juni 1963, Berlin (Ost) 1963. [ULBRICHT, Wirtschaftskonferenz]

—: Zum neuen ökonomischen System der Planung und Leitung. Berlin (Ost) 1966. [ULBRICHT, System]

ULLMANN, Hans-Peter: Interessenverbände in Deutschland. Frankfurt am Main 1988.

UM EIN ANTIFASCHISTISCH-DEMOKRATISCHES DEUTSCHLAND. Dokumente aus den Jahren 1945-1949, Berlin (Ost) 1968.

VOGELSANG, Thilo: Das geteilte Deutschland. München [10]1980.

VOLKMANN, Hans-Erich: Die NS-Wirtschaft in Vorbereitung des Krieges, in: Wilhelm DEIST u.a., Ursachen und Voraussetzungen des Zweiten Weltkrieges, Frankfurt am Main 1995, S.209-435.

VOLLNHALS, Clemens (Hrsg.): Entnazifizierung. Politische Säuberung und Rehabilitierung in den vier Besatzungszonen 1945-1949. München 1991.

— (Hrsg.): Sachsen in der NS-Zeit. Leipzig 2002.

WAGNER-KYORA, Georg: Sozialer Auf- und Abstieg in der Chemieindustrie. Arbeiter, Angestellte und Akademiker in Leuna 1930-1960, in: Peter HÜBNER / Klaus TENFELDE (Hrsg.), Arbeiter in der SBZ-DDR, Essen 1999, S. 607-639.

WALTER, Rolf: Wirtschaftsgeschichte. Vom Merkantilismus bis zur Gegenwart, Köln u.a. 1995.

WALTMANN, Frank: Wirtschaftssysteme. Ökonomische Grundstrukturen des Nationalsozialismus und der DDR im Vergleich, in: Ludger KÜHNHARDT u.a. (Hrsg.): Die doppelte deutsche Diktaturerfahrung. Drittes Reich und DDR - ein historisch-politikwissenschaftlicher Vergleich. Frankfurt am Main u.a. 1994, S. 125-144.

WEEDE, Erich: Mensch und Gesellschaft. Tübingen 1992.

WELSKOPP, Thomas: Der Betrieb als soziales Handlungsfeld. Neuere Forschungsansätze in der Industrie- und Arbeitergeschichte, in: Geschichte und Gesellschaft 22, 1996, S. 118-142.

WENDT, Bernd Jürgen: Deutschland 1933-1945. Das „Dritte Reich" – Handbuch zur Geschichte, Hannover 1995.

WERNER, Oliver: Ein Betrieb in zwei Diktaturen. Die Bleichert Transportanlagen GmbH / VEB VTA Leipzig im Dritten Reich und in der SBZ/DDR, in: Günther HEYDEMANN / Eckhard JESSE (Hrsg.), Diktaturvergleich als Herausforderung. Theorie und Praxis, Berlin 1998, S. 303-319.

WERNER, Oliver: Produktionswunder rückwärts. Ein Leipziger Maschinenbaubetrieb in der nationalsozialistischen Kriegswirtschaft, in: Ulrich HEß u.a. (Hrsg.), Unternehmer in Sachsen. Aufstieg – Krise – Untergang – Neubeginn, Leipzig 1999, S. 205-217.

WÖHE, Günter: Einführung in die Allgemeine Betriebswirtschaftslehre. München [19]1996.

WOLF, Herbert / SATTLER, Friederike: Entwicklung und Struktur der Planwirtschaft der DDR, in: Deutscher Bundestag (Hrsg.), Materialien der Enquete-Kommission „Aufarbeitung von Geschichte und Folgen der SED-Diktatur in Deutschland“ (12. Wahlperiode des Deutschen Bundestages), Bd. II, Baden-Baden 1995, S. 2889-2940.

ZANK, Wolfgang: Wirtschaftliche Zentralverwaltungen und Deutsche Wirtschaftskommission (DWK), in: Martin BROSZAT / Hermann WEBER, SBZ-Handbuch. Staatliche Verwaltungen, Parteien, gesellschaftliche Organisationen und ihre Führungskräfte in der Sowjetischen Besatzungszone Deutschlands 1945-1949, München [2]1993, S. 253-276.

ZEISE, Roland / RÜDIGER, Bernd: Bundesstaat im Deutschen Reich (1871-1917/18), in: Karl CZOK (Hrsg.), Geschichte Sachsens, Weimar 1989, S. 381-428.

ZIMMERMANN, Hartmut: Überlegungen zur Geschichte der Kader und Kaderpolitik in der SBZ/DDR, in: Hartmut KAELBLE / Jürgen KOCKA / Hartmut ZWAHR (Hrsg.), Sozialgeschichte der DDR, Stuttgart 1994, S. 322-356.

ZÖRNER, Carl Ernst: Um das Elektrofahrzeug, in: Der Vierjahresplan 2 (1938), Heft III, S. 156-158.

ZUMPE, Lotte: Wirtschaft und Staat in Deutschland 1933 bis 1945, Wirtschaft und Staat in Deutschland Bd. 3, Berlin (Ost) 1980.

3. ABKÜRZUNGSVERZEICHNIS

AA	Arbeitsausschuss
a. D.	außer Dienst
ADCA	Allgemeine Deutsche Credit-Anstalt
AEG	Allgemeine Elektricitäts-Gesellschaft
AfR	Amt für Reparationen
AG	Aktiengesellschaft
AN	Aktennotiz
Anm.	Anmerkung
APO	Abteilungsparteiorganisation
ARBED	Aciéries Réunies de Burbach-Eich-Dudelange
ATG	Allgemeine Transportanlagen Gesellschaft
BA	Bundesarchiv
Bd.	Band
BDC	Berlin Document Center
Bde.	Bände
betr.	betrifft / betreffend
BFA	Bergbauausrüstung und Förderanlagen
BfM	Bevollmächtigter für die Maschinenproduktion
BFV	Bleichert Fahrzeuge-Vertriebsgesellschaft mbH
BGL	Betriebsgewerkschaftsleitung
Bl.	Blatt
BPA	Bezirksparteiarchiv
BPO	Betriebsparteiorganisation
BRECO	British Ropeways Engineering Company
BStU	Bundesbeauftragte für die Unterlagen des Staatssicherheitsdienstes der ehemaligen Deutschen Demokratischen Republik
BTG	Bleichert Transportanlagen GmbH
Bubima	Buchbindereimaschinen
BZ	Berliner Zeitung
bzw.	beziehungsweise
Co	Company
DAF	Deutsche Arbeitsfront
DBE	Deutsche Biographische Enzyklopädie
DDR	Deutsche Demokratische Republik
Demag	Deutsche Maschinenfabrik Aktiengesellschaft
ders.	derselbe
DIA	Deutscher Innen- und Außenhandel
DM	Deutsche Mark / Deutsche Mark der Deutschen Notenbank
e.V.	eingetragener Verein
ebd.	ebenda
F&G	Felten & Guilleaume
f.	folgend
Fa.	Firma
fachl.	fachlich
FDJ	Freie Deutsche Jugend
ff.	fortfolgend
Gen.	Genosse

Genn.	Genossin
GmbH	Gesellschaft mit beschränkter Haftung
GO	Grundorganisation
handschr.	handschriftlich
HM	Hauptausschuss Maschinen
Hrsg. / hrsg.	Herausgeber / herausgegeben
HV	Hauptverwaltung
JG	Jäger
Jg.	Jahrgang
kaufm.	kaufmännisch
KG	Kommandit-Gesellschaft
KPD	Kommunistische Partei Deutschlands
Lkw	Lastkraftwagen
lt.	laut
Ltd.	limited
LVZ	Leipziger Volkszeitung
m	Meter
MAN	Maschinenfabrik Augsburg – Nürnberg
mbH	mit beschränkter Haftung
MfM	Ministerium für Maschinenbau
mm	Millimeter
NATO	North Atlantic Treaty Organization
ND	Neues Deutschland
NÖS	Neues Ökonomisches System
NS	Nationalsozialismus, nationalsozialistisch
NSDAP	Nationalsozialistische Deutsche Arbeiterpartei
NSV	Nationalsozialistische Volkswohlfahrt
o. D.	ohne Datum
Pg.	Parteigenosse
RGW	Rat für gegenseitige Wirtschaftshilfe
RM	Reichsmark
RWWA	Rheinisch-Westfälisches Wirtschaftsarchiv
S.	Seite
SAG	Sowjetische Aktiengesellschaft
SAPMO	Stiftung Archiv der Parteien und Massenorganisationen der DDR
SAT	Sonderausschuss Transporteinrichtungen
SBZ	Sowjetische Besatzungszone
SED	Sozialistische Einheitspartei Deutschlands
SKKD	Sowjetische Kontrollkommission in Deutschland
SMAD	Sowjetische Militäradministration in Deutschland
SPD	Sozialdemokratische Partei Deutschlands
SPK	Staatliche Plankommission
Staatssekr.	Staatssekretär / Staatssekretariat
StAL	Sächsisches Staatsarchiv Leipzig
stellv.	stellvertretend
t	Tonnen
TAKRAF	Transportausrüstungen, Krane und Förderanlagen
TDM	tausend Deutsche Mark (der Deutschen Notenbank)
u.	und
u.a.	und andere / unter anderem
UdSSR	Union der Sozialistischen Sowjetrepubliken

UK	United Kingdom
USA	United States of America
v.	von / vom
VEB	Volkseigener Betrieb
VEM	Vereinigung Elektromaschinenbau
vgl.	verglichen
Vorm.	vormals
VTA	Verlade- und Transportanlagen
VVB	Vereinigung Volkseigener Betriebe
VWR	Volkswirtschaftsrat
z.B.	zum Beispiel
z. T.	zum Teil
z. Zt.	zur Zeit
ZAV	Zollausschuss-Vertrag
Zemag	Zeitzer Eisengießerei- und Maschinenbau-Actiengesellschaft
ZK	Zentralkomitee
ZPA	Zentrales Parteiarchiv

BEITRÄGE ZUR WIRTSCHAFTS- UND SOZIALGESCHICHTE

Herausgegeben von **Rainer Gömmel** und **Jürgen Schneider**

42 **Markus A. Denzel**, Kurialer Zahlungsverkehr im 13. und 14. Jh. Servitien- und Annatenzahlungen aus dem Bistum Bamberg. 1991, 222 S. *05980-6*

43 **Herbert J. Nickel**, Schuldknechtschaft in mexikanischen Haciendas: Interpretationen, Quellen und Befunde zur Peonaje. 1991, 465 S. *05981-4*

44 **Jürgen Schneider / Oskar Schwarzer Friedrich Zellfelder (Hrsg.)**, Währungen der Welt I: Europäische und nordamerikanische Devisenkurse 1777–1914, 3 Teilbde. 1991, 1473 S. *05982-2*

45 **Jürgen Schneider / Oskar Schwarzer / Markus A. Denzel (Hrsg.)**, Währungen der Welt II: Europäische und nordamerikanische Devisenkurse 1914–1951. 1997, 540 S. *05983-0*

46 **Jürgen Schneider / Oskar Schwarzer / Markus A. Denzel (Hrsg.)**, Währungen der Welt III: Europäische Wechselkurse im 17. Jh. 1993, 333 S. *06062-6*

47 **Jürgen Schneider / Oskar Schwarzer / Friedrich Zellfelder / Markus A. Denzel (Hrsg.)**, Währungen der Welt IV: Asiatische und australische Devisenkurse im 19. Jh. 1992, 400 S. *06063-4*

48 **Jürgen Schneider / Oskar Schwarzer / Markus A. Denzel (Hrsg.)**, Währungen der Welt V: Asiatische und australische Devisenkurse im 20. Jh. 1994, 281 S. *06064-2*

49 **Jürgen Schneider / Oskar Schwarzer / Friedrich Zellfelder / Markus A. Denzel (Hrsg.)**, Währungen der Welt VI: Geld und Währungen in Europa im 18. Jh. 1992, 322 S. *06072-3*

50 **Jürgen Schneider / Oskar Schwarzer / Markus A. Denzel (Hrsg.)**, Währungen der Welt VII: Lateinamerikanische Devisenkurse im 19. und 20. Jh. 1997, 369 S. *06328-5*

51 **José Casas Pardo (ed.)**, Economic Effects of the European Expansion 1492–1824. 1992, 512 S. *06240-8*

52 **Leonhard Lutz**, Wirtschaft und Gesellschaft Nürnbergs unter Otto Freiherr von Stromer (1. Bürgermeister 1867–1891). 1992, 343 S. *06241-6*

53 **Edgar Feichtner**, Die Bauernbefreiung in Niederbayern: Die Änderung der ländlichen Wirtschafts- und Sozialstruktur in Bayern durch die Reformierung der Agrarverfassung in der ersten Hälfte des 19. Jh.s. 1993, 267 S. *06280-7*

54 **Michael North (Hrsg.)**, Nordwesteuropa in der Weltwirtschaft 1750–1950 / Northwestern Europe in the World Economy 1750–1950. 1993, 308 S. *06360-9*

55 **Nils Brübach**, Die Reichsmessen von Frankfurt/M., Leipzig und Braunschweig (14.–18. Jh.). 1994, 674 S. *06405-2*

56 **Friedrich Zellfelder**, Das Kundennetz des Bankhauses Gebrüder Bethmann, Frankfurt am Main, im Spiegel der Hauptbücher (1738–1816). 1994, 268 S. *06438-9*

57 **Jürgen Schneider / Oskar Schwarzer / Markus A. Denzel (Hrsg.)**, Währungen der Welt VIII: Afrikanische und levantinische Devisenkurse im 19. und 20. Jh. 1994, 177 S. *06496-6*

58 **Markus A. Denzel**, „La Practica della Cambiatura". Europäischer Zahlungsverkehr vom 14. bis zum 17. Jh. 1994, 609 S. *06577-6*

59 **Markus A. Denzel (Hrsg.)**, Währungen der Welt IX: Europäische Wechselkurse von 1382 bis 1620. 1995, 167 S. *06576-8*

60 **Günter Schabowski**, Abschied von der Utopie: Die DDR – das deutsche Fiasko des Marxismus. 1994, 51 S. *06503-2*

61 **Markus A. Denzel (Hrsg.)**, Währungen der Welt X: Geld- und Wechselkurse der deutschen Messeplätze Leipzig und Braunschweig (18. Jh. bis 1823). 1994, 147 S. *06575-X*

62 **Paul Frenzel**, 40 verlorene Jahre. Erinnerungen an die Diktaturen des nationalen und des realen Sozialismus, hrsg. v. Jürgen Schneider. 1995, 484 S. *06599-7*

63 **Jürgen Schneider / Wolfgang Harbrecht (Hrsg.)**, Wirtschaftsordnung und Wirtschaftspolitik in Deutschland (1933–1993). 1996, 506 S. *06600-4*

64 **Volker Alberti**, Simmelsdorf. Untertanen einer Grundherrschaft im Nürnberger Umland (14.–19. Jh.). 1994, 331 S. *06636-5*

65 **Wolfram Hoppenstedt**, Gerhard Colm. Leben und Werk 1897–1968. 1997, 470 S. *06661-6*

66 **Henning Mielke**, Die Auflösung der Länder in der SBZ/DDR. Von der deutschen Selbstverwaltung zum sozialistisch-zentralistischen Einheitsstaat nach sowjetischem Modell 1945–1952. 1995, 224 S. *06669-1*

67 **Doris Schwarzer**, Arbeitsbeziehungen im Umbruch gesellschaftlicher Strukturen. Bundesrepublik Deutschland, DDR und neue Bundesländer im Vergleich. 1995, 552 S. *06811-2*

68 **Maximilian Walter**, Das Fürststift Kempten im Zeitalter des Merkantilismus. Wirtschaftspolitik und Realentwicklung (1648–1802/03). 1995, 294 S. *06812-0*

69 **Ulrich Kluge / Steffen Birkefeld / Silvia Müller**, Willfährige Propagandisten. MfS und SED-Bezirksparteizeitungen: »Berliner Zeitung«, »Sächsische Zeitung«, »Neuer Tag«. 1997, 264 S. *07197-0*

70 **Jürgen Schneider / Theo Schnörer**, Bayerische Beamtenbank e.G. (1920–1995). 1995, 218 S. *06813-9*

BEITRÄGE ZUR WIRTSCHAFTS- UND SOZIALGESCHICHTE

Herausgegeben von **Rainer Gömmel, Ulrich Kluge** und **Jürgen Schneider**

71 **Karin Lehmann**, Wandlungen der Industriefinanzierung mit Anleihen in Deutschland (1923/24–1938/39). 1996, 283 S. *07013-3*

72 **Byung-Hwan Yae**, Die Handelsbeziehungen zwischen Deutschland und Korea nach dem Zweiten Weltkrieg. 1997, 168 S. *07014-1*

73 **Markus A. Denzel**, Der Preiskurant des Handelshauses Pelloutier & Cie aus Nantes (1763–1793). 1997, 167 S. *07027-3*

74 **Stefan Arold**, Die technische Entwicklung und rüstungswirtschaftliche Bedeutung des Lokomotivbaus der Deutschen Reichsbahn im Dritten Reich (1933–1945). 1997, 106 S. *07056-7*

75 **Johannes Laufer**, Von der Glasmanufaktur zum Industrieunternehmen. Die Deutsche Spiegelglas-AG (1830–1955). 1997, 516 S. *07045-1*

76 **Thomas Martin**, „Und nichts war uns geblieben". Der Weg der Freitaler Stahl-Industrie GmbH zum Volkseigenen Betrieb (1945–1948). 1997, 227 S. *07050-8*

77 **Marcus Prell**, Sozialökonomische Untersuchungen zur Armut im antiken Rom von den Gracchen bis Kaiser Diokletian. 1997, 360 S. *07055-9*

BEITRÄGE ZUR WIRTSCHAFTS- UND SOZIALGESCHICHTE

Herausgegeben von **Rainer Gömmel, Ulrich Kluge, John Komlos** und **Jürgen Schneider**

78 **Mirja Steinkamp**, Die Eisenhütte Gittelde 1700–1787. Eine betriebswirtschaftliche Untersuchung. 1997, 344 S. *07165-2*

79 **Heinz Hoffmann**, Die Betriebe mit staatlicher Beteiligung im planwirtschaftlichen System der DDR 1956–1972. 1998, 199 S. *07243-8*

80 **Hans A. Rümelin (Hrsg.)**, So lebten wir. Ein Querschnitt durch 1947. Neudruck der Ausgabe von 1948, hrsg. v. Jürgen Schneider. 1997, 260 S. *07198-9*

81 [*nicht erschienen*]

82 **Jörg Baten**, Ernährung und wirtschaftliche Entwicklung in Bayern (1730–1880). 1998, 216 S. *07218-7*

83 **Uwe Wallbaum**, Die Rübenzuckerindustrie in Hannover. Zur Entstehung und Entwicklung eines landwirtschaftlich gebundenen Industriezweigs von den Anfängen bis zum Beginn des Ersten Weltkriegs. 1998, 384 S. *07232-2*

84 **Jörg Rode**, Die Gesellschaft für Sozial- und Wirtschaftsgeschichte (1961–1998). 1998, 114 S. *07312-4*

85 **Birgit Breiding**, Die Braunen Schwestern. Ideologie, Struktur, Funktion einer nationalsozialistischen Elite. 1998, 338 S. *07369-8*

86 **Harald Reichelt**, Die Instituton des Aufsichtsrates in der deutschen Aktiengesellschaft. Reformüberlegungen aus historischer Perspektive. 1998, 295 S. *07370-1*

BEITRÄGE ZUR WIRTSCHAFTS- UND SOZIALGESCHICHTE

Hrsg. von **Jürgen Schneider, Markus A. Denzel, Rainer Gömmel, Ulrich Kluge** und **John Komlos**

87 **Markus A. Denzel (Hrsg.)**, Währungen der Welt XI: Dänische und nordwestdeutsche Wechselkurse 1696–1914. 1999, 158 S. *07580-1*

88 **Hans-Anton Ebener**, Der Staat als Bauherr im 18. Jh. Öffentliches Bauen auf der Berner Landschaft. 1999, 235 S. *07581-X*

89 **Christoph Steegmans**, Die finanziellen Folgen der Rheinland- und Ruhrbesetzung 1918–1930. 1999, 358 S. *07627-1*

90 **Eva Susanne Franke**, Netzwerke, Innovationen und Wirtschaftssystem. Eine Untersuchung am Beispiel des Druckmaschinenbaus im geteilten Deutschland (1945–1990). 2000, 230 S. *07628-X*

91 **Matthias Ermer**, Von der Reichsmark zur Deutschen Mark der Deutschen Notenbank. Zum Binnenwährungsumtausch in der Sowjetischen Besatzungszone Deutschlands (1948). 2000, 222 S. *07703-0*

92 **Ulrich Kluge / Winfried Halder / Katja Schlenker (Hrsg.)**, Zwischen Bodenreform und Kollektivierung. Vor- und Frühgeschichte der „sozialistischen Landwirtschaft" in der SBZ/DDR vom Kriegsende bis in die fünfziger Jahre. 2001, 378 S. *07892-4*

BEITRÄGE ZUR WIRTSCHAFTS- UND SOZIALGESCHICHTE

Hrsg. von **Jürgen Schneider, Markus A. Denzel und Rainer Gömmel**

93 **Dieter H. Kollmer**, Rüstungsgüterbeschaffung in der Aufbauphase der Bundeswehr. Der Schützenpanzer HS 30 als Fallbeispiel. 2002, 308 S. *08077-5*

94 **György Kövér / Agnes Pogány**, Die binationale Bank einer multinationalen Monarchie: Die österreichisch-ungarische Bank. 2002, 204 S. *08078-3*

95 **Margarete Wagner-Braun**, Zur Bedeutung berufsständischer Krankenkassen innerhalb der privaten Krankenversicherung in Deutschland bis zum II. Weltkrieg. Die Selbsthilfeeinrichtungen der katholischen Geistlichen. 2002, 368 S. *08177-1*

96 **Jürgen Schneider u.a. (Hrsg.)**, Unternehmen, Innovationen und Weltmarkt in der Schutzschaltertechnik seit 1948. Das Fallbeispiel E–T–A Elektrotechnische Apparate GmbH in Altdorf bei Nürnberg. 2003, 474 S. *08219-0*

97 **Marcus Holzammer,** Der Apotheker Joseph Schedel – Tagebücher aus Japan und China. 2003, 265 S. *08402-9*

98 **Danny Weber**, Die sächsische Landesstatistik im 19. Jh. Institutionalisierung – Professionalisierung. 2003, 162 S. *08424-X*

99 **Albert Lisse,** Handlungsspielräume deutscher Verwaltungsstellen bei den Konfiskationen in der SBZ 1945–1949. 2003, 244 S. *08449-5*

100 **Markus A. Denzel (ed.),** From Commercial Communication to Commercial Integration. Middle Ages to 19th Century. 2004, 272 S. *08473-8*

101 **Oliver Werner,** Ein Betrieb in zwei Diktaturen. Von der Bleichert Transportanlagen GmbH zum VEB VTA Leipzig 1932 bis 1963. 2004, 275 S. *08544-0*